MW01633568

LA GRAN AVENTURA
DEL REINO DE ASTURIAS

José Javier Esparza

LA GRAN AVENTURA DEL REINO DE ASTURIAS

Así empezó la Reconquista

la esfera de los libros

Primera edición: mayo de 2010
Quinta edición: septiembre de 2014

© Sant Yago, S. L., 2009
© La Esfera de los Libros, S. L., 2010
Avenida de Alfonso XIII, 1, bajos
28002 Madrid
Tel.: 91 296 02 00 • Fax: 91 296 02 06
www.esferalibros.com

ISBN: 978-84-9734-978-9
Depósito legal: M. 6.680-2011
Fotomecánica: Unidad Editorial
Impresión: Anzos
Encuadernación: De Diego
Impreso en España-*Printed in Spain*

ÍNDICE

Agradecimientos 15
Prólogo 17

**Capítulo 1. El origen: la insurrección
de los asnos salvajes** 21
La batalla de Covadonga 23
Cómo se hundió el reino de los visigodos 29
¿Y quiénes eran los moros? 36
El destino de Don Pelayo 42
¿Y qué había en Asturias en 722? 48
Y después de Covadonga, ¿qué pasó? 54
El oso que mató a Favila (y el caos musulmán) 59

Capítulo 2. Cómo se construye un reino 65
El cántabro Alfonso, I de Asturias: el pionero 67
La espada de Fruela Pérez 73
El desierto del Duero 78
Abderramán I: lo peor que podía pasarnos 83
Fruela I el Cruel: un hombre sin suerte 88
Corre la sangre en la corte de Cangas 93
Y en el norte, Carlomagno 96

Capítulo 3. Caos en Asturias 103

A Aurelio se le sublevan los siervos 105

Ahora son los gallegos los que se sublevan 109

Carlomagno se estrella en Roncesvalles 113

Las cien doncellas de Mauregato 119

Rebelión en la Iglesia de Asturias 124

Beato de Liébana contra el «testículo
    del Anticristo» 130

El emirato contraataca 134

Capítulo 4. Carrera por la supervivencia 141

Alfonso II el Casto: el renacimiento 143

El moro va a por lana y sale trasquilado 148

Jaque al rey (donde murió el leal Gadaxara) 153

Los pioneros: Lebato y Muniadona 159

Al Ándalus estalla por el sur 165

Impresionante: Alfonso toma Lisboa 171

Al Ándalus estalla por el norte 175

Golpe de Estado contra Alfonso (donde aparece
    el fiel Teudano) 180

La obsesión de Alhakán 185

Capítulo 5. La aventura de la colonización 191

Colonos de Castilla: la nueva frontera 193

El enigma de Bernardo del Carpio 198

Conmoción en Occidente: aparece la tumba
    de Santiago 204

Ludovico Pío, Navarra y la batalla del río Orón 210

La increíble aventura de los exiliados de Córdoba ... 215

Relevo en el emirato: muere el guerrero, llega
    el poeta 221

Los colonos llegan a Brañosera 226

Un fracaso, un paréntesis y una carnicería 232

El parto de los Pirineos 237

**Capítulo 6. Rebeldes, vikingos, mártires
y ladrones** 245

El día que Alfonso y Abderramán renunciaron
a luchar 247

El enigma del golpe de Nepociano 252

Cuando Ramiro I derrotó a los vikingos 256

La batalla de Clavijo: Santiago y cierra, España 261

La vara de la justicia 266

Rebelión en el Ebro, inquietud en el Pirineo 271

Los mártires de Córdoba 277

¿Y cómo era la corte del rey de Asturias? 283

Capítulo 7. La nueva frontera 289

Ordoño, el primer heredero por derecho 291

La rocambolesca historia de cómo llegó al trono
el emir Muhammad 295

La hazaña de los pioneros: Purello, el conde Gatón
y el obispo Indisclo 300

El desastre del Guadacelete 305

Vuelven los vikingos 310

La batalla de Albelda y la ruina del viejo Musa 314

El rey empuja la repoblación: Tuy, León, Amaya 320

Un día en la vida del conde Rodrigo de Castilla 325

Las audaces campañas del rey Ordoño 330

La cólera de Muhammad 334

El desastre de la Morcuera 339

Capítulo 8. El que resiste, gana 345

Hablemos de política 347

Alfonso, dieciocho años, toma el mando 353

Vía libre hacia Portugal 357

Los zarpazos del joven león: realidades y leyendas 362

Otra vez un rebelde en Mérida 367

Polvoraria: Alfonso rompe a Muhammad 372

Paisaje después de la batalla: la repoblación 377

La política exterior 382

Capítulo 9. Conciencia de Reconquista 387

Fin de tregua: las grandes cabalgadas 389

La maniobra de Hasim 394

Política de gran estilo: las crónicas 398

Política de gran estilo: la religión 403

Enemigos de dentro y de fuera 407

El emirato, paralizado. La historia de Omar ibn
Hafsún 412

El Hijo del Gato en el Foso de Zamora 419

La última gran jugada 423

El mapa del mundo a principios del siglo X 428

Capítulo 10. El principio del fin 435

El principio del fin 437

El germen de Castilla y la leyenda de los jueces 442

La leyenda de Padura y el mito vasco 447

Conspiración contra el rey 453

Los pies de los colonos pisan las aguas del Duero 459

El controvertido caso del atribulado rey García 464

El emir quiere ser califa: Abderramán III 469

Ordoño y Abderramán: dos adversarios colosales 475

Castromoros y Valdejunquera: la espada de Dios 480
La Extremadura del Duero: la nueva frontera 486
Guerra civil en el reino de Asturias 494

Epílogo 501
Bibliografía para saber más 505

Para mis hijos.

AGRADECIMIENTOS

Con mi agradecimiento a Almudena Collado, Lartaun de Azumendi y Pedro Pérez, que pusieron voz y música a esta historia.

A los fieles oyentes de la *Estrella Polar* de la COPE.

Y a Lebato, Muniadona, Purello, Cristuévalo y todos los héroes anónimos de aquellos tiempos de hierro, gracias a los cuales existimos los españoles de hoy.

PRÓLOGO

Pese a quien pese, la Reconquista es uno de los procesos más fascinantes de la historia universal. Ningún territorio ocupado por el islam tras su prodigiosa expansión en los siglos VII y VIII fue capaz de expulsar a los invasores. Ninguno salvo la Península Ibérica. Naturalmente, puede discutirse la cualidad exacta de esa «reconquista», incluso la propiedad del término, pero el proceso histórico fue el que fue: a partir de 711, y como consecuencia de una invasión exterior, España se islamizó; después de varios siglos de avance cristiano, en un clima general de guerra y con pocos lapsos de paz, el islam terminaría siendo expulsado en 1492. Eso fue la Reconquista.

¿Cómo empezó todo? ¿Dónde? ¿Por qué? Todo empezó en un pequeño rincón del norte de España, en torno a Cangas de Onís, en Asturias. A partir de un minúsculo núcleo de resistencia rural, limitado a unos pocos clanes campesinos y guerreros —«asnos salvajes», les llamaron despectivamente las crónicas musulmanas—, se constituyó un espacio político precario, pero decidido a sobrevivir. Ese espacio, convertido en reino, se amplió inmediatamente a Cantabria y enseguida a Galicia. Así nació el reino de Asturias, sin otro motor que la voluntad de no doblegarse ante el poder musulmán y sin más elemento de cohesión que la cruz.

Lo que este libro se propone contar es eso, cómo empezó todo. Se trata de narrar la vida del reino de Asturias. Doscientos años desde la batalla de Covadonga, en 722, hasta su transformación en reino de León en la segunda década del siglo X. Es una historia que se ha contado muchas veces y que ha ocupado a algunas de las mejores cabezas de la historiografía española, desde Sánchez Albornoz hasta Luis Suárez, pasando por Menéndez Pidal y Julio Valdeón, por reducir a cuatro nombres una nómina que, en justicia, debería ser mucho más amplia. Se ha contado muchas veces, sí, pero parece que hoy se ha olvidado, particularmente por las generaciones más jóvenes. Por eso vale la pena contarlo todo otra vez. Como éste es un libro de divulgación, y no de investigación, quede sentado desde ahora el agradecimiento del autor a todos los que en el ámbito universitario se han inclinado sobre este periodo de la historia de España. Sin su trabajo, los divulgadores no tendríamos nada que contar.

Y bien, ¿qué contar? Todo cuanto sea posible. La peripecia del reino de Asturias es una hazaña asombrosa. Aquella gente, encerrada en un minúsculo enclave de poder militar escaso y economía rudimentaria, tuvo que hacer frente a un enemigo extraordinariamente poderoso, cuya voluntad de dominación se apoyaba en unos recursos abundantes y en una determinación religiosa inapelable. A los rebeldes cristianos del norte les esperaban tiempos trágicos, durísimos, sometidos una y otra vez a las campañas de saqueo musulmanas (las aceifas) que asolaban los campos y sembraban la esclavitud y la muerte, y eso un año tras otro, sin apenas tregua. Es objetivamente inconcebible que, pese a su clara inferioridad, el reino de Asturias lograra sobrevivir, pero lo hizo. Y no sólo logró sobrevivir, sino que, poco a poco, fue incorporando a los otros pueblos cristianos de la cornisa cantábrica. Y no sólo eso, sino que, después, empezó a aventurarse al sur de la cordillera para repoblar las tierras llanas. Y tampoco sólo eso, sino que, más tarde, consiguió mantener a raya al enemigo musulmán e incluso infligirle pérdidas serias. ¿Cómo fue posible semejante prodigio? Eso es lo que aquí explicaremos.

Es muy interesante tratar de meterse en la cabeza de los grandes personajes de aquel tiempo, los reyes y los condes y los obispos, que iban dejando su nombre en el amanecer de la Reconquista. La historiografía tradicional ha puesto a cada uno en su sitio y nos brinda hoy un fresco especialmente vivo de esos dos siglos de aventura y tragedia. Pero en aquel tiempo y en aquel lugar no había sólo reyes, condes y obispos, sino también un pueblo que escribía la historia con el surco profundo de sus arados. La vida de ese pueblo nos resulta más oscura, porque las fuentes históricas siempre se fijan más en los grandes nombres que en los pequeños. Pero hay indicios suficientes para reconstruir su peripecia en aquellos siglos del origen, y lo que podemos adivinar es estremecedor.

Los indicios son, a saber: diplomas de remotas fundaciones monacales que nos hablan de pioneros en valles expuestos al peligro moro, testimonios del favor regio para premiar el heroísmo de tal o cual colono, fueros que organizaron por primera vez la vida de los repobladores como hombres libres en un espacio nuevo, rústicas iglesias que oscuros clérigos construyeron con sus propias manos, decenas de cadáveres emparedados en una cueva del Pirineo, documentos que nos hablan de litigios y pleitos por tierras y montes… Y además, lo que las crónicas —cristianas y moras— nos cuentan.

Hay muchas formas posibles de contar la vida del reino de Asturias, el principio de la Reconquista, pero, de todas ellas, quizá la más sugestiva es inclinarse sobre la vida de aquellas gentes, los pequeños nombres. ¿Quién sería Cristuévalo, el de Brañosera? ¿Cómo murieron los desdichados cuyos cuerpos se hallaron en la cueva de la Foradada? Los nombres de estas personas han sobrevivido a la escasez de fuentes directas y por eso tienen valor de ejemplo. A partir de su huella en la historia podemos reconstruir un esquema general, del mismo modo que unos pocos fósiles nos permiten recomponer la anatomía de un saurio. Y una vez reconstruido el objeto, lo que descubrimos es fascinante. Resumámoslo así: por encima y por debajo de reyes y batallas, en realidad la Reconquista fue una gigantesca aventura popular, un enorme movimiento de gentes de a pie que buscaron en las tierras del sur una nueva vida más libre, y que desafiaron todos los peligros para conquistarla. Después —sólo después— los reyes y los condes sancionarían aquella expansión hacia el sur, incorporando las nuevas tierras al espacio político de la corona. Pero el impulso inicial fue, siempre, obra de personas singulares.

Esas personas son las verdaderas protagonistas de ese proceso asombroso que se llama Reconquista. Y en ellas hay que pensar cuando se escribe la crónica de dos siglos de aventura, de supervivencia, de resistencia y, al final, de victoria. Sus sacrificios, su sudor y su sangre permitieron construir una comunidad política.

Honrarás a tu padre y a tu madre. Al fin y al cabo, de no ser por aquella gente, aquellos «asnos salvajes», nosotros no existiríamos hoy.

Capítulo 1

EL ORIGEN: LA INSURRECCIÓN DE LOS ASNOS SALVAJES

LA BATALLA DE COVADONGA

Estamos en 722. Hace once años que los moros han invadido la Península Ibérica y, aprovechando la descomposición del reino visigodo, se han hecho con el poder. El viejo reino godo, heredero de Roma, se ha hundido. El islam domina sin que nadie sea capaz de plantarle cara. Hasta ese año de Nuestro Señor de 722.

Viajemos a las montañas de Asturias, en la puerta de los Picos de Europa, cerca de Cangas de Onís. Allí hay una cueva llamada Covadonga, es decir, Cueva Dominica, Cueva de Nuestra Señora. Se llama así porque es centro de un culto mariano; muy probablemente era un lugar sagrado desde tiempo inmemorial. A esa cueva ha ido a parar un grupo de rebeldes cristianos. Covadonga es un lugar apto para refugiarse, un valle rodeado por montañas y también cerrado por montañas, con una única senda que escapa, precisamente, hacia las montañas. La historia no nos ha transmitido en qué momento del año ocurrió aquello. Podemos conjeturar que fue al final de la primavera, quizás en verano, porque la guerra, antiguamente, se detenía en invierno, cuando la naturaleza se rendía al frío.

Fijémonos ahora en los rebeldes. Son muy pocos, quizás unos cuantos centenares, tal vez menos. No hay sólo guerreros, sino también mujeres y niños. Han acudido allí huyendo. Unos pocos meses antes se habían levantado contra los moros: se negaban a pagar los impuestos que el gobernador musulmán exigía. Entonces comenzó la persecución. Unos pocos hombres, desorganizados y mal armados, en modo alguno podían imponerse al poderoso invasor. Las tropas moras, disciplinadas y entrenadas, fueron acosando a los rebeldes cristianos valle tras valle. Los daños que los cristianos podían infligirles eran escasos. Así llegaron los rebeldes, copados, al valle de Cangas, a la cueva de Covadonga.

¿Quién mandaba a los rebeldes? Pelayo, un guerrero visigodo. Pero los rebeldes no eran sólo visigodos, e incluso es muy probable que apenas hubiera godos entre ellos; la mayoría debían de ser astures, pobladores autóctonos de la cornisa cantábrica, que sin embargo habían encontrado en Pelayo a un líder capaz de acaudillar la resistencia. De Pelayo hablaremos después, también de los astures. Ahora quedémonos con ese cuadro: el puñado de rebeldes parapetados en su cueva. Y enfrente, el ejército más poderoso de su tiempo.

Los moros, a decir verdad, no habían prestado gran atención a aquel levantamiento de rebeldes cristianos: no dejaban de ser unos pocos cientos de nativos mal armados y peor alimentados. Pero el gobernador moro del norte peninsular, un berebere llamado Munuza, había aprendido a desconfiar de las apariencias. Tenía que acabar con aquel foco de rebeldía. Apurado, Munuza pidió refuerzos a Córdoba. Y el emir, Ambasa, accedió a enviar un cuerpo expedicionario al mando del general Al Qama. Dicen las viejas crónicas que 180.000 islamitas acudieron a la llamada. Seguramente no fueron más de 10.000. Suficientes, en todo caso, para acabar con aquellos pocos cientos de rebeldes cristianos encerrados en su cueva.

Así, en fin, se planteó la batalla. Los cristianos, pocos y sin alimentos; los moros, muchos y bien armados. Pero el terreno jugaba a favor de los cristianos: mover a un ejército numeroso por el laberinto asturiano de valles y montes, en una época como el sigo VIII, sin carreteras ni puentes, era un calvario. Y los rebeldes, por el contrario, conocían el terreno palmo a palmo. Los moros intentaron un acuerdo diplomático: enviaron a un obispo traidor, Don Oppas, para que convenciera a Pelayo de que debía entregarse y abandonar toda resistencia. Pelayo se negó y dio la batalla. Las tropas de Al Qama terminarían siendo diezmadas. La *Crónica de Albelda*, fechada en 881, en tiempos de Alfonso III, lo relató así:

Pelayo estaba con sus compañeros en el monte Auseva y el ejército de Alkama llegó hasta él y alzó innumerables tiendas frente a la entrada de una cueva. El obispo Oppas subió a un montículo situado frente a la cueva y habló así a Rodrigo: «Pelayo, Pelayo, ¿dónde estás?». El interpelado se asomó a una ventana y respondió: «Aquí estoy». El obispo dijo entonces: «Juzgo, hermano e hijo, que no se te oculta cómo hace poco se hallaba toda España unida bajo el gobierno de los godos y brillaba más que los otros países por su doctrina y ciencia, y que, sin embargo, reunido todo el ejército de los godos, no pudo sostener el ímpetu de los ismaelitas, ¿podrás tú defenderte en la cima de este monte? Me parece difícil. Escucha mi consejo: vuelve a tu acuerdo, gozarás de muchos bienes y disfrutarás de la amistad de los caldeos».

Pelayo respondió entonces: «¿No leíste en las Sagradas Escrituras que la iglesia del Señor llegará a ser como el grano de la mostaza y de nuevo crecerá por la misericordia de Dios?». El obispo contestó: «Verdaderamente, así está escrito». [...] Alkama mandó entonces comenzar el combate, y los soldados tomaron las armas. Se levantaron los fundíbulos, se prepararon las ondas, brillaron las espadas, se encresparon las lanzas e incesantemente se lanzaron saetas. Pero al punto se mostraron las magnificencias del Señor: las piedras que salían de los fundíbulos y llegaban a la casa de la Virgen Santa María, que estaba dentro de la cueva, se volvían contra los que la disparaban y mataban a los caldeos. Y como a Dios no le hacen falta lanzas, sino que da la palma de la victoria a quien quiere, los caldeos emprendieron la fuga.

Esta crónica no es la única versión de los hechos de Covadonga que ha llegado hasta nosotros. Hay otra, la versión mora, que es sustancialmente distinta. Es la crónica de Al-Maqqari, muy posterior, de principios del XVII, aunque recoge fuentes anteriores, y que explica los hechos de esta otra manera:

Dice Isa Ibn Ahmand al-Raqi que en tiempos de Anbasa Ibn Suhaim al-Qalbi, se levantó en tierras de Galicia un asno salvaje llamado Belay [Pelayo]. Desde entonces empezaron los cristianos en Al Ándalus a defender contra los musulmanes las tierras que aún quedaban en su poder, lo que no habían esperado lograr. Los islamistas, luchando contra los politeístas y forzándoles a emigrar, se habían apoderado de su país hasta que llegara Ariyula, de la tierra de los francos, y habían conquistado Pamplona en Galicia y no había quedado sino la roca donde se refugia el señor (*muluk*) llamado Belay con trescientos hombres. Los soldados no cesaron de atacarle hasta que sus soldados murieron de hambre y no quedaron en su compañía sino treinta hombres y diez mujeres. Y no tenían qué comer sino la miel que tomaban de la dejada por la abejas en las hendiduras de la roca. La situación de los musulmanes llegó a ser penosa, y al cabo los despreciaron diciendo «treinta asnos salvajes, ¿qué daño pueden hacernos?».

La versión cristiana está, evidentemente, destinada a glorificar la resistencia de Pelayo. La versión mora, inversamente, a restar importancia a lo que sucedió en Covadonga, dando a entender que los moros abandonaron voluntariamente el asedio por desprecio a los resistentes, aquellos «asnos salvajes». ¿Quién tiene razón? ¿Qué versión está más cerca de la verdad? Imposible saberlo. Sin embargo, el desarrollo posterior de los acontecimientos indica que los moros fueron, en efecto, derrotados, porque el hecho es que Munuza abandonó Asturias y los astures pudieron organizar su vida lejos del poder musulmán.

¿Qué pasó exactamente en Covadonga? Podemos reconstruirlo sin temor a faltar demasiado a la verdad. Los rebeldes cristianos, efectivamente pocos y mal armados, pero fuertes en un terreno que conocían, fueron atacados por los musulmanes. Éstos, tal vez, habrían podido obtener la victoria si se hubieran limitado a un asedio para matar de hambre a los rebeldes. Pero, llevados probablemente del desprecio que sentían hacia aquellos «asnos salvajes», cometieron el error de atacar. Un error, sí, porque mover ejércitos por un paraje como aquél, montañoso, y para ellos desconocido, era arriesgarse al colapso. Ese motivo legendario de que las flechas moras, al llegar hasta donde estaban los cristianos, daban la vuelta y volvían sobre los atacantes, admite una interpretación más realista: cuando se lanza una flecha hacia arriba, es difícil mantener la puntería. Eso sin contar con que las flechas, rebotando en la piedra, volvieran a caer por pura ley de la gravedad. Y todo indica que un ejército así, desconcertado, atacado desde lo alto por piedras y flechas, incapaz de responder y de moverse, muy bien pudo ser desarbolado por la carga de unos pocos hombres decididos y que actuaran sobre un solo punto, como dice la tradición que hizo Pelayo. Sorprendidos, los moros trataron de retroceder hacia terreno llano, en la campa de Cangas. Inútilmente. En esa carga cuenta asimismo la tradición que murió Al Qama, el jefe musulmán, y que cayó preso Don Oppas, el obispo traidor, del que nunca más se supo.

La gran derrota de los musulmanes, sin embargo, llegó después. Con sus filas desordenadas, trataron de replegarse para recomponer sus fuerzas. Se retiraron como pudieron por los macizos de los Picos de Europa, que desconocían, exponiéndose a todo género de emboscadas. Se cuenta que por Amuesa salieron a Cosgaya, en la vertiente cántabra, en el valle de Liébana. Allí fue la hecatombe. Atrapados en una montaña sin salida, anegados por los ríos desbordados, acosados en todos los flancos por los rebeldes montañeses, que desde lo alto de las laderas desprendían grandes rocas sobre ellos, el orgulloso cuerpo expedicionario de Al Qama terminó aniquilado por los «asnos salvajes», los rebeldes cristianos. Muy poco después, el gobernador moro del norte, Munuza, abandonaba Gijón. Dice la tradición que fue derrotado y muerto en su fuga.

Ya fuera una gran batalla campal, como dicen las crónicas cristianas, o ya sólo una violenta escaramuza, como sostienen hoy muchos historiadores, el hecho es que Covadonga señaló el punto de partida de la Reconquista. Allí los moros perdieron por primera vez, allí los rebeldes cristianos ganaron por primera vez.

En los próximos capítulos hablaremos más de sus protagonistas y del contexto histórico, la invasión musulmana, cómo se colapsó el reino visigodo, quién era realmente Pelayo, quiénes eran aquellos rebeldes astures, qué ocurrió después de la batalla. Por ahora, quedémonos con lo esencial: después de Covadonga, poco a poco iba a ir formándose una España que ya no era la Hispania romana ni la España visigoda, sino una hija de ambas que, para sobrevivir, iba a tener que enfrentarse a un enemigo abrumadoramente superior. Comenzaba una de las aventuras más portentosas de la historia universal.

CÓMO SE HUNDIÓ EL REINO DE LOS VISIGODOS

Hemos comenzado esta historia de la Reconquista hablando de Covadonga, la batalla fundacional, en 722. Fue el primer revés que sufrían los moros desde que invadieron la Península Ibérica en 711. Pero el mero planteamiento de esa batalla nos abría una serie de preguntas. ¿Cómo pudo hundirse el reino visigodo en España? ¿Quiénes eran esos moros que irrumpieron violentamente en nuestra historia y cómo fue posible que tardaran tan poco tiempo en adueñarse de toda la Península? ¿Quién era realmente Pelayo? ¿Quiénes eran aquellos astures que se levantaron contra el moro? Y, después de Covadonga, ¿qué pasó? Vamos a contestar a todas estas preguntas, y vamos a empezar por la primera: ¿Cómo pudo hundirse el reino visigodo en España?

Ante todo, situemos a los godos en la historia, en nuestra historia. Los godos fueron quienes mantuvieron la unidad de Hispania desde el fin de la Antigüedad hasta la Edad Media. Los españoles habían comenzado a tener conciencia de formar una unidad gracias a Roma. Roma hizo Hispania. No creó una conciencia nacional, porque entonces las naciones no existían, pero sí forjó un sentimiento de comunidad en la Península. Cuando el Imperio romano se hunda, entre los siglos IV y V, los godos recogerán su legado. Y aquí construirán un territorio unificado, una corona única, una religión común, un legado cultural y un derecho unificado. Ésa fue su obra.

¿De dónde habían salido los godos? Venían de muy lejos, de algún lugar de la Germania, quizá procedentes de Suecia. Desde allí pasaron a los Balcanes y después a la misma Roma. Durante ese largo periplo, el pueblo godo se dividió: en el este quedaron los ostrogodos, en el oeste los visigodos. Son éstos, los visigodos, los que llegan a Hispania hacia el año 410. Después de guerrear contra el Imperio, terminarán combatiendo para él. Ellos serán quienes venzan, inicialmente por encargo de Roma, a los pueblos bárbaros que invadieron Hispania en el siglo V: vándalos, suevos, alanos. Y cuando el Imperio romano se hunda definitivamente, en 476, quedarán como únicos dueños y señores del país.

Los visigodos, que ya habían ido entrando en la Península, empezarán a llegar ahora en masa, empujados a su vez por los francos, que se han extendido por la Galia. Primero entran los guerreros, después sus familias y el conjunto de sus clanes. ¿Cuántos eran? Se calcula que, en total, el número de visigodos que se estableció en España, en sucesivas oleadas, podría rondar los 200.000 a lo largo del siglo V. No se expanden de forma homogénea: se instalarán sobre todo en la meseta, dentro del triángulo Palencia-Toledo-Sigüenza (lo que más tarde se llamará Campos Góticos), y también en el entorno de La Rioja y La Bureba. El resto de la Península sigue siendo netamente hispanorromano.

Nace así un reino singular, con dos caras: una mayoría de población hispanorromana, de religión católica, que además controla la administración heredada del Imperio, y una minoría germánica, de religión cristiana arriana —la herejía de moda en el siglo V— a la que corresponde el poder regio y la fuerza militar. La distinción es tan neta que cada comunidad se rige por su propio derecho. La nueva situación es políticamente caótica, pero socialmente empiezan a asentarse muchas cosas. Primero, la sociedad se ruraliza, las grandes ciudades romanas se despueblan. Y además surge el arte visigodo, una forma de entender la vida que ya es un diálogo entre lo romano y lo germánico.

Es un paisaje extraordinariamente conflictivo. Los visigodos están en guerra con los suevos, que controlan el noroeste peninsular; con los francos, que acaban de echarles del norte de los Pirineos; con los pueblos cantábricos, que escapan a su control; con los bizantinos, que han tomado fuertes posiciones en el sureste peninsular, y también con los propios terratenientes hispanorromanos, que protagonizarán diversas revueltas de dispar entidad en el sur. Todo eso por no hablar de las permanentes querellas entre los propios godos, cuyos reyes son asesinados con una frecuencia pasmosa.

Lo que le faltaba al reino de los visigodos para ser un reino cohesionado era poder unir a las dos comunidades —la goda, minoritaria, y la hispanorromana, mayoritaria—, y éste es el proceso que van a promover una serie de figuras fundamentales. Primero, el rey Leovigildo, entre 572 y 586. Leovigildo instala la capital del reino en Toledo, pacifica la Península derrotando a sus enemigos, es el primer rey que usa corona y cetro y, sobre todo, promulgará la primera ley sobre matrimonios mixtos entre godos e hispanorromanos. Esto fue una revolución para aquel momento, porque hasta entonces ambas comunidades seguían jurídicamente separadas.

Con la ley de Leovigildo comenzaba la fusión entre godos e hispanorromanos. Pero aún había un elemento de separación, que era el religioso: la distinción entre católicos y arrianos. Este asunto creará un conflicto feroz entre Leovigildo, arriano, y uno de sus hijos, Hermenegildo, convertido al catolicismo; tan feroz que el episodio terminará con la ejecución de Hermenegildo, que será beatificado después. Pero el paso decisivo lo dará otro hijo de Leovigildo, Recaredo, el heredero del trono, cuando decida convertirse al catolicismo. Fue el 6 de mayo de 589.

La última etapa en la gran unificación fue la jurídica, la leyes, porque aún seguía habiendo dos derechos: el romano y el germánico. Y quien cambió eso, en la línea de sus predecesores, fue el rey Chindasvinto, que decidió elaborar un solo código para todos. ¿Quién le ayudó en la tarea? Braulio de Zaragoza, un sacerdote discípulo de San Isidoro de Sevilla. Son dos de las grandes figuras de la cultura hispanogoda. Así nació el *Liber Iudiciorum*, llamado también Código de Recesvinto, porque fue éste, hijo de Chindasvinto, quien culminó la tarea en el año de Nuestro Señor de 654. Y Recesvinto, de paso, introdujo una novedad fundamental: fijar el tesoro de la corona, para que los reyes no pudieran aumentar sus bienes a costa de los súbditos. Un gran tipo.

A lo largo de todo este proceso, los godos habían ido construyendo en España un reino digno de ese nombre. Ahora bien, esa tarea se vendría abajo por culpa de los propios godos. ¿Qué ocurrió?

Fundamentalmente, ocurrió que los nobles, dueños de la tierra, se opusieron al poder del monarca. Hay que señalar que la monarquía, entre los godos, era en general electiva, es decir, que el rey era elegido por los nobles; cada vez que un rey quiso nombrar sucesor, hubo problemas. El sistema electivo, en apariencia más democrático que la monarquía hereditaria, sin embargo iba a desencadenar un sinfín de desastres. Numerosos reyes godos murieron asesinados por sus rivales. A partir del reinado de Wamba, todo empezó a torcerse. Las querellas entre facciones de poder se hicieron insostenibles.

A este Wamba le pasó una cosa atroz. Él fue el último gran rey godo. Había intentado sofocar las revueltas de los nobles, y con éxito. También había reformado seriamente el reino, suprimiendo privilegios abusivos y creando un clima de mayor justicia. Y no sólo eso, sino que además había logrado detener una primera invasión musulmana allá por 672. Pero las facciones de nobles que le eran hostiles se conjuraron contra él, le secuestraron, le drogaron, le raparon la cabeza y le pusieron un hábito, fingiendo que el rey se había hecho monje y, por tanto, debía renunciar al trono. Así fue depuesto Wamba.

A partir de Wamba, el reino se descompone. Podemos ahorrarnos más detalles sobre la sucesión de reyes: Ervigio en 680, Égica en 687, Witiza en 702… En 710 Witiza muere y deja en el trono a su hijo Agila, a quien antes había asociado a la corona. Eso contradecía la tradición electiva de la monarquía goda, de manera que una facción de la nobleza de palacio coronó rey a un aristócrata llamado Don Rodrigo. El enfrentamiento entre facciones nobiliarias pasó a convertirse en algo parecido a una guerra civil.

Agila y sus partidarios —el partido «witiziano»— controlaban el norte y el este de España; Rodrigo y los suyos, el sur y el oeste. El resultado de la lucha era incierto. Fue entonces cuando la facción de Agila tomó una decisión que terminaría siendo catastrófica: pedir ayuda a los musulmanes del otro lado del Estrecho de Gibraltar para que sus armas inclinaran la balanza del lado witiziano. El obispo de Toledo, Don Oppas, tío de Agila, fue el encargado de hacer la solicitud; ya hemos visto cómo, después, las crónicas le situarán en Covadonga. Pero aquí aparece, además, un personaje fundamental: el conde Don Julián, gobernador de la región de Ceuta, una plaza que ya entonces era hispana y goda, como antes había sido hispana y romana.

Dice la leyenda que Don Julián guardaba rencor a Don Rodrigo porque éste, años atrás, había seducido y deshonrado a su hija, Florinda la Cava. Esto es tradición y no hay prueba de tal cosa. Lo que sí se sabe es que Don Julián era hombre de confianza de Witiza, el viejo rey; que ahora, en la guerra civil, era partidario de Agila, el hijo de Witiza, y además, que estaba en buenas relaciones con los musulmanes, en especial con los jefes político y militar del área de Tánger, que eran Muza y Tarik respectivamente. Al parecer, Don Julián costeó el traslado de tropas musulmanas a la Península. Hubo, según parece, un primer desembarco tentativo que las huestes de Rodrigo aplastaron en Algeciras. Pero el 30 de abril de 711, Tarik, al frente de 7.000 hombres, desembarcaba en Gibraltar (que se llama así precisamente por aquel moro, Yabal Tariq, «montaña de Tarik») y se presentaba a orillas del Guadalete, en lo que hoy es el Puerto de Santa María. Allí tendría lugar la batalla decisiva.

En el Guadalete se consumó la traición. Rodrigo, que en ese momento se hallaba en el norte, probablemente en Pamplona, corrió hacia el sur tratando de organizar un ejército a toda velocidad. Pese a todo, no le faltaron apoyos: aparentemente, todos los visigodos hicieron causa común, abandonaron sus querellas y se unieron frente a la amenaza extranjera. Rodrigo llegó al campo de batalla con 40.000 hombres, según las crónicas, frente a los 12.000 bereberes que había llegado a reunir el ejército invasor. Pero cuando comenzó el combate los witizianos descubrieron sus cartas: abandonaron las filas cristianas, se retiraron del campo de batalla y dejaron a Rodrigo con los flancos descubiertos y en inferioridad ante los moros.

Fue un desastre. Dicen que el combate fue duro, pero las huestes de Rodrigo no podían ofrecer más que su disposición a morir. La caballería ligera de los bereberes hacía estragos en el contingente visigodo, rodeado y sin capacidad de maniobra. El séquito de caballeros de Rodrigo, así como sus espatarios, su guardia de corps, sucumbieron casi por entero. Y del rey, ¿qué fue? El caballo de Rodrigo fue encontrado cadáver días después, cubierto de flechas, río abajo. De Rodrigo nunca más se supo. Tampoco, por cierto, se supo más del conde Don Julián.

Sabemos que los moros no desaprovecharon la oportunidad: pocos meses después, Muza desembarcaba con 18.000 árabes de refresco y se dirigía contra los centros neurálgicos del reino. En 714 caía Toledo, la vieja capital visigoda. A continuación, casi toda la Península. De eso hablaremos después. Pero, mientras tanto, preguntémonos qué fue de Agila y los witizianos, aquellos que habían llamado a los moros en su socorro.

Al parecer, Agila fue reconocido como rey por la nobleza visigoda. Pero aquella gente encontró un obstáculo que no esperaba: Agila sería rey si a los moros les parecía bien, y si no, no. Y los moros no iban a ponerle las cosas fáciles. Primero, Agila viajó a Toledo, junto a sus hermanos Alamundo y Artobás y un extenso séquito, para obtener de Tarik, el victorioso caudillo musulmán, el reconocimiento como rey. Pero Tarik se lavó las manos y remitió el problema a su jefe político, Muza, el cual, a su vez, vio que aquello excedía de sus competencias y envió a Agila a Damasco, nada menos, para que fuera el califa en persona quien decidiera sobre el asunto.

Agila marchó a Damasco. Dicen que el califa le trató bien, pero la respuesta se demoraba hasta el infinito. Como Agila tardaba en volver, los visigodos del nordeste de la Península nombraron un nuevo rey: un tal Ardón, que desde Narbona resistirá a los musulmanes hasta 720. En cuanto al rastro de Agila, se perdió para siempre. Dicen algunas fuentes que volvió a España lleno de riquezas, pero sin poder político, y que gobernó como rey títere en una zona reducida del norte de la Península. Murió poco después de volver a España, en 716.

En la amargura de la derrota, los escasos supervivientes del ejército de Rodrigo huían al norte, buscando un refugio seguro. Entre esos supervivientes sitúan las crónicas a un espatario que pronto daría que hablar: Pelayo.

¿Y QUIÉNES ERAN LOS MOROS?

Pronto nos ocuparemos de Pelayo, pero antes hay que responder a una serie de preguntas importantes. ¿Quiénes eran los moros? ¿De dónde venían? ¿Qué buscaban aquí? ¿Y cómo pudo expandirse el poder musulmán por la Península con tanta rapidez?

La monarquía visigoda, recordemos, había entrado en una guerra interna. Dos facciones se enfrentaban por el poder. Una de ellas llamó en su socorro a los musulmanes del norte de África. Pero ¿qué hacían los musulmanes allí? ¿Y quiénes eran exactamente esos musulmanes? Cuando se narra este episodio suele darse por hecho que los musulmanes estaban allí, en el norte de África, desde siempre. No es así. De hecho, hacia 711 el islam era un recién llegado.

Señalemos algunas fechas esenciales. En el corazón de Arabia, Mahoma comienza su predicación hacia 610. Perseguido, debe huir. Sin embargo, la predicación de Mahoma no deja de hacer su efecto en una tierra hasta entonces dividida en tribus de nula organización política y con unas religiones muy primarias, de tipo animista. Hacia 630, la religión que enseña Mahoma se ha convertido en la nueva fe de las tribus árabes. Como en el islam la organización religiosa corre pareja con la estructura política, en torno a esa fe se edifica el embrión de un Estado nuevo, el primer Estado musulmán, bajo la inspiración del mismo Mahoma. Cuando Mahoma muera, ese Estado será heredado por sus hijos, que lo extenderán hacia Palestina y Siria. El califa no es sólo un rey: es el heredero vivo de Mahoma. Inevitablemente, los distintos clanes de herederos se enfrentarán entre sí por hacerse con el califato. Será el clan Omeya quien triunfe: él trasladará el califato desde Arabia hasta Damasco, en Siria, en el año 661.

Para entonces la expansión del islam ya era un hecho consumado. Uno de los pilares fundamentales del islam es la expansión de la fe, que no se concibe como predicación pacífica, sino que incluye el recurso a la guerra: eso es la guerra santa o *yihad,* y los musulmanes hacen abundante uso de ella. La expansión hacia el norte les está vetada por el poderío del Imperio bizantino, heredero de Roma en el este del viejo Imperio, pero hacia oriente y occidente de Arabia no hay nada que les pueda oponer resistencia. Hacia oriente, el Imperio persa se ha descompuesto y será presa fácil de los guerreros de Alá. Hacia occidente, las tierras de Egipto y Libia, hasta Cartago y lo que hoy es Marruecos, carecían de estructura política capaz de presentar una potencia alternativa. En este contexto puede entenderse mejor la rapidísima expansión islámica: en el año 640 caen El Cairo y enseguida Alejandría, en Egipto; en 650, la frontera persa; en 670, Cartago y después el Magreb.

Cuando los musulmanes llegan al norte de lo que hoy es Marruecos, lo que encuentran no es tierra vacía. Aquí ha estado la Mauritania Tingitana, uno de los territorios más prósperos de la vieja Roma. De aquí ha salido uno de los grandes sabios y santos de la Antigüedad cristiano-romana, San Agustín de Hipona. Aunque la caída del Imperio romano y la llegada de los bárbaros redujeron todo aquello a cenizas, la influencia bizantina y visigoda ha preservado buena parte del antiguo esplendor. Los moros —la palabra «moro» viene de Mauritania— intentan al menos tres veces pasar a la Península, pero los visigodos les detienen. Más fácil les resulta dejar sentir su influencia sobre el condado de Ceuta, cuyo jefe, Don Julián, va a encontrar en los aguerridos musulmanes unos oportunos aliados para una misión concreta: ayudar a uno de los bandos que pelean por el poder en la España visigoda.

Hay que señalar una cosa importante: esto de echar mano de ayuda extranjera en las querellas intestinas, a modo de tropa mercenaria, no era ni mucho menos inusual en aquel tiempo. Las tropas bizantinas, por ejemplo, ya habían decidido un par de episodios semejantes en la propia España visigoda. Luchas parecidas se vivían con frecuencia en la Francia merovingia y carolingia; hemos de darnos cuenta de que estamos hablando de lugares y épocas en los que el poder de las monarquías no está en absoluto asentado, no hay Estado en el sentido moderno del término, ni siquiera en el sentido medieval, y el poder viaja de un lado a otro según quién sea más fuerte. A estos aliados extranjeros, los beneficiarios les recompensaban con tierras y riquezas, y ahí se cerraba el negocio. No había razones para pensar que los musulmanes, aquellos nuevos inquilinos del norte de África, fueran a actuar de modo distinto; nadie pudo prever que no se conformarían con la recompensa habitual, sino que además buscarían, por mandato de su propia religión, la expansión territorial, el poder político.

Aquí ya hemos contado cómo sucedió todo: la llegada de Tarik, primero, con sus bereberes; su decisiva intervención en la batalla de Guadalete; la derrota de los rodriguistas; el posterior desembarco de Muza con refuerzos árabes; el chasco de Agila, el visigodo vencedor, que se encontró sin la corona por la que había luchado. ¿Qué estaba pasando? Algo tan simple como lo siguiente: el verdadero vencedor, que era el moro, no iba a soltar la presa. Con Rodrigo derrotado y los witizianos a por uvas, los musulmanes no pierden el tiempo. Dividen sus fuerzas en tres líneas y se dirigen rápidamente hacia otros tantos objetivos: un contingente se encamina hacia Málaga y Elvira (Granada); otro, hacia Écija y Sevilla; un tercero, a cuyo frente va el propio Tarik, se planta en Toledo y se adueña de la capital visigoda, llegando hasta Alcalá de Henares. En apenas tres años, el sur del reino visigodo, sus regiones más prósperas y mejor organizadas, ya habían caído bajo el poder musulmán. Después caerán Talavera, Zaragoza, Lérida…

En este punto es imposible no hacerse una pregunta. ¿Cómo fue que nadie opuso resistencia, al margen de los visigodos fugitivos de Narbona bajo el mando de Ardón? ¿Cómo es posible que la estructura política, administrativa e incluso religiosa de la Hispania visigoda se derrumbara como un castillo de naipes ante la fuerza musulmana, que, pese a sus éxitos militares, nunca fue numéricamente superior a la que hubiera podido reunir un enemigo resuelto? Casi todos los historiadores están de acuerdo en que la rápida conquista del poder por los musulmanes se debió a un azaroso cúmulo de circunstancias. Vamos a verlas.

En primer lugar, los visigodos del bando witiziano no veían a los musulmanes como a enemigos, sino como a aliados, lo cual efectivamente eran; no había razón alguna para que les hicieran la guerra. Por otra parte, los witizianos, carentes de rey, no supieron ni pudieron organizarse. Seguramente ni siquiera sintieron la necesidad de hacerlo.

Segunda razón: la penetración musulmana había sido muy bien acogida y probablemente hasta estimulada por influyentes sectores de la propia población peninsular. En efecto, parece probado que tanto los terratenientes hispanorromanos como la población judía, y en particular esta última, consideraba a los moros como a unos salvadores frente a la opresión de la monarquía visigoda, ciertamente áspera en los decenios anteriores.

Tercera causa de la expansión musulmana: al principio el nuevo poder no presentó un perfil avasallador y despótico, sino que pactó un poco por todas partes con los dueños de la tierra, ya fueran hispanorromanos o nobles godos, permitiéndoles conservar sus dominios a cambio de un impuesto y un acto formal de sumisión. Es bien conocido el caso de Teodomiro, que gobernaba en la región sureste, en torno a Murcia, y que años antes había desarbolado un intento de invasión musulmana. Ahora, en la nueva situación, este mismo Teodomiro aceptó el poder del califato a cambio de seguir gobernando sus territorios. Lo mismo hará un noble del valle del Ebro, Casio, cuya familia, islamizada, va a acompañarnos en muchos capítulos de nuestra historia: los Banu-Qasi.

Hay una cuarta razón, de carácter religioso, que es muy importante subrayar, porque explica la fácil avenencia de los españoles de la época hacia el nuevo poder. Es que el islam de aquella época, temprano siglo VIII, era un credo ostensiblemente elástico. Las normas del islam, con su conocida rigidez, no empiezan a fijarse hasta entrado el siglo siguiente. En el momento de nuestro relato, siglo VIII inicial, el islam era una fe que se presentaba como prolongación de las religiones del Libro, judía y cristiana, y cuya fundamental novedad era presentar a Jesús no como a un Dios, sino como a un hombre elegido por Dios. Particularidad esta última, por cierto, que no dejaba de corresponder con los planteamientos de la herejía arriana, muy extendida entre los visigodos.

En esas condiciones, y por todas estas razones a la vez, podemos suponer que, para la mayoría de la población, la llegada de aquellas nuevas gentes no sería muy distinta a lo que supuso la llegada de los propios godos tres siglos antes: una nueva élite guerrera se había hecho con el poder, nada sustancial iba a cambiar. Y sin embargo, todo cambiaría.

Todo cambiaría, en efecto, porque los nuevos ocupantes no iban a contentarse con ostentar el poder, sino que querían extender su dominio por todas partes y, al cabo, construir un nuevo país a su propia imagen y semejanza. En los años siguientes, grandes grupos de colonos árabes, bereberes y egipcios van entrando en la Península. Parece que no llegarán a ser más de 60.000 en todo el siglo VIII —los godos, por ejemplo, habían sumado la cifra de 200.000, como mínimo—, pero eso era suficiente para hacerse con los principales resortes del poder. En todo el territorio peninsular, los viejos dueños pactan con el nuevo amo, se convierten al islam, le pagan tributos. Pronto los moros aspiran a ir más allá de la Península y se dirigen hacia el norte, al otro lado de los Pirineos. La vieja Hispania ya era, para los moros, tierra conquistada.

El destino no iba a ser amable con los capitanes de la conquista mora de España. Muza fue llamado a Damasco para rendir cuentas de su conquista. Al califa, Soleimán, no le gustó nada el reparto del botín y condenó a Muza a la pena de muerte. Le fue conmutada por una severa multa, pero Muza ya no volvería a España; fue asesinado en una mezquita de Damasco en 716. Antes de viajar a Damasco, Muza había dejado como gobernador de Sevilla a su hijo Abd-al-Aziz. Éste se casó con la viuda de Rodrigo, Egilona, la cual, al parecer, ejerció tal influencia sobre su nuevo marido que le llevó a convertirse al catolicismo y coronarse rey de España. Abd-al-Aziz también fue asesinado, se cree que por orden del propio califa Soleimán, y su cabeza enviada a Damasco. En cuanto a Tarik, el lugarteniente de Muza, aquel que dio nombre a Gibraltar, tampoco tendría un futuro brillante. Se cree que fue él, Tarik, el principal acusador de Muza. Pero Tarik murió también muy pronto, en 720, igualmente en Damasco, olvidado de todos.

Y mientras todo eso ocurría, oscuros grupos de vencidos iban refugiándose en el norte, en la cornisa cantábrica, escapando de la furia del vencedor. De esos grupos de vencidos nacería el núcleo inicial de la Reconquista.

EL DESTINO DE DON PELAYO

Habíamos dejado a los moros dueños de la Península, vencedores en Guadalete, y a las escasas huestes de Don Rodrigo huyendo tanto de los moros como de los partidarios de Agila, que en este momento aún eran el mismo bando. El poder musulmán se afianza sobre la base de su pacto con Agila y el partido witiziano; añadamos el apoyo de la población judía, que creía librarse así de un áspero enemigo, y también la indiferencia y hasta la aquiescencia de los dueños de la tierra, que no veían en peligro sus posesiones si se sometían al islam. Los fugitivos son sólo una minoría que a nadie inquieta. Entre esos fugitivos hay un hombre que dará que hablar: Pelayo.

¿Quién era Pelayo? Lo que sabemos sobre él es lo que las crónicas nos han legado. Y, por cierto, ya que las crónicas son tan aludidas, detallemos cuáles son. Por un lado tenemos las crónicas cristianas: las tres crónicas de Alfonso III —la *Albeldense*, la *Rotense* y la *Sebastianense* u *Ovetense*—, escritas a finales del siglo IX, prolongadas siglos más tarde por las crónicas *Najerense* y *Tudense*. Por otro, las crónicas árabes: la *Fath Al Ándalus* (*La conquista de Al Ándalus*), del siglo XII, y la posterior de Al Maqqari. Son esos relatos los que han conformado la imagen canónica de aquel periodo. Estos textos reconstruyen hechos ocurridos mucho tiempo atrás y lo hacen con una finalidad que poco tiene que ver con los criterios de la historia moderna, de manera que no podemos tomarlos como fuentes de absoluta veracidad descriptiva. Pero es lo único que tenemos.

Así pues, ahí está ese Pelayo, fugitivo tras la derrota de Guadalete. Pelayo era un guerrero del bando de Don Rodrigo. Se le atribuye la función de espatario o incluso conde de espatarios. Un espatario era literalmente el que cuidaba las espadas (del rey). Traduzcámoslo al lenguaje contemporáneo como un guardia de corps, un miembro más o menos relevante de la guardia personal de Rodrigo. No es un estatuto menor: la función de las armas tan cerca del rey implica nobleza de origen. Y de Pelayo se cuenta, en efecto, que era noble, hijo del duque Favila, del linaje de los reyes Recesvinto y Chindasvinto.

¿De dónde era duque este Favila, el padre de Pelayo? No lo sabemos con certeza. Una línea de la tradición le atribuye el ducado de Cantabria; otra, el de Galicia, y aún más recientemente se considera que debió de ser duque en tierras asturianas. El hecho es que la familia de Favila se vio envuelta en las duras querellas de poder de la monarquía hispanogoda. Hacia finales del siglo VII, el rey, que en aquel momento era Égica, envía a Favila a Galicia. Poco después llega a Galicia, concretamente a Tuy, el hijo del rey, Witiza, asociado al trono. Witiza y Favila discuten por un asunto de mujeres. No sabemos si la causa del conflicto fue la esposa de uno de ellos o alguna otra mujer. Quizá la disputa fuera manifestación de una enemistad política previa. Lo que sabemos es que, en la pelea, Witiza golpea a Favila en la cabeza con un bastón y le hiere de muerte. A partir de ese momento, los hijos de Favila quedan enfrentados a Witiza. Y cuando Witiza suba al trono, en 702, Pelayo tendrá que salir a escape.

Expulsado de Toledo, mal visto por los amigos del rey, Pelayo emprende un periplo que la tradición ha vestido con ropas muy sugestivas. Primero acude al norte, donde le acogen los amigos y familiares de su padre. Pero la hostilidad del rey no ha disminuido, de manera que Pelayo decide marchar peregrino a Jerusalén. De este viaje a Tierra Santa sabemos poco. ¿Realmente hubo tal? Es improbable, pero no es imposible. En todo caso, Pelayo tardará poco en reaparecer en España. En 710 muere Witiza. Éste ha reservado la sucesión en el trono a su hijo Agila, pero una facción de la nobleza, como ya hemos visto, elige rey a Rodrigo. Pelayo está en el partido de Rodrigo. No sólo por su enemistad con los witizianos, sino porque Rodrigo y Pelayo eran de la misma sangre: sus padres —Teodofredo y Favila, respectivamente— eran hermanos. Asuntos de familia.

Fiel a sus compromisos, Pelayo comparece junto a Rodrigo en Guadalete. Con él conocerá el sabor amargo de la derrota. Ante el empuje musulmán, Pelayo busca refugio en la vieja capital del reino, Toledo. Ésta, no obstante, tardará poco en caer.

Los restos del partido de Rodrigo tienen que volver a huir. La mayoría se dirigirá hacia Narbona, en Francia, donde la posición de los visigodos es más segura. Pelayo tomará otro camino: no irá hacia Francia, sino hacia el norte, a Asturias. Dice la tradición que consigo llevará las sagradas reliquias que el arzobispo de Toledo, Urbano, le había confiado, el *lignum crucis* traído por los peregrinos de Jerusalén, la vestidura entregada por la Virgen a San Ildefonso, las obras de San Isidoro, San Ildefonso y San Juliano. Hay quien añade al lote el tesoro de la corona visigoda.

¿Por qué Pelayo fue a Asturias y no a Narbona, como los demás? Éste es un asunto muy debatido; lo estudiaremos después. Quedémonos ahora con la imagen de ese guerrero vencido que se refugia en tierras asturianas. Asturias no ha quedado al margen de la invasión musulmana. Entre 712 y 714 ha habido incursiones moras. Recordemos que los moros no representan a una potencia extranjera, sino al partido de Agila y los witizianos. El poder musulmán no es el de un ejército que ocupa territorios, sino el de una facción vencedora que proclama su hegemonía y exige tributos. Así se instala en Gijón —otros dicen que en León— un nuevo gobernador: Munuza, un musulmán berebere. Los clanes dominantes en Asturias capitulan, como los del resto de la Península. Probablemente también capitularía la familia de Pelayo.

A estas alturas, la vida de Pelayo podría haber continuado como la de cualquier otro noble hispanogodo: sometido al islam y pacífico propietario de una porción de tierra (tierras en el área de Siero, dice la tradición cronística). Pero ocurrió algo que iba a cambiar las cosas. Aunque las crónicas lo relatan de manera confusa, trataremos de desenredar el hilo. Pudo ser como sigue.

El nuevo poder moro no se manifestó de manera pacífica. Las crónicas musulmanas nos presentan a Muza atacando al enemigo cristiano, saqueando sus tierras, destruyendo las iglesias y robando las campanas. La violencia era el arma de convicción para forzar la capitulación y recabar los tributos. A modo de garantía, los clanes cristianos se ven en la obligación de enviar rehenes a Córdoba. Esos rehenes son la prenda de la paz, pero son también la materia de una extorsión: responderán con su vida del pago de los impuestos.

En una de esas cuerdas de rehenes que se dirigen hacia Córdoba aparece Pelayo, enviado por el mismísimo gobernador Munuza. No sabemos si Pelayo viajaba a Córdoba en calidad de rehén, de preso o acompañando a la comitiva. Lo que la tradición nos cuenta es que el viaje de nuestro guerrero a Córdoba fue una maniobra de Munuza con un objetivo muy claro: alejar de Asturias al guerrero para que el moro pudiera desposarse con la hermana de Pelayo, Adosinda. Los matrimonios entre los nuevos gobernantes y las mujeres de la vieja élite goda no eran cosa infrecuente. Recordemos que el hijo de Muza, Abd-al-Aziz, había desposado a la viuda de Don Rodrigo. Esos matrimonios eran una vía rápida y eficaz para asegurar el dominio de los nuevos amos del país. Por así decirlo, manifestaban de forma física, directa, material, la continuidad entre el poder viejo y el nuevo. Ahora bien, Pelayo no estaba por la labor. Enterado del asunto, nuestro héroe abandona Córdoba y vuelve a Asturias.

Estamos en el año 718. En algún lugar de Asturias, probablemente en la campa de Cangas de Onís, Pelayo es alzado sobre el pavés y elegido príncipe, o caudillo, o líder o rey de los asturianos. Acaba de nacer un foco de rebeldía que va a convertirse en un quebradero de cabeza para los musulmanes. Entre los rebeldes hay de todo, desde viejos guerreros vencidos que buscan revancha hasta clanes astures que no quieren pagar impuestos. Munuza ha puesto precio a la cabeza de Pelayo. Los rebeldes, por su parte, hostigan a los moros allá donde pueden: en los caminos, en las montañas, en los campos.

Las hostilidades se enquistan hasta el extremo de que los moros deciden hacer una demostración de fuerza. Hay en Córdoba un nuevo gobernador, Anbasa, que ha doblado los impuestos a los cristianos y ha ordenado confiscar los bienes de los judíos. Anbasa está por la mano dura y quiere someter con las armas el foco de rebeldía asturiano. Envía a la región una fuerza expedicionaria al mando del general Alkama. Es 722. Los cristianos, encabezados por Pelayo, se refugian en Covadonga. Allí derrotarán a los moros. Lo hemos contado ya.

Covadonga hizo verdaderamente rey a Pelayo. La tradición atribuye al caudillo un hecho sobrenatural que tuvo lugar en Covadonga y que expresó el favor divino para con los rebeldes. Miraba Pelayo las evoluciones de la morisma, que se acercaba al pie del monte Auseba, cuando en el cielo se le apareció una brillante cruz de color rojo; Pelayo construyó a su imagen una cruz con dos palos de roble, y ése fue su estandarte durante la batalla. Otra tradición explica lo mismo de manera distinta. Como el rojo pendón de los godos había desaparecido en el Guadalete, un ermitaño de vida ejemplar que habitaba la cueva de Santa María, la Cova Donga, puso en manos de Pelayo una cruz de roble y le dijo «he aquí la señal de la victoria». Será una cosa o será la otra, pero el hecho es que Pelayo tomó la cruz por enseña en la batalla contra los moros.

Los cristianos ganaron. Los moros pusieron pies en polvorosa. El triunfo de Pelayo hizo que otros muchos, en la cornisa cantábrica, se sumaran a la rebelión. Para los musulmanes se abría en el norte un paisaje poco alentador: tierras difíciles, de limitado valor económico y estratégico, cuyo dominio iba a traer más riesgos que beneficios. Los moros se marcharon de allí. Así pudo consolidarse la precaria corona de Pelayo en un tiempo en que el trono cristiano era, como se ha dicho, una simple silla de montar.

Pelayo se instaló en Cangas de Onís, cerca de las montañas, por si acaso. Junto a él, su esposa Gaudiosa, una dama de Liébana a la que cierta tradición atribuye la derrota de los moros que huían de Covadonga. Pelayo y Gaudiosa tuvieron dos hijos: Favila y Ermesinda. Ambos reinarán después. Pelayo murió en Cangas, enfermo, en 737. Gaudiosa falleció muy poco más tarde. Con ellos había nacido el embrión de la España de la Reconquista, sobre un territorio que era aproximadamente la mitad del actual Principado de Asturias. ¿Y qué había allí, en aquella exigua Asturias? ¿Era eso un país? Buena pregunta.

¿Y QUÉ HABÍA EN ASTURIAS EN 722?

Cuestión de cuestiones: sabemos que la Reconquista empieza en Asturias, que allí se forma un primer núcleo político de resistencia al islam; pero, ¿qué había exactamente en Asturias en aquel momento?, ¿quiénes eran aquellos rebeldes cristianos? ¿Hispanogodos refractarios al nuevo poder? ¿Pobladores autóctonos? ¿Cuál era su territorio? ¿Por qué exactamente en Asturias y no en otro lugar? ¿En nombre de qué se levantaron contra los moros? ¿Y qué hacían, mientras tanto, los vecinos gallegos y cántabros?

Todas estas preguntas tienen interés porque nos sitúan en el meollo mismo de lo que podríamos llamar el «problemilla histórico», es decir, ese tipo de cuestiones secundarias que, sin embargo, terminan complicando cualquier explicación general. Además, como las fuentes directas son fragmentarias, parciales o incompletas, la cuestión se ha prestado a todo tipo de fantásticas fabulaciones. Vamos a tratar de poner las cosas en su sitio.

Hasta hace medio siglo, más o menos, la versión más extendida sobre el inicio de la Reconquista ofrecía una interpretación de tipo nacionalista (española) que era bastante discutible: con España ocupada por el invasor, los últimos godos se levantan en Asturias y enarbolan la bandera de la independencia nacional hasta recuperar el reino perdido. Esto es hermoso, literariamente hablando, pero es obvio que se trata de una reconstrucción a posteriori, porque en el siglo VIII existía Hispania —el reino godo de Toledo—, pero no había una conciencia de unidad nacional, ni los que se levantaron fueron propiamente «los últimos godos» ni, probablemente, tenían una idea muy clara de qué recuperar, salvo su libertad.

O sea que la versión, digamos, «tradicional» es una distorsión del pasado con conceptos presentes. Ahora bien, de ahí hemos saltado, en fechas más recientes, a otras versiones cada vez más descabelladas. Por ejemplo, hay quien ha extendido la especie de que Asturias era una suerte de vestigio prerromano y precristiano, independiente de la España goda, que a partir de Covadonga no es que recogiera la herencia del reino visigodo, sino que construyó una realidad política completamente nueva, sin vínculos con nada que hubiera existido anteriormente en este suelo. En la misma onda fantástica, se ha ventilado la idea de que Pelayo no era un guerrero hispanogodo, sino un caudillo tribal astur e incluso, forzando la máquina de la imaginación, un musulmán de Córdoba y hasta un caballero céltico de la Britonia.

¿Fantasía, mala fe, ignorancia, manipulación política? De todo un poco, tal vez. La verdad es que de aquella Asturias y de aquel Pelayo sabemos lo que nos dicen las crónicas, que no es mucho. Y es verdad también que las crónicas contienen elementos probablemente fantásticos y legendarios. Ahora bien, eso no nos autoriza a inventar hoy explicaciones más fantásticas todavía. Aquí vamos a intentar explicar qué pudo suceder realmente y cómo ocurrió; por qué fue en Asturias, y no en otro lugar, y quiénes fueron los protagonistas del levantamiento contra el poder moro.

Aclaremos de entrada una cosa: es absurdo pretender que los astures se hubieran mantenido al margen de los movimientos que vivió Hispania desde la época romana. Los astures, como los cántabros, eran un pueblo —o, más bien, un conjunto de pueblos— de origen céltico o protocéltico, indoeuropeo en cualquier caso, mezclado con elementos autóctonos cuya identidad no conocemos bien, aunque debían de estar emparentados con los otros pueblos que encontramos en la fachada atlántica antes de las primeras migraciones indoeuropeas. A la llegada de los romanos, hacia el primer siglo antes de Cristo, estos astures constituían un conjunto no organizado de tribus y clanes que se dedicaba fundamentalmente a la ganadería. Sabemos que los astures, como los cántabros y los vascones, no fueron particularmente proclives a dejarse romanizar. Pero sabemos también que conocieron un cierto nivel de romanización; más primario, desde luego, que el de los valles del Ebro, el Guadalquivir y el Tajo, porque el territorio era más áspero, pero romanización al fin y al cabo. Del mismo modo, sabemos —porque hay vestigios arqueológicos suficientes— que no dejó de haber movimientos de población desde el norte de la Cordillera Cantábrica hacia el sur, esto es, hacia el valle del Duero, desde fecha muy antigua.

Hacia el final del Imperio, cuando el caos se adueña de Roma, vuelve a afianzarse en estos territorios una organización de tipo tribal que nunca había llegado a desaparecer. Y cuando se establezca la corona visigoda en Hispania, cuya capacidad de control político era muy inferior a la del Imperio romano, el norte de la Península se fragmentará. El área que ocupaban los vascones quedará fuera del control godo. En Cantabria habrá zonas gobernadas por la aristocracia hispanogoda —había un ducado de Cantabria— y otras sin más orden que el que impongan las tribus locales. En Asturias, por lo que sabemos, habrá áreas controladas por la aristocracia hispanogoda, sobre todo en las llanuras, al lado de extensas zonas donde el dominio corresponde a los clanes tribales de las montañas. Podemos conjeturar que el entendimiento entre unos y otros no sería siempre fácil, pero el hecho es que las crónicas no nos han legado noticia de enfrentamientos significativos.

Repitamos algo fundamental para entender este periodo de la historia: en estos siglos el control político no consiste en ocupar un territorio, promulgar unas leyes, poner unos jefes, hacer un censo y administrar al conjunto de la población, sino en algo bastante más sencillo, a saber, implantar una guarnición militar en un punto estratégico, encomendarle su cuidado a un gobernador y exigir a las poblaciones de la zona ciertos tributos, sin alterar el orden preexistente. Esto quiere decir que no podemos pensar en una división administrativa al estilo romano y, mucho menos, al estilo moderno. En realidad, la única división administrativa del territorio que había en aquel momento era la que había establecido la Iglesia con fines pastorales. Por eso eran tan importantes los obispos y sus concilios, que permitían a los reyes conocer la realidad del territorio que pisaban.

Por uno de esos concilios sabemos que Asturias, que antes no había tenido entidad propia como territorio, hacia el siglo VIII ya tenía la consideración de provincia. Como sabemos que en esa provincia había tierras regidas por hispanogodos, no es descabellado pensar que uno de los terratenientes fuera el duque Favila, el padre de Pelayo, y que éste creciera como un hijo de la pequeña nobleza rural y militar. Eso explicaría que después Pelayo, cuando fue expulsado de Toledo por el rey Witiza, pudiera acudir a tierras asturianas buscando refugio entre sus familiares, es decir, entre los amigos y clientes de su padre. Es posible —aunque indemostrable— que conociera a su mujer, Gaudiosa, comerciando con caballos en Liébana, según asevera cierta tradición. Y en todo caso, así sería plenamente lógico que, una vez derrotado Rodrigo en Guadalete y amenazada Toledo por los musulmanes, Pelayo no se dirigiera hacia Narbona, como hicieron muchos guerreros hispanogodos, sino precisamente hacia Asturias.

Todo esto —que, repetimos, no es certidumbre, sino conjetura— da sin embargo bastante sentido a lo que cuentan las crónicas acerca de las posesiones de Pelayo en Siero y Piloña. Explica también que el gobernador moro, Munuza, quisiera incorporar a su harén a la hermana de Pelayo, Adosinda, como forma de emparentar con los dueños de la tierra. Explica igualmente que Pelayo pudiera ser elegido rey o líder o caudillo por los pobladores de aquella Asturias. Explica, sobre todo, que la rebeldía de Pelayo fuera secundada por los clanes tribales de las montañas, que podían reconocer en él a uno de los suyos.

¿Por qué se levantaron aquellos astures, junto a Pelayo, contra el poder musulmán? Todo apunta a que la causa de la sublevación fue la exigencia mora de que los asturianos tributaran con impuestos y con rehenes. No debían de estar muy acostumbrados aquellos asturianos a la presencia del recaudador, después de la escasa presión de la corona goda sobre sus haciendas. Si además se trataba de un recaudador visiblemente forastero, las razones para la rebeldía aumentaban. Y no sólo los astures reaccionaron así: en Cantabria, el duque Pedro, un hispanogodo, apoya a Pelayo y secunda la sublevación. Por eso Pelayo se hizo fuerte en Covadonga, en el área oriental de los Picos de Europa, junto a las montañas cántabras, y no en otras zonas montañosas de la cordillera.

Después de la batalla, con los moros en fuga, lo que Pelayo tiene en las manos no es propiamente un reino; es más bien un conglomerado de territorios sin organización, sin estructura política digna de ese nombre y sin más elemento de cohesión que la voluntad de no someterse a un poder extranjero. Pelayo, instalado en su modesta corte de Cangas de Onís, podía sentirse heredero de la vieja corona goda, o quizá no —eso no lo podemos saber—, pero objetivamente representaba la prolongación de la vieja legitimidad romana, goda y cristiana, y hay que suponer que no faltarían cerca de él monjes y sacerdotes para explicárselo. En todo caso, la construcción del reino será tarea para la generación posterior.

Asturias, 722. Un puñado de nuestros antepasados se encuentra dueño de un territorio al que hay que dar forma. Unos son terratenientes de origen godo, otros son montañeses que comparecen con sus clanes y sus familias. Desde el principio, o quizá con el tiempo, todos se reconocieron en la cruz y en la oposición al poder islámico. Así empezó la portentosa aventura de la Reconquista.

Y DESPUÉS DE COVADONGA, ¿QUÉ PASÓ?

La victoria cristiana en Covadonga fue decisiva. Pero igualmente decisivo fue esto otro: los musulmanes soltaron la presa, renunciaron a mantener un dominio efectivo sobre el rincón noroeste de España. Otras metas les llamaban: dominar el rico valle del Ebro, pasar los Pirineos y penetrar aún más hacia el norte, hasta la Francia carolingia, y después, por qué no, la misma Roma. En comparación con eso, la España cantábrica no era sino un enojoso obstáculo que cabía desdeñar; les bastaría —pensaban seguramente los nuevos amos de España— con organizar periódicas expediciones de saqueo para mantener ocupados a aquellos «asnos salvajes». Y aquí, entre nosotros, en el pequeño núcleo rebelde asturiano, fue como si la historia se detuviera.

Así nos encontramos con un reino cristiano independiente en el norte de España, el reino de Asturias. Pero seamos cabales: llamar reino a esto no deja de ser una exageración. Pelayo gobierna la corte de Cangas de Onís y sus territorios, pero aquello debió de parecerse más a una jefatura rural que a una corte regia propiamente dicha. De hecho, es muy significativo que las crónicas no nos hayan legado ni una palabra sobre qué pasó en Asturias, en el plano político, entre 722 —la fecha de Covadonga— y 737, que es el año en que mueren Pelayo y su mujer, Gaudiosa. Lo único que nos consta es que una hija de Pelayo, Ermesinda, casó con Alfonso, hijo del duque Pedro de Cantabria. Nada más.

Es importante fijarse en este personaje, Pedro de Cantabria. Sabemos poquísimo de él. Sólo que fue duque —hispanogodo— de aquella comarca, con capital en Amaya, en lo que hoy es el noroeste de Burgos, y cuya jurisdicción abarcaba desde allí hasta el mar. Los cronistas dicen que Pedro era hijo del rey Ervigio, pero esto no es seguro. Lo seguro es que fue de los que no pactaron con los musulmanes. Cuando Muza saqueó por segunda vez Amaya, en 714, nuestro duque y los suyos huyeron hacia el norte, buscando refugio tras las montañas. Y una vez en zona segura, Pedro se pondrá de acuerdo con Pelayo para combatir al moro. Se supone que Pedro estuvo en Covadonga, o al menos en la hueste que aniquiló a los moros en su retirada. Después, probablemente, enviaría a su hijo mayor, Alfonso, a la corte real, como era entonces costumbre. Y según las crónicas, Pelayo y Pedro acordaron unir sus dominios casando a sus hijos: Ermesinda, hija de Pelayo, con Alfonso, hijo del cántabro. De esa unión de casas nacerían linajes de reyes. Pero no adelantemos acontecimientos.

Debió de ser un tiempo de enormes cambios sociales, culturales, económicos y, por supuesto, también políticos. Para empezar, lo fundamental: se detuvo el proceso de fragmentación del poder y del territorio que venía observándose desde tiempo atrás. Ese proceso es el mismo que en la Europa germánica iba a dar lugar al feudalismo. Los señores de la tierra y de la guerra, fuertes por sus riquezas y por su capacidad para mantener a sus propios guerreros, llegan a adquirir tanto poder como los propios reyes. Ese poder feudal se basa en una estructura de «familia extensa»: el señor, sus parientes, sus clientes, sus vasallos, la gente que está obligada con él y a la que el señor dispensa protección, etcétera. Todo eso conforma el cimiento del nuevo orden.

En la España visigoda también había pasado. El poder se fragmentaba, los últimos reyes tenían que hacer frente a unos nobles cada vez más autónomos. Eso tuvo su influencia, como ya hemos explicado, en el hundimiento del reino hispanogodo:

numerosos nobles pactaron con los musulmanes por su cuenta y riesgo. El duque Tedomiro lo hará en Murcia. El conde Casio lo hizo en Aragón. Éste no sólo pactó, sino que, además, se islamizó, y de él procede el linaje de los Banu-Qasi, todopoderoso en el valle del Ebro durante siglo y medio. Ni Teodomiro ni Casio pidieron permiso para sus pactos a Agila, que era el rey nominal después de la batalla de Guadalete; sencillamente, aquellos señores ya eran reyes en sus territorios.

Pues bien, eso es lo que no pasó en Asturias, y no pasó precisamente por Covadonga. La victoria de Pelayo hizo emerger la figura de un rey o, para ser más precisos, de un caudillo cuya autoridad nadie estaba en condiciones de contestar. Y aquellas «familias extensas» de las que antes hablábamos, aquí se nos presentan, por el contrario, como unidades mucho menores, sin ese carácter autónomo que caracteriza a la estructura feudal. Sabemos, por ejemplo, que junto a la corte de Pelayo coexistían condados en los territorios vecinos, pero ninguno de ellos buscará la independencia, y si la buscó, la historia no nos ha legado ni una sola prueba de ello. No podemos saber si la autoridad de Pelayo, desde su pequeña corte de Cangas, se impuso pacíficamente o si requirió de la fuerza; hay que suponer que de todo habría. Pero es significativo que un aristócrata tan importante como el duque Pedro de Cantabria, según hemos visto antes, no reclamara para sí la primacía, sino que aceptara el liderazgo de Pelayo. El resto de la aristocracia hispanogoda, así como los jefes tribales de las montañas, tampoco vieron las cosas de distinta manera: había un enemigo y había una forma de hacerle frente. No hacía falta más.

Asturias, por otro lado, no estaba sola. Al oeste estaba Galicia, una región mucho más romanizada, mucho más organizada desde el punto de vista territorial, que durante un par de siglos había sido solar del reino suevo antes de colocarse bajo la corona visigoda. El aislamiento geográfico de Galicia es sólo una apariencia. Para la corona goda, como antes para Roma, Galicia debió de ser muy importante; lo suficiente como para que Witiza, asociado por su padre al trono, fuera enviado allí, concretamente a Tuy. En Tuy, recordemos, fue donde Witiza le rompió la cabeza de un bastonazo a Favila, el padre de Pelayo, al que la tradición hace precisamente duque en Galicia. Y una vez invadida la Península por los moros, Muza llegará nada menos que hasta Lugo. ¿Y qué hicieron las tierras gallegas después de Covadonga? Sabemos poco, pero muy pronto las vamos a ver incorporadas a la corona asturiana.

Y si en el oeste estaba Galicia, en el este se hallaban las tierras de los vascones, que no formaban una unidad política, sino que eran un conjunto de tribus montañesas de dispar entidad. También los vascones se levantaron contra los moros. Sabemos que Muza derrotó a los vascones del Ebro y que sometió Pamplona. Pero igualmente sabemos que hubo nuevos levantamientos. Los vascones se levantaron en 723, los aragoneses en 724. Las crónicas dicen que Álava, Vizcaya, Orduña y Carranza nunca fueron ocupadas por los musulmanes. Hacia 733 intentó someter a los vascones, sin éxito, Abd al-Malik ben Kata. Después llegaron las huestes de Uqba, que doblegaron a los rebeldes, pero sin ocupar sus territorios, y no tardará en llegar una nueva sublevación.

Los musulmanes, mientras tanto, tenían ya los ojos puestos en Francia, dividida por entonces entre los visigodos, que gobernaban los condados del sur, y los francos, que controlaban el resto del país hasta territorios que hoy son Alemania. Recordemos que el último rey hispanogodo efectivo, Ardón, elegido ante la ausencia de Agila, se había refugiado en Narbona, en los territorios godos del sur de Francia, para hacer frente a los moros. Allí fue derrotado por el valí Al-Samh ibn Malik, gobernador de Córdoba. El dominio de Narbona era de gran importancia estratégica: permitía a los moros contar con un puerto desde el que abastecer por mar a sus tropas y daba al islam el dominio del Mediterráneo occidental. Con esa baza, los musulmanes no perdieron un minuto en organizar las cosas: enviaron nuevas tropas árabes y bereberes con las que pudieron someter, una tras otra, a todas las ciudades visigodas del sur de Francia hasta Toulouse. Miles de refugiados hispanos pasaron entonces al reino de los francos. En Toulouse, sin embargo, tuvo el moro el primer tropiezo, porque el duque Odón de Aquitania quebró al ejército de Al-Samh ibn Malik; el propio jefe moro salió tan maltrecho de la batalla que murió a consecuencia de sus heridas.

Pero el verdadero desenlace vino después, y vale la pena contarlo con algún detalle, porque será fundamental para la evolución posterior de los acontecimientos en España. Odón de Aquitania, el godo, se hizo fuerte, pero no sólo le amenazaban los moros por el sur, sino también los francos por el norte. Los moros, por su lado, vieron que con Odón no podían, de manera que dirigieron sus razias hacia otra parte mientras buscaban un acuerdo pacífico con el de Aquitania. El nuevo gobernador moro del lugar, el berebere Uthman ibn Naissa —llamado «Munuza», como el de Gijón—, se casó con una hija de Odón. ¿Asunto resuelto? No, porque la ambición cegó al moro: creyendo tener al alcance de la mano un reino para él solo, este Munuza se rebela contra el gobernador de Al Ándalus, Al Gafiki. Y Al Gafiki, que no estaba dispuesto a tolerar semejantes cosas, forma a toda prisa un gran ejército, entra en Francia y arrasa todo a su paso. Dicen las crónicas que las matanzas de cristianos fueron tan salvajes que «sólo Dios conoce el número de los muertos». Odón, acobardado, pidió socorro al franco Carlos Martel. Y éste, previo sometimiento de Odón, aplastó a los moros entre Tours y Poitiers. Al Gafiki murió en la batalla. Los moros se retiraron al sur de los Pirineos. Y el franco Carlos se ganó aquí el apodo de *Martel*, es decir, martillo.

Era 732. Las campañas de los francos contra los últimos reductos musulmanes se extendieron durante algunos años más: no se trataba sólo de echar a los invasores, sino también de apoderarse de la Galia visigoda. Hacia 736 ya no había moros en la Galia, salvo el núcleo de Narbona. Carlos Martel intentó tomar Narbona en 737, pero falló. Ese año, en nuestra Asturias, pasaba algo importante: moría Pelayo. Le heredaba su hijo Favila, al que, como todo el mundo sabe, mató un oso. Pero esto es otra historia.

EL OSO QUE MATÓ A FAVILA (Y EL CAOS MUSULMÁN)

Cuando murió Pelayo, en 737, le sucedió su hijo Favila. Conforme a la costumbre goda, el muchacho llevaba el nombre de su abuelo, aquel Favila de Galicia cuya cabeza cedió ante el garrote de Witiza. El joven Favila —quizás unos veinte años de edad, tal vez menos— gobernó solamente dos años. Murió de forma prematura —y violenta— bajo las garras de un oso. No sabemos nada más. Y si las crónicas no cuentan nada más es porque, seguramente, no hay nada más que contar.

Como no hay nada más que contar, la imaginación ha tratado de llenar los huecos que dejan las crónicas. Hay quien dice que Favila no murió realmente peleando contra un oso, sino víctima de un asesinato político; esto es tan posible como improbable. Otros dicen que la pelea con el oso era, cabalmente, una suerte de rito de virilidad mediante el cual el joven jefe debía demostrar su valor; tesis sugestiva, pero no menos fantástica, porque nada permite acreditarla en este caso concreto. Lo que nos ha transmitido la tradición es esto: en una montaña donde hoy se encuentra la aldea de Llueves, no lejos de Cangas de Onís, murió Favila en 739 peleando contra un oso. Punto.

Puesto que de Favila no hay mucho más que contar, podemos dirigir la mirada hacia lo que pasaba en el resto de España, que tampoco deja de tener importancia. Y ante todo señalemos esto: la expansión de los musulmanes por toda la Península Ibérica y hasta Francia es prodigiosa, pero el aliento bélico de los moros no va en una sola dirección, sino que también se dirige contra ellos mismos. En efecto, desde el primer momento surgen conflictos internos en el bando musulmán que invariablemente se resolverán por la vía de la espada, y que con frecuencia costarán la cabeza a sus líderes.

Limitémonos a una enumeración de sucesos, porque nada es más expresivo que este río de sangre. Los dos principales jefes de la invasión mora, Muza y Tarik, acabaron mal, como ya hemos visto. El primero, llamado a Damasco por el califa, fue acusado de robar, desposeído de sus títulos y, finalmente, asesinado en Damasco; el segundo, Tarik, acusador de Muza, fue a su vez marginado y su rastro se pierde en la historia. Muza, antes de irse a Damasco, había repartido el territorio conquistado entre sus hijos: Al Ándalus fue para Abd-al-Aziz, Ceuta fue para Abd-al-Malik (llamado Marwan) e Ifriquiya, en Túnez, para su primogénito Abd Allah. Ese Abd-al-Aziz, valí o gobernador de Al Ándalus, fue el que desposó a la viuda de Don Rodrigo; será denunciado por convertirse al catolicismo y asesinado por orden del califa de Damasco, Solimán.

Todo esto ocurrió en los primeros años de la invasión. Los años siguientes mantendrían la tónica. Al asesinado Abd–al–Aziz le sustituyó en 716 un tal Hurr ibn Abd ar–Rahman ath–Thaqafi. Éste gobernó sólo tres años. Le dio tiempo a fijar la capital en Córdoba, marchar contra la Tarraconense y Pamplona, y saquear parte de Cataluña. Tanto éxito despertó el recelo del expeditivo califa, que no quería más que un gallo en el gallinero: él mismo. Hasta ese momento, los jefes políticos y militares musulmanes en España eran nombrados por el valí de Ifriquiya (Túnez), que era, por así decirlo, la cabeza de partido; pero el califa de Damasco —en este momento, muerto Solimán, era ya Umar II— quiso tener todos los ases en la mano y empezó a nombrar personalmente a los gobernadores de Al Ándalus, y así quitó de en medio al exitoso Thaqafi y designó en su lugar a Al–Samh ibn Malik al–Jawlani. Éste, recordemos, fue el que atacó la Narbona visigoda e hizo pasar a cuchillo a todos los defensores; crecido, atacó Toulouse, pero allí murió, derrotado por Odón de Aquitania. Era ya el año 721 y en Damasco había otra vez nuevo califa, Yazid II.

Muerto Al–Samh al–Jawlani ante Toulouse, los soldados proclamaron allí mismo nuevo valí de España a Al–Gafiqi. ¿Quiénes eran esos soldados? Es interesante anotarlo: una fuerza mixta de bereberes, árabes, sirios y algunos cristianos sometidos al islam, con no pocos esclavos, reunidos todos ellos al calor del botín y la guerra santa. Esto del botín es importante, y por eso los soldados eligieron a Al–Gafiqi, que tenía la buena y prudente costumbre de repartir entre las tropas el fruto de sus saqueos. Al–Gafiqi (de nombre completo Abu Said Abd ar–Rahman ibn Abd Allah al–Gafiqi) creyó tener todo el poder en sus manos, pero esas mismas simpatías que despertaba entre sus tropas suscitaron el recelo de los demás poderes del bando musulmán. Al año siguiente, el califa enviaba a Anbasa ibn Suhaym al-Kalbi para controlar al generoso y peligroso Al-Gafiqi.

Este Anbasa debe sonarnos, porque es el mismo que se encontrará ante sus narices con el espinoso problema de Pelayo. Anbasa era un «duro»: cruel, expeditivo, de ambición inagotable. Doblará los impuestos a todo el mundo —lo cual, por cierto, le hará perder el apoyo de los judíos—, confiscará bienes sin el menor reparo y por todas partes exhibirá una violencia aterradora. Gobernará sólo cuatro años, ya que en 726, sediento de botín, atacó Francia y murió en combate. Su sucesor, por orden del propio califa, se encargará de inventariar lo robado por Anbasa y, según se dice, incluso devolverlo a sus legítimos dueños.

Anbasa fue reemplazado por Udhra al-Fihri, que no llegó al año de gobierno; Udhra cedió el testigo a Yahya al-Kalbi, que en dos años de mandato no emprendió ninguna acción militar, y después de Yahya al-Kalbi vino Hudhaifa al-Qaysi, que tampoco superó los dos años en el cargo. A su vez, el califa Yazid II moría de tuberculosis (en 724) y era sucedido por su hermano Hisham. El baile de nombres nos dice más bien poco. ¿Qué estaba pasando? Lo que estaba pasando era que el mundo musulmán se desangraba en interminables querellas internas. En Damasco, la dinastía reinante, que eran los omeyas, tenía que hacer frente a sus rivales: los alíes (luego llamados chiíes), los jariyíes, los abbasíes (o abasidas). Todos ellos disputaban a los omeyas la herencia de Mahoma. Y sobre esa guerra, que estallaba inopinadamente aquí y allá en el vasto mundo islámico, se superponía otra que enfrentaba a los distintos grupos étnicos y tribales, y especialmente a los árabes con los bereberes del norte de África. Un caos.

Lo único que podía conjurar el caos era la guerra: victoria, botines, riquezas… cosas que pudieran mantener el orden en las propias filas. Quizá por eso en 730 volvió a ser nombrado valí de España Al-Gafiqi, aquel que repartía el botín entre sus soldados. Hombre de acción, dirigirá sus pasos contra Francia; allí se topará con los francos de Carlos Martel, que, como ya hemos contado, en 732 desarbolaron la invasión y dieron muerte al propio Al-Gafiqi. Le sustituirá Abd al-Malik. Como militar sólo cosechó fracasos: en Pamplona, en Gascuña, ante los vascones...

Habrá más gobernadores moros en España, y todos ellos tendrán que hacer frente a los mismos problemas. Abd-al-Malik es sustituido por Uqba, que toma Pamplona, pelea en Asturias, defiende Narbona... Pero el principal problema de Uqba está dentro: la rebelión de los bereberes del norte de África, que se extiende a la Península. Cuando Uqba muere, vuelve al poder Abd-al-Malik, que no sabe qué hacer con el reto de los bereberes. Su única solución es pedir refuerzos. Los pide a las tropas sirias de un general llamado Balch, que estaba en Tánger precisamente luchando contra los bereberes. Balch y sus sirios acuden a la llamada, entran en España y derrotan a los bereberes sublevados en Al Ándalus, pero no les basta con eso, se dirigen hacia Córdoba y atacan al propio Abd-al-Malik, que es derrocado, encarcelado y ejecutado. Balch, evidentemente, se proclama nuevo valí de Al Ándalus. Pero Balch, que era una mala bestia, aplica una política tan sectaria que entra en conflicto con los árabes ya instalados en España, los llamados baladís. Ambos bandos se enfrentan a muerte en Aqua Portora, al norte de Córdoba. Gana Balch, pero queda tan maltrecho que muere ese mismo año. Sus tropas sirias, que son en realidad las que mandan ahora en España, eligen valí a otro de sus generales, Tha'laba. Era el año 742.

Paremos aquí la narración, porque es suficientemente ilustrativa. Este primer medio siglo de dominación mora en España es una orgía de sangre. Los bereberes del norte de África se enfrentan con los árabes, éstos se enfrentan entre sí al calor de sus viejas disputas tribales y, para colmo, llegan los sirios a poner su granito de arena sobre el caos general. Un caos que se prolongará hasta 756, cuando Abderramán, después de las guerras civiles en Damasco, venga a Al Ándalus y proclame el emirato independiente de Córdoba. Pero eso ya lo contaremos en su momento.

En un contexto así, la circunstancia de Pelayo, Favila y los suyos en Asturias tiene algo de idílico; se los imagina uno entregados a la tarea de hacer sidra y cazar osos. No debió de ser tan pacífico el paisaje, pues sabemos que hubo incursiones moras. Y por otra parte, está lo del oso: aquel que mató al joven Favila, según la tradición en la aldea de Llueves, en abril del año 739.

Favila dejaba viuda y, al menos, una hija. El heredero de Pelayo se había casado con una dama llamada Froiliuba. Ella enterró a Favila en la iglesia de la Santa Cruz de Cangas, construida sobre un dolmen. En cuanto a la hija, de nombre Lavinia, sabemos que casó con un noble extranjero, el duque Luitfredo III de Suevenia. Si Favila tuvo otros hijos, lo ignoramos; nadie, en todo caso, planteará ulteriormente reclamaciones sobre el trono. Quien heredó a Favila fue su hermana Ermesinda o, para ser más exactos, el marido de ésta, Alfonso, hijo del duque de Cantabria y yerno de Pelayo. Y con Alfonso I comenzaba una era nueva: el reino de Asturias iba a ser pronto una esplendorosa realidad.

Capítulo 2

CÓMO SE CONSTRUYE UN REINO

EL CÁNTABRO ALFONSO, I DE ASTURIAS: EL PIONERO

Después del heroico Pelayo y el anodino Favila, vino a empuñar el cetro asturiano alguien a quien ya se puede definir con plena propiedad como rey, porque él mismo lo hizo: Alfonso I, que fue crucial para que el reino de Asturias construyera su identidad definitiva. Se cree que había nacido hacia el año 693 en Tritium Magallum (hoy Tricio, en La Rioja), sede de su padre, el duque Pedro de Cantabria. Si Pelayo fue el fundador; Alfonso sería el pionero.

En aquel momento pocos había con tantos títulos como Alfonso para ceñir la corona. Recordemos que el núcleo inicial del reino se había formado con los territorios asturianos que controlaba Pelayo y con los territorios cántabros del duque Pedro. Alfonso, que era hijo de Pedro, era además yerno de Pelayo, porque estaba casado con Ermesinda, la hija del primer caudillo. Las crónicas dicen que, para más linaje, era descendiente de Recaredo, pero esto es dudoso. El caso es que, cuando Favila tuvo su letal tropiezo con el plantígrado, la candidatura de Alfonso se impuso por sí sola.

Este caballero, Alfonso, iba a hacer unas cuantas cosas fundamentales. Primero, imprimió al reino una organización política cohesionada, de la que hasta entonces carecía. Además, amplió de forma notable tanto sus territorios como su población y su fuerza armada. Tercer logro: supo mantener al sur de su reino, en el ancho valle del Duero, una «tierra de nadie» que actuó como cinturón protector de Asturias. Y cuarto, y no menos importante: buscó deliberadamente en la cruz, en la confesión cristiana, la seña de identidad principal del reino. Por esas cuatro cosas, Alfonso I, que reinó entre 739 y 757 y será apodado *el Católico*, puede ser considerado como el primer gran rey asturiano.

De Alfonso hay que decir, además, que fue un hombre con suerte. Tuvo suerte, ciertamente inesperada y también luctuosa, cuando la temprana muerte de Favila le abrió el camino al trono. Alfonso tenía entonces cuarenta y tres años, es decir, era un hombre maduro, alguien que sin duda sabría qué hacer con ese regalo que el destino le ponía en las manos. Pero Alfonso tuvo suerte, también, porque en el momento en que sube al trono, hacia 740, los moros empiezan a pelearse entre sí, relajando por tanto la amenaza sobre el núcleo asturiano. Y así a los cristianos se les presentaba una oportunidad que no iban a desdeñar.

De estas peleas de los moros ya hemos hablado con anterioridad. Los musulmanes, que componían un solo bloque por su fe y por su determinación de extender el islam a fuerza de guerra santa, sin embargo se hallaban divididos por serias luchas internas. Por una parte estaban los ecos de las acerbas querellas que sacudían el califato: entre los Omeyas, que eran la dinastía reinante, y sus numerosos rivales que también reclamaban el poder. Y por otro lado estaba la hostilidad entre las distintas etnias del mundo islámico, que llevaba a continuos choques entre los árabes, los bereberes y los sirios, entre otros. Lo que pasó en España hacia 740 fue que el bando moro, compuesto grosso modo por líderes políticos árabes y tropas bereberes, empezó a pelear entre sí. Los bereberes, procedentes del norte de África, se sublevaron contra los árabes, procedentes de la Península Arábiga. Y aquello fue el caos.

Los efectos de la sublevación berebere fueron inmediatos: las guarniciones moras del norte de España quedaron súbitamente abandonadas. ¿Por qué se sublevaron los bereberes? Primero, porque los árabes les hacían pagar impuestos como si fueran «infieles», es decir, no musulmanes. Y además, por poder, por botín; querían un trozo de tarta más grande que el que la poderosa minoría árabe les concedía. En el fondo, tenían razón: los bereberes habían puesto el grueso de la fuerza militar en la invasión, pero los árabes, celosos de su hegemonía, querían mantener los puestos dirigentes. Como los bereberes no tienen lo que quieren, optan por una solución drástica: abandonan sus puestos. Y esos puestos estaban precisamente al norte del Sistema Central: Astorga, León, Clunia, Osma… desde León y Zamora hasta Burgos y Soria. La amenaza musulmana no desaparecía, porque seguirá habiendo periódicas expediciones de saqueo, pero quedaba muy limitada. Si después de Covadonga los sarracenos habían renunciado a ocupar los territorios del noroeste, ahora renunciaban a ejercer un control efectivo sobre la meseta norte. Alfonso I debió de ver el cielo abierto.

Alfonso I debió de ver el cielo abierto, en efecto, porque la querella musulmana le permitía extender su control sobre territorios nuevos. Cojamos un mapa de la zona y observemos. El territorio inicial de Pelayo se situaba más o menos en torno a Cangas de Onís y Liébana, con límites difusos hacia el oeste. El territorio cántabro abarcaba Trasmiera, Sopuerta, Carranza y Bardulia, es decir, la mitad este de la actual Cantabria más parte de Vizcaya y del norte de Burgos; al norte, el mar, y al sur, el Ebro. Con Alfonso, todo eso pasa a configurar un solo territorio. Hay hueco por el oeste, hacia Galicia, y allí se dirige el nuevo rey. La capital más firme es la diócesis de Iria Flavia, al sur de la actual provincia de La Coruña, frente al mar. Iria Flavia era uno de los grandes centros de poder de la región desde los tiempos de Roma. Alfonso la incorpora a su corona y como jefe religioso sitúa en Lugo al obispo Odoario, figura cuya existencia real se ha discutido, pero que hay que mencionar. Después el rey marcó su territorio, su *limes*. Primero, el norte de Portugal; luego, León, en 754. Y finalmente Alfonso puso los ojos en La Rioja. Lo que Alfonso I había hecho era definir el territorio de su reino.

¿Fue pacífica la incorporación de estas nuevas tierras al núcleo cántabro-asturiano? Nadie puede saberlo. La realidad política de esas comarcas, en aquel momento, es extraordinariamente variable. Probablemente nos acercaremos mucho a la verdad si las imaginamos como territorios poco poblados, mal controlados por pequeños nobles locales y siempre amenazados por las expediciones moras de rapiña. De hecho, los moros, que habían saqueado ya Lugo, también habían emplazado un centro de control político y militar nada menos que en Tuy, sede que fue abandonada tras la rebelión berebere. Podemos pensar que, en una situación así, las pretensiones territoriales del nuevo monarca no serían recibidas por los pobladores como una agresión, sino, más bien, como una ayuda protectora.

Alfonso aportaba muchas cosas: organización, fuerza militar, población nueva. Al parecer, no deshizo la estructura previa, sino que la sometió a su propio proyecto. Delegó la organización territorial en *comtes* —condes— que representaban a la autoridad en sus respectivas áreas; hay que suponer que muchos de esos condes no serían impuestos por Alfonso, sino que debieron de ser los viejos señores de la anterior etapa, confirmados ahora por el rey previa declaración de vasallaje. Al mismo tiempo, Alfonso I trajo consigo nueva población y nuevos soldados. ¿De dónde sacó a toda aquella gente? Del sur. Y así cambió la faz del reino.

En capítulos posteriores nos ocuparemos de esto con más detalle, porque fue una acción decisiva. Por ahora, limitémonos a enunciar la cuestión. Ante la evidencia de que los moros habían relajado la presión militar sobre la meseta norte, Alfonso se atreve a saltar al valle del Duero. El rey sabe que no tiene fuerza suficiente para ocupar ciudades, pero sí puede derrotar a los moros que por allí queden y traerse a sus pobladores cristianos a los nuevos territorios de la corona asturiana. Así comienza una tenaz y constante campaña de incursiones por las tierras llanas, campañas que van a seguir siempre una misma mecánica: las huestes cristianas llegan a una localidad, matan a los moros que encuentran, recogen a los cristianos y los llevan hacia el norte, donde los instalan en territorio seguro. De esta manera surge en el reino de Asturias una nueva realidad demográfica, social, militar y cultural. Y así nace, además, un vasto «desierto» en el valle del Duero, que se convierte en tierra de nadie, escenario de continuas escaramuzas entre las expediciones asturianas y las incursiones de los moros.

Se cree que esta política trajo, entre otras cosas, una «gotización» del nuevo reino. Muchos de los nuevos pobladores venían de los llamados Campos Góticos, un área de Castilla la Vieja —Palencia, Burgos, Valladolid— donde la presencia visigoda era mayoritaria. Con estos hispanogodos entró en Asturias un segmento de población familiarizado tanto con los usos de la vieja corona goda como con la existencia guerrera. Su influencia se dejará sentir en la estructura de la corte —el «oficio palatino»— y también en el aliento cultural del reino.

¿Aliento cultural? Sí, sin duda. No hay gran política —y la de Alfonso lo era— que no intente comunicar al mismo tiempo una cierta idea del mundo y del sentido de las cosas. Para Alfonso I, esa idea era inequívocamente la cruz. Se ha fantaseado mucho sobre la pervivencia de cultos paganos en el norte de España en este siglo VIII. Más bien podemos suponer que la cristianización, que venía de lejos, convivía con formas rituales autóctonas heredadas de los antiguos cultos. El hecho es que la religión —cristiana— se había convertido ya en seña de identidad frente al enemigo exterior desde Covadonga, y ahora Alfonso iba a potenciar ese rasgo. Así fundó el monasterio de San Pedro de Villanueva, junto a Cangas, y el de Santa María de Covadonga. Ninguna de esas construcciones sobrevivió, pero se cree que en ellas aparecían ya los rasgos arquitectónicos del prerrománico asturiano.

Alfonso murió en 757, con sesenta y cuatro años y después de dieciocho de reinado. Dejaba un reino de Asturias enormemente ampliado, desde Galicia hasta Vizcaya. Dejaba también cuatro hijos. Tres los tuvo con Ermesinda, su esposa; serán Fruela, Vimarano y Adosinda. El cuarto se lo dio una cautiva y se llamó Mauregato. La corona la heredó Fruela y con él comienza una época compleja. Pero antes de llegar a eso hemos de ver con más detalle otras cosas. Primero, las expediciones guerreras del rey asturiano por la meseta norte, donde brilló la espada de

Fruela Pérez, hermano del monarca; después, veremos en qué consistió exactamente aquel «desierto del Duero» que a partir de entonces, como escenario de guerra, iba a separar a moros y cristianos.

LA ESPADA DE FRUELA PÉREZ

Alfonso I el Católico llega al trono y amplía el reino. Cabalga hacia el sur y gana nuevos territorios y nuevos pobladores. Asturias está en guerra. Y las crónicas nos dicen que, junto al rey, cabalga un gran guerrero: su hermano Fruela.

Debieron de ser tiempos muy duros. Ya hemos contado aquí cómo se las gastaban los moros: en el sur de Francia no dejaban cristiano vivo. Los sarracenos, allá donde llegan, incendian, matan, saquean, y a los que capturan vivos los venden como esclavos. Después se marchan dejando la desolación a sus espaldas. O la sumisión, o la muerte (y, a veces, muerte después de la sumisión). En el espacio del que aquí nos estamos ocupando, que es el viejo reino de Asturias y sus aledaños, la estrategia musulmana no será distinta. Aunque los moros no han ocupado territorios, no por ello han dejado de prodigar sus incursiones de rapiña. Sabemos que habrá expediciones moras en tierras gallegas, y que su objetivo será únicamente el saqueo y la captura de esclavos, es decir, la obtención de botín.

Frente a eso, los cristianos organizan la respuesta. Consta que a mediados del siglo VIII se reconstruyeron las viejas defensas creadas un siglo antes; desde allí los asturianos detendrán las campañas de saqueo de los musulmanes. Y no sólo las detendrán, sino que responderán con expediciones equivalentes. A eso se refieren las crónicas cuando aquí y allá, de forma fragmentaria y sin mayores detalles, hablan de «batallas». Las campañas de Alfonso I en tierras del Duero son implacables; llega a una población, mata a todos los moros que encuentra y se lleva a los lugareños. No se los lleva como esclavos, evidentemente (porque son cristianos), sino que los traslada al norte: Asturias, Cantabria, Galicia, donde nacen numerosas aldeas constituidas con aquella gente evacuada de sus pueblos. Así se va configurando en el norte un reino con abundante población, y al sur, en el valle del Duero, un auténtico desierto.

¿En qué medida era aquello realmente un desierto? Luego nos ocuparemos de esto, «el desierto del Duero», que es uno de los grandes debates historiográficos sobre la Reconquista. Ahora quedémonos con la estampa de las huestes de Alfonso I, literalmente volcadas sobre esas tierras llanas. Y a la cabeza de esas huestes figura invariablemente nuestro caballero, Fruela, el hermano del rey; llamado Fruela Pérez, porque era hijo del duque Pedro, y también Fruela de Cantabria, por su lugar de origen.

La espada de Fruela Pérez es la primera de un guerrero que inscribe su filo en la historia de la Reconquista. Hasta ahora hemos hablado de caudillos a guisa de rey, como Pelayo, o de flamantes reyes como Alfonso, o de grandes aristócratas, como el duque Pedro. Fruela es otra cosa: segundón de familia noble, no le faltan fortuna ni linaje, pero su oficio va a ser exclusivamente la guerra. Las crónicas no nos hablan de él directamente, como protagonista, sino sólo en tanto que compañero de armas de su hermano, el rey. Pero como el rey no estaría todo el tiempo en el campo de batalla —ya hemos visto su afición a construir iglesias, por ejemplo—, hay que suponer que el peso de las operaciones militares correspondería a Fruela Pérez.

¿Cómo eran esas operaciones? Podemos imaginárnoslas como largas cabalgadas de millares de hombres hacia lo desconocido, en la inmensidad de la meseta castellana. Que eran largas cabalgadas se deduce de su itinerario. Sabemos que las expediciones de Alfonso y Fruela se alejaron centenares de kilómetros del solar cántabro-astur. Y que eran millares de hombres lo podemos considerar seguro por tres razones: una, porque las excavaciones realizadas en las fortificaciones fronterizas del norte demuestran que allí trabajó mucha gente, es decir, que Asturias no tenía un problema de recursos humanos; dos, porque entre los cristianos incorporados al reino de Asturias había numerosas familias procedentes de los llamados Campos Góticos —precisamente, la cuenca del Duero—, gente de la que cabe presumir que había conservado la cultura guerrera de los visigodos y que sin duda engrosó las filas de Fruela; la tercera razón es quizá la más obvia: los moros habían abandonado sus guarniciones del norte, pero Alfonso I no podía saber qué iba a encontrarse al sur del reino, y derrotar a una hueste mora no era algo que pudiera ventilarse con una cuadrilla de amigos. Así pues, largas cabalgadas de millares de hombres. Y Fruela Pérez, en cabeza.

Cuando los hombres del rey Alfonso llegaban a una ciudad o a un pueblo, no se detenían a ocupar el terreno. No podían exponerse a debilitar su fuerza de choque dejando guarniciones por el camino. Así que tomaban como botín cuanto podían, aniquilaban a los moros que encontraban y, después, expedían a la población cristiana hacia el norte. Así fue en León y en Astorga, y después más al sur, en Simancas, y hasta el río Tormes y hasta el Sistema Central. La crónica nos lo explica pormenorizadamente:

Llevó a cabo muchos combates contra los sarracenos y capturó muchas ciudades que éstos habían ocupado. Esto es, Lugo, Tuy, Oporto, Braga, Viseo, Chaves, Ledesma, Salamanca, Zamora, Ávila, Segovia, Astorga, León, Saldaña, Mave, Amaya, Simancas, Oca, Veleya, Alavense, Miranda, Revenga, Carbonera, Abalos, Briones, Cenicero, Alesanco, Osma, Clunia, Arganda, Sepúlveda, con todos sus castros, con villas y aldeas...

Las capturó, en efecto, pero no las ocupó; literalmente, las vació.

¿Y tan lejos llegó Fruela en sus cabalgadas? No hay razones para dudarlo. La guerra, en el siglo VIII, se hacía a caballo. Las grandes operaciones con amplios contingentes de soldados a pie, como los de las legiones romanas, exigían una estabilidad logística que en nuestro siglo VIII nadie estaba en condiciones de asegurar. Ni moros ni cristianos tenían recursos suficientes para ocupar ciudades en el valle del Duero. Las fortificaciones se instalan muy cerca del propio territorio, donde es posible garantizar el abastecimiento. Alfonso I restaura las viejas fortalezas del norte, muchas de ellas de origen romano, construidas a base de empalizadas y fosas de hasta dos metros. La mayor parte está en los puertos de Pajares y La Mesa, es decir, las puertas de Asturias por el sur. Después la cadena de fuertes se extenderá hasta La Bureba de Burgos y La Rioja, pero siempre en el límite del propio terreno, nunca más allá.

En cuanto a los caldeos —que así llaman las crónicas a los sarracenos, a los moros, a los agarenos—, tampoco podían aspirar a controlar los territorios de la meseta norte. En el sur del Sistema Central sí lo habían conseguido, utilizando la estructura política y administrativa de la vieja monarquía goda. Pero en el norte, una vez abandonadas las fortificaciones tras la revuelta berebere, dejaron de tener puntos sólidos de apoyo. Resignados, retrocedieron. Situarán sus marcas fronterizas en Mérida, Toledo y Zaragoza, es decir, mucho más al sur. En medio quedaba el valle del Duero como escenario de las batallas.

Cuesta imaginar los choques armados entre las huestes de una y otra parte. Los árabes luchaban siempre a caballo, al estilo de los antiguos jinetes númidas: ataques avasalladores de caballería, veloces e implacables, que se dirigían por igual contra contingentes enemigos o contra ciudades desarmadas. La estrategia de los cristianos no sería mucho más elaborada. Los siglos posteriores verán el nacimiento de grandes batallas con infantería en torno a castillos o plazas fuertes, asediados tras largo combate. Pero, aquí y ahora, eso todavía no ha llegado. Cuando el ejército del rey de Asturias ataca, lo hace a caballo y sin otro fin que derrotar al enemigo y rescatar a la población de todos aquellos «castros, villas y aldeas» que la crónica nos enumera. Y así una ciudad tras otra, un año tras otro, hasta convertir el valle del Duero en un lugar inhabitable para los musulmanes.

En la estela de esas campañas, Fruela construye su propio lugar en el universo de la corona asturiana. ¿Cómo sería Fruela? Sabemos que era el hermano menor de Alfonso, y que éste llegó al trono bastante maduro, con cuarenta y seis años. Por tanto, podemos imaginar que a la altura de 740, cuando comienzan las grandes campañas, Fruela es ya un guerrero cuarentón, experimentado y sin duda enérgico, que impone su jefatura no sólo por su parentesco con el rey, sino por su propio prestigio militar. Las campañas en tierras del Duero le darían no sólo fama, sino también riquezas. En ellas cimienta el poder de su propia familia: sus parientes, sus clientes, sus guerreros, sus vasallos… Así el hermano segundón se convierte en un poder fáctico que va a proyectar su influencia durante decenios.

En efecto, al final Fruela Pérez terminaría siendo un personaje de enorme peso. Su familia jugó un papel decisivo en las convulsiones que iban a sacudir el reino. Y su descendencia estaba llamada a muy altos destinos. Fruela tuvo una hija, Numabela, que se casó con el duque Lupo II de Gascuña. Ojo a este enlace, porque demuestra que el reino de Asturias mantenía relaciones estrechas con el resto de la Europa cristiana. Pero es que, además, dos hijos de nuestro guerrero llegarían al trono: Aurelio y Bermudo I. Y el rey Ramiro I fue nieto de Fruela Pérez. Y Ordoño I, bisnieto. Y Alfonso III, el de las crónicas, tataranieto. De manera que el valiente Fruela, sin ser rey, fue tronco de reyes.

Nada más sabemos de Fruela Pérez, el primer guerrero de la gran cruzada del sur. Pero después vendrán otros que también empuñarán la espada en aquellos tiempos de hierro. Así comenzó a escribirse la Reconquista.

EL DESIERTO DEL DUERO

Estamos en el año 740. El flamante rey de Asturias, Alfonso I, saca partido de la guerra interna en el bando musulmán. Como los bereberes han abandonado sus posiciones fronterizas en el norte, los rebeldes cristianos encuentran el camino libre para aventurarse fuera de la Cordillera Cantábrica. Así prodigarán sus incursiones en las tierras llanas, en el valle del Duero, los viejos Campos Góticos. Cabalgan por tierras de Burgos, Valladolid, Soria, Zamora, Palencia. Aniquilan a los moros que aún permanecen en aquellos lugares. Y a los cristianos los llevan hacia el norte, al territorio controlado por la corona astur, donde comenzarán una nueva vida. Así el reino empieza a ver cómo sus tierras, desde Galicia hasta Vizcaya, se llenan de nuevos pobladores. Y así las tierras llanas, el valle del Duero, se convierten en un desierto, el desierto del Duero.

Aquí estamos metiendo la cuchara en un asunto extremadamente complicado, muy sujeto a discusión. ¿De verdad se despobló el Duero? ¿En qué sentido? ¿Es que la gente se fue, o se la empujó hacia otros lugares, o tal vez se murió? Y este desierto, ¿fue una creación intencionada del rey de Asturias, una estrategia para procurarse un escudo geográfico frente a los musulmanes, o fue más bien el fruto de un proceso natural? Claro que, ¿y si no hubo tal desierto? Pero si no hubo desierto, ¿por qué las crónicas emplean la palabra «poblar» cuando se refieren al posterior retorno a aquellos lugares, como si hubieran estado despoblados? ¿Qué dice la arqueología? Aquí vamos a intentar proponer una explicación, una narración sobre cómo pudieron ser los hechos que nos ocupan.

Ante todo, es de pura justicia explicar, aunque sea someramente, qué es lo que los historiadores han venido diciendo sobre este asunto que es, repitámoslo, uno de los grandes debates historiográficos de la Reconquista. Lo que nos han legado las fuentes de la época —las crónicas— es lo que aquí hemos referido y repetido, esos ataques de Alfonso I por el valle del Duero, con rescate de población. A partir de aquí, comienza el debate.

A mediados del siglo XIX, el portugués Alejandro Herculano sienta una primera hipótesis: Alfonso I despobló el Duero a conciencia, para dificultar el avance musulmán hacia el norte; sin núcleos urbanos donde aprovisionarse, un ejército no puede sobrevivir. El desierto fue, pues, un objetivo deliberado de los cristianos, para protegerse. El valle del Duero no volvería a poblarse hasta un siglo más tarde, en el camino de la expansión cristiana hacia el sur.

Esa tesis fue retomada, estudiada, ampliada y acotada por Claudio Sánchez Albornoz, que vino a exponer las cosas de la siguiente manera: el reino de Asturias necesitaba afianzar su territorio, poblar las tierras de la corona con nuevos campesinos y soldados y, además, protegerse de eventuales incursiones musulmanas. Con ese objetivo, Alfonso I despobló deliberadamente el valle del Duero llevando a sus habitantes hacia el norte.

Otros, después, mantuvieron sin embargo una opinión contraria. Nada —decían— permite hablar de una despoblación total del valle del Duero. Eso pensaban Menéndez Pidal y Américo Castro, por ejemplo. Y si las crónicas dicen que esas tierras fueron «repobladas» después, eso hay que interpretarlo como una figura retórica para describir el modo en que la meseta norte fue reorganizada por los reyes cristianos a partir de los siglos IX y X.

¿Despoblación deliberada o figura literaria? ¿De verdad se creó un desierto humano en el Duero? En fechas más o menos recientes —el último medio siglo— ha habido bastantes estudios sobre el terreno que intentan responder a esas preguntas. Su primera conclusión es ésta: no es verdad que el valle del Duero quedara despoblado durante el siglo VIII. Los vestigios arqueológicos permiten asegurar que en esa zona hubo núcleos habitados en todo ese tiempo. Es verdad, sin embargo, que no hay señales de vida urbana avanzada en la región durante tal periodo. Y sabemos, por otro lado, que hacia los años 750-760 hubo una fuerte sequía, una hambruna atroz y, además, una epidemia de viruela. No es poca cosa. Y ahora, con todos los datos en la mano, podemos reconstruir aproximadamente lo que pasó.

Situémonos. Somos asturianos o cántabros de 740. Vivimos en una tierra feraz, pero de recursos limitados y de orografía difícil, con mucha montaña, que empuja a la población hacia los valles. ¿Mucha población? Para el área propiamente asturiana y cántabra, todo indica que sí; la expansión demográfica cántabra parece haber sido una constante de esta región durante siglos.

Nuestra vida es bastante primitiva, pura economía rural en régimen de pequeños señoríos. A nuestro oeste, hacia el océano, está Galicia, un área vinculada desde muy antiguo a nuestra propia tierra. Galicia es más rica y está mejor organizada, pero menos poblada; ha sufrido las invasiones moras y atraviesa hoy por un momento de depresión. Parece natural pensar que si nosotros, asturianos y cántabros, queremos ganar espacio, hemos de dirigirnos hacia Galicia.

En este momento ocurre algo inesperado: los invasores comienzan a pelear entre sí. La amenaza musulmana se vuelve contra sí misma. Los bereberes abandonan sus posiciones avanzadas. No podemos desperdiciar la oportunidad. Vamos hacia Galicia y ofrecemos a aquella gente, hermanos nuestros, nuestra amistad, nuestra protección, nuestra corona y nuestra fe. Ellos nada tienen que perder, al contrario, todos ganamos. Y en el otro extremo del reino, en el este, podemos repetir la operación: cántabros y vascones acogerán bien una oferta que es una promesa de futuro.

Al hilo de esta expansión natural, descubrimos algo increíble. Mucho más al sur, donde acaban las montañas y empiezan las tierras llanas, los moros también retroceden. No hay tiempo que perder. Preparamos nuestra hueste y probamos fortuna en las ciudades que los moros habían convertido en bases suyas: León, Astorga… Apenas quedan allí defensas. Los combates nos sonríen. Y lo que descubrimos nos deja perplejos: miles de personas, cristianos como nosotros, sumidas en el caos, expuestas a las rapiñas del enemigo. No podemos darles nuestra protección allí, en esas ciudades, pero sí en nuestro propio territorio. Los llevamos hacia el norte, donde no faltan tierras por roturar. Muchos de ellos se convertirán en campesinos; otros, en soldados. Cuando los moros vuelvan, no encontrarán nada aquí.

Nuestros nuevos amigos nos han contado cosas inquietantes. Su vida se había hecho todavía más primitiva que la nuestra. Las grandes ciudades heredadas de los romanos habían desaparecido. Luego vino la guerra civil entre los godos. Después, la invasión musulmana. Las epidemias y las sequías habían hecho el resto. Ya no había siervos que trabajaran la tierra. Toda la región está salpicada, aquí y allá, por pequeñas comunidades de pastores. Los nuevos amos musulmanes no han cambiado las cosas. Hay hambre y hay pobreza. Para esta gente, nosotros somos una tabla de salvación. Otros, sin embargo, preferirán quedarse con sus pequeños rebaños de cabras y ovejas en la estepa pelada.

Haremos todavía más expediciones por la llanura interminable de la meseta, y por todas partes veremos lo mismo: abandono y desolación. Hacia el año 750 las cosas se pondrán todavía peor. Al hambre se suma la viruela, enfermedad mortal desconocida hasta ahora, que han traído los árabes desde Persia y que diezma a las poblaciones. Los que han sobrevivido vienen con nosotros. A otros hemos de dejarlos en sus campos yermos. Tampoco aquí encontrarán nada los moros cuando vuelvan, si es que vuelven. Dice una crónica árabe, la de Ajbar Machû'a: «Los habitantes de España disminuyeron de tal suerte, que hubieran sido vencidos por los cristianos, a no haber estado éstos preocupados también por el hambre». Nos preocupa, sí, pero más preocupará a los sarracenos, que no tendrán ya nada que saquear en estas tierras.

De esta manera la influencia del reino de Asturias se extiende en torno a una zona de sombra: desde Oporto en Portugal hasta Osma en Soria y los montes de Álava. El reino está seguro. Nuevos habitantes empuñan las armas y crean riqueza. Y al sur, en la gran meseta, sobre la raya del río Duero, surge una tierra de nadie, propiamente inhabitable, sin ley ni orden, con pequeños y aislados núcleos de población —incluso en el desierto hay oasis, decía Sánchez Albornoz—, como si en ellos se hubiera congelado el tiempo, ásperos tanto para los moros como para los cristianos. A esa tierra de nadie se la conocerá como el desierto del Duero.

Así pudieron pasar las cosas. Así debió de nacer aquel célebre «desierto del Duero» que durante más de un siglo iba a ser el escenario de los enfrentamientos armados entre moros y cristianos. Pero al norte y al sur, mientras tanto, la vida continuaba.

ABDERRAMÁN I: LO PEOR QUE PODÍA PASARNOS

Corría el año 756, el último del reinado de Alfonso I el Católico, cuando en Al Ándalus, es decir, en la España sometida al islam, pasó lo peor que podía pasarnos, a saber, que apareció un musulmán con visión de Estado y, más aún, con voluntad para ponerse a la cabeza de todo aquello, disolver el caos y convertirlo en orden. Ese alguien fue Abderramán I. Con él nacerá el emirato independiente de Córdoba. La historia de España cambiará.

Vamos a recordar someramente cómo estaban las cosas. Después de la invasión mora en 711, la mayor parte de la Península se había sometido al islam, entre otras cosas por la rendición pactada de la vieja élite goda. Los musulmanes convierten las tierras ibéricas en una provincia dependiente del califa de Damasco. A la cabeza del territorio conquistado se coloca a un valí o emir. Los moros sitúan su capital en Córdoba, aunque con fuerte dependencia de Ifriquiya, en Túnez.

Pero los musulmanes que han entrado aquí —no muchos, se cree que unos 60.000 a lo largo de todo el siglo VIII— traen consigo el germen de una guerra civil. Árabes, bereberes y sirios, que tal era la composición de las fuerzas invasoras, se detestan y mantienen querellas pendientes. Los árabes se consideran con derecho a ser la minoría dirigente y se instalan en las ciudades; los bereberes quedan marginados en las zonas rurales y han de sufrir que los árabes les carguen con impuestos como si no fueran musulmanes, de manera que se rebelan; los sirios aparecen para apoyar a uno de los bandos —el árabe—, pero terminan volviéndose también contra él. No eran disputas civilizadas: al emir Abd-al-Malik, que llamó a los sirios en su socorro y terminó destituido por éstos, lo asesinaron crucificándole entre un perro y un cerdo. Así la década de 740 verá un largo y sangriento conflicto dentro del bando musulmán.

Mientras eso pasaba en la España mora, las cosas se ponían aún más negras en Damasco, la metrópoli del imperio musulmán. Las distintas familias que reclaman la herencia de Mahoma —y, por tanto, el título de califa— han entrado en guerra entre sí. La dinastía reinante, que es la de los Omeyas, se ve acosada por rivales desde todas partes. Los líderes de las revueltas son los alíes o chiíes, los clanes seguidores de Alí, primo y yerno del profeta. Los alíes prenden la mecha en Persia. Acusan a los Omeyas de no ser suficientemente religiosos y de no islamizar bastante los territorios conquistados. Encabeza a los alíes el caudillo Abu-al-Abbas, y por este Abbas se llama «abasíes» o «abasidas» a esta familia. No es una revuelta palaciega, sino una auténtica guerra civil. Finalmente, los abasidas derrotan a los Omeyas en el Gran Zab, en Irak. Es el 25 de enero del año 750 de la era cristiana. Los abasidas se hacen con el califato.

¿Asunto resuelto? No, porque los nuevos dueños de Damasco están dispuestos a extinguir hasta el último recuerdo de los Omeyas. Los abasidas convocan a los Omeyas a un encuentro —con banquete incluido— en Abú-Futrus, en Palestina. Supuestamente, se trata de hablar de paz, herencias, quizás amnistía para los derrotados. Toda la familia Omeya está allí. Pero en un cierto momento del banquete, Abú-al-Abbas, el nuevo califa, hace un gesto a su guardia. Cimitarras y cuchillos desnudos se abalanzan sobre los Omeyas. Todos son pasados por las armas: hombres, mujeres, jóvenes, viejos, sin distinción. «Que ningún Omeya quede con vida», era la consigna. Eso fue la matanza de Abú-Futrus. Así se consolidó el poder abasida. Pero los asesinos no completaron su trabajo: habían dejado a alguien vivo.

Alguien había quedado con vida, en efecto: el joven príncipe Abderramán y su hermano Yahya. Sus cuerpos no estaban entre los cadáveres. Milagrosamente, habían logrado escapar. Al joven Abderramán —de unos veinte años en aquel momento— le espera un largo periplo de cinco años. Primero se dirige a Damasco, donde se confunde con los miles de fugitivos que escapan de la furia abasida. Se ha puesto precio a su cabeza. Los enemigos logran localizar a su hermano Yahya y le dan muerte. Abderramán, en fuga permanente, busca cobijo en Palestina, después entre las tribus beduinas del desierto, luego pasa al norte de África. Siempre perseguido, termina en Mauritania, entre la tribu de los bereberes nafza, que era el pueblo de su madre.

Abderramán no carecía de carisma. Nieto del décimo califa Omeya e hijo de un príncipe y una concubina berebere, había nacido en un monasterio de Damasco. Un tío abuelo suyo, Maslama, le había profetizado que restablecería el esplendor de los Omeyas. Al parecer, varios centenares de partidarios de los Omeyas le habían seguido en su fuga o se habían unido después a él. Abderramán sueña con establecer en el norte de África un territorio propio para los Omeyas. Pero el norte de África, desde el Atlántico hasta Egipto, está escindido en innumerables facciones: cada gobernador o valí o emir trata de marcar su propia zona de poder. Errante, Abderramán termina en Ceuta. Allí le cuentan que en Elvira, Granada, hay amigos de los Omeyas dispuestos a seguirle. El príncipe desembarca en Nerja en septiembre del año 755. Pronto reunirá un ejército con yemeníes, sirios y bereberes. El gobernador de Córdoba, Yusuf al-Fihri, sabe que no podrá hacer gran cosa contra un descendiente directo de los Omeyas. Primero intenta negociar, después hablarán las armas. Finalmente, Abderramán derrota al gobernador y entra triunfante en Córdoba. Era la primavera del año 756.

Dicen que lo primero que hizo Abderramán fue liberar a una esclava visigoda conversa al islam y desposarla. De ella nacería su heredero, Hisham I. También plantó una palmera de la cual —dice la tradición— descienden todas las palmeras de España. Pero seguramente lo primero que hizo no fue nada de eso, sino tratar de poner un poco de orden en el inmenso caos de Al Ándalus. A tal fin, definió con claridad cuál era exactamente su estatuto: emir independiente. Es decir, el nuevo emirato se erigía en poder propio, sin dependencia política ni administrativa de Damasco, pero reconocía la autoridad espiritual del califa, y por eso Abderramán no se proclamó califa, sino sólo emir. Después le tocó la parte más áspera del programa: aniquilar cualquier resistencia de los antiguos dueños de Al Ándalus, que, evidentemente, no iban a dejarse dominar con facilidad.

Fueron largas y feroces las guerras que las gentes de Abderramán libraron contra sus rivales musulmanes. Durante treinta y dos años prácticamente no hubo descanso. Después de derrotar y ejecutar al viejo emir, Yusuf al-Fihri, tuvo que enfrentarse a los hijos de éste, a los partidarios de los abasidas —recordemos, la dinastía reinante en Damasco—, a los rebeldes bereberes… Abderramán se mostrará inflexible: a los líderes del partido abasida en España les cortó las cabezas, las envolvió en sal y alcanfor y las mandó a su jefe, el califa de Damasco, para que supiera a qué atenerse.

El emir independiente de Córdoba organizó su territorio con el claro propósito de convertirlo en un Estado puramente musulmán. Habían pasado ya más de cuarenta años desde la invasión, era hora —debió de pensar Abderramán— de acabar con todas aquellas componendas con las estructuras de la vieja Hispania goda. Los abasidas habían acusado a los Omeyas de no islamizar suficientemente los territorios conquistados. Ojo, por cierto, a este argumento, porque desde ahora, y durante siglos, todas las grandes conmociones políticas en el islam español vendrán de la mano de sectores cada vez más fundamentalistas, que conquistarán el poder acusando a sus predecesores de no haber islamizado bastante. El caso es que Abderramán, el único Omeya con poder territorial, iba a demostrar a los nuevos amos de Damasco que era capaz de islamizar, y a fondo. Y para que nadie lo dudara, utilizó la vieja basílica hispanogoda de Córdoba, San Vicente, ya profanada por los moros, para construir sobre ella una mezquita que sería el monumento mayor de la España musulmana.

Abderramán dividió el territorio en siete provincias. Al frente de cada una de ellas puso a un gobernador de su absoluta confianza. Creó un aparato judicial propio para aplicar la ley islámica (la *sharia*) y estableció un consejo coránico. Privilegió a los musulmanes de origen y a los muladíes —cristianos conversos al islam—, mientras que a los mozárabes, es decir, a los que querían seguir siendo cristianos, les hizo pagar un impuesto extraordinario por permanecer en sus tierras. Se proclamó príncipe de los creyentes y acuñó moneda propia. Después vendrán los choques con los asturianos y con los francos. No siempre le saldrán las cosas bien: cuando envíe a su hijo Ahumar al frente de una expedición contra los cristianos de Asturias, éstos derrotarán a la hueste mora y apresarán y darán muerte al hijo de Abderramán. El paisaje general iba a seguir siendo el de la guerra, tanto interna como frente a enemigos exteriores. Pero en Al Ándalus ya había un solo poder.

La figura de este caballero, Abderramán —alto, rubio, barbilampiño, según nos lo pintan las crónicas moras; como Peter O'Toole en Lawrence de Arabia, pero tuerto— iba a acompañarnos durante casi el resto del siglo VIII. Enérgico, astuto, devoto, supo ser el caudillo que el islam español necesitaba. De no ser por él, lo más probable es que a la altura de 750 Al Ándalus se hubiera descompuesto. Pero no, Al Ándalus sobrevivió, y lo hizo como entidad política independiente. El destino no iba a ahorrarle los sinsabores de las intrigas palaciegas, pero el emirato superó las conspiraciones.

Abderramán murió en 788. Dejó once varones y nueve hembras. Escogió como sucesor a su hijo Hisham, el retoño de la goda conversa, porque era, según dijo el primer emir, «el que más se le parecía». La dinastía Omeya quedaba asegurada en España. Duraría dos siglos y medio más, pronto erigida en califato independiente. Por eso la llegada de Abderramán fue lo peor que podía pasarnos.

FRUELA I EL CRUEL: UN HOMBRE SIN SUERTE

Alfonso I había sido un gran rey: inteligente, con talento político, bravo en el campo de batalla y, además, un hombre con suerte. Su hijo Fruela —no confundir con el guerrero Fruela Pérez, tío de este Fruela rey— heredará la corona y, según se dice, también las virtudes políticas y militares de su padre, pero, desde luego, no heredará su suerte. Todo se le va a complicar. Y se le va a complicar tanto que terminará asesinado, después de asesinar mucho a su vez. Para colmo, pasará a la historia como *el Cruel*, por su carácter insoportable. Una historia atribulada.

Ante todo, dibujemos el paisaje. Alfonso I deja a su muerte, en 757, un reino de Asturias que abarca toda la cornisa cantábrica desde el Atlántico gallego hasta Vizcaya y las montañas vascas, y que por el sur, protegido por la cordillera, se proyecta hacia un espacio abierto que es el valle del Duero. El reino ha multiplicado su población para el campo y para la guerra. La Iglesia se ha convertido en columna vertebral de esta España cristiana. A los moros se los mantiene a raya. Es una buena herencia para Fruela, ¿verdad? Pues bien: en todos y cada uno de estos aspectos, el paisaje se va a complicar. Vamos a verlo por partes.

Empecemos por el principio. ¿Por qué Fruela fue rey? ¿Por ser hijo de Alfonso? Sin duda, pero hay que apresurarse a señalar que la monarquía, en este momento, no es formalmente hereditaria. En ningún lado está escrito que la corona deba ser heredada por el primogénito, ni siquiera que un rey tenga derecho a designar sucesor. En su momento, Alfonso había subido al trono porque encarnaba la unión de las tierras cántabras y asturianas, porque ya tenía detrás una buena carrera militar y política y porque, siendo hijo de Pedro de Cantabria, además era, por matrimonio, heredero de Pelayo. Por el contrario, su hijo Fruela llega al trono —tiene ya treinta y cinco años— porque su padre lo deja así dispuesto, pero no tiene en las manos nada más. Hay que suponer que la propuesta sería formalmente aprobada por un consejo de nobles, al viejo estilo, pero esa fórmula, como es sabido, era excesivamente reversible. De modo que el reinado de Fruela nace tocado por un riesgo de inestabilidad.

Después estaba la cuestión territorial: la geografía que Fruela hereda es mucho más heterogénea que la que heredó su padre. Bajo la corona asturiana se situaban ahora regiones nuevas —Galicia, las áreas occidentales de los vascones— que habían reconocido la autoridad de Alfonso, pero que no habían pactado nada con Fruela y que, por tanto, podían sentir la tentación de rebelarse contra el nuevo rey. No sólo iban a sentir la tentación, sino que caerían en ella; aquí y allá, en Galicia y entre los vascones, al nuevo rey la gente se le rebela. La unidad territorial del reino va a convertirse en un quebradero de cabeza para Fruela desde el primer momento.

Tercer asunto peliagudo: la cuestión religiosa. Este aspecto de la España de entonces es tan importante que merece examen aparte, pero adelantemos que la reforma del clero va a ser otro de los frentes de crisis de Fruela. Desde Covadonga, la cruz se había convertido en santo y seña del reino; la religión era el signo de identidad esencial de los rebeldes. Pelayo funda iglesias, Favila funda iglesias, Alfonso funda iglesias. Y la Iglesia propiamente dicha, ¿qué hace? Debatirse en una seria crisis interna. Los últimos reyes godos habían dejado la Iglesia hecha unos zorros. Witiza había levantado la obligación del celibato, de manera que numerosos clérigos vivían casados o amancebados. Las distintas herejías de la época, y en particular las que negaban la divinidad de Cristo —arrianismo, adopcionismo—, habían corrido mucho y, además, se habían extendido fácilmente en una élite hispanogoda muy predispuesta a pactar con los musulmanes. Fruela, decidido a asegurar la unidad y la identidad religiosas del reino, meterá el dedo en esa llaga. Sin duda le secundaron en la tarea importantes sectores del clero, pero no por ello dejará de traerle sinsabores.

Y por último está, cómo no, la amenaza musulmana, que se había intensificado. Alfonso tuvo la buena suerte de que hacia 740 los moros empezaron a pelearse entre sí; Fruela tendrá la mala suerte de que, hacia 756, en Al Ándalus se instala un poder sólido y dispuesto a hacer sentir su peso: el emirato independiente de Abderramán, como ya hemos visto. Así que, a todos esos problemas internos que hemos señalado, a Fruela se le añadía el problema exterior. Todo un programa.

A partir de este paisaje, podemos imaginarnos el reinado de Fruela como la tarea sobrehumana de un tipo condenado a achicar agua en una barca que amenaza con hundirse. Lo primero que le pasa es que los moros, después de largos años de debilidad, dan señales de vida. Es el año 759. Abderramán I lanza una expedición contra Galicia; evidentemente, quiere recuperar lo perdido. Las tropas moras se internan en territorio gallego. Pero estos asturianos ya no son los de Pelayo; Alfonso I ha dejado en herencia un ejército eficaz. Así, el rey Fruela tiene recursos para hacer frente a la invasión. Las crónicas dicen que fue en Pontuvio o Pontumio; seguramente se trata de Caldas de Reyes, en Pontevedra. Allí Fruela cortó el paso a los moros. La victoria cristiana fue total. Dicen las crónicas que perecieron 54.000 caldeos; ya serían algunos menos, pero el hecho es que Fruela ganó. No sólo ganó, sino que cogió preso a Umar o Ahumar, un hijo de Abderramán, nada menos. Expeditivo, Fruela devolvió la pelota en el mismo lenguaje que el moro usaba: mandó decapitar al hijo del emir.

Al mismo tiempo que frena a los moros, Fruela se lanza a la reforma religiosa: está dispuesto a detener la crisis heredada del siglo anterior. Por eso prohíbe taxativamente el matrimonio para los clérigos, desde obispos hasta presbíteros; a los que ya estuvieran casados, les da a elegir entre colgar los hábitos o dejar a su esposa. Parece que la medida le creó muchas hostilidades, porque, además, menoscababa la autonomía de la jerarquía eclesiástica, pero el hecho es que salió adelante. Más aún, Fruela quiere marcar su propia sede religiosa y decide hacerlo en un nuevo lugar. Escoge un llano entre montañas, sobre una colina, donde acaba de instalarse el presbítero Máximo con su sobrino Fromestano. Fruela manda construir allí varios edificios religiosos y crea un obispado. En torno a esa colina crece un primer núcleo urbano. Así nace la ciudad de Oviedo. El propio Fruela fijará en Oviedo uno de sus lugares predilectos de residencia.

Más sobre la reforma religiosa: el 24 de abril de 759 el rey Fruela funda un convento de monjas —veintiocho monjas, concretamente— en San Miguel de Pedroso, en el este de Burgos, cerca de Álava y La Rioja. Es la frontera oriental del reino, cerca de Belorado, en torno a los montes de Ayago, en la comarca de Montes de Oca, donde los hispanogodos habían sabido frenar al islam. Este convento —la abadesa, por cierto, se llamaba Muniabella— es una plaza fuerte de gran significación política: al mismo tiempo que marca la frontera del reino, materializa el deseo de reforma moral de la Iglesia.

Fruela ha vencido a los moros y está metiendo en cintura al clero, pero entonces se le incendia el mapa por el este: los vascones se rebelan. No sabemos bien por qué, ni cómo, ni el origen exacto de esta historia. Hay quien dice que las tribus vasconas no aceptaban a Fruela con la misma benevolencia que dispensaron a su padre, Alfonso; otros inscriben el episodio en el contexto del ducado de Aquitania y sus intentos por afirmar un poder propio frente a francos, moros y asturianos. Sea lo que fuere, el hecho es que el atribulado rey tiene que marchar a tierras de Álava y presentar batalla. Ganará. Dicen que la represión fue dura, pero no todo será hierro: para establecer lazos firmes con los rebeldes, Fruela, que todavía estaba soltero, decide casarse con una noble alavesa, Doña Munia.

Cuenta una hermosa tradición que Oviedo se convirtió en ciudad precisamente para albergar el amor de Fruela y Munia. Y atención al nombre de esta mujer, doña Munia, porque va a tener un cierto peso en la historia posterior.

CORRE LA SANGRE EN LA CORTE DE CANGAS

Hemos dejado a Fruela I, el hijo de Alfonso I, reinando sobre un avispero. No lo iba haciendo mal, sin embargo. Cuando le atacan los moros, logra vencerles. Cuando ha de afrontar la reforma religiosa, la sabe llevar adelante. Cuando tiene un problema serio con los vascones, lo resuelve primero en el campo de batalla y después casándose con la noble Doña Munia. Por el camino funda Oviedo y, según la tradición, ofrece a su mujer la nueva ciudad. Pero…

Pero en esas estábamos cuando en la vida de Fruela ocurre algo terrible: asesina a su propio hermano, Vimarano, el segundón de la familia. Ya habíamos contado antes que la llegada de Fruela al trono venía tocada por un serio riesgo de inestabilidad, y eso iba a manifestarse ahora de una forma especialmente atroz: el rey creyó que su hermano conspiraba contra él y le mató.

Conocemos poco sobre el origen de este luctuoso episodio. Las crónicas sólo nos dicen que Fruela mató a su hermano por envidia. ¿Qué quiere decir eso? Sabemos que Fruela era áspero, antipático y autoritario, mientras que Vimarano, según parece, era todo lo contrario. De esta manera, los numerosos descontentos que Fruela iba dejando en su camino pasaban, automáticamente, a apostar por Vimarano. No podemos saber si Vimarano realmente conspiraba o si Fruela se obsesionó hasta la ofuscación. Lo que nos consta es que «andaba el año de la Encarnación en setecientos et sesenta et cinco —así habla la crónica— cuando el rey Don Fruela, habiendo miedo de su hermano Vimarano que tomara el reino, matólo con sus manos». Aquel crimen terrible marcará el reinado de Fruela con un tinte siniestro.

El destino había querido que Fruela no pudiera descansar jamás. Pacificado el este, y ahogada la supuesta revuelta palaciega, al rey se le subleva el oeste: los nobles gallegos se rebelan. Querían más poder, más autonomía, más riquezas; no depender del rey asturiano. Fruela aplicará sobre los nobles gallegos la misma mano dura que había demostrado con los vascones, pero esta vez ya no podía suavizar el expediente con un matrimonio. De todas maneras, tampoco hubiera tenido tiempo: justo en ese momento, vuelven a asomar la nariz los moros.

Al sur, en efecto, Abderramán se sentía cada vez más fuerte. Había aplastado las rebeliones de los hijos de Al-Fihri, de los abasidas de Al Ándalus y de los yemeníes. Era el momento —debió de pensar el emir— de volver a probar suerte en el norte. No se atreve a aventurarse en las zonas despobladas del Duero, donde hay poco botín que capturar, pero las fronteras oriental y occidental le parecen accesibles. Hacia el año 766 aparece por el este un fuerte ejército musulmán al mando de Badr, la mano derecha de Abderramán. Debió de ser entre Burgos y Álava, aquella región que Fruela había jalonado con el monasterio de San Miguel del Pedroso. La victoria musulmana fue completa. Los moros impusieron a los cristianos fuertes tributos: dinero, caballos, esclavos, armas…

Después de atacar por el este, los moros atacarán por el oeste, es decir, Galicia otra vez. Los ejércitos de Abderramán subieron por el Miño. Pero la zona no debía de dárseles muy bien, porque de nuevo Fruela los frenará y derrotará. Fue una victoria importante para Fruela, porque le permitió ampliar sus tierras por el suroeste alcanzando la línea del Miño. Y al igual que había hecho en el este con el convento de San Miguel, también aquí, en el oeste, creará un convento a modo de marca. Rehabilita el viejo monasterio visigodo de Samos, en el sur de Lugo, y lo llena con monjes que venían de Toledo; el abad se llamaba Argerico y con él venía su hermana Sarra.

Aquella victoria de Fruela sobre las tropas musulmanas debió de ser bastante rotunda. No sólo afectaría al área oeste del reino, sino también al este, porque de aquellos fuertes tributos que los moros impusieron a los cristianos nunca más se supo; de hecho, los sarracenos tardarían quince años en volver a aquellas tierras. Pero el destino de Fruela I era no poder disfrutar nunca de sus triunfos. Y así, recién derrotado el enemigo exterior, vuelve a rebelarse el enemigo interior. ¿Otra vez los gallegos o los vascones? No, esta vez era algo peor: el fantasma de Vimarano, el hermano asesinado, retornaba para pedir cuentas.

En efecto, los nobles que habían apoyado en su día a Vimarano se confabulaban ahora para dar muerte al rey. Parece que en este asunto jugaron un cierto papel los hijos de Fruela Pérez, el hermano guerrero del rey Alfonso y que, por tanto, eran primos carnales del Fruela rey. ¿Asuntos de familia, una vez más? No podemos decir hasta dónde. Que el rey Fruela guardaba remordimientos, lo sabemos porque adoptó al hijo de Vimarano, Bermudo. Y que los partidarios de Vimarano guardaban rencor al rey, eso se hizo evidente cuando en el año 768 decidieron poner fin a su vida.

Vayamos a la corte de Cangas de Onís. Un avispero. Las disputas entre facciones rivales han llegado a un punto sin retorno. El trono está en juego. Fruela une a sus remordimientos el miedo. Pero, áspero y violento, defenderá su posición hasta el fin. Éste llega por el hierro. Quien a hierro mata, a hierro muere. Un puñal, quizá más. Fruela I de Asturias, cuarenta y seis años, once de intenso reinado, es asesinado en su propio palacio. El asesino pensaría, sin duda, que Vimarano había sido vengado. Tal vez sobre el cadáver mismo de Fruela, los regicidas proclaman el nombre del nuevo rey: Aurelio, primo del asesinado, hijo de Fruela Pérez, el guerrero.

En aquel momento hubo alguien en Asturias que debió de sentir un inmenso pavor: Doña Munia, la noble vascona, ahora viuda de Fruela. Munia había tenido dos hijos del rey, Alfonso y Jimena. Rápida, decidida, Munia adivina enseguida el peligro. Hay que poner a salvo a los niños, no sea que corran la misma suerte que su padre. Sin perder un instante los envía al monasterio de Samos, aquel que su esposo había refundado en el sur de Lugo. Uno de esos niños se convertirá, muchos años más tarde, en el rey Alfonso II el Casto.

A Fruela, un hombre sin suerte, lo enterraron en Oviedo. Más tarde le acompañará su esposa, Munia. Asturias entraba mientras tanto en una época crítica. Nos espera un cuarto de siglo agitado.

Y EN EL NORTE, CARLOMAGNO

Hasta ahora nos hemos centrado en el reino de Asturias, pero, ¿qué estaba pasando mientras tanto en el resto de España y, más extensamente, en el resto de Europa? Es importante saberlo. Ya hemos visto que Asturias no vivía al margen de Europa. Los enlaces matrimoniales de la nobleza asturiana así lo atestiguan. También hemos visto que en el sur, en la Hispania ocupada por el islam, surgía un poder sólido en la persona de Abderramán I, un tipo cuya obra iba a determinar lo que quedaba de siglo VIII y los decenios posteriores. Y ahora hay que hablar de otro personaje que, al norte de nuestras tierras, iba a marcar igualmente su tiempo y el nuestro: Carlomagno, nada menos.

Sí, porque a la altura del año 768, mientras Fruela I es asesinado en su palacio de Cangas y Abderramán consolida su poder en el emirato de Córdoba, llega al trono del imperio franco un tal Carlos que no tardaría en ser conocido como Carlos el Grande, es decir, Carlomagno. Apresurémonos a decir que este imperio franco no era propiamente la actual Francia, sino algo mucho más grande, una enorme construcción política que abarcaba la mitad occidental de Europa y que además sería decisiva para la evolución de la Reconquista en España. Por eso es importante que hablemos un poco de Carlomagno y los francos.

Hagamos un poco de memoria. Los francos eran un pueblo germánico, originario de la cuenca noreste del Rin, que desde el siglo IV se había integrado en la vida del Imperio romano. Inmersos en las conmociones del final de Imperio, terminan constituyendo un reino propio, más o menos en la actual Bélgica, que se proyecta hacia la Galia. Combatieron junto a los romanos contra Atila, en el año 451. Un rey llamado Childerico extendió sus tierras hacia Alemania. A este Childerico se le tiene por hijo de Meroveo, y por eso a su dinastía se la conoce como «merovingia». De Childerico nació Clovis o Clodoveo, que hacia 496 se convierte al cristianismo. Convertido en rey no sólo de los francos, sino también de los galorromanos, que eran mayoritariamente cristianos, Clodoveo empuja hacia el sur a los visigodos que entonces ocupaban la Galia. Esos godos se instalarán en España; son nuestros godos.

La dinastía merovingia no fue capaz de mantenerse unida. Hacia el siglo VII, quienes de verdad mandaban en el reino eran los mayordomos de palacio, un cargo que podemos entender como «primer ministro», más o menos, y que habían llegado a acumular todo el poder ante la incompetencia de los llamados «reyes holgazanes», que así se conoce a los últimos monarcas merovingios. Fue uno de esos mayordomos, Carlos Martel, el que frenó a los moros en Poitiers en el año 732. Después de rocambolescas aventuras, Carlos Martel había logrado reunificar el reino desde el sur de Francia hasta Austria y Alemania. Aunque no era rey, actuó como tal e incluso repartió el reino entre sus hijos: Carlomán (no confundir con Carlomagno, que no ha llegado todavía) y Pipino, llamado *el Breve* por lo bajito que era. Nace así, por el nombre de Carlos Martel, la dinastía carolingia.

Carlomán se metió en un convento y dejó el poder a Pipino, el bajito. Pipino reinó desde 751 hasta 768; murió el mismo año que Fruela I. A su muerte dividió el reino, una vez más, entre sus hijos: otro Carlos y otro Carlomán (no eran muy originales buscando nombres, estos francos). Pero este nuevo Carlomán muere prematuramente en 771, con sólo veinte años, y así el otro hijo, Carlos, se ve convertido en rey de un inmenso territorio que abarca la mayor parte de las actuales Francia y Alemania, los Países Bajos, Austria, Suiza y la mitad norte de Italia. A este Carlos es al que conoceremos como Carlo-Magno. La Europa de ese momento queda orbitando, pues, en torno a tres poderes: el de Bizancio, heredero del Imperio romano de Oriente, que domina el sureste del continente; el de los musulmanes, en toda la cuenca sur del Mediterráneo, y este de

Carlomagno, con la mitad de la Europa occidental. Carlomagno se ve dueño de un poder extraordinario. Y en su flanco sur, España.

A Carlomagno lo vamos a encontrar muchas veces en los próximos episodios de nuestra historia, desde su derrota en Roncesvalles hasta su protagonismo en la extensión del culto a Santiago Apóstol. No adelantaremos ahora esos capítulos. Pero sí conviene explicar qué estaba pasando en la frontera de Carlomagno con los moros, es decir, en el Pirineo, porque de aquí saldrían los otros reinos de la España cristiana, y la participación de Carlomagno en ese proceso iba a ser fundamental.

Breve *flash-back*: recordemos que los musulmanes entran en España en 711, desplazan a la élite goda y se hacen inmediatamente con el poder, derramándose literalmente por la Península. Pasma ver con qué velocidad dominan la vieja Hispania goda, ya hemos explicado aquí por qué. Entre 714 y 718 veremos a Muza y Al-Hurr recorriendo el valle del Ebro y conquistando Pamplona, Zaragoza y Barcelona. El valle del Ebro era, con el del Guadalquivir, el gran eje de la riqueza agraria en España desde los tiempos de Roma, y aun antes. Allí, como sabemos, el más listo se convierte al islam y se pone a disposición de los invasores, ganando así el control de una extensa y riquísima región: fue el conde Casio, con el que comienza la dinastía de los Banu-Qasi. A los musulmanes se les abre el camino hacia Francia.

A veces la historia es una evidencia geográfica. Controlado el valle del Ebro, a los moros se les ofrecen sólo dos vías para pasar los Pirineos: por Cataluña y por Navarra. El área que actualmente ocupa Navarra es un conglomerado irregular de vascones y godos en fuga o conversos al islam, junto al ducado de Aquitania y sin un poder visible; por otro lado, tiene una geografía difícil. Los Banu-Qasi controlan hasta Pamplona, pero, más allá, las montañas conforman un camino peligroso, donde es demasiado fácil sufrir emboscadas. La actual Navarra pasó alternativamente del dominio moro al dominio cristiano; nunca fue, en cualquier caso, un lugar de tránsito cómodo. Es mucho más fácil el paso por Cataluña: los hispanogodos allí refugiados se han retirado más al norte, hacia Francia, y su resistencia no será demasiado dura; además, al lado está el mar, donde los moros pueden establecer vías de abastecimiento. Éste será el camino musulmán hacia el corazón de Europa.

La suerte de los musulmanes cambió cuando Carlos Martel los frenó entre Tours y Poitiers. Pasaron entonces muchas y muy importantes cosas. Primero, que el franco obtuvo la sumisión de los godos, lo cual multiplicaba el potencial carolingio. Después, que los musulmanes no lograban afianzar más posición que la ciudad de Narbona, de modo que tuvieron que retornar al sur del Pirineo; las posteriores guerras civiles entre musulmanes hicieron que abandonaran definitivamente la idea de invadir Francia. Y además, ocurrió que los carolingios contaban ahora en sus filas con un buen número de hispanogodos dispuestos a retornar al que había sido su territorio; se los llamará *hispani* y, andando el tiempo, con ellos aparecerá la Cataluña histórica.

Rechazados los moros al otro lado del Pirineo, la primera preocupación para los carolingios será que no vuelva tan incómodo visitante. ¿Cómo hacerlo? Creando un área fronteriza bien guarnecida, bien fortificada, que actúe como valladar. Así va naciendo poco a poco la Marca Hispánica, una auténtica cadena de condados en dependencia directa de la corona carolingia. Al principio, los condes encargados de la defensa fronteriza serán francos, pero muy pronto van a ser sustituidos por nobles autóctonos, y muchos de ellos saldrán de aquellos *hispani* godos que habían buscado refugio en Francia. De esta manera aparecen los condados de Sangüesa, Jaca, Sobrarbe, Ribagorza, Pallars, Urgel, Conflent, Cerdaña, Rosellón, Perlada, etcétera.

La Marca no es una defensa estática, sino que responde a una estrategia dinámica: su función es proyectarse hacia el sur. Carlomagno no renunciará a intervenir en España. Saldrá escaldado en Roncesvalles (ya lo veremos con calma más adelante), pero conseguirá una victoria decisiva cuando tome Gerona. Esto será ya en 785. Pero la atención de Carlomagno, en ese momento, no estaba en España, sino en Sajonia, Baviera y Lombardía, donde el Imperio carolingio tenía que hacer frente a diversas contingencias. Carlomagno vencerá en todos estos lugares. Y afianzará su poder hasta el extremo de ser coronado por el Papa «emperador de los romanos».

Aquí, entre nosotros, la Marca seguirá definiendo el paisaje en la España pirenaica durante al menos un siglo más. Y mientras tanto, en la España cantábrica, el joven y aún débil reino de Asturias iba a conocer desagradables vicisitudes. De eso nos ocuparemos ahora.

Capítulo 3

CAOS EN ASTURIAS

A AURELIO SE LE SUBLEVAN LOS SIERVOS

La última vez que pasamos por el palacio de Cangas, sede de los reyes de Asturias, estaba todo lleno de sangre. Una conjura palaciega había terminado con la vida de Fruela I, llamado *el Cruel*. Su viuda, la vasca Munia, se ha apresurado a poner a salvo a sus dos retoños, Alfonso y Jimena. Y al trono llega, con las manos sucias, Aurelio. Era el año 768. Con él se abre un periodo realmente opaco.

Recordemos el paisaje. Fruela había matado antes a su hermano Vimarano porque sospechaba una conspiración. Por tanto, todo indica que el asesinato de Fruela fue una venganza de los amigos de Vimarano. Y entre esos amigos debía de encontrarse este Aurelio, que, por otra parte, era de la misma sangre que Fruela: primos hermanos. Porque Fruela era hijo de Alfonso de Cantabria, y Aurelio era hijo del hermano de éste, Fruela Pérez, el guerrero. Asuntos de familia, en efecto.

Aurelio tenía entonces veintiocho años; ya no era ningún niño. Y siendo hijo de Fruela, podemos imaginarnos que había sido educado en el rudo ambiente guerrero que rodeó a su padre. Pero, pese a estos antecedentes, su historial al frente de la corona resultará bastante poco brillante. Lo único significativo que nos dicen de él las crónicas es que, en su época, se le sublevaron los siervos. ¿Dónde? No lo sabemos con exactitud. ¿Por qué? Tampoco. Pero podemos imaginarlo.

Hablemos un poco de la cuestión social en el reino de Asturias. El sistema socioeconómico, en aquel momento y en aquella región, podríamos definirlo como prefeudal. No debemos imaginar un régimen señorial generalizado, con magnates que rigen sus tierras en plena autonomía y, bajo ellos, unos siervos atados a la gleba. Eso vendrá después y, por otro lado, en España será bastante menos acusado que en el resto de Europa. No, aquí y ahora, lo que hay es un sistema más bien heterogéneo donde el régimen señorial heredado del bajo Imperio romano convive con formas de pequeña propiedad tanto individual como comunitaria, donde numerosas tierras no son posesión de los nobles, sino de la corona (el núcleo familiar de Pelayo), y donde, además, extensas áreas han pasado a ser roturadas por las gentes venidas del sur, del valle del Duero; gentes que en buena parte eran campesinos, pero que, también en gran número, eran guerreros de la pequeña nobleza hispanogoda que aquí iban a encontrarse con que su estatus social no era sustancialmente diferente al del resto de la población.

En ese panorama de plena transformación, no cuesta imaginar que determinados nobles —al parecer, sobre todo en Galicia— pretendieran imponer formas de señorío mucho más acusadas; formas que implicarían también un aumento de las cargas sobre la población campesina, tanto en exigencia de rendimiento como en nuevos impuestos. Esto es sólo conjetura, pero es bastante posible. En cualquier caso, la rebelión debió de ser lo suficientemente extensa y prolongada, y sus consecuencias lo suficientemente graves, como para que las crónicas se hagan eco de ella. Aurelio logró someter a los rebeldes. Las crónicas dejan entender que no fue sólo cuestión de represión armada, sino que también tuvo su papel el ingenio. ¿Negoció Aurelio? Nos falta saber cómo, pero es un dato que hay que retener: nos ayudará a entender mejor por qué, años después, la Reconquista se va a hacer bajo un sistema que no tiene nada que ver con el feudalismo europeo.

La suerte que tuvo Aurelio fue que esta seria convulsión interna no se le complicó con problemas exteriores. Los moros, en efecto, bastante tenían con sus propias querellas. Entre 768 y 774, Abderramán tiene que hacer frente a nuevas revueltas de bereberes y yemeníes en el valle del Tajo, en el Guadiana, en Sevilla… Demasiado trabajo como para ocuparse, además, de ese pequeño reino cristiano del norte que, por otro lado, tampoco estaba en condiciones de atacarle. Tan escarmentado saldrá el emir de Córdoba de todas aquellas revueltas internas, que no dudará en lanzarse a una compra masiva de esclavos —tanto africanos como europeos— con los que rehacer su ejército, para asegurar así su fidelidad. El caso es que, gracias a esas revueltas internas de Al Ándalus, Asturias no sufrirá en este periodo nuevos ataques del islam.

Aurelio murió muy pronto. Después de seis años de reinado, falleció por enfermedad en San Martín, luego llamada San Martín del Rey Aurelio, en el año 774. Esa ciudad está cerca de Langreo, bastante al oeste de Cangas, más cerca de Oviedo. Al parecer, Aurelio había querido alejarse de la corte de Cangas y sus intrigas y sus recuerdos de sangre. Es significativo que

Aurelio pusiera tierra por medio con la vieja capital; eso podría indicar que las tempestades no habían desaparecido. Mucho más lejos se irá quien le suceda en el trono, Silo o Silón, que pondrá capital en Pravia, todavía más al oeste y, además, cerca del mar. A Silo, por cierto, corresponde el documento escrito medieval más antiguo de la historia de España.

Y bien, ¿de dónde había salido este Silo? Lo que sabemos de él es que era un magnate de los negocios, un gran comerciante, un patricio del dinero. Las crónicas dicen que vivió en paz con los moros «por causa de su madre», y no dicen ni una palabra más, de manera que aquí tenemos un misterio permanente de nuestra historia. ¿Qué quiere decir eso de «su madre»? Nadie lo sabe y las conjeturas al respecto son tan numerosas como inverosímiles. Sánchez Albornoz dio el enigma por indescifrable.

En todo caso, si Silo llegó al trono no fue por su éxito económico ni «por causa de su madre», sino porque estaba casado con Adosinda, que era hija del rey Alfonso I y de Ermesinda y, por tanto, nieta de Don Pelayo. Algunos han sacado de aquí conclusiones un poco aventuradas, como la de que el trono asturiano, al principio, se transmitía por vía matrilineal: Alfonso I reina porque está casado con la hija de Pelayo, Ermesinda; Fruela I reina porque es hijo de la hija de Pelayo; Silo, porque está casado con la hija de Ermesinda y Alfonso… Parece una interpretación un poco forzada, porque el hecho es que la documentación oficial, aunque escasa, menciona siempre a los varones como reyes, limitando el protagonismo de las reinas. Más bien hay que pensar que la corona pertenecía por derecho de preferencia a la estirpe de Pelayo —con el paréntesis de Aurelio, que venía de Fruela Pérez—, aunque, eso sí, las mujeres estaban en pie de igualdad con los varones en materia de transmisión de la herencia regia.

La cuestión es que Aurelio muere, ignoramos si con descendencia o sin ella —tenía un hermano, Bermudo, pero nadie le hizo caso—, y la corte del reino elige rey a Silo, el marido de Adosinda. Y lo primero que hicieron Silo y Adosinda fue cerrar el palacio de Cangas, tan lleno de malos recuerdos, y marcharse a Pravia, como ha quedado dicho. ¿Por qué Pravia? Primero, seguramente, porque estaba bastante lejos de Cangas. Y después, porque la localidad tenía muchas ventajas. Para empezar, Silo conocía bien el terreno: su familia, aristocrática, tenía posesiones en la zona. Además, Pravia era un sitio importante desde antiguo. Asentamiento romano (Flavia Avia, según se dice), estaba a orillas de la calzada de Astúrica Augusta (hoy Astorga) y era un buen eje de comunicaciones. Por si faltaba algo, Pravia, al estar más al oeste que Cangas, permitía a Silo y Adosinda controlar desde más cerca a los levantiscos nobles gallegos.

¿Los gallegos? Sí, los nobles gallegos. Porque a Silo, que tampoco tendría muchos problemas con los moros, sin embargo se le sublevaron los gallegos. Vamos a verlo.

AHORA SON LOS GALLEGOS LOS QUE SE SUBLEVAN

A Silo se le sublevan los gallegos. Más precisamente, los nobles gallegos. Que nadie interprete estos levantamientos como una especie de nacionalismo temprano. En aquella época, esos sentimientos de tipo «nacional» no existían. Eran otras cosas las que estaban en juego.

Cuentan las crónicas que el desenlace de la rebelión gallega estuvo en Monte Cuperio (Montecubeiro, Lugo), que, para que nos hagamos una idea, está a mitad de camino entre Ponferrada y La Coruña. Allí, en Montecubeiro, Silo dominó a los rebeldes. ¿Por qué se sublevaron los nobles gallegos? Sin duda, por lo mismo que se sublevaron con Fruela: querían pintar más, sacudirse el dominio de la corona asturiana, aumentar su poder político y económico sobre la base de sus tierras. Es el mismo proceso que conducirá al feudalismo en Europa. Y aquí, realmente, lo que causa sorpresa no es que hubiera levantamientos de aristócratas terratenientes, sino que la corona fuera lo bastante fuerte para dominarlos. Hemos de mantener siempre a la vista, como en la rebelión de los siervos bajo Aurelio, los grandes cambios socioeconómicos de aquel tiempo.

Pero dicho esto, señalemos que lo más llamativo de esta rebelión gallega es su amplitud. La crónica no señala como protagonista de la revuelta a un estamento concreto —los siervos, los magnates— ni a una comarca determinada, sino que extiende el problema a Galicia en su conjunto. Por tanto, podemos suponer que la alianza de voluntades fue numerosa y que, en su estela, serían muchos miles los hombres armados que desde Galicia amenazaron la unidad del reino. ¿Cómo solucionó Silo el problema? No lo sabemos. Sólo conocemos el episodio de Montecubeiro. Pero debió de haber algo más que una victoria militar, porque en el futuro inmediato no volveremos a ver rebeliones semejantes contra la corona. ¿Acaso Silo reprimió el levantamiento a sangre y fuego, con gran mortandad? Es poco verosímil. Si tal hubiera sido el desenlace, la crónica lo señalaría, porque al cronista le gustaban mucho esos detalles. Más bien hay que pensar en soluciones de tipo político y económico impuestas a la sombra de una victoria armada. Y así pacificó Silo a los gallegos.

En lo demás, Adosinda y Silo pasaron a la historia como reyes prudentes y sensatos. Muy piadosos, también. El 23 de agosto de 775 Silo donó a un grupo de religiosos determinadas propiedades en un lugar llamado Lucis, en el este de Galicia. Es el primer diploma original y auténtico que ha llegado hasta nosotros, y el primer texto medieval que se conserva. Está escrito en letra gótica cursiva. Es un documento muy importante. Tanto que merece la pena reflejarlo entero. Y decía así:

Acto importante y virtuoso es hacer donación de un lugar de residencia por la salvación de un alma a los hermanos y siervos de Dios Pedro, presbítero, Alanto, converso, Lubino, converso, Avito, presbítero, Valentino, presbítero, demás hermanos que se encuentran en el mismo lugar, y a quien Dios allí llevare, porque esos siervos de Dios nos besaron los pies para que yo les donara un lugar de oración en nuestro cellario, que está entre el Eo y el Masma, entre el riachuelo Alesancia y el Mera; lugar denominado Lucis, que limita con la villa donde habitó nuestro colmenero Epasando, Piago Negro, junto al monte denominado Faro, Pedras Albas, la laguna hasta otra laguna y el mojón, la laguna, el villar denominado de Desiderio, el arroyo denominado Alesancia, otro mojón que está hincado en el monte sobre Tablada, y la calzada que corta el límite hasta el lugar denominado Arcas y el arroyo denominado Comadio, con todas sus entradas y salidas; y dos castros con todas sus prestaciones, montes, helechales, recintos amurallados que allí hay, y todo el ejido.

Todo lo arriba indicado dono y concedo a vosotros y a Dios a favor de nuestro fiel hermano el abad Esperaután, para que oréis por la salvación de mi alma en la iglesia que allí se edificare. Sea todo ello quitado de mi dominio, confiado y confirmado en el vuestro, y poseáis vosotros todo de modo firme e irrevocable. Y que, aquellos a quienes Dios condujere a profesar en este santo lugar, lo reivindiquen con todo el derecho, dispongan de ello y lo defiendan de todo hombre. Y si después de este día alguien pretendiere inquietarles por ese lugar y de todo lo que está escrito, en primer lugar sea apartado de la sagrada comunión, quede expulsado de la comunidad cristiana y de la Santa Iglesia, júzguesele merecedor del castigo del traidor Judas, y alcáncele tal pena divina que todos cuantos la vean se atemoricen y cuantos la escuchen se estremezcan.

Generoso, Silo. Además de este convento de Lucis, sabemos que Silo y Adosinda edificaron una iglesia muy importante: la de San Juan Evangelista y Apóstol de Santianes (Santianes se llama así por eso, por los dos santos Juanes). Esto debió de ser hacia 774. Lo importante de esta iglesia es que, además de ser uno de los primeros monumentos prerrománicos, en ella estaba un famosísimo acróstico, el Acróstico de Silo. Un acróstico es una composición cuyas letras, leídas en distintas direcciones, forman una frase; literalmente, una sopa de letras. Y en esta iglesia de Santianes había una lápida acróstica, labrada en piedra, que a partir de una *s* central repetía miles de veces la siguiente frase: *Silo Princeps Fecit*, es decir, «el príncipe Silo lo hizo». ¿Cuántas veces se podía leer esa frase? Dicen que 45.670, nada menos. La lápida se rompió y dispersó en el siglo XVII, pero sus pedazos permanecen como curioso testimonio de la inquietud religiosa de aquellos reyes. Cuando Silo murió, en 783, la iglesia se convirtió en residencia monástica y a ella se retiró Adosinda hasta el final de sus días. Ambos están enterrados allí.

Silo y Adosinda no tuvieron hijos. La tradición imputa a Silo un hijo ilegítimo, un tal Adelgaster, concebido de una dama llamada Brunilde. El nombre de Adelgaster aparece en un documento fechado en 780. Se dice que este caballero creó el monasterio de Santa María la Real de Obona, en Tineo. Pero del tal

Adelgaster no aparece ni una línea más en ninguna crónica ni documento, de manera que hoy se piensa que es un personaje ficticio. El hecho es, desde luego, que no optó a la corona. Y como Silo y Adosinda no tuvieron hijos, la corona debía pertenecer al joven Alfonso, aquel niño que, quince años antes, había sido escondido por la reina doña Munia, viuda de Fruela I el Cruel, para ponerlo a salvo de las iras de los asesinos de su padre.

¿Recordamos el episodio? El rey Fruela es asesinado y su viuda, la vasca Munia, esconde a sus hijos en un monasterio. Después, Munia ingresa en un convento. ¿Y qué fue de los niños? Pues que los acogió precisamente la reina Adosinda, hermana del rey asesinado, que debía de ser una mujer de armas tomar. Muy celosa de su sangre, Adosinda crio a sus sobrinos con un objetivo muy claro: que el niño, Alfonso, heredara la corona. Tanto es así que este Alfonso —que en la época tendría unos quince años— se ocupó del gobierno doméstico del Palacio de Pravia mientras sus tíos reinaban. Y cuando Silo murió —de muerte natural—, Adosinda convocó a los magnates de palacio para que eligieran rey al joven Alfonso. Así la sangre de Pelayo seguiría en el trono.

Los magnates respondieron a la llamada de Adosinda. Iban a coronar al que sería Alfonso II. Sin embargo, la sangre de Pelayo tendría que esperar.

CARLOMAGNO SE ESTRELLA EN RONCESVALLES

Mientras el reino cristiano de Asturias trataba de construirse, y mientras el emirato musulmán de Córdoba trataba de no destruirse, ocurrió en España algo que iba a dar mucho que hablar: el gran Carlomagno —valga la redundancia— salía descalabrado en los Pirineos. Eso fue el 15 de agosto del año 778, en la célebre batalla de Roncesvalles. En Asturias reinaba Silo, en Córdoba, Abderramán. Ninguno de ellos tomó parte en la batalla, que, por otra parte, tampoco fue exactamente en Roncesvalles. Pero el caso es que el episodio no sólo pasó a la historia, sino también a la literatura universal. Vamos a ver lo que pasó.

Recordemos: Carlomagno, rey de los francos, estaba edificando una gruesa frontera en el sur, en el Pirineo, para protegerse de los musulmanes. Es lo que se llamará Marca Hispánica. Al mismo tiempo, los musulmanes habían establecido en el norte del valle del Ebro su propia marca, la Marca Superior, al sur del Pirineo. ¿Dos poderes frente a frente? Sí, pero la España musulmana estaba atravesando por momentos extraordinariamente convulsos. Y ahí es donde Carlomagno va a meter la cuchara.

En efecto, el contexto de esta incursión de Carlomagno es la lucha por el poder dentro de la España musulmana. Abderramán I ha establecido el emirato independiente de Córdoba en 756, pero tiene que hacer frente a numerosos rivales. Por un lado, los caudillos militares o políticos que no aceptan a un Omeya en el poder; por otro, las facciones constituidas en torno al origen étnico de los invasores (yemeníes, árabes, bereberes, sirios…); además, están los gobernadores de territorios que se ven a sí mismos en condiciones de ejercer un poder autónomo. Con frecuencia, estas tres líneas de conflicto se cruzarán entre sí, dando lugar a un paisaje absolutamente caótico. Y eso es precisamente lo que estaba pasando en Barcelona en el año 776.

Hacia el año 776, una vistosa embajada musulmana acude a la ciudad de Paderborn, hoy en Alemania, y pide audiencia con Carlomagno. Los embajadores vienen de Zaragoza y Barcelona, tienen que proponer al rey franco un negocio… político. El negocio es el siguiente: él, Carlomagno, quiere consolidar su poder en la franja sur del Pirineo; ellos, los musulmanes, dominan esa región, pero se ven amenazados por el nuevo poder Omeya en el emirato de Córdoba; si Carlomagno les ayuda a sacudirse la amenaza cordobesa, los musulmanes entregarán a Carlomagno algunas plazas importantes en la zona, empezando por Zaragoza. El cabecilla de la conjura ofrece su propia garantía personal: es Suleyman ibn Al-Arabí, gobernador de Barcelona, un yemení enfrentado a muerte a los Omeyas de Córdoba. Suleyman compromete su palabra: él mismo entregará Zaragoza al rey carolingio. Sobre el papel, todos ganan. Los musulmanes del valle del Ebro ganan su independencia frente a Córdoba, Carlomagno gana una Marca Hispánica extendida hasta el mismo río Ebro. Es una oferta que Carlomagno no puede rechazar.

Dicho y hecho. A lo largo de 777 Carlomagno planificó cuidadosamente la operación. Dispuso dos grandes ejércitos cuya misión consistía en atravesar los Pirineos, uno por el este y otro por el oeste, para converger en Zaragoza. La expedición partiría en la primavera del año siguiente, cuando las nieves pirenaicas se hubieran retirado ya de los caminos. Según lo previsto, Suleyman ibn al-Arabí se encargaría de que Zaragoza abriera sus puertas al rey de los francos. Con esa plaza ocupada por Carlomagno, los territorios musulmanes del este de España se declararían independientes de Córdoba y obedientes a Damasco. Y el rey franco tendría controlada una porción importante de la Península Ibérica.

Todo salió a pedir de boca. El ejército franco penetró en España sin oposición relevante. A su paso por Pamplona, Carlomagno, hombre precavido, destruyó las murallas de la ciudad para asegurarse un retorno fácil si algo salía mal. Y así llegó el franco ante los muros de Zaragoza. Pero una vez allí, ocurrió algo imprevisto: Zaragoza no abrió sus puertas. ¿Por qué? Porque mientras Carlomagno planificaba y desarrollaba la operación, el control de Zaragoza había ido a las manos de Husayn al-Ansari, otro influyente jefe yemení a quien Suleymán creía aliado, pero que se manifestó como hostil. Este Husayn se negó a entregar la ciudad. Suleyman quedó en evidencia. Y Carlomagno, compuesto y sin novia.

Lo que se le planteó a Carlomagno fue un problema de técnica militar. Sin duda, en una batalla en campo abierto, la victoria se habría inclinado del lado franco, pero los musulmanes no iban a brindarle esa posibilidad: se encerraron tras las murallas de Zaragoza y decidieron aguardar acontecimientos. De esta manera obligaban a Carlomagno a planificar un asedio previsiblemente largo sobre la ciudad. ¿Estaba en condiciones de asediar Zaragoza? No. Los francos tenían tropas suficientes, pero no podían asegurar su abastecimiento. Las bases de los carolingios estaban lejísimos, y era muy costoso y, además, muy arriesgado establecer una vía de avituallamiento. Otros ejércitos, en situaciones parecidas, habrían resuelto el problema saqueando los campos y pueblos de alrededor, pero eso obligaría a Carlomagno a dispersar sus fuerzas, exponiéndose entonces a un contraataque musulmán. ¿Qué hacer?

Carlomagno, que era un hombre inteligente, optó por lo más sensato: reconocer que la presa se le escapaba, levantar el campo y volver a casa. Problemas urgentes le reclamaban en Renania, en el este de su imperio. Como no andaba sobrado de intendencia y no quería verse enredado en más jaleos en España, decidió regresar por el camino más corto, el del oeste, por el Pirineo navarro. Al fin y al cabo, para eso había ordenado, hombre precavido, destruir las defensas de Pamplona. Para más seguridad, cogió preso al fracasado Suleymán y lo llevó consigo. Un rehén de campanillas. Todo auguraba un repliegue rápido y sin costes. Pero el destino había dispuesto otras cosas.

Dice la tradición que fue en Roncesvalles, pero verosímilmente debió de ocurrir algo más al norte, en el paso de Valcarlos, sobre el mismo camino que, aún hoy, lleva de Navarra a Francia a través del Pirineo. Fue allí donde Carlomagno se encontró con mesnadas hostiles que le acosaban a los lados del camino. A lo largo de su ruta había podido constatar una inusual agitación. No había sido buena idea llevarse como rehén al fracasado Suleyman, pues los hijos del rehén moro, Aysun y Matruh, habían agitado los ánimos y columnas musulmanas merodeaban por los alrededores. El rey franco, al parecer, optó por devolver a Suleymán a sus hijos, para evitarse complicaciones. Nadie osó interponerse en el camino del ejército más poderoso del siglo VIII, que era el de Carlomagno, pero entre el collado de Ibañeta y la hondonada de Valcarlos, cerca de Roncesvalles, una multitud hostil asomó por las cumbres. Y una lluvia de dardos y rocas comenzó a caer sobre la retaguardia de las columnas carolingias.

¿Quiénes eran? Este es un asunto todavía sujeto a discusión. Unos dicen que vascones. Otros, que una coalición de vascones y musulmanes. Otros aun, que eran gascones del vecino ducado de Aquitania, cuya independencia estaba amenazada por el poder de Carlomagno; el duque de Aquitania, llamado Loup, se habría enterado de la expedición carolingia y estaría esperando a las tropas de Carlomagno allí, apostado en las cumbres, para aniquilarlas sin esfuerzo. Las tres hipótesis —vascones, moros y aquitanos de la Gascuña— han sido barajadas con semejante grado de probabilidad. El hecho es que la retaguardia de Carlomagno se vio envuelta en una emboscada atroz y sin posibilidades de defensa. Debió de ser una carnicería. La crónica carolingia da por muertos allí, entre otros, al prepósito regio Egiardo, al conde palatino Anselmo y al prefecto de la frontera con Bretaña, *Hruodlandus*, es decir, Roldán.

A partir de aquí, la tradición épica construyó una historia fabulosa, la de la *Canción de Roldán*. Cientos de miles de moros —dice la leyenda— cayeron sobre la retaguardia carolingia, comandada por Roldán, sobrino de Carlomagno, junto a los doce pares de Francia. Roldán hizo sonar su cuerno —su olifante de marfil— para avisar a Carlomagno, pero éste, engañado por un traidor, no entendió el aviso. Allí dejarían la vida Roldán y los pares, tras una férrea batalla en la que los muertos se contaron por decenas de miles.

Esto, la *Canción de Roldán*, es literatura, es decir, que tiene un valor histórico muy limitado. Pero la batalla sí fue real, porque conocemos el epitafio de Egiardo y porque medio siglo después la veremos reflejada en los Anales Reales. Es curioso: los Anales no hablarán de ella hasta después de muerto Carlomagno. Eso indica que para el rey franco debió de ser un golpe muy duro, no tanto por sus consecuencias militares como por su coste político: lo que parecía una presa fácil se había convertido en un fracaso tanto a la ida, ante los muros de Zaragoza, como a la vuelta, en aquel desdichado paso algo al norte de Roncesvalles, entre Ibañeta y Valcarlos. Una humillación que Carlomagno, sin duda, prefirió olvidar.

El gran Carlos tardaría varios años en volver a poner los ojos en España. Será para otras aventuras que también contaremos aquí. En cuanto a los otros protagonistas de nuestra historia, seguirán siendo gente poco de fiar. Suleymán, el que quería levantarse contra Abderramán, mandó a su hijo Matruh a dominar Barcelona y Gerona. El que se había negado a entregar Zaragoza a Carlomagno, aquel Husayn, organizó el asesinato de Suleyman hacia 780. Y entonces el hijo de Suleyman, Matruh, se apresuró a adoptar la política contraria a su padre: se puso del lado del emirato de Córdoba y volvió a sitiar Zaragoza, esta vez a las órdenes de Abderramán, para acabar con Husayn.

Pero mientras todo esto ocurría al pie del Pirineo, en la Cordillera Cantábrica turbias manos empezaban a mover los hilos de una oscura conspiración.

LAS CIEN DONCELLAS DE MAUREGATO

Turbias maniobras, sí, en la corte asturiana. Estamos en 783. La reina Adosinda, viuda de Silo, lo había dispuesto todo para que subiera al trono el joven Alfonso, hijo de Fruela y doña Munia. Así la corona de Asturias retornaría a la sangre de Pelayo. Numerosos magnates sancionaban la propuesta. Pero, en la sombra, alguien mueve rápidamente los hilos de la conspiración. Como por arte de birlibirloque, la corona escapa de las manos de Alfonso y aparece sobre la cabeza de un tal Mauregato. Es, propiamente hablando, un golpe de Estado. Al joven Alfonso no le queda más remedio que esconderse; lo hace en tierras de los vascones, al amparo de los parientes de su madre, Doña Munia. Y Adosinda, la reina viuda, ingresa en un convento.

¿De dónde había salido Mauregato? Era un bastardo regio. Nació de los amores de Alfonso I con una mujer llamada Sisalda. Recordemos: Alfonso, hijo del duque Pedro de Cantabria, se casa con Ermesinda, la hija de Don Pelayo. A la muerte de Favila (el del oso), Alfonso sube al trono. Él será quien extienda el reino hasta Galicia, por el oeste, y hasta las tierras vasconas por el este; será también él quien amplíe la frontera del reino hacia el sur, hasta el límite con el valle del Duero. Alfonso y Ermesinda tuvieron tres hijos: Fruela I, que reinó; Vimarano, que murió a manos de este Fruela hermano suyo, y Adosinda, que fue la mujer del rey Silo. Pero cuando Ermesinda muera, Alfonso buscará consuelo en los brazos de una concubina, Sisalda. De ahí salió Mauregato, que, repárese en ello, era hermanastro —bastardo— de Adosinda, Vimarano y Fruela. Seguimos liados en asuntos de familia.

Nuevo enigma. ¿Quién era exactamente esa Sisalda, la amante de Alfonso I? No lo sabemos. Unos la presentan como una sierva de origen musulmán, quizás apresada en cualquiera de las campañas de Alfonso y su aguerrido hermano, Fruela Pérez, por tierras del Duero. Otros sostienen que era una sierva de origen astur, pero eso contradice la idea —establecida por la tradición— de que Mauregato tenía sangre musulmana. Y otros, en fin, dicen que Sisalda era una noble local, pero, entonces, ¿por qué Alfonso no la desposó? ¿Por ahorrarse problemas? Lo cierto, en todo caso, es que Alfonso, viudo, consoló su soledad con Sisalda. El fruto fue nuestro problemático Mauregato.

Problemático, sí, porque la tradición nos lo ha pintado con rasgos verdaderamente repulsivos. De entrada, el personaje aparece definido por el sello de la traición: ha maniobrado para apartar del trono a un candidato más legítimo. Es un usurpador. Y luego tenemos que Mauregato, además de tener sangre mora, ser un bastardo y ser un usurpador, era feo, sucio y deforme. ¿Lo era? Quizá no, pero en la narración de la Reconquista hay grandes espacios donde la historia deja paso a la leyenda. Y eso es precisamente lo que ocurre en la mayor falta que se achaca a Mauregato: haber cedido a los moros el ominoso, humillante, intolerable tributo de las cien doncellas.

La tradición dice así: Mauregato, para tener paz con los moros, aceptó entregarles todos los años cien muchachas cristianas vírgenes; cincuenta de origen noble, para ser desposadas por los jefes moros e incorporadas a sus harenes, y otras cincuenta de origen servil, para servir de solaz a los invasores. Esta humillación sería fuente de innumerables conflictos. La tradición nos muestra el episodio como origen de todas las posteriores acciones bélicas contra los moros, hasta la batalla de Clavijo en el año 844. Incluso sostiene la tradición que Mauregato murió a causa de esto, porque dos condes, Don Arias y Don Oveco, se rebelaron contra el rey y supuestamente le mataron como venganza por semejante afrenta. El pueblo tampoco llevó con mansedumbre la humillación. Por ejemplo, los vecinos de Simancas, forzados a entregar sus doncellas, resolvieron entregarlas, sí, pero antes les cortaron las manos. Historias terribles. ¿Y cómo es que Mauregato se prestó a semejante cosa?

Hoy la mayoría de los historiadores cree que el asunto de las cien doncellas es una fábula elaborada a posteriori. Primero, porque el tributo en cuestión no encaja con lo que sabemos de las prácticas moras en este momento. Los moros imponían a los vencidos pesadísimas cargas en armas, vituallas, dinero y esclavos, pero lo de las doncellas no consta en ningún lado. Si el tributo fuera verdadero, sin duda figuraría en cualquier fuente de la época, y especialmente en las fuentes musulmanas, siempre muy dadas a subrayar la humillación de los vencidos. De hecho, sabemos que en la Córdoba de principios del siglo IX había un activo mercado de esclavas rubias, o sea, trata de blancas. Pero ninguna fuente musulmana nos habla del tributo de las cien doncellas.

Entonces, ¿es todo una invención? Hay varias leyendas populares que hablan de ese asunto. Hay incluso un pueblo que se llama El Entrego —en San Martín del Rey Aurelio, en Asturias— y cuyo nombre se remontaría precisamente a la entrega de las doncellas. Además, la leyenda ha dado lugar a un rico folclore. En diversas localidades de La Rioja se celebran procesiones de doncellas. En la tradición leonesa, las doncellas salían de sus respectivas parroquias en la procesión de Las Cantaderas y se reunían en la plaza de la Catedral. Desde allí se dirigían al claustro de la Catedral para rezar ante una imagen de la Virgen María, antes de ser entregadas al enemigo. La procesión de Las Cantaderas todavía se celebra hoy como rito folclórico; termina con una ofrenda a la Virgen. Hasta hace poco se festejaba en el mes de agosto, hoy se ha traspasado a las fiestas de San Froilán, en el mes de octubre.

Muy interesante, ¿no? Pero todo esto es folclore, no es historia. Lo más probable es que la leyenda reconstruyera un relato a partir de algún hecho concreto y episódico de captura de esclavas cristianas, cosa que sí ocurrió con alguna frecuencia. Y sobre esa base narrativa se edificó la mancha infamante que vino a marcarse en la frente del rey Mauregato. ¿Y por qué la leyenda fue a cebarse con Mauregato, y no con cualquier otro rey? Quizá porque Mauregato es el único monarca asturiano con el que ningún otro rey posterior tendrá vínculos genealógicos. De esta forma, la vergüenza no se extendería sobre ningún monarca futuro.

¿Qué hizo realmente Mauregato? ¿Fue tan débil ante los moros como nos lo pinta la leyenda? Parece que no. De hecho, se da por seguro que los derrotó al menos en una ocasión. Debió de ser hacia 784. Las convulsiones asturianas habían llegado a oídos del emir Abderramán. Éste creyó ver una buena oportunidad para castigar a los insumisos cristianos del norte y planificó una expedición de saqueo. La mandaba el lugarteniente de Abderramán en Toledo. No sabemos por dónde entró en Asturias ni qué pasó exactamente allí, pero debió de ser un desastre. La crónica musulmana nos cuenta, escuetamente, que el jefe musulmán «regresó sano y salvo». Y si la crónica musulmana dice eso, es que los asturianos le zurraron la badana, porque las fuentes moras siempre subrayan sus victorias con gran aparato y, en esta ocasión, más bien corren un tupido velo. O sea que Mauregato venció al invasor.

Por lo demás, lo ignoramos todo sobre su política. Podemos imaginar que su irregular acceso al trono habría levantado numerosas hostilidades. Debió de haber una fuerte oposición a su persona y, según los usos de la época, podemos suponer que Mauregato recurrió al hierro para sofocarla. En cuanto a los moros, seguramente nunca volvieron a asomar la nariz por Asturias durante el reinado de Mauregato. Bastante tenía Abderramán con ahogar traiciones, intrigas y rebeliones dentro de su propio territorio.

Mucho más decisivo fue el periodo de Mauregato en otro asunto de gran relieve: la cuestión religiosa. Porque en este tiempo veremos, en efecto, cómo la Iglesia asturiana se separa de la de Toledo. Es la llamada «querella del adopcionismo». Un acontecimiento fundamental, porque de este asunto nacerá la ideología de la Reconquista propiamente dicha. Aquí encontraremos nombres conocidos: desde Beato de Liébana hasta el mismísimo Carlomagno. Enseguida nos ocuparemos de ello.

Mauregato reinó poco tiempo, apenas seis años. Murió en 789, al parecer por causas naturales, y no asesinado por los dos condes de la leyenda. Fue elegido para sucederle un hijo del guerrero Fruela Pérez, Bermudo I, llamado *el Diácono* porque pertenecía al estado eclesiástico. Pero Bermudo no había heredado las cualidades guerreras de su padre, más bien al revés. Y por otro lado, en aquellos mismos años subía al trono cordobés Hisam, hijo de Abderramán, cuya primera iniciativa será reactivar la guerra contra Asturias. Tras varias derrotas ante los moros, Bermudo abdicará. Así llegará al trono, por fin, Alfonso II, aquel muchacho, hijo de Fruela el cruel y doña Munia, escondido primero en el monasterio de Samos, criado después a la sombra de Adosinda y Silo, refugiado luego en tierras vasconas. Con él conocerá Asturias una época tan peligrosa como fascinante. Pero ya iremos viendo todo esto poco a poco.

REBELIÓN EN LA IGLESIA DE ASTURIAS

En tiempos de Mauregato, aquel «bastardo usurpador» al que la tradición imputa el ominoso tributo de las cien doncellas, pasó algo que iba a ser decisivo para la Reconquista: la independencia de la Iglesia asturiana, hasta entonces dependiente de Toledo. El episodio fue decisivo por tres razones. Primero, porque permitió al reino de Asturias completar su propio orden social; segundo, porque dotó al reino de una teoría, una ideología, un discurso, una razón de ser, con consecuencias que se prolongarían durante siglos; y tercero, porque el fondo del asunto estuvo en una querella doctrinal que iba a afectar no sólo a la Iglesia española, sino a toda la cristiandad europea.

Para entender adecuadamente la importancia de todo aquello no sólo hemos de dibujar el paisaje, sino que, además, hemos de intentar ponernos en la época. Ante todo, hay que subrayar el papel fundamental de la Iglesia en la historia de Occidente. Cojamos un poco de perspectiva. Durante milenio y medio, y en el plano social y cultural, la Iglesia católica ha desempeñado en Europa el mismo papel que en los dos últimos siglos —los siglos modernos— han jugado los filósofos: explicar el sentido de la vida y dar las razones de las cosas. Así era, desde luego, en la España del siglo VIII.

Ese papel, literalmente vertebral, correspondía a la función atribuida a la inteligencia rectora en la cultura europea. Vamos a explicar esto un poco, porque es imprescindible para entender por qué las cosas fueron como fueron. En la mentalidad tradicional europea, la sociedad se imaginaba como un agregado de tres funciones. La primera se identificaba con lo sagrado, y también con lo jurídico y la realeza; la segunda función era lo guerrero; la tercera, la producción y la reproducción, desde la agricultura hasta la fertilidad, pasando por el comercio y la industria. Ese esquema está en todos los panteones paganos de Europa: griegos, celtas, germanos y romanos imaginaron a sus dioses según el esquema de las tres funciones. Los griegos añadieron, además, una interpretación filosófica del mismo tema; la ideó Sócrates y la contó Platón en *La República* cuando describió la sociedad como un cuerpo en el que la cabeza representaba la razón y la sabiduría (primera función), el pecho encarnaba el coraje y el valor guerrero (segunda función) y, el vientre, la abundancia y los apetitos materiales (tercera función).

Cuando el cristianismo se expande por el Imperio romano, añade a la cultura europea una explicación sobre la creación del mundo, una idea nueva del sentido de la vida y una esperanza también nueva en la redención, pero no altera el esquema de las tres funciones. Es más, desarrolla su propia interpretación de este orden social. Primero San Agustín, después los obispos de Inglaterra y del norte de Francia, todos apuntan hacia una sociedad compuesta por hombres de oración (en latín, *oratores*), hombres de guerra (*bellatores*) y hombres de trabajo (*labo-*

ratores). Esta tríada *oratores-bellatores-laboratores,* bajo la potestad temporal del rey y la autoridad espiritual del Papa, se convierte en el orden social cristiano por antonomasia. De ese esquema saldrá el modelo de estamentos: nobleza, clero y estado llano (o «tercer estado»), que se prolongará desde la Edad Media hasta la Revolución Francesa.

Este recorrido por la historia de las ideas sociales nos permite entender mejor la enorme importancia de la Iglesia en el mundo medieval. Por ejemplo, en la España del siglo VIII, que es el momento y el lugar de nuestro relato. Precisamente algo que le faltaba al reino de Asturias era una Iglesia fuerte. España ya estaba abundantemente cristianizada —salvo, precisamente, en la Cordillera Cantábrica— desde antes de la caída del Imperio romano. La estructuración del territorio en diócesis, con sus obispos al frente, era el verdadero modelo territorial de Hispania. Cuando llegan los godos, será la Iglesia la que aporte una organización material del país. Los reyes godos convocan concilios como método para saber qué pasa en sus tierras. Toledo es la capital del reino y es también la capital de la Iglesia. Dos eclesiásticos eminentísimos, Isidoro de Sevilla y Braulio de Zaragoza, serán fundamentales para la construcción de un Estado digno de tal nombre en la España visigoda. Y después, la decadencia política visigoda será inseparable de la propia decadencia eclesiástica.

A la llegada de los moros, la Iglesia española atraviesa una seria crisis doctrinal. Hay desde antiguo una herejía, el adopcionismo, que sostiene que Cristo no es Dios, sino un hombre adoptado por Dios —literalmente, un hijo adoptivo, divinizado después de su muerte—, y que niega así la Encarnación. Esta herejía sintoniza particularmente con la visión islámica de las cosas, donde Jesús no es Dios, sino un profeta más en esa lista de elegidos que concluye con Mahoma. Por otra parte, esta nueva versión de la herejía adopcionista enlaza con aquella otra del arrianismo, muy extendida entre los visigodos. Por eso habrá una inmediata simpatía política entre ciertas élites godas y los invasores islámicos. Tanta que veremos a un obispo toledano, Don Oppas, intervenir en Covadonga al lado de los sarracenos contra los rebeldes cristianos.

Pese a la abundancia de «colaboracionistas», la Iglesia no iba a llevar una vida fácil en Al Ándalus, es decir, en la España ocupada por el islam. Los moros establecieron enseguida un orden social donde la religión era el criterio de jerarquía: en la cúspide, los musulmanes de pura cepa y los muladíes, es decir, los hispanos conversos a la fe de Mahoma; en la base, los *dhimíes*, es decir, los cristianos (y judíos) que querían seguir fieles a su fe, y que ahora pasaban a ser gentes sin derechos, sobrecargados de impuestos, como invitados de segunda categoría en su propia tierra. En realidad es asombroso que, en semejante estado de cosas, hubiera tantos hispanos dispuestos a ser *dhimíes* antes que renegar de la cruz. Y muchos debieron de ser, sí, porque la Iglesia siguió jugando un papel importante en el emirato de Córdoba. Tanto es así que siguieron celebrándose concilios. Pero en medio de una enorme confusión doctrinal.

Ante la opresión musulmana, muchos cristianos emigraron al norte. Sabemos que Odoario, al que Alfonso I hizo obispo de Lugo, venía con su comunidad desde el África del norte. Sabemos también que los monjes alojados por Fruela I en Samos venían de la España sometida al islam. Pero, pese a estas incorporaciones, la Iglesia de Asturias no dejaba de ser una pequeña congregación periférica. El centro de la Iglesia española seguía estando en Toledo, bajo la dirección del obispo Elipando. En el área cántabro-astur, tardíamente cristianizada, la presencia eclesiástica era escasa. Para una mentalidad de la época —recordemos las tres funciones—, eso significaba que el orden social estaba cojo: le faltaba una de sus tres patas. Sin duda por eso veremos a todos los caudillos y reyes, de Pelayo en adelante, construyendo iglesias y monasterios. Funda iglesias Pelayo, las funda el breve Favila, y lo mismo harán Alfonso, Fruela, Aurelio, Silo y hasta Mauregato. Porque no podía concebirse cabalmente un reino sin *oratores*, sin hombres de oración.

En esta tesitura, con una Iglesia toledana sometida y horadada por las herejías, y una Iglesia asturiana aún precaria, aparece Carlomagno —otra vez él— y decide explorar la situación: quiere atraerse a la Iglesia española hacia la órbita de la Iglesia carolingia, que es la primera y más poderosa de la cristiandad. A tal fin, y con la anuencia del Papa (Adriano I), envía a Al Ándalus a un obispo llamado Egila. Este Egila llega a España, se instala aquí (al parecer en Elvira, Granada) e informa sobre las numerosas herejías que está provocando la difícil convivencia con el islam. Pero en un momento determinado, y sin que sepamos exactamente por qué, Egila se pasa a los herejes. Había por entonces un sevillano llamado Migecio que predicaba una interpretación extrañísima de la Trinidad: decía que el Padre era David, el Hijo Jesús y el Espíritu Santo San Pablo, y que no había más Iglesia que la asentada físicamente en Roma. Por razones que desconocemos, el enviado de Carlomagno, Egila, se pone a predicar las extravagancias de Migecio.

El episodio de Egila nos da una idea de la jaula de grillos en que se había convertido la Iglesia sometida al emir de Córdoba. Asistimos a una densa superposición de problemas políticos, problemas doctrinales y, además, problemas sociales. Todo esto ocurría hacia 783, es decir, con Mauregato recién llegado al trono asturiano.

Como Egila había enredado mucho, la Iglesia española decidió convocar un concilio. Fue en Sevilla. Lo presidiría Elipando, flamante metropolitano de Toledo, primado de España. Y allí Elipando formuló una declaración de fe con el objetivo de anular las extravagantes prédicas de Egila y Migecio, y cualesquiera otras que estuvieran alterando la ortodoxia de la cristiandad. Ahora bien, Elipando, en su declaración, se permitió ciertas consideraciones que entraban de lleno en la heterodoxia. Más precisamente, en la herejía adopcionista. Elipando se había propuesto resolver un problema, pero, lejos de eso, iba a provocar un terremoto.

La declaración de Elipando tardó muy poco en llegar al norte, a la España cristiana. Allí lo leyeron los monjes asturianos. En un pequeño monasterio de la comarca cántabra de Liébana, un joven y aún desconocido fraile, Beato de Liébana, lee el texto de Elipando y arde de indignación. Junto a Beato se halla Eterio, obispo de Osma, que había tenido que abandonar su sede por la ocupación musulmana y había encontrado refugio en el monasterio de San Martín de Turieno. Beato y Eterio escriben una respuesta a Elipando. Beato, vehemente, no se anda con chiquitas: llamará a Elipando «testículo del Anticristo», entre otras cosas. La polémica incendia la cristiandad española. Pronto el fuego se extenderá a Europa.

Beato y Eterio no lo saben, pero acaban de prender una mecha que conmoverá los cimientos de todo el orbe cristiano. Y en la estela de esa conmoción, la Iglesia asturiana se independizará de Toledo. El reino de Asturias ya tendrá la pieza que le faltaba para construir un orden digno de tal nombre. Ahora veremos cómo pasó.

BEATO DE LIÉBANA CONTRA
EL «TESTÍCULO DEL ANTICRISTO»

Estamos en el año 784 y la Iglesia española está ardiendo. El obispo de Toledo, Elipando, ha reunido al sínodo en Sevilla y ha hecho una declaración de fe en la que deja caer la idea de que Jesús es un hombre adoptado como hijo por Dios. Eso es una herejía, se llama «adopcionismo» y niega o rebaja la cualidad divina de Cristo. La idea viene especialmente bien a quienes, viviendo en tierra musulmana, se ven obligados a transigir con la religión dominante, porque el islam también niega la divinidad de Jesús. Elipando cuenta con numerosos apoyos, y especialmente con el del muy respetado obispo de Urgel, Félix. Pero no deja de ser una herejía que levanta olas de indignación en la España cristiana cuando recibe la carta de Elipando.

En Asturias, dos monjes han reaccionado con profundo malestar: Beato de Liébana y Eterio de Osma. Ni corto ni perezoso, Beato envía una carta a Elipando y le pone las peras a cuarto: le declara herético. Pasma el valor de este Beato de Liébana, que al fin y al cabo no era más que un oscuro monje en un rincón periférico de España, para atreverse a contradecir nada menos que al obispo de Toledo. Éste, por su parte, se toma las cosas con calma. Consciente de su posición de privilegio, Elipando no se rebaja a contestar a Beato, sino que escribe otro texto, que no dirige a nadie en particular, reafirmándose en sus tesis. Para asegurarse de que el texto llegue a Asturias, se lo entrega a un partidario suyo, Fidelio, precisamente asturiano.

Un momento. ¿Cómo era posible que nada menos que el obispo de Toledo formulara tesis heréticas? ¿Acaso quería crear su propia Iglesia, su propia doctrina? Conviene no perder de vista que estamos en el siglo VIII. La comunicación pastoral es tan precaria como todas las demás comunicaciones en esta época. El trabajo teológico ha sido muy intenso en los siglos anteriores, también en España, pero la invasión islámica ha roto muchas cosas. La circulación de los textos es escasa y difícil. Elipando cree mantenerse dentro de la ortodoxia: en San Hilario y en San Isidoro ha encontrado la idea de que Dios adoptaba la naturaleza humana; otros textos de la liturgia mozárabe (los cristianos sometidos al poder del islam) emplean también la palabra «adopción». ¿Era consciente Elipando de que en ninguna de esas fuentes se da a la palabra «adopción» el sentido que él creía, es decir, adoptar a un hijo? No podemos saberlo. Pero sí sabemos que Elipando se mantendrá en sus trece hasta el final.

Ahora hemos de volver a Asturias, al monasterio de Santianes de Pravia, donde vamos a vivir una escena de enorme trascendencia. Es noviembre de 785. Allí está el rey Mauregato; allí, también, los monjes Beato y Eterio. Y están allí porque Adosinda, la reina viuda, va a profesar como monja tras la muerte de Silo. Esto de que las viudas de los reyes ingresaran en un convento viene de antiguo, de la época visigoda: era una forma de evitar que estas mujeres constituyeran un poder político a su alrededor o fueran desposadas por otros candidatos al trono. No siempre se cumplió ni siempre funcionó, pero tenía su sentido. Adosinda se había resistido al trance. Tras la muerte de Silo había luchado por colocar a su sobrino Alfonso en el trono. Ahora, casi dos años después, tenía que rendirse a la evidencia: había perdido, el convento la esperaba. Su hermanastro bastardo Mauregato, el usurpador, saboreaba el último plato de su victoria.

Con todo, la atención de Mauregato no está puesta en Adosinda, sino en un emisario que en ese preciso momento trae noticias de Toledo. Es un eclesiástico. Se llama Fidelio y porta un mensaje de su amigo el obispo Elipando: el texto en el que el metropolitano de Toledo rebate las acusaciones de Beato y acusa a éste, a su vez, de herético por negar la humanidad de Jesucristo. La guerra doctrinal está servida. La escena debió de ser de una enorme tensión. No podemos saber qué pensaba el rey Mauregato de todo aquel lío doctrinal. Tampoco sabemos cuáles eran exactamente las relaciones de Beato con el rey asturiano. Pero podemos conjeturar que Mauregato, por prudencia, se mantendría alejado de un asunto que, después de todo, no le concernía. Y sí nos consta cuál fue la reacción de Beato y Eterio: lejos de amilanarse, los dos decidieron combatir al obispo hereje.

¿Cómo combaten Beato y Eterio? Con la pluma. A petición de Eterio, Beato escribe un *Comentario apologético* para edificación de los hermanos de su comunidad. El *Comentario* es una respuesta radical y vehemente a las tesis de Félix de Urgel y Elipando de Toledo. El texto de Beato debió de circular mucho, porque el conflicto llegará hasta el mismísimo Carlomagno, que lo sometió al Papa. Sabemos que Elipando escribió a Carlomagno acusando de hereje a Beato, pero el ardid no coló. La polémica entre los dos clérigos crecía. Beato llamaba a Elipando «testículo del Anticristo»; Elipando motejaba a su rival como «el fetidísimo Beato».

El papa Adriano enviará una carta a los obispos españoles condenando el adopcionismo de Elipando. Carlomagno convocará un sínodo en Ratisbona, en 792, al que tuvo que presentarse Félix de Urgel y abjurar de sus ideas; para más seguridad, Carlomagno ordenó a Félix que acudiera a Roma para abjurar del adopcionismo ante el propio Papa. Más todavía, el Papa y Carlomagno acordaron convocar un nuevo sínodo

—en Fráncfort, en 794— para aclarar la doctrina. Aún habrá ulteriores coletazos de aquella querella nacida en España. En su estela brillarán los nombres de Paulino de Aquileya, Alcuino de York, Benito de Aniano… Las grandes cabezas de la cristiandad en aquel tiempo.

Los rescoldos del incendio tardaron en apagarse. Se prolongó durante los diez años siguientes. En torno a esta querella se dibujó rápidamente la independencia de la Iglesia asturiana, que no tardó en zanjar sus vinculaciones con Toledo. Pero aún habrían de pasar más cosas, porque, mientras tanto, Beato de Liébana no paraba de escribir. A él debemos un *Comentario al Apocalipsis de San Juan,* dedicado a su hermano y amigo Eterio de Osma, que figura entre las grandes obras de la cultura española por la belleza de sus iluminaciones; el códice tuvo numerosas copias, a las que se llama generalmente *beatos.* Y más todavía, Beato de Liébana haría algo que a la postre sería tan trascendental como su querella con Elipando: nuestro monje asturiano fue el primero en revitalizar el culto al Apóstol Santiago como patrón de España.

Así es: en su primera redacción del *Comentario al Apocalipsis,* Beato cita a Santiago como patrón de España. Lo hace escribiéndole un himno, *O Dei Verbum,* que se extenderá con rapidez y que llevará a todas partes el culto jacobeo treinta años antes de que se descubriera la tumba del Apóstol. Esos versos decían así:

Oh, Apóstol dignísimo y santísimo, cabeza refulgente y dorada de España, defensor poderoso y patrono nuestro (…). Asiste piadoso a la grey que te ha sido encomendada; sé dulce pastor para el rey, para el clero y para el pueblo; aleja la peste, cura la enfermedad, las llagas y el pecado a fin de que, por ti ayudados, nos libremos del infierno y lleguemos al goce de la gloria en el reino de los cielos.

El planteamiento de Beato va a ser de enorme importancia para la Reconquista. Por así decirlo, él es el primero que formula la filosofía de la «recuperación de España», a veces explícitamente, a veces de manera implícita. Al igual que el mundo bajo el Apocalipsis, así sufre la España cristiana bajo la férula de Mahoma. La tierra que evangelizó Santiago, el reino hispanogodo, está esclavizada. Su salvación vendrá cuando se restauren la corona y la cruz sobre todas las tierras cristianas. De manera que no sólo Santiago se convierte en norte de esa misión, sino que ahora, además, se traza una clara continuidad histórica entre el reino godo y el reino de Asturias, cosa que a los propios monarcas asturianos debió de parecerles una excesiva osadía.

Es poco probable, en efecto, que los reyes asturianos —Mauregato, Bermudo— se vieran a sí mismos como continuadores del reino godo de Toledo. Pero hubo alguien que sí entendió la enorme trascendencia de estos planteamientos que empezaban a crecer al calor de las palabras de Beato. Ese alguien era un joven príncipe destronado y desterrado en tierras vasconas, Alfonso, que no tardaría en volver a reinar.

EL EMIRATO CONTRAATACA

Años de cambios. No serán buenos. Mauregato murió en el año 789. Le sucedió Bermudo el Diácono, un hijo del guerrero Fruela Pérez. Un año antes, en Córdoba, había muerto Abderramán I, el fundador del emirato de Córdoba; le sucedió su hijo Hisam I. Con éste, que contaba treinta y un años en el momento de llegar al trono, el paisaje iba a cambiar por completo. Hasta entonces los cristianos rebeldes del norte habían podido gozar de una relativa paz. A partir de Hisam, eso se acabó: el nuevo emir se propone ahogar al núcleo cristiano. Se abre un periodo de largos decenios de guerra.

Abderramán I había dejado dicho que elegía a Hisam como sucesor porque era el hijo que más se le parecía. Eso era verdad tanto en lo físico como en lo moral. Abderramán, de aspecto más europeo que oriental, rubio y espigado, era además inteligente y resolutivo, íntegro y piadoso; Hisam, pelirrojo y pálido, era tan inteligente, resolutivo, íntegro y piadoso como su padre. Abderramán tuvo que emplear la mayor parte de su tiempo en combatir a sus rivales en Al Ándalus. Le costó, pero dejó en herencia un emirato sólido y relativamente unido. Hisam, en cuanto se deshaga de los rivales que le disputaban el cetro —sus hermanos Suleimán y Abdallah—, se aplicará a ampliar la herencia de su padre.

No es difícil ponerse en la piel de Hisam, imaginar cuál sería su razonamiento. Tenía bajo su control la porción más grande, más rica y más poblada de la Península. Una vez neutralizadas —o casi— las disidencias de tipo étnico y territorial dentro del emirato, con el apoyo de los fieles Banu-Qasi en el valle del Ebro, Hisam tenía también a su disposición cuantiosos recursos logísticos y humanos sobre los que sustentar una potencia militar nunca antes vista. Enfrente tenía dos enemigos inevitables, Carlomagno y Asturias. Carlomagno, al otro lado del Pirineo, era un poder temible; estaba construyendo una marca fronteriza que representaba una amenaza evidente. Sus anteriores intervenciones en la Península no habían sido demasiado brillantes, pero no cabía descartar —más bien al contrario— que el poderoso rey de los francos volviera a intentar plantar aquí sus banderas.

El otro enemigo cristiano, el reino de Asturias, era mucho más asequible: pequeño y con escasos recursos, con fuerzas militares limitadas, no había que temer de él gran cosa. A Hisam, hombre inteligente, hay que suponerle bien informado. Seguramente sabría de las hondas querellas religiosas que sacudían a la cristiandad española, y para una mentalidad musulmana una división religiosa es sinónimo de una división política. Hisam también debía de tener noticia de los movimientos que empezaban a adivinarse en el norte: pequeñas familias de campesinos, acompañadas de minúsculas congregaciones de religiosos, bajaban al llano y ocupaban tierras. Eran muy pocos, nada que pudiera inquietar al moro. Ahora bien, si Carlomagno intentara amenazar al emirato de Córdoba, era evidente que lo haría apoyándose en ese reducto cristiano del Cantábrico. En consecuencia, se imponía la necesidad de acabar con el reino de Asturias.

El reino de Asturias —seguiría pensando Hisam— se mantiene independiente porque es una fortaleza natural. Se parapeta tras la Cordillera Cantábrica y protege sus espaldas con el mar. Lo agreste del terreno facilita la defensa. Pero esa fortaleza natural tiene dos puertas: una, al oeste, por Galicia; la otra, al este, por el valle del Ebro, donde hoy están Álava y La Rioja. Concentrar todos los esfuerzos en una sola de esas puertas era exponerse a una derrota como las que habían sufrido antes otras expediciones musulmanas, porque permitía a los cristianos condensar su defensa en un sólo punto y rentabilizar al máximo sus escasas fuerzas. Había que sacar partido de la inferioridad numérica del enemigo. ¿Cómo? Atacando por las dos puertas a la vez, por el este y por el oeste, obligando así al rey asturiano a atender dos frentes, y ambos en inferioridad de condiciones. Éste será el plan de Hisam.

En Asturias, mientras tanto, nadie se hacía una idea de lo que se les venía encima. Mauregato ha muerto, como ha quedado dicho, en el año 789. Para sucederle se designa a Bermudo, llamado *el Diácono* por su estado eclesiástico. Es Bermudo I. ¿Por qué Bermudo y no otro? Podemos imaginar que la misma facción nobiliaria que había apoyado a Mauregato, llegado el momento de la sucesión, pensó que el que no podía volver bajo ningún concepto era Alfonso: nada más inoportuno que llamar a alguien a quien has derrocado pocos años atrás. Y puestos a buscar sucesor, Bermudo tenía buenos títulos. Hijo —ya maduro— del guerrero Fruela Pérez, nieto de Pedro de Cantabria, hermano del rey Aurelio… El hecho de que fuera diácono no era un obstáculo: un diácono no es un sacerdote, sino un clérigo que ha recibido órdenes menores; a partir de ahí, puede seguir camino hacia el sacerdocio o no, y si no, puede perfectamente casarse y tener hijos, como había hecho nuestro protagonista. Así pues, fue elegido Bermudo.

Al parecer, Bermudo era un hombre culto, generoso y de buen talante; un buen tipo, en suma. Lamentablemente, tales virtudes eran del todo inútiles en este preciso momento. En Córdoba el emir Hisam acaba de declarar la guerra santa. Ha movilizado un ejército enorme. No lo ha sacado de los distintos territorios del emirato, sino que lo tiene localizado en Córdoba. Su padre le había dejado en herencia aquella poderosa fuerza compuesta en su mayoría por esclavos y siervos procedentes de todos los rincones del islam. Hasta entonces, las expediciones moras contra el reino cristiano del norte habían sido incursiones de alcance limitado y con el objetivo fundamental del saqueo. Lo de ahora es distinto: se trata de una invasión en toda regla, ejecutada por unos ejércitos profesionales y bien armados. El objetivo de Hisam no es la ocupación militar de Asturias, sino, más bien, propinar a los asturianos un castigo que no puedan olvidar: asolar sus campos, destruir sus ciudades, esclavizar a sus gentes, capturar a sus nobles y, si es posible, a su mismo rey. Y hacerlo año tras año, hasta doblegar toda resistencia, y que así Asturias se convierta en tierra vasalla del emirato cordobés.

Fue en la primavera del año 791. Varias decenas de miles de musulmanes partieron hacia el norte. Lo hicieron en dos direcciones, según el diseño de Hisam. Conocemos su itinerario. Un grupo partió de Córdoba hasta Toledo, desde allí tomó camino a Zaragoza, donde quizá recibió refuerzos de los Banu-Qasi, y después se encaminó Ebro arriba hasta La Rioja y Álava, la frontera oriental del reino de Asturias. Este ejército del este lo mandaba Abu Utman Ubayd Allah, uno de los primeros partidarios del difunto Abderramán I, de quien había sido primer ministro o visir. El segundo ejército partió también de Córdoba, pero con dirección a Mérida, desde donde subió por lo que hoy llamamos «vía de la Plata» hasta Zamora, Astorga y Galicia. Éste lo mandaba otro veterano amigo de Abderramán, Yusuf ben Bujt, que igualmente había sido visir. No exageraremos si definimos como un *tsunami* la ola que se abatió sobre el reino de Asturias.

El ejército moro del este, al mando de Abu Utman, asoló literalmente toda la margen norte del Ebro desde Álava hasta el puerto del Escudo. Nadie podía oponer resistencia a una marea semejante. Los moros arrasaron la llanura alavesa y Bardulia —el solar original de Castilla, al norte de Burgos— hasta el sur de Cantabria. Abu Utman tenía instrucciones expresas: su ataque debía ser terrorífico. Y lo fue, a juzgar por la delectación con la que la crónica mora cuenta la enorme mortandad causada: «No dio paz a la espada en la matanza de cristianos», dice. Cumplida su misión, volvió por el mismo camino, redoblando el terror. Igualmente avasalladora fue la expedición del oeste, mandada por Yusuf. Entró en Galicia y la devastó a conciencia desde Lugo hasta el Miño. Pero esta expedición iba a tener, además, grandes consecuencias políticas en el reino de Asturias.

Ocurrió que el rey Bermudo, enterado de las incursiones enemigas, decidió actuar cortando a los moros el camino de vuelta. Otras veces había funcionado el ardid: a un ejército victorioso y satisfecho, con la guardia baja, que transita por territorio ajeno, no es difícil tomarlo por sorpresa. Bermudo se aprestó al combate. Movió a sus tropas, comparativamente escasas, pero conocedoras del terreno que pisaban, y se encaminó hacia el Bierzo. Los moros volvían por la vieja calzada romana que lleva de Lugo a Astorga. Bermudo se apostó en algún punto del río Burbia, tal vez cerca de lo que hoy es Villafranca del Bierzo. Cuando vio llegar a los moros, salió a su encuentro. Fue un desastre.

¿Qué pasó? Quizá Bermudo calculó mal los tiempos y dejó a los moros espacio para recuperarse de la sorpresa. O quizá, simplemente, el ejército de Yusuf era tan grande que ni siquiera por sorpresa se le podía acometer. El hecho es que las huestes moras arrollaron a las mesnadas de Bermudo. La mayor parte de los guerreros cristianos encontró la muerte en el combate. El propio Bermudo, a punto de ser capturado, tuvo que huir a uña de caballo. Era su primer combate contra el moro y había fracasado.

Para Bermudo, que era un hombre inteligente y reflexivo, aquella derrota debió de ser una amarga pero caudalosa fuente de enseñanzas. Primero, estaba claro que el emir de Córdoba, con aquella doble ofensiva contra Asturias, se proponía algo más que las ya conocidas expediciones de saqueo. Venían tiempos recios. Segundo, estaba igualmente claro que él, Bermudo, no podía ser el líder militar que en aquella hora crítica necesitaba el reino. Tercero, las derrotas simultáneas en el este y en el oeste, con tan gran pérdida de hombres, difícilmente le iban a ser perdonadas por unos súbditos que acababan de verse envueltos en una marea de sangre y muerte. Así que Bermudo tomó una decisión, quizá la más difícil de su vida: abdicar, renunciar a la corona, después de sólo dos años de reinado.

Fue en septiembre de ese mismo 791, el año de la derrota. Bermudo abdicó. ¿En quién? En Alfonso, el hijo de Fruela y Doña Munia, que seguía esperando su oportunidad en tierras vasconas. Y el todavía joven Alfonso, que reinará medio siglo y pasará a la historia como Alfonso II el Casto, demostrará ser un jefe a la altura de lo que Asturias precisaba.

¿Y Bermudo qué hizo después? Volvió a sus quehaceres eclesiales. Retomó la vida de diácono. Se había casado con una dama gallega, Numila (llamada también Imilo, o Nunilo, o incluso Ozenda), con la que tuvo un hijo, Ramiro, que será rey. Bermudo murió en la paz de Dios hacia el año 797. El destino le permitió ver vengada la derrota del río Burbia. Ahora lo contaremos.

Capítulo 4

CARRERA POR LA SUPERVIVENCIA

ALFONSO II EL CASTO: EL RENACIMIENTO

Asturias es todo cenizas. La primera ofensiva del flamante emir de Córdoba, Hisam, hijo de Abderramán, ha sembrado de sangre y dolor el reino de los rebeldes cristianos del norte. Todo es desolación. Los muertos se cuentan por millares. El rey ha renunciado a la corona. En esas circunstancias llega al trono un personaje cuya sombra nos ha venido acompañando en los últimos episodios: Alfonso, de la estirpe de Pelayo. Reinará como Alfonso II. La historia le pondrá por sobrenombre *El Casto*.

Recordemos un poco la genealogía del personaje. Alfonso era el único hijo varón de Fruela I. Era fruto del matrimonio de Fruela con una dama vascona cautiva, Doña Munia. Aquel matrimonio, consecutivo a una guerra, significó la incorporación de una parte importante de los vascones al reino de Asturias. La tradición, en tono rosa, sostiene que Fruela, hondamente enamorado de Munia, construyó para ella la ciudad de Oviedo. Y en Oviedo, en el año 760, vio la luz Alfonso. Lo más probable es que Alfonso naciera en Cangas, pero esto, en todo caso, es secundario.

Recordemos también que este caballero había pasado por experiencias nada convencionales. Primero, tras el asesinato de su padre, fue enviado por su madre a un monasterio para que allí se cobijara. Después, su tía Adosinda, esposa del rey Silo, lo llevó a la corte para que se encargara del gobierno de palacio y aprendiera a ser rey. Entronizado en el año 783, fue rápidamente derrocado por la conspiración de Mauregato. Tuvo que huir de nuevo y refugiarse entre los vascones, los parientes de su madre, Doña Munia. Ahora regresaba a Asturias en la peor de las situaciones. El reino estaba postrado ante la mayor amenaza que había conocido desde los días de Covadonga.

Alfonso fue proclamado rey el 14 de septiembre de 791. Más precisamente, fue ungido rey por el rito visigodo, algo que no se había hecho nunca antes en el reino de Asturias y que por ello mismo es muy significativo. Ignoramos si hubo algún tipo de oposición, pero es poco probable: los magnates que hasta entonces habían cortado el bacalao acababan de fracasar estrepitosamente y la situación general era cualquier cosa menos halagüeña. ¿Qué significado político tenía el retorno de Alfonso a Asturias? No lo sabemos a ciencia cierta. Algunos autores sostienen que en el reino había dos partidos: uno más localista, dispuesto a conllevarse con los moros, representado por gentes como Aurelio y Mauregato, y otro proclive a reconocerse en la herencia goda, más beligerante hacia Córdoba y representado por la estirpe de Pelayo, es decir, por Alfonso. Esto es sólo una conjetura; no es imposible, pero es improbable.

Ahora bien, el hecho es que Alfonso, si no era cabeza de un partido godo o «gotizante», actuó como si lo fuera. Las crónicas son muy claras. Alfonso restauró —nos cuentan— «todo el orden gótico toledano, tanto en la Iglesia como en palacio», lo cual quiere decir que introdujo en el reino las formas y maneras que eran de uso común en la monarquía goda de Toledo, y aun algo más: que el nuevo rey manifestaba una voluntad evidente de mostrarse como heredero de la corona que Agila y Rodrigo perdieron a manos de los musulmanes en 711. ¿Por qué es tan importante esta cuestión? Porque de ella se deduce toda una filosofía de la Reconquista. Vamos a verlo, pues, un poco más en detalle. La cuestión clave es en qué medida los reyes asturianos se veían a sí mismos como continuadores de la monarquía hispanogoda, del reino godo de Toledo. Es una pregunta con implicaciones políticas decisivas.

En efecto, si la monarquía asturiana no se consideraba prolongación de la corona goda, sino algo distinto, algo nacido después y en otro lugar, su legitimidad quedaba necesariamente afectada: la legitimidad tradicional seguía estando en Toledo, capital eclesiástica y política, y por tanto el reino astur tendría que reconocer, implícita o explícitamente, la supremacía de un poder que ahora había pasado a manos musulmanas. Pero si el reino de Asturias reivindicaba la herencia de la corona goda, si proclamaba su continuidad con la corona cristiana de Toledo, entonces su designio estaba claro: no se aceptaba la supremacía de Toledo, pues ahora la auténtica legitimidad estaba en Asturias. No se aceptaba el poder del emirato cordobés, invasor y usurpador, y al contrario, se afirmaba el derecho del reino de Asturias a recuperar el territorio invadido, la vieja Hispania romana y goda, la Península Ibérica. Si la corona asturiana se proclamaba heredera del «orden gótico», eso equivalía a reivindicar su derecho a la reconquista. Y exactamente eso fue lo que pasó.

Esto es lo que da a la figura de Alfonso II el Casto una dimensión política crucial. Hasta él, no puede decirse que exista nada semejante a una idea de reconquista; la rebelión contra los musulmanes no implica el designio de recuperar la España perdida. A partir de Alfonso II, sin embargo, esa idea se hace manifiesta. Mucho debieron de influir, sin duda, las elaboraciones doctrinales que en Liébana y otros lugares estaban haciendo clérigos como Beato. Aquellas ideas estaban abriendo un horizonte nuevo para el reino. Y no eran sólo ideas, sino que Alfonso se aplica a materializarlas en actos: en su política religiosa, en su política exterior, en la construcción de su capital.

Alfonso trasladó la capital del reino a Oviedo. O por decirlo mejor, construyó en Oviedo su capital. Porque no se trataba sólo de un cambio de sede a un lugar mejor comunicado y con mayores ventajas estratégicas, sino que Alfonso ordenó levantar un conjunto arquitectónico como nadie había visto hasta entonces en Asturias: una catedral —la del Salvador— con iglesia adjunta —la de Santa María— y panteón regio; a su lado, otra iglesia —la de San Tirso— más un cementerio y una zona residencial para el alto clero; se añadían, por supuesto, un palacio real y diversas edificaciones para alojar al gobierno del reino; para abastecer al conjunto, un acueducto, y además, un hospital y una muralla. Conocemos el nombre del arquitecto, que se llamaba Tioda. Del complejo palatino de Alfonso sólo ha llegado hasta nuestros días la capilla de San Tirso, concebida como capilla de palacio, y que es lo que hoy conocemos como Cámara Santa de la catedral. Alfonso había ordenado construir esa capilla para que albergara las reliquias que habían llegado a Asturias desde Toledo tras la invasión musulmana. Era un símbolo, una forma gráfica de hacer ver que Toledo, ahora, estaba en Oviedo.

Como muestra visible de la nueva legitimidad, Alfonso hizo colocar en la catedral ovetense la llamada Cruz de los Ángeles, una excepcional pieza de orfebrería labrada en oro y cuajada de piedras preciosas. En ella hizo Alfonso inscribir un lema que subrayaba la identificación del reino con la defensa de la cristiandad. Decía así:

Este don permanezca en honra de Dios, siendo recibido agradablemente; ofrécelo el humilde siervo de Cristo Alfonso. Con esta señal el bueno es defendido; con esta señal es vencido el enemigo. Quien quiera que presumiere quitármelo, sea muerto con rayo del cielo, si no cuando mi libre voluntad lo ofrezca.

Con los mismos títulos, Alfonso II intervino en la querella del adopcionismo —ya hemos visto aquí en qué consistió este follón— alineándose con Roma y con Carlomagno —y con la Iglesia asturiana— frente al herético obispo de Toledo. Era una decisión igualmente cuajada de significado político: la Iglesia asturiana se emancipaba, se alejaba de la autoridad de Toledo. Al poder político del reino de Asturias se añadía ahora una autoridad religiosa propia, en relación privilegiada con Roma. Cuando aparezca la tumba del Apóstol Santiago, siempre dentro del reinado de Alfonso II, la personalidad de la Iglesia asturiana como auténtica Iglesia española será incontestable.

Carlomagno, por su parte, entablará con Asturias una relación intensa. Al parecer, el monarca carolingio trató de que la Iglesia asturiana quedara subordinada a la Iglesia francesa. Eso no ocurrió. Pero Alfonso sí que se esforzó por mostrarse ante Carlomagno como un aliado fiel y, si no como un vasallo, sí como un rey que aceptaba la hegemonía carolingia entre las coronas de la cristiandad. Nos consta que Alfonso enviará diversas embajadas a la corte de Aquisgrán. También nos costa que los dos monarcas coordinarán en varias ocasiones sus esfuerzos bélicos contra los musulmanes. Hasta Alfonso, la relación de Asturias con el resto de Europa se circunscribía a los enlaces matrimoniales de la nobleza; a partir de Alfonso, puede hablarse con toda propiedad de una política exterior en el reino.

Un designio fundamental de la política de Alfonso fue, naturalmente, no cejar en la guerra contra Córdoba. En los próximos capítulos veremos cómo Asturias, bajo Alfonso, supo responder a la nueva política ofensiva del emirato cordobés; veremos a Alfonso perder unas veces y ganar otras, pero, al final, asistiremos a la extensión de las fronteras del reino muy al sur, con capítulos tan impresionantes como la conquista de Lisboa. Y veremos también cómo, al mismo tiempo, se intensifica la repoblación cristiana más allá de la Cordillera Cantábrica y con apoyo expreso del rey.

Rey guerrero, rey político, rey diplomático, rey constructor... Alfonso ciñó la corona durante más de medio siglo. Murió en 842, con ochenta y dos años. Sin familia directa ni descendencia. Dicen que por eso se le llamó *El Casto*, por su renuncia al matrimonio. Aunque en otro tiempo su sobrenombre no fue *El Casto*, sino *El Magno*, por el alcance político de sus victorias militares. Ellas nos acompañarán durante los próximos capítulos de nuestra historia.

EL MORO VA A POR LANA Y SALE TRASQUILADO

Cuando Alfonso II sube al trono, la situación del reino de Asturias es gravísima. Sus ejércitos han quedado deshechos tras la derrota de Bermudo en el Bierzo. Su economía, seriamente tocada por la devastación de los campos en esa misma campaña. Su sociedad, atemorizada y con los horizontes cerrados. Podemos suponer que las esperanzas de los asturianos se elevarían ante la llegada de un nuevo rey con las cualidades de Alfonso: joven —poco más de treinta años—, piadoso y del linaje de Pelayo y Fruela. Pero si tratamos de meternos en la cabeza del propio Alfonso, las circunstancias distaban de ser halagüeñas. La única ventaja que podía tener Alfonso era ésta: tan seria había sido la derrota del año 791 que los moros, verosímilmente, no se sentirían inquietos. Al contrario, más bien estarían confiados en su superioridad militar y táctica.

Los moros, en efecto, estaban confiados. ¿Podían estarlo? El nuevo emir de Córdoba, Hisam, era un hombre prudente. Para explorar la situación, envió en 792 una expedición de castigo al oriente del reino de Asturias, por tierras de Álava. Fue un completo éxito. Los cristianos se mostraron incapaces de oponer la menor resistencia. Parecía evidente que los rebeldes del norte no habían podido recomponer su fuerza militar tras la derrota del Bierzo, el año anterior. El emirato de Córdoba podía poner los ojos en alguna empresa aún más ambiciosa. ¿Cuál? Desarbolar la marca fronteriza que Carlomagno estaba construyendo en el Pirineo, incluso llegar hasta Narbona otra vez, como en los viejos tiempos.

Para tan ambiciosos planes, Hisam había tomado sus providencias. La fundamental era jubilar con honores a los generales vencedores en el Bierzo, Abu Utman y Yusuf, viejos alfiles de Abderramán I, y poner en su lugar a dos jóvenes con ganas de gloria y triunfo: los hermanos ibn Mugait, nietos del conquistador de Córdoba. Se llamaban Abd al-Malik y Abd al-Karim. En aquel mismo año 792, recién devastada (una vez más) la llanura alavesa, y constatado que por aquel flanco nada había que temer, Abd al-Malik conoció su gran misión: invadir el reino de los francos. Palabras mayores, porque las fuerzas de Carlomagno eran temibles. Pero Abd al-Malik las venció.

Vale la pena examinar un poco esta campaña de Abd al-Malik en tierras de los francos, porque nos dice muchas cosas sobre la formidable potencia del ejército musulmán de Córdoba. Lo que Abd al-Malik pone en movimiento para su expedición es sencillamente alucinante: decenas de miles de hombres, poderosos contingentes de caballería, gran cantidad de máquinas de guerra —torres de asalto, catapultas, etcétera—, todo ello concentrado sobre un solo punto. Abd al-Malik sube hasta Gerona, recientemente tomada por los francos, y literalmente deshace la ciudad. Después continúa la marcha hasta Narbona, en territorio francés, y la asedia con violencia. Sus máquinas de guerra rompen las murallas, la morisma penetra en la villa, la incendia y saquea todo lo que puede. Acto seguido se dirige contra Tolosa y derrota en campo abierto a las fuerzas del duque tolosano. Desarbolada cualquier defensa, los moros se dedican a saquear durante meses los alrededores. Allí estuvieron hasta que ya no quedó nada por devastar. Abd al-Malik volvió a Córdoba con miles de esclavos y un botín inmenso. Tan grande fue el botín que al emir Hisam, que se reservaba la quinta parte de las ganancias, le dio para rehacer el puente de Córdoba sobre el Guadalquivir y para terminar la mezquita que había empezado su padre. Un éxito.

Es esa fuerza avasalladora la que Hisam se propone desencadenar una vez más contra el reino de Asturias: si los francos no han podido pararle, menos aún podrían las débiles huestes de los rebeldes del norte. Tras intensos preparativos, en el año 794 toda la maquinaria de guerra musulmana se pone en movimiento. La táctica será la de siempre: la tenaza, es decir, un ejército que ataca por el este y otro por el oeste. A Hisam ya le había salido bien una vez. ¿Por qué no intentar una repetición de la jugada? El este, las tierras alavesas y cántabras, serán para Abd al-Karim; el oeste, las tierras gallegas y leonesas, para Abd al-Malik, el vencedor de Narbona y Tolosa. Pero Abd al-Malik tiene una misión suplementaria: no sólo hay que invadir, derrotar y saquear, sino que, además, debe llegar a la misma capital del reino, Oviedo, y devastarla a conciencia.

La expedición de Abd al-Malik fue un paseo triunfal. Los moros habían aprendido, entre otras cosas, que debían evitar los caminos entre valles. Así el caudillo agareno decidió marchar por la calzada de la Mesa, que le permitía controlar el territorio desde lo alto mientras avanzaba hacia el interior de Asturias. Toda la letal maquinaria que había aplastado Gerona, Narbona y Tolosa cayó ahora sobre Oviedo. La ciudad no pudo resistir. Abd al-Malik destruyó la capital de Alfonso sin piedad, redujo a cenizas las casas y a escombros las iglesias, robó todo lo que pudo, apresó a cuantos paisanos dejó con vida. Y cumplida su misión, cargado con rico botín, volvió por donde había venido.

Y mientras el moro destruía Oviedo, ¿qué hacía Alfonso? Aguardar el momento oportuno. El rey cristiano sabía que no podía enfrentarse con el moro a campo abierto; no le quedaba otra opción que salirle al paso en algún punto de su camino. Pero atención, eso ya lo había hecho antes Bermudo con resultados catastróficos. No era tan sencillo como parecía. Había que escoger muy bien el lugar. Después, llegar sin ser visto. Y entonces, pero sólo entonces, atacar de tal manera que la capacidad de reacción del enemigo quedara reducida al mínimo. Hay un punto en la vieja calzada de La Mesa, un pasillo entre dos cerros al lado del río Pigüeña, donde el caminante deja de controlar las alturas. Los diplomas antiguos lo llaman Lutos; al parecer, el nombre deriva de los lodos que en gran cantidad colman una hoya junto al río (lodo, en latín, se dice *lutum*). Allí la vía se estrecha y el paisaje se puebla de amenazas entre abismos y cenagales. Ése fue el sitio que Alfonso escogió.

Fue precisamente allí, en el lugar más comprometido. Delante y detrás, caminos estrechos, sin posibilidad para la maniobra; a un lado, el abismo y la ciénaga; al otro, la cumbre inexpugnable. Una encerrona. El mismo ejército victorioso que había arrasado Oviedo se encontraba ahora atrapado en una ratonera. No hubo piedad para los que habían devastado el reino. Una lluvia de flechas, dardos, rocas y jabalinas cayó sobre los sarracenos. Los que trataban de hacer frente a la avalancha morían frente a las espadas cristianas; los que intentaban huir, quedaban atrapados en el lodo o caían despeñados por el precipicio. Todo el botín robado a los cristianos fue a parar a los lodazales, rodando junto a las bestias de carga y los cuerpos inermes de los vencidos. En pocas horas, el ejército triunfal de Abd al-Malik quedó destrozado. El propio general moro, según parece, se dejó allí la vida.

Desde un punto de vista estrictamente militar, lo que llama la atención en esta maniobra de Alfonso II en el paraje de Lutos es su exactitud: atacó en el lugar preciso en el momento preciso, sacando el máximo partido de unas fuerzas numéricamente inferiores y anulando la superioridad inicial del enemigo. En el plano táctico, fue una jugada maestra. Pero esta batalla nos lanza asimismo una advertencia sobre la debilidad del reino de Asturias. A la altura de finales del siglo VIII, un ejército rival podía pasearse libremente por el territorio cristiano sin hallar resistencia. ¿Por qué? Por dos razones: una, porque el reino carecía de un ejército capaz de hacer frente al enemigo en campo abierto con garantías de éxito; la otra, porque tampoco disponía de una red de puntos fortificados sobre los que sustentar la defensa fronteriza. Seguro que Alfonso tomó buena nota.

Pero si Alfonso, que era un hombre inteligente, tomó nota de las enseñanzas de Lutos, su adversario cordobés, el moro Hisam, no menos inteligente, también sacaría las lecciones oportunas. Hisam debió de subirse por las paredes al enterarse de la noticia. Pensaba que había reducido a los rebeldes cristianos del norte a la condición de yunque, y ahora descubría que se comportaban como martillo. No sabemos cuál fue su reacción inmediata, pero sí conocemos las modificaciones que aplicó sobre su estrategia. Primera modificación: ya no bastaba con obligar a los cristianos a combatir en dos frentes atacándoles por dos sitios a la vez, ahora era preciso que en el frente fundamental, que era el oeste, el camino leonés y gallego, la concentración de fuerzas resultara muy superior a la de su adversario. Y segunda: para someter al reino de Asturias no bastaba con asolar periódicamente sus campos y ciudades, sino que además era preciso capturar a su rey para, literalmente, descabezar a los cristianos. Y a ello se empleará Hisam con su tenacidad habitual.

Alfonso había ganado el primer asalto. Triunfó allá donde Bermudo fue derrotado. Pudo volver a Oviedo sin que nadie en la destruida capital le hiciera el menor reproche. Pero Hisam no había dicho la última palabra; al contrario, el moro estaba dispuesto a lanzar nada menos que un jaque al rey. Y ese rey era Alfonso.

JAQUE AL REY (DONDE MURIÓ EL LEAL GADAXARA)

El emir de Córdoba está que se sube por las paredes. Después de devastar nada menos que el sur de la Francia carolingia, ha enviado a sus ejércitos a aplastar al minúsculo reino de Asturias y se ha encontrado con que las aplastadas han sido sus propias tropas. El emir Hisam no puede soportar la humillación. Tiene que vengar esa afrenta. Y lo hará apuntando directamente a la cabeza: hay que atrapar al rey de Asturias.

Lo que se ha lanzado sobre el tablero es un auténtico jaque al rey. Seguramente Hisam sabía ya jugar el ajedrez. El ajedrez había nacido en la India, en torno al siglo VI, a partir del juego llamado *chaturanga*. De ahí pasó muy rápidamente a la China como *chiang-qui* y a Persia como *shatranj*. Cuando los árabes invadieron Persia, en el siglo VII, descubrieron el ajedrez y lo extendieron hacia Occidente. Consta que en el momento de nuestra historia, finales del siglo VIII, el ajedrez ya circulaba como juego de estrategia militar: por estos mismos años, el califa de Bagdad, Harun al-Raschid (el mismo de *Las mil y una noches*), envió como regalo a Carlomagno un precioso ajedrez de mármol. Algunas piezas se conservan todavía en la Biblioteca de París.

Para dar un jaque al rey hay que acorralarle, amenazar desde distintas posiciones y cortarle las salidas. Eso fue exactamente lo que se propuso Hisam: acorralar a Alfonso II. La derrota de Lutos había sido un duro golpe, pero apenas había mermado la potencia militar musulmana. No fue difícil para el emir reunir un nuevo ejército. Desaparecido Abd al-Malik, el mando fue para su hermano, Abd al-Karim, que ya había protagonizado incursiones letales en la zona oriental del reino. Nadie escatimó medios: más de diez mil jinetes musulmanes se aprestaron a lanzarse contra Oviedo.

Hisam introdujo, además, una novedad estratégica importante. Hasta el momento, su táctica consistía en desencadenar dos ataques simultáneos en el este (Álava) y en el oeste (Galicia). Ahora, y visto que la zona oriental era un frente secundario, aplicó la misma estrategia, pero en un escenario más reducido. Así, mientras los jinetes de Abd al-Karim marchaban sobre Oviedo, otra columna se dirigiría contra Galicia, de manera que las huestes gallegas no pudieran auxiliar al rey cristiano. Era septiembre de 795 y el cielo se oscurecía para los rebeldes cristianos del norte.

Alfonso se enteró de la ofensiva mora. Seguramente la estaría esperando desde la victoria del año anterior en Lutos. Tuvo tiempo para llamar a las gentes de armas del reino y, aún más, engrosar sus fuerzas con guerreros de las poblaciones vecinas, vascones incluidos (recordemos que Alfonso, hijo de vascona, había vivido largo tiempo entre ellos). Y entonces tomó una decisión arriesgada: no esperar a los moros entre los valles y las montañas de Asturias, sino salirles al encuentro más al sur, concretamente en las Babias.

¿Por qué hizo eso Alfonso? Quizás, animado por la victoria de Lutos, pensó que podía vencer en una confrontación en campo abierto. O quizá prefirió dar la batalla lejos del corazón del reino. O tal vez había aprendido en la campaña de 794 que las montañas ya no eran garantía segura de éxito contra una fuerza tan numerosa como la del emirato. El hecho es que Alfonso se plantó en una zona relativamente llana, en algún punto entre San Emiliano y Cabrillanes. Ordenó que los habitantes de las praderas fueran evacuados hacia las montañas. Se aseguró de que las vías de escape estuvieran abiertas a sus espaldas —los puertos de la Mesa y la Ventana— y esperó al adversario. Parecía bien calculado. Pero fue un error.

El general moro, Abd al-Karim, llegó a Astorga con sus diez mil jinetes. Esta ciudad se cuenta entre las que en su día despobló Alfonso I; allí habrían quedado, sin embargo, algunos pobladores en estado de sumisión a Córdoba. Desde Astorga, Abd-al

Karim planificó su estrategia: primero, lanzar un cuerpo de vanguardia para debilitar a los cristianos; después, dar el golpe decisivo con otro cuerpo, más numeroso, de refresco. Así partieron contra las filas de Alfonso cuatro mil jinetes musulmanes al mando de Farach ibn Kinana, jefe de la división militar de Sidonia. Fueron estos jinetes los primeros en entablar combate. Los guerreros del reino de Asturias aguantaron la embestida, pero entonces, en el momento crítico, apareció Abd al-Karim con sus refuerzos, seis mil jinetes más, que desequilibraron definitivamente la balanza.

Era el 18 de septiembre de 795. Alfonso sabía que iban a por él. Seguramente por eso escogió una ruta de salida difícil, a través del puerto de la Ventana, que conduce a un paisaje de revueltas y gargantas que anula la velocidad de los caballos. Y los moros, en efecto, fueron a por él. No tardaron los victoriosos jinetes de Abd al-Karim en pisar los talones del rey asturiano en su fuga. Los moros causaron graves estragos en los campos de la zona, pero no por eso dilataron la persecución: tenían tropas suficientes para saquear, acopiar botín y hacer esclavos mientras el grueso del ejército perseguía a Alfonso.

El cálculo del rey cristiano era reunir a sus tropas en Quirós, recomponer sus filas y volver a presentar batalla en un terreno más propicio. Abd al-Karim, sin embargo, no le dio opción. Deseoso de vengar la derrota de su hermano, el general moro llegó antes de que Alfonso pudiera reorganizar su fuerza y le dio alcance en el río Quirós. Entonces Alfonso jugó al ajedrez: viendo venir el jaque, decidió sacrificar la caballería y envió a un numeroso grupo de jinetes a detener a los sarracenos. Eran tres mil jinetes cristianos. Los mandaba un tal Gadaxara.

¿Quién era Gadaxara? No lo sabemos. Es uno de esos nombres que aparecen en las crónicas, vinculados a algún acontecimiento concreto, y que luego desaparecen para siempre. Debía de ser, en todo caso, un hombre valiente. Si no era noble, al menos debía de formar parte del círculo cercano al rey, pues la misión que se le encomendó exigía una absoluta fidelidad. ¿Cuál era esa misión? Interponerse entre el jaque de Abd al-Karim y Alfonso II. Nuestro rey, por su parte, no escurrió el bulto: no huyó hacia Oviedo dejando a Gadaxara abandonado a su suerte, sino que permaneció al otro lado del río, para intervenir en la batalla si la situación lo aconsejaba. Sin duda el combate fue encarnizado. Las tropas musulmanas eran más numerosas. Pese a que el terreno era poco propicio para grandes cargas de caballería, la fuerza numérica se impuso. La caballería cristiana fue derrotada. Gadaxara cayó preso, y aquí se pierde su rastro; lo más probable es que lo mataran. Con el caballo sacrificado, el jaque continuaba. El rey tuvo que volver a huir.

El sacrificio del heroico Gadaxara y sus jinetes había permitido a Alfonso ganar una nueva defensa: el castillo construido a orillas del Nalón para prevenir cualquier ataque a Oviedo. Seguimos en el ajedrez: después del caballo, la torre. Ante la torre se repetirá la escena. Abd al-Karim llega al castillo, sus tropas vencen toda resistencia y penetran en él. Pero el rey no está, ha salido antes de que los musulmanes forzaran los muros. Alfonso ha dejado atrás la torre y se ha marchado a Oviedo, su capital. Cae la noche y Abd al-Karim ordena detener la persecución. Será sólo por un día. A la mañana siguiente, varios miles de jinetes musulmanes cargaban contra Oviedo: era —pensaba el general moro— el movimiento del último jaque.

Los moros llegaron a Oviedo, penetraron en la ciudad, la saquearon a conciencia. Entraron en palacio, robaron los tesoros. Sin embargo, no hallaron lo que buscaban: el rey había vuelto a darles esquinazo. Alfonso había aprovechado las preciosas horas de la noche para salir de la ciudad. Tres jaques y ningún mate. Los peones, el caballo, la torre… pero el rey se escapaba otra vez. Abd al-Karim, contrariado, renunció a su presa. Se acercaba octubre y la estación desaconsejaba permanecer con tan cuantioso bagaje —miles de hombres y caballos, centenares de cautivos, un enorme botín— en tierras poco seguras, de clima lluvioso, y con el rey en paradero desconocido. Quizás Abd al-Karim recordó lo que le había pasado a su hermano en Lutos. El caso es que el jefe moro decidió volver a Córdoba.

El retorno de Abd al-Karim a Córdoba tenía que haber sido triunfal. No lo fue. Primero, porque había fallado en su objetivo fundamental, que era atrapar a Alfonso. Pero es que, además, hubo una circunstancia que hizo aún más pobre el balance. Recordemos que la ofensiva había sido doble: mientras Abd al-Karim marchaba sobre Oviedo, otro cuerpo musulmán se volcaba contra Galicia para dividir a las tropas cristianas. Pues bien, esta segunda expedición mora fue un desastre.

Las tropas del emirato, penetraron, sí, en Galicia, devastaron los campos, hicieron sin duda gran botín; pero en algún momento de su camino de vuelta, y en algún lugar del que la historia no ha querido acordarse, tropas cristianas destrozaron a los sarracenos. ¿Fueron los gallegos vencidos en el primer embate, que se tomaron la revancha? ¿Fueron quizá los restos deshechos del ejército de Alfonso, que vengaron así su derrota? No lo sabemos. Lo que sabemos es que el cuerpo expedicionario moro quedó destrozado, dejó miles de muertos y miles de cautivos, y que los supervivientes a duras penas lograron volver al sur.

Y mientras tanto, ¿qué estaba haciendo Alfonso? El rey se había refugiado en las montañas. Tal vez desde allí vio cómo los musulmanes volvían a Córdoba. La integridad del reino se había salvado. Incluso había sido posible infligir al enemigo pérdidas de cierta entidad. Sin embargo, la amenaza era poderosa. El reino de Asturias por sí solo nunca podría triunfar sobre una potencia como la del emirato. De manera que Alfonso decidió buscar alianzas. Es entonces cuando envía una embajada al otro lado del Pirineo, a Carlomagno. Emisarios de Alfonso se entrevistarán en Toulouse con Ludovico Pío, hijo de Carlomagno, que atendía los asuntos del reino carolingio en el sur. Allí firmaron un pacto. No conocemos sus términos, pero no es difícil imaginarlos: unir esfuerzos contra el peligroso enemigo musulmán y actuar juntos cuando Hisam volviera a atacar.

Hisam, en efecto, no renunció a perseguir a nuestro rey. El emir de Córdoba aprovechó el invierno para preparar una nueva ofensiva. Alineó y pertrechó un nuevo ejército. Mayo sería el mes adecuado para volver a castigar a los rebeldes cristianos del norte, para intentar un nuevo jaque. Pero Hisam…

Pero Hisam no llegó a verlo: se lo llevó la muerte el 27 de abril de 796, con treinta y nueve años, después de haber reinado sólo seis. Y ante el reino de Asturias se abrían ahora perspectivas insospechadas.

LOS PIONEROS: LEBATO Y MUNIADONA

Acontecimiento trascendental: ha empezado la Reconquista. Y no, no es que las aguerridas mesnadas de Alfonso II el Casto hayan marchado sobre Córdoba para recuperar la España ocupada por el islam. Lo que está pasando es otra cosa: pequeños grupos de campesinos y minúsculas comunidades de religiosos han empezado a saltar al sur de la Cordillera Cantábrica. Llegan a parajes nuevos, toman tierras, las roturan y se instalan allí. Son los pioneros. Con ellos empieza realmente la Reconquista.

¿Cuándo comenzó el flujo? Pongamos que hacia el año 790, probablemente desde 780. El escenario de estas primeras incursiones es un área muy concreta: la Bardulia, es decir, el solar original de lo que pronto se llamará Castilla, aproximadamente entre el sureste de Cantabria, el noreste de Burgos y el oeste de Álava. Es una zona todavía protegida por montañas, pero que se abre ya a la meseta. Y estos pioneros, ¿actúan por cuenta propia o son enviados por la corona? Más bien lo primero. Todo indica que se trata de colonizaciones espontáneas de campesinos que se lanzan a la aventura por su cuenta y riesgo. Después, eso sí, la corona asturiana organizará los nuevos territorios. Pero el impulso inicial es de los propios pioneros.

Conocemos un caso concreto: el de la familia formada por Lebato y su esposa Muniadona (o Momadonna), y sus hijos Vítulo y Ervigio. Gracias a ellos podemos reconstruir unos hechos que sin duda se estaban produciendo también en otros puntos de la frontera. Lebato y Muniadona aparecen hacia el año 796 en el Valle de Mena. Probablemente son cántabros que han llegado desde el valle de Carranza a través del monte Ordunte. Con ellos viajan también las gentes de su casa, es decir, los siervos del clan familiar. El Valle de Mena no es un lugar particularmente seguro: a pocos kilómetros se encuentra la vieja calzada romana que lleva de Amaya a Flavióbriga, es decir, del norte de Burgos a Castro Urdiales, más o menos. Una zona, por tanto, expuesta a las incursiones moras. Pero Lebato y Muniadona allí permanecerán.

Hablemos un poco de esta región. La frontera oriental del reino de Asturias era desde antiguo un lugar disputado, entre el oeste de La Rioja y de Álava, el sur de Vizcaya y de Cantabria, el noroeste de Burgos… Desde allí se pasa del valle del Ebro al valle del Duero. Desde allí se pueden tomar los caminos que conectan el norte peninsular con la meseta, y la llanura aragonesa con León y Galicia. Los romanos llenaron el paisaje de calzadas que llevaban desde Zaragoza hasta Astorga y desde la meseta hasta el Cantábrico. Se llamaba Bardulia porque, según los historiadores romanos, era el territorio de los várdulos. En algún momento se llenó de gentes que venían de Vizcaya, desplazados de sus tierras por los vascones. Después llegarán los romanos. Luego, los godos. Los nombres de nuestros protagonistas son un buen ejemplo de esa singular mezcla de celtas, vascones, romanos y germanos: Muniadona, Lebato, Vítulo, Ervigio…

Como es una zona húmeda y de orografía cómoda, el territorio siempre fue muy deseado, porque garantizaba la supervivencia. Durante la época visigoda constituía el sur del ducado de Cantabria. Cuando llegaron los moros, muchos godos encontraron refugio aquí. Después de Covadonga, los reyes de Asturias tratarán de mantener la posesión sobre el área. Es cerca de aquí donde Fruela construye el monasterio de San Miguel del Pedroso. Los moros, por su parte, no dejarán de entrar en la región una y otra vez, asolándolo todo. Así aquella mezcla de celtas, cántabros, hispanorromanos, vascones y godos va cuajando en unas gentes de carácter feroz y decidido, acostumbradas a soportar las acometidas islámicas, hacerles frente, verlo todo arrasado y volver a empezar desde cero.

El reino de Asturias establecerá en la región varios puestos fortificados, es decir, castillos, que pronto darán nombre a toda la zona. Los moros la llaman Al-Quilé y Quastalla, «los castillos». «Castilla» la llaman ya los cristianos desde este mismo siglo VIII. Es en este paraje de valles fértiles, amplios espacios y naturaleza agradecida, donde ponen sus ojos los pioneros que empiezan a descolgarse desde Vizcaya, Álava y Cantabria. Entre ellos, nuestros amigos Lebato y Muniadona.

¿Quiénes eran Lebato y Muniadona? Hay quien dice que se trataba de ricos propietarios. Ciertamente, para poner en marcha una empresa de colonización hacen falta recursos: mano de obra, herramientas, bestias de carga, abundancia de semillas… Eso no está al alcance de los pobres. Pero, al mismo tiempo, no termina de verse qué podía empujar a gentes que ya eran «ricos propietarios» a dejar atrás sus riquezas y propiedades para trasladarse a tierras donde todo estaba por hacer y donde, además, las posibilidades de morir se multiplicaban exponencialmente. No, más bien debemos pensar que los pioneros eran gentes a las que su solar natal se les había quedado estrecho. Eso no les pasaba a los ricos propietarios, pero sí a todos los demás: campesinos libres, pequeños señores rurales, dueños de tierras que ya no permitían sustentar holgadamente ni al clan titular ni a las gentes de su casa.

Y una vez llegados al paraje en cuestión, ¿qué hacían los pioneros? ¿Cómo se organizaba la colonización? Conocemos el sistema porque luego se convirtió en institución con rango de ley. Primero una familia ocupaba tierras y las señalizaba con hitos o mojones: a eso se le llamaba *presura* y otorgaba el derecho a trabajar el espacio ocupado. Y para evitar que alguien abusara del sistema, acaparando más tierras de las que podía trabajar, se formalizó otra institución que se llamaba *escalio* y que es de mucho sentido común: tú tienes la tierra por presura, pero no se te reconoce la propiedad hasta que la has descuajado y labrado, y esto es el escalio.

El mismo sistema empezó a emplearse en esta misma época en la otra esquina de España, en Cataluña y Aragón. Conocemos el caso de un guerrero, el *miles* Juan, que hacia 795, y después de haber combatido duramente en torno a Barcelona, prestaba vasallaje a Carlomagno y éste le reconocía propiedad sobre las tierras que Juan y sus compañeros habían roturado en un lugar llamado Fontjoncosa. A la presura se la llamaba aquí *aprisio*. En Aragón y Cataluña la organización del territorio correrá a cargo, en general, de nobles, señores que disponían de sus tierras y que implantaban una estructura propiamente feudal, quizá como ese *miles* Juan, que prestó vasallaje a Carlomagno. En Castilla, por el contrario, el modelo habitual será el de hombres libres que toman posesión de un terreno y plantan allí sus reales, como nuestros amigos Lebato y Muniadona.

Un poco más adelante, y como consecuencia de los permanentes ataques musulmanes, ocurrirá que los reyes encomiendan a los nobles el control del territorio. Pero incluso en estas situaciones prevalecerá la condición de hombre libre del campesino, una condición que es indispensable tener en cuenta para comprender lo que significará siglos después el principio de hidalguía. Los campesinos son libres incluso bajo un señor. Y para manifestar esa libertad, son ellos mismos, los campesinos, los que enarbolan el derecho a elegir un señor y, ojo, a cambiar de señor cuando les venga en gana. Este sistema se llamó *behetría*, un régimen jurídico que venía de tiempos romanos y que los godos potenciaron. De hecho, la influencia del derecho germánico será decisiva en la organización de esta primera Castilla. Y no sólo en ella, porque también en el Ebro habrá behetrías, campesinos que eligen a su señor, aunque en menor cantidad.

Los hijos de Lebato y Muniadona, que eran Vítulo y Ervigio, prolongarán la tarea de sus padres. Vítulo y Ervigio eran, el primero, abad, y el segundo, presbítero o sacerdote. El protagonismo de las comunidades religiosas en esta fase pionera de la Reconquista es crucial. Estamos hablando de comunidades muy pequeñas, de muy pocos miembros, muchos de los cuales, por otro lado, son campesinos que toman los hábitos al llegar a cierta edad. De Vítulo y Ervigio sabemos que llegan a Burceña, al pie del monte Ordunte, y construyen con sus propias manos una iglesia dedicada a San Esteban. Un poco más al sur, en Taranco, levantan otra iglesia con reliquias de San Celedonio y San Emeterio.

Las advocaciones de estos monjes nos dicen mucho de su carácter. Esteban es el primer mártir de la cristiandad; Celedonio y Emeterio, dos legionarios romanos de Calahorra ejecutados por su fe cristiana. En este monasterio de Taranco es donde el abad Vítulo, el 15 de septiembre del año 800, dicta al notario Lope una donación de terrenos en la que aparece por primera vez escrita la palabra «Castilla»: «En estas tierras de Bardulia que ahora llamamos Castilla…». Y gracias a Vítulo y Ervigio conocemos también la historia de sus padres, Lebato y Muniadona.

En pocos años, centenares, quizá miles de familias del Cantábrico se van instalando en los valles, siempre cada vez más al sur, del mismo modo que, algunos años más tarde, otras familias del Pirineo bajarán hacia el llano tomando posesión de las tierras y, en definitiva, poniendo carne y espíritu a la Reconquista. Un intenso goteo humano, pronto un torrente, a lo largo de los siglos IX y X. Caravanas de campesinos armados, con sus carros de bueyes, sus pequeños rebaños de ganado, a veces los caballeros en vanguardia y, por supuesto, los clérigos con sus rezos; atravesando ríos, superando montes, cruzando valles. Hacen presuras, construyen o recuperan molinos, limpian los terrenos, siembran, plantan, construyen casas e iglesias… Así se va configurando la España de los siglos IX y X como una sociedad de hombres libres, pequeños propietarios con tierras abundantes y bien trabajadas, agrupados en núcleos de población relativamente extensos, las comunidades de aldea, en torno a una iglesia o un centro monástico.

Hay que ponerse en la piel de aquella gente, y en aquellos años, para medir en todo su valor esta aventura fantástica. La Reconquista comenzó así: gentes libres y valientes, campesinos y soldados y monjes, que ganaron nuevas tierras como en una suerte de misión, porque sentían, de uno u otro modo, que aquellas tierras perdidas eran suyas. De todas las gestas de la Reconquista, que fueron muchas, ésta de los inicios es la más impresionante: el valor de esas bravas gentes como Lebato y Muniadona, o como tantos otros que saldrán en los próximos capítulos de nuestra historia. No nos olvidaremos de ellos.

AL ÁNDALUS ESTALLA POR EL SUR

Habíamos visto páginas atrás que el emir Hisam, hijo del fundador del emirato de Córdoba, moría en abril de 796 tras sólo seis años de reinado. Hisam era un político de indudables virtudes, como su padre Abderramán: un tipo inteligente, decidido, piadoso… No podremos decir lo mismo del heredero de Hisam, su hijo Al-Hakam I, que en nuestra historia llamaremos Alhakán, como en las crónicas. Este caballero tenía un carácter completamente distinto: despótico, dubitativo, innecesariamente cruel. Con él iba a vivir Al Ándalus, la España islámica, un periodo sangriento.

¿Qué le pasa a Alhakán? Que nada más llegar al trono se le multiplican las rebeliones. Por una parte, sus tíos Suleimán y Abdallah le disputan el trono. Por otra, las principales ciudades del emirato se le sublevan: Toledo, Mérida, incluso la propia Córdoba. Alhakán ahogará todas esas sublevaciones en sangre. Particularmente brutal será la represión en Toledo, donde quinientos notables de la ciudad fueron degollados en lo que pasó a la historia como la «Jornada del Foso». Pero tampoco se quedará corta la represión en Córdoba, donde el emir hizo crucificar a trescientas personas. ¿Qué estaba ocurriendo? ¿Por qué se sublevaban esas ciudades? El asunto es complejo y merece que lo miremos despacio.

Ante todo, hay que tener presente que la dominación islámica sobre la España conquistada no era ni mucho menos homogénea. Por explicarlo esquemáticamente, podemos decir que el emir ejercía su poder sobre una ciudad o región según hubieran sido las condiciones de su rendición desde 711. Así, tenemos lugares que habían pasado bajo poder musulmán tras una victoria militar, y aquí no hubo contemplaciones: en esos lugares mandaba completamente el emir o sus delegados, y sus viejos pobladores quedaban obligados a la más total sumisión. Pero hubo otros lugares donde la victoria islámica fue pactada mediante capitulación (*suh*): la ciudad se rendía, pero bajo condiciones concretas, y el emir quedaba obligado a respetarlas. Y hubo, además, un tercer grupo de ciudades donde el poder del emir quedaba todavía más diluido: las que se incorporaron previo tratado de paz (*adh*), trámite que implicaba una cierta autonomía política; las ciudades que pactaron con el islam por esta vía quedaban en estatuto de «protegidas» (*dimmíes*) o «aliadas» y, aunque bajo exigentes condiciones, podían seguir practicando su religión, mantener su libertad y poseer sus tierras.

Sobre este complejo paisaje hay que añadir otras líneas que aún lo complican más. Por un lado, hay regiones que se han islamizado bajo el poder de una familia conversa, es decir, gentes que se han hecho musulmanas para mantener su hegemonía. Es el caso de los Banu-Qasi en el valle del Ebro, que ya hemos visto, pero es tambén el caso de los Al-Chiliqui en Mérida. *Al-Chiliqui* quiere decir «el gallego», que es como los moros llamaban a todos los hispanos del noroeste. Esa familia Al-Chiliqui abjuró del cristianismo y se convirtió al islam en algún momento de la segunda mitad del siglo VIII, y desde entonces gozó de una influencia decisiva en lo que hoy es el norte de Extremadura. Estos poderes locales se sometían formalmente al emir de Córdoba, pero en la práctica hacían y deshacían a su antojo en sus respectivos territorios.

Estas familias locales eran poderes fácticos de gran influencia en el conjunto de Al Ándalus, y por eso, cada vez que en el emirato había una lucha de poder, las diferentes facciones rivales trataban de atraerse su simpatía. Eso es lo que pasará en Mérida. Un tío del emir Alhakán, Suleimán, busca apoyos en Mérida y al parecer los consigue. Alhakán tiene que acudir allí con sus tropas para demostrar quién manda. Lo logrará, pero esta intervención inaugura una cadena ininterrumpida de sublevaciones en Mérida que se prolongará durante todo el siglo siguiente.

Pero hablábamos de otras líneas que complicaban aún más el paisaje sociopolítico de Al Ándalus, y a ellas hemos de referirnos, porque nos dan la clave de las siguientes sublevaciones. Y es que además de la distinta situación de cada ciudad según sus condiciones de rendición, y además de la influencia de los poderes locales, resulta que la propia sociedad andalusí se hallaba fragmentada en grupos mal avenidos. Una primera división social —ya nos hemos referido antes a ella— es la que separa a las distintas minorías del bloque musulmán: árabes, bereberes, yemeníes, sirios, etcétera. Cada una de esas pertenencias étnicas va a seguir siendo fuente de conflictos, porque los emires se empeñarán en mantener la hegemonía de los árabes sobre las demás etnias. De hecho, el sistema de poder del emirato puede ser definido como una variante de la vieja organización tribal árabe, con sus clanes y sus rivalidades.

Y a eso hay que sumar otra división derivada del propio sistema de poder islámico, que ha estratificado la sociedad en cuatro grupos diferenciados. En la cúspide, los invasores musulmanes; después, los muladíes, es decir, los hispanos conversos al islam; bajo ellos, los maulas, que eran clientes o siervos de los anteriores, y en la base, los mozárabes, esto es, cristianos que no habían renegado de su fe, y a los que se gravaba con severos impuestos. Contra la absurda imagen de «pacífica convivencia multicultural» que hoy defienden algunos, la verdad es que ser cristiano en Al Ándalus era muy difícil: estaba prohibida toda manifestación externa del cristianismo, estaba prohibido negar el carácter profético de Mahoma, estaba prohibido dejar de ser musulmán para volver a ser cristiano, estaba prohibido difundir el cristianismo entre las gentes… Y la pena para quienes infringieran esos vetos era, con frecuencia, la muerte.

Así pues, conflictos territoriales, conflictos sociales, conflictos étnicos, conflictos religiosos… ¿Qué? Se ha hecho usted un lío, ¿verdad? Pues imagínese a Alhakán, que estaba sentado encima de ese avispero y, además, con el temperamento menos adecuado posible para gobernarlo. Alhakán era un radical. El nuevo emir tenía un proyecto: reforzar la hegemonía árabe, islamizar más a fondo el emirato (para eso estableció en el derecho la doctrina *malikí*, de tipo fundamentalista) y aumentar su propio poder sobre la base de más impuestos. No era un proyecto distinto del de sus predecesores, pero él sí era distinto: menos inteligente, luego menos flexible, y menos piadoso, luego menos respetado por sus súbditos. Eso le reporta la enemistad de casi todo el mundo, tanto de las minorías rectoras como de las capas más pobres. Y así al emir le estalló Al Ándalus en las manos.

En efecto, cuando ha sofocado —temporalmente— la revuelta de Mérida, le llegan noticias de que se ha sublevado Toledo. La vieja capital hispanogoda era una de las ciudades que gozaban del estatuto de «aliada». Eso significa que disponía de una autonomía más que notable. ¿Quién vivía en Toledo? Básicamente, los mismos que antes de la invasión mora: muladíes —es decir, hispanogodos e hispanorromanos ahora conversos al islam—, mozárabes, judíos y, añadida a éstos, una minoría árabe asentada sobre todo en el campo. Toledo, ciudad autónoma y orgullosa de su estatuto, focaliza la oposición. Era el año 797; otras fuentes lo sitúan en el 800.

Abderramán e incluso Hisam hubieran tratado de solucionar el problema con mano izquierda (aun sosteniendo la cimitarra en la derecha). Alhakán, no. El nuevo emir, después de haber amagado —en vano— con una solución armada, busca un gesto ejemplar que atemorice a otros posibles disidentes. Así que envía a Toledo como delegado a un hombre de su confianza, un muladí de Huesca llamado Amrús ben Yusuf (Amorroz, en las crónicas). Amorroz se presentó como hombre de paz. Para limar desavenencias, convocó a quinientos notables de la localidad, tanto musulmanes como cristianos. Los invitados fueron llegando al palacio del gobernador. Pero lo que encontraron no fue un banquete, sino los puñales de los verdugos de Amorroz, que degollaron a los toledanos según fueron llegando. Cuentan que entre las víctimas se hallaba el obispo herético Elipando. Los verdugos, a medida que iban matando a los notables, arrojaban sus cadáveres a un foso, y por eso este sangriento episodio pasó a la historia como la Jornada del Foso. Así sometió Alhakán la ciudad de Toledo.

Las sublevaciones de Mérida y Toledo habían enseñado a Alhakán que no podía fiarse de nadie. ¿Qué hizo entonces el emir? Aplicar mano dura. Pero para aplicar mano dura necesitaba un ejército fiel. ¿Y dónde encontrarlo, si no se fiaba de nadie en Al Ándalus? En el exterior: reclutó varios miles de esclavos, lo mismo bereberes que mozárabes, y además organizó una guardia personal de más de dos mil eslavos (nombre que se daba a los esclavos de origen europeo) a los que llamaban «los mudos», porque no conocían el árabe ni el romance y, por tanto, no podían hablar sino entre ellos mismos. Ahora bien, ese ejército costaba dinero. ¿Y de dónde podía sacarlo? De los impuestos, evidentemente. Lo cual iba a dar lugar a nuevas revueltas populares, y esta vez en la propia capital, Córdoba.

Sí, la mecha del descontento prende en Córdoba. Será la llamada revuelta del Arrabal, porque partió precisamente de ese barrio, al otro lado del río, habitado tanto por funcionarios de palacio como por menesterosos que acudían al calor de la riqueza. Un grupo de notables de Córdoba, harto del emir, conspira: se trata de derrocar a Alhakán y sustituirle por su primo Muhammad ibn al-Qasim. Muhammad finge aceptar la propuesta, pero lo que hace es acudir a Alhakán y delatar a los conspiradores. La venganza de Alhakán será terrible; la guardia palatina entra en el Arrabal a sangre y fuego. Los muertos se contarán por miles. Trescientos de aquellos notables serán crucificados cabeza abajo a orillas del Guadalquivir.

Mérida, Toledo, Córdoba… La historia tiende a mostrarnos estas revueltas como tres momentos singulares, pero en realidad fueron procesos que se desarrollaron durante largos años y que se manifestaron en varias revueltas sucesivas. Mérida vivirá en permanente insurrección. Toledo volverá a ser escenario de sublevaciones en 811 y 829. Córdoba también volverá a levantarse en 818. Alhakán, superado por los acontecimientos internos, buscará pacificar el frente exterior: pedirá una tregua con Carlomagno a la vez que intenta neutralizar a los rebeldes cristianos del norte. Sin éxito.

Mientras tanto, Alfonso, desde Oviedo, asiste al espectáculo con gran interés. Después de haber visto dos veces arrasada la capital asturiana, ahora los problemas de Alhakán le abren oportunidades insospechadas. Alfonso no las desaprovechará.

IMPRESIONANTE: ALFONSO TOMA LISBOA

Alfonso II el Casto no tenía un pelo de tonto: sabía lo que tenía entre manos. Conocía tanto sus posibilidades, que no eran pocas, como sus limitaciones, que eran muchas más. Para el rey cristiano, la política cabal sólo podía reducirse a esto: hacer lo posible, evitar lo imposible. Las duras expediciones de Hisam contra Oviedo le habían mostrado dónde estaba lo imposible: no era factible vencer militarmente al emirato de Córdoba. Pero el relevo en el emirato, con la llegada de Alhakán, le había mostrado también lo posible: las querellas intestinas en el poder musulmán representaban una oportunidad que había que aprovechar.

Después de la última campaña mora, Alfonso estaba preparado para la defensa. En primavera o verano tocaría de nuevo una campaña musulmana de saqueo. Y si ya habían ido una vez a por él, a por el rey, lo más probable era que el emirato mantuviera el objetivo. Pero aquel verano de 796 no hubo campaña mora. Hubo, sí, una expedición sobre Calahorra que luego penetró hacia el Cantábrico. La mandaba nada menos que Abd al-Karim, el general más fiable del emirato. Pero la aventura tuvo penosas consecuencias para los sarracenos. En algún momento de su camino de vuelta, los moros se vieron súbitamente amenazados por miles de cristianos. Abd al-Karim, prudente, optó por salir a escape abandonando la mayor parte del botín. Entre otras cosas se dejó atrás su propia tienda de campaña, que Alfonso enviaría a Carlomagno a modo de trofeo.

No hubo, pues, campaña mora en 796 sobre Oviedo. Alfonso siguió esperando. Pero en 797 tampoco hubo aceifa. ¿Qué estaba pasando? Sin duda los espías de Alfonso le habían referido los gravísimos sucesos que sacudían Al Ándalus y que ya hemos visto aquí: guerra a muerte por el poder entre facciones rivales; sublevaciones de la población local en Mérida, Toledo e incluso Córdoba. Añádase a ello la amenaza de los francos, en Cataluña, y la de los asturianos. El nuevo emir, Alhakán, no podía atender tantos frentes a la vez. Y en la mente de Alfonso empezó entonces a madurar una audaz idea. Hacia la primavera de 797, el rey casto envió una embajada a Carlomagno. La encabezaba su ministro Fruela. Él fue quien llevó a Carlomagno la tienda de campaña capturada a Abd al-Karim. Algo más hablaron Fruela y el monarca carolingio. No sabemos qué. Pero los acontecimientos que enseguida iban a desatarse nos desvelarán el misterio.

Era la primavera o el verano del año 798. Alfonso convocó a sus jinetes y sus infantes. La hueste atravesó las sierras asturianas y los valles de las Babias. Dos calzadas romanas conducían de Astorga a Braga, la vieja Bracara Augusta, tierra cristiana desde que la reconquistara Alfonso I, ya junto al Atlántico. Desde allí el camino bajaba en vertical hasta la antigua Olisipo romana, esto es, Lisboa, en la desembocadura del Tajo, ciudad mora desde que en 719 la conquistara un hijo de Muza. Ése era el objetivo de Alfonso.

Lisboa… Haga usted el favor de coger un mapa y evalúe el recorrido. Más de ochocientos kilómetros desde Oviedo. En el camino hacia el sur, a partir de Astorga y luego Braga, quedan todavía cuatrocientos kilómetros de peligrosa tierra de nadie, sujeta a la presión militar musulmana, expuesta a la súbita aparición de algún ejército enemigo. Las cohortes que Alfonso movilizó no debieron de ser poca cosa: un trayecto tan largo, sin bases logísticas a las que acogerse, exige que un ejército sea capaz de abastecerse a sí mismo. Así que no hay que pensar sólo en soldados a caballo, sino también en un nutrido cuerpo de intendencia con vituallas, armas, agua, gentes que puedan levantar un campamento… y fuerza no sólo para atacar, sino también para defenderse a campo abierto.

Sin duda Alfonso tenía a su favor el factor sorpresa. Nadie en Lisboa podía esperar que de repente apareciera por allí nada menos que el rey de Asturias a la cabeza de un formidable ejército. Los cristianos se asomaron al cerro de la ciudad. Atacaron. Se volcaron sobre Lisboa como una ola que todo lo anegó. Los sarracenos que defendían las murallas no pudieron oponer resistencia. Sin duda los asturianos vengaron a conciencia los estragos que pocos años antes habían causado los moros en las tierras del reino. Después, vencido el enemigo, procederían a capturar el botín. ¡Y qué botín! Lisboa era ya una ciudad muy importante; nada que ver con los pobres pillajes sobre zonas rurales. El premio de la victoria fue extraordinario; buena parte de él iría a financiar la construcción de aquella Oviedo como gran capital que Alfonso había soñado.

Alfonso, ya lo hemos dicho, conocía bien sus limitaciones. Ante la visión de Lisboa derrotada, quizá trazó inmediatamente su plan: no permanecer allí ni un minuto más, pues no podía garantizar su propia defensa, sino volver grupas, retornar cuanto antes a Oviedo y, eso sí, sacar el máximo rendimiento político de tan imprevisible victoria. ¿Cómo explotar políticamente la victoria? Haciendo que se conociera en toda la cristiandad, lo cual pasaba por dar cuenta de la hazaña a Carlomagno. Por eso la primera providencia del rey fue enviar a Carlomagno numerosos presentes con piezas del botín lisboeta. Dos embajadores de Alfonso, llamados Fruela y Basiliscus, acudieron ese mismo otoño a Aquisgrán para entregar al rey carolingio las pruebas materiales de la victoria; entre ellas, un nutrido grupo de cautivos musulmanes.

La cabalgada de Alfonso II el Casto fue una proeza extraordinaria. Desde los días de Alfonso I y su hermano Fruela Pérez, nunca se habían aventurado tanto los guerreros cristianos fuera de sus montañas. Y esta nueva hazaña era todavía más notable, porque había llegado hasta la mismísima desembocadura del Tajo. Alfonso II era plenamente consciente de hasta qué punto crecía ahora su prestigio ante Carlomagno. Y el poderoso rey carolingio, por su parte, supo calibrar la importancia que había adquirido aquel pequeño reino del norte de España. Las relaciones entre Oviedo y Aquisgrán se hicieron mucho más estrechas, tal y como Alfonso había perseguido. Conocemos varios de los contactos establecidos desde ese momento: la visita a Oviedo de los embajadores carolingios Jonás, primero, y el obispo Teodulfo después; la visita de un monje lebaniego a Alcuino de York, en San Martín de Tours…

Pero quizá lo más importante fue que, a partir de ese momento, el contacto entre Asturias y el Imperio carolingio se hizo intensísimo. No se trataba sólo de embajadores y de intercambio epistolar entre ambas cortes; hemos de hablar de centenares de mercaderes, constructores y clérigos que empiezan a cruzar la frontera por Navarra en ambas direcciones. Las consecuencias se harán notar en muy distintos ámbitos: en los sistemas de construcción, en los bienes y objetos que se venden en los mercados… y en la moneda, porque a partir de aquí comienzan a circular por el reino de Asturias los sueldos de plata carolingios. El reino de Asturias había entrado definitivamente en la órbita de la cristiandad europea. Hoy hablaríamos de «homologación con el resto de Europa».

El emir Alhakán, podemos imaginárnoslo, explotaría de ira al conocer la aventura de Alfonso en Lisboa. Era una afrenta imperdonable. Pero, para fortuna cristiana e infortunio sarraceno, el emirato no estaba en condiciones de devolver la bofetada. No sólo tenía que atender los gravísimos problemas en Mérida, Toledo y Córdoba, sino que, además, ahora se le declaraban nuevos incendios en el norte, desde Pamplona hasta Aragón. Incendios que nos interesan mucho, porque de ellos nacerían los nuevos reinos cristianos de España.

AL ÁNDALUS ESTALLA POR EL NORTE

Al emir Alhakán se le sublevaron tres ciudades fundamentales del orden andalusí: Mérida, Toledo y la propia capital, Córdoba. Alfonso aprovechó el caos para llevar a sus huestes hasta Lisboa, en poder de los musulmanes, y saquear la ciudad. Pero no habían acabado los quebrantos para Alhakán, porque, en el mismo momento, el mapa andalusí empieza a arderle por el norte.

Cuatro escenarios. Uno: Zaragoza, pieza clave del poderío musulmán en el norte de la Península, aparece de repente gobernada por un rebelde a Córdoba, Bahlul ibn Marzuq. Dos: en Pamplona estalla una rebelión que termina con la ejecución del gobernador Omeya de la ciudad, Mutarrif ibn Musa, de los Banu-Qasi. Tres: los francos toman posiciones en el Pirineo de Aragón y se asientan en Jaca; el gobernador franco es Aureolo de Aragón, que se apoya en la familia local de los Galindo. Cuatro: en Cataluña, el conde franco Borrell controla Urgel, Cerdaña y Osona, y amenaza Barcelona. Todo esto ocurre aproximadamente entre 798 y 801. En sólo tres años se disparan procesos que van a cambiar la fisonomía política del norte de España. Vamos a verlos uno a uno.

Empecemos por Zaragoza, que era el pivote norte del emirato de Córdoba. La Zaragoza musulmana había llevado una existencia agitada. ¿Por qué? Por la maldición de ser importante. Situada en el cruce de caminos entre Andalucía y el Pirineo, y entre el Mediterráneo y el interior de la meseta, la vieja Cesaraugusta romana era pieza de primera importancia para cualquiera que aspirara al poder. Cuando los clanes tribales y facciones étnicas musulmanas empiecen a disputar entre sí, todos se esforzarán por tener Zaragoza bajo su control. Ya hemos visto antes alguno de esos episodios; también hemos visto al mismísimo Carlomagno llegar —en vano— ante los muros de la ciudad. Lo que está ocurriendo ahora, año 798, es que un aventurero insurrecto se ha apoderado de Zaragoza. Su nombre: Bahlul ibn Marzuq.

Un personaje singular, este Bahlul ibn Marzuq. Era hijo de un noble local, Marzuq ibn Uskara (¿un vascón islamizado?), señor del castillo de Muns, tal vez en la actual Puebla de Castro, al norte de Barbastro, en Huesca. En algún momento, el señor del castillo de Muns se vio asediado por el clan árabe de los Banu Salama, brazo del poder del emirato en la región.

Ante la disyuntiva de perderlo todo, Marzuq ibn Uskara optó por entregar a uno de sus treinta hijos como rehén, y ese hijo era nuestro Bahlul. Aunque las fuentes son confusas, todo indica que se trataba de un enfrentamiento entre un muladí (un cristiano converso al islam) y un clan musulmán de origen. La cuestión es que Bahlul escapó de sus captores y se refugió en Selgua, cerca de Monzón. Como el gobierno de los Banu Salama era despótico y las poblaciones del área los detestaban, a Bahlul no le costó levantar a las gentes contra los opresores.

Bahlul derrotó a los Banu Salama. Ocupó sus dominios en Huesca y Barbastro. Viéndose fuerte, Bahlul quiso aún más y se apoderó de Zaragoza. Durante meses aguantó allí las embestidas de las tropas del emir Alhakán. Finalmente el emir envió al expeditivo Amorroz, el mismo que había degollado a los notables de Toledo, y éste tomó Zaragoza, pero Bahlul se atrincheró en Huesca. Al parecer trató de acogerse a la protección carolingia, pero sin éxito. Entonces sobrevino la traición: su lugarteniente, Jalaf ibn Rasid, verosímilmente siguiendo instrucciones del emirato, se sublevó contra Bahlul. El líder rebelde huyó hacia el oeste, pero fue alcanzado por Jalaf, que le dio muerte. El traidor obtuvo en recompensa la gobernación del área de Barbastro. Era el año 802. En cuanto al expeditivo Amorroz, quedaba como dueño de Zaragoza y Tudela.

Mientras eso pasaba en Zaragoza, Navarra vivía momentos no menos convulsos. ¿Qué ocurría? Una querella entre dos familias poderosas. En este caso hay una familia cristiana que ha encontrado el apoyo de los carolingios, los Velasco; y otra familia respaldada por los musulmanes, los Íñigo, emparentados con los influyentes Banu-Qasi del valle del Ebro. En 799 gobernaba Pamplona Mutarrif ibn Musa. Otro hombre interesante. Era un Banu-Qasi, bisnieto del conde Casio, aquel que se convirtió al islam para mantener sus posesiones en el valle del Ebro. A Casio le heredó Fortún, a Fortún Musa, y a Musa nuestro Mutarrif. El padre de nuestro protagonista, Musa ibn Fortún, había sido asesinado en Zaragoza. Mutarrif correrá la misma suerte: una conjura acabará con su vida. ¿Era una sublevación contra el poder musulmán? Sí, pero no del todo: Mutarrif estaba casado con una cristiana navarra, Faliskita. Y su padre, Musa, se había casado con otra navarra cristiana, Oneca, viuda de Íñigo Jiménez.

¿Por qué se casaban los Banu-Qasi con los Íñigo? Porque era la forma más segura de proteger su propio poder tanto frente a la amenaza carolingia, por el norte, como frente a la amenaza del emirato de Córdoba, por el sur. ¿Por qué la familia rival, los Velasco, mató a Mutarrif? Precisamente para imponerse sobre los Íñigo. A la muerte de Mutarrif, los Íñigo reaccionan rápidamente y piden socorro a los Banu-Qasi, que intervienen y controlan Pamplona. La carambola terminará llevando al poder a Íñigo Arista, hijo del primer matrimonio de Oneca y, por vía materna, hermanastro de Mutarrif. La pelea entre los Velasco, procarolingios, y los Íñigo, apoyados por los Banu-Qasi, proseguirá durante años. Pero en 810 Íñigo Arista ya manda en Pamplona; y lo hará, por cierto, como rey cristiano.

Tercer escenario: Jaca, en el Pirineo aragonés. Ante las convulsiones que está viviendo el norte de la España musulmana, Carlomagno cree llegado el momento de reforzar su marca fronteriza y mueve ficha. La ficha en cuestión es un caballero llamado Aureolo, un noble franco, hijo del conde Aureolus de Périgueaux. La misión de Aureolo es clara: asentarse en el castillo de Jaca y en las zonas aledañas y ganarlas para el reino franco. Hombre práctico, Aureolo se apoya en una notable familia local, los Galindo. ¿Los Galindo eran autóctonos o pertenecían a los *hispani*, aquellos godos que se refugiaron entre los francos huyendo de los musulmanes? No lo sabemos. Lo que sabemos es que la apuesta de Carlomagno por la nobleza local será inequívoca: cuando muera Aureolo, un Galindo, de nombre Aznar I Galíndez, será investido conde por el emperador. Con él entra en nuestra historia el condado de Aragón.

Cuarto y último escenario: el noroeste de Cataluña. Carlomagno sigue construyendo su marca. Ha lanzado a sus tropas sobre Gerona y sobre la plana de Vic. En torno a esa ofensiva se consolidan los condados de Urgel, Cerdaña y Osona. En los combates ha brillado un nombre, Borrell, un experimentado guerrero que ya está más cerca de los cincuenta años que de los cuarenta: Borrell no viene de lejos: es hijo de Guillermo de Rasés, de una noble familia radicada en la cercana Carcasona. Su madre es una mora, la princesa Omeya Susú de Córdoba. Tras los combates de Vic, Borrell es designado conde de Osona, y ya es el conde Borrell. Combatirá en Barcelona y Tortosa. Éste no es todavía el Borrell que un siglo más tarde liderará la autonomía del condado de Barcelona (ése fue Borrell II), pero con este primer Borrell de Osona se configura ya un área de poder cristiano en los condados catalanes.

Zaragoza, Pamplona, las montañas de Jaca, la plana de Vic. Al emir de Córdoba, Alhakán, se le multiplican los problemas. A las rebeliones del sur —Mérida, Toledo, Córdoba— se suman las del norte. Nunca había sufrido Al Ándalus un momento tan grave como éste. Y dicen que en la cabeza del emir surgió entonces una obsesiva sospecha: carolingios y asturianos se habían confabulado contra él. La reacción de Alhakán será tan violenta como desdichada.

GOLPE DE ESTADO CONTRA ALFONSO
(DONDE APARECE EL FIEL TEUDANO)

Misterio de misterios. Reinando Alfonso II el Casto, alguien en Asturias da un golpe de Estado —hoy lo llamaríamos así—, se adueña de la capital y el rey queda recluido en el monasterio de Ablaña, cerca de Mieres. Fascinante episodio. ¿Qué pasó? ¿Quién dio el golpe? ¿Por qué? ¿Cuánto duró el encierro de Alfonso? ¿Qué fue del conspirador? Preguntas interesantísimas. Por desgracia, nadie ha podido nunca contestarlas. La crónica no nos dice ni una palabra más. Ni siquiera el nombre del traidor. Sólo nos dice esto:

> En el undécimo año de su reinado, Alfonso fue expulsado del reino por un tirano y recluido en el monasterio de Ablaña; de allí fue liberado por Teudano y otros fieles y finalmente restituido al trono de Oviedo.

Y punto: nada más sabemos. Aquí al historiador no le queda más remedio que convertirse en Sherlock Holmes.

¿Quién fue el «tirano» que hizo encerrar a Alfonso? Imposible saberlo. Pero hay unas cuantas cosas interesantes. Primero, que el usurpador no se proclamó rey. Después, que nada indica que el golpe provocara una guerra civil. Por otro lado, ya es significativo que la crónica omita su nombre. Si no se proclamó rey, es porque aceptaba de hecho la legitimidad de Alfonso o porque no aspiraba a la corona. Y si no hubo una guerra interna, es porque el usurpador, después de todo, alguna autoridad propia debía representar. Estos datos apuntan en una dirección concreta: algún magnate de la corte apoyado por un sector de peso dentro del reino.

Ya hemos visto antes, en nuestro ciclo astúrico, otras maniobras del mismo género. El propio Alfonso, en su juventud, sufrió una de ellas. Y si la crónica no cita el nombre del usurpador, quizá fuera por… tacto. La crónica fue escrita cuando llegaron al trono los descendientes de Bermudo. ¿Sería de nuevo una maniobra de ese sector de la corte —el de Aurelio, Mauregato y el propio Bermudo— contra la familia de Pelayo? ¿Por eso la crónica omite su nombre, para no despertar malos recuerdos? Misterio.

Otro misterio: ¿por qué dieron un golpe contra Alfonso? Hagamos la pregunta elemental: *qui prodest?*, es decir, ¿quién sacaba provecho de la maniobra? La política de Alfonso II el Casto se estaba señalando por tres cosas, todas ellas muy relacionadas entre sí. Una, la consolidación del reino como heredero de la legitimidad hispanogoda; dos, el acercamiento a Carlomagno, al Imperio carolingio; tres, la guerra decidida contra el emirato de Córdoba. En consecuencia, ¿quiénes podían estar interesados en acabar con Alfonso? En primer lugar, los que concebían el reino de Asturias no como heredero de la Toledo goda, sino como un reino distinto y, por tanto, ajeno a la obligación de combatir a Córdoba a todo trance. En segundo lugar, los enemigos de que Asturias se acercara a Carlomagno, quizá por temor a perder su independencia. Por último, estaba interesado en acabar con Alfonso el emir de Córdoba, naturalmente.

¿Reconstruimos los datos? El mapa nos queda así: el golpe contra Alfonso lo habría ejecutado un sector de la corte vinculado a las viejas familias de magnates; un sector cansado de guerrear contra el islam, que miraba con recelo el acercamiento a Carlomagno y que tal vez prefería una relación más templada con el emirato. No hay que descartar que el propio emir

Alhakán, que había intentado inútilmente acabar con Alfonso por las armas, auspiciara de algún modo la maniobra.

Alfonso no debió de estar mucho tiempo encerrado. Sabemos que en 808 donaba a la Iglesia la maravillosa Cruz de los Ángeles. Sabemos también que en años anteriores habían proseguido los trabajos de construcción y restauración ordenados por el rey en Oviedo, lo cual difícilmente habría ocurrido con Alfonso en reclusión. Sabemos, en fin, que en diciembre de 804 firmó una autorización de trabajos de repoblación en Castilla. Podemos suponer, por tanto, que el rey no estuvo encerrado más de dos o tres años. Es, insistimos, conjetura. Pero sólo así podemos llenar el vacío que deja la historia.

Otro vacío: la liberación del rey. Sólo sabemos que el libertador se llamaba Teudano. ¿Quién era este misterioso personaje que encabezaba la operación, el fiel Teudano? Teudano, o Teuda, o Teudis, es un nombre de origen godo. En España hubo un rey godo llamado Teudis; también conocemos ostrogodos con ese nombre. Y debió de ser un nombre usual en la élite española de aquel tiempo, porque el arquitecto de Alfonso en Oviedo era Theoda (o Tioda) y todavía en el siglo X vamos a encontrar a un abad Teudano en el monasterio de Irache, cerca de Estella. Así que podemos concluir que nuestro valiente Teudano pertenecía a una familia de origen hispanogodo. Sabemos que numerosas familias hispanogodas habían engrosado las huestes de los reyes de Asturias desde la batalla de Covadonga. Nuestro protagonista quizá descendiera de aquellas gentes.

Por otro lado, la crónica nos lo describe como un «fiel» al rey. El significado de la palabra «fiel», en este momento histórico, no quiere decir exactamente «partidario», sino que desde la época visigoda designa muy precisamente a quienes se hallaban vinculados a la persona del rey por un juramento singular: defenderle con su propia vida. Teudano sería, pues, uno de los guerreros del rey, de su guardia personal. Como la crónica sólo menciona su nombre, y omite el de cualquier otro, hay que suponer que Teudano ejerció un liderazgo decisivo en la operación de rescate. Pero tal liderazgo —seguimos conjeturando— sólo podía desempeñarlo alguien que estuviera en condiciones de hacerlo por su estatuto o por su prestigio, de manera que podemos pensar que Teudano gozaba de una elevada posición en la nobleza militar del reino.

De manera que, en algún momento, una comitiva armada se presenta en el monasterio de Ablaña para rescatar a Alfonso. La crónica nos dice que eran fieles del rey, *fideles regis*. Ya sabemos qué quiere decir eso: los caballeros del monarca. Así pues, fueron los caballeros de Alfonso los que acometieron la tarea que su pacto de honor exigía. La escena podría figurar en cualquier página del ciclo artúrico: los caballeros corren en socorro de su rey, vencen al enemigo, liberan al monarca de su cautiverio y le devuelven al trono. Hay que suponer que el retorno del rey no se produciría sin resistencias. Los *fideles*, los caballeros, también las vencieron. Alfonso volvió a ceñir la corona. Una historia de película.

¿Y cómo sería Teudano; cuál podría ser su aspecto? Tenemos una imagen: hay una hermosa ilustración miniada del *Códice del obispo Pelayo* donde podemos a ver a Alfonso, con corona pero arrodillado, y tras él, en pie, destacado, a un caballero provisto de espada y alto escudo. A un lado, la Virgen; al otro, San Miguel, y sobre ellos, Jesús y la corte celestial. Dicen que seguramente esa figura del guerrero fiel, detrás del rey, corresponde a Teudano. Lo vemos sereno, en reposo, pero con la espada al hombro; un tipo delgado y recio, sin barba, de cabellos castaños. Su escudo, de fondo azul, está adornado con motivos geométricos de inspiración claramente germánica. Las representaciones fisionómicas de esta época no se someten a las exigencias de fidelidad del retrato. Por otra parte, el códice fue pintado muchos años después de estos sucesos. O sea que tal vez Teudano no fuera delgado y sin barba, sino barbudo y grueso. Pero, en todo caso, es la única imagen que tenemos.

Otros personajes de este tramo de nuestra historia aparecen una única vez y desaparecen sin dejar rastro. Pensemos en el bravo Gadaxara, por ejemplo. Pero de Teudano aún tenemos alguna noticia posterior. En 812, Alfonso realiza una donación a la catedral ovetense del Salvador. Entre los que firman como testigos se cuenta un tal Teuda, que sin duda es nuestro hombre. ¿Podía ser otro Teuda? ¿El arquitecto Tioda, por ejemplo? Sánchez Albornoz pensaba que ese Teuda es el nuestro: el propio Alfonso explicaba que aquella donación era acción de gracias por su liberación del cautiverio, luego nada más lógico que llamar como testigo al hombre que le había liberado. Así decía el rey Alfonso:

> Tú, Señor fortísimo, que eres Dios, escondido, invisible, Dios de Israel, Salvador que mandaste a Jacob volver a la tierra de su nacimiento y que, edificándote un altar, ofreciese sobre él sus dones y sacrificios; y a mí, Señor piadoso, librándome de muchas tribulaciones, te plugo volverme al propio patrio hogar; Señor, acepta este don como te fueron aceptos los dones de dicho Jacob, siervo suyo.

Con Teuda firman la donación otros nombres. Muchos de ellos son nombres godos. Es sugestivo imaginar que los *fideles regis*, los caballeros del rey, acudieron junto a él para ser testigos de aquel acto con el que el monarca expresaba su gratitud al favor divino. Pero, una vez más, esto es sólo conjetura.

Al usurpador se lo tragó la historia. Del tiempo que ocupó el poder no ha trascendido nada. Alfonso, por el contrario, seguiría reinando muchos años más, hasta convertir Oviedo en una auténtica joya. Y a su lado debió de estar todavía largo tiempo el valiente Teudano. El hombre que rescató al rey de su cautiverio.

LA OBSESIÓN DE ALHAKÁN

Ya hemos visto que Alfonso, el rey de Asturias, pasaba por una delicada coyuntura: le estaban dando un golpe de Estado. Pero también hemos visto que Alhakán, el emir de Córdoba, atravesaba momentos igualmente difíciles: se le estaba sublevando el personal en todos los puntos de Al Ándalus. Alhakán, que era un poco «conspiranoico», se había enterado de que Alfonso estaba estrechando relaciones con Carlomagno y tal vez había llegado a la conclusión de que todo lo que le estaba pasando, esas sublevaciones aquí y allá, era fruto de una confabulación entre el carolingio y el astur. En ese momento el emir tomó una decisión: golpear en el vértice donde confluían el reino de Asturias y el Imperio carolingio, es decir, a la altura de Navarra.

Recordemos cómo estaba el paisaje militar y político: Alfonso había demostrado que podía galopar hasta Lisboa; casi en el mismo momento, Navarra escapaba del control de Córdoba. Con ese tablero, era perfectamente posible imaginar una entrada de tropas carolingias por Pamplona para auxiliar al rey de Asturias y reforzar su marca oriental. Eso haría invencible a

Alfonso. Por consiguiente, se imponía tapar el pasillo navarro. Y a tal objetivo apuntó Alhakán.

Es el verano de 801. El emir de Córdoba reúne un gran ejército y pone al mando a su propio hermano, Mu'awiya. Su primera misión: penetrar en el oriente del reino de Asturias, entre Álava y la naciente Castilla; después, seguir hacia el norte, hasta Pamplona incluso, para recuperar el control sobre la región. De esta manera quedaría cegada la vía de contacto entre el Imperio carolingio y los rebeldes cristianos del norte de España. Ése fue el escenario de la tragedia.

Mu'awiya cometió un error. Quizá sobrevaloró sus fuerzas. O quizás aquellos castellanos ya habían dejado de ser un puñado de campesinos mal armados. O quizá la estrategia de Alfonso, creando puntos fuertes en las zonas más expuestas de la frontera, empezaba ya a dar resultado. El hecho es que el ejército musulmán salió de Córdoba, cruzó Toledo, llegó a Zaragoza, pasó luego el Ebro a través de Miranda —un rodeo que permitía evitar el siempre arriesgado paisaje de la meseta, parco en vituallas— y se dispuso a invadir la llanura alavesa. En la época había dos caminos para entrar en Álava desde allí: la vieja calzada romana de Iruña-Veleya, por Puentelarrá, y la vía que atraviesa las Conchas de Arganzón. La primera es más larga, aunque más segura; la segunda acorta camino, pero a costa de meterse en un laberinto de peligrosas gargantas.

Quizá Mu'awiya tenía prisa. Tal vez el otoño se había echado encima. El caso es que el hermano del emir desdeñó la seguridad de la vía de Veleya. Entró en las Conchas de Arganzón. Allí, en las gargantas, le sorprendieron las tropas cristianas. Sin capacidad de maniobra, el ejército moro se convirtió en blanco inmóvil para las flechas y los dardos de los cristianos. Fue un auténtico desastre para el emirato. Los principales jefes de la hueste mora cayeron en el combate. Mu'awiya logró escapar con unos pocos hombres, rumbo a Córdoba. Su poderoso ejército había quedado reducido a una breve escolta de fugitivos. El hermano del emir regresó a la capital con el sello de la derrota en el rostro. Murió sesenta y dos días después, dicen que de vergüenza y de tristeza.

Aquel de las Conchas de Arganzón fue el primero de una larga serie de fracasos. Dos años más tarde, en 803, después de haber controlado la situación en Pamplona, Alhakán buscó vengar la derrota. Apuntó otra vez al mismo lugar: Álava y Castilla. Ya no había riesgo —por el momento— de que Navarra sirviera de puente entre Asturias y Carlomagno, pero la zona seguía siendo un objetivo prioritario del emirato. En esta ocasión dirigiría el ejército moro un general que ya conocemos, Abd al-Karim ibn Mugait. La historia no nos ha legado ni una sola línea sobre aquella aventura, de manera que hay que darla por fracasada.

Pertinaz, Alhakán volvió a intentarlo en 805. Encomendó la misión a un veterano, Abu Utman, uno de los generales que habían derrotado a Bermudo en el lejano 791. Abu Utman debía de tener ya más de setenta años. El anciano general probó fortuna por el centro, atacando directamente Cantabria desde el nacimiento del río Pisuerga. Llegó al río, lo remontó. En algún lugar del curso alto del Pisuerga, en tierras de Palencia, se topó con los ejércitos cristianos. Las tropas musulmanas fueron derrotadas sin paliativos. El propio Abu Utman encontró al final de sus días una muerte honorable en el campo de batalla. Alhakán había fracasado otra vez.

Los musulmanes no dejarán de acosar a los rebeldes cristianos del norte. Sabemos que hacia 808 el emirato volvió a atacar. Vistos los fracasos en Álava y en Palencia, ahora lo intentaron por Galicia. Un hijo del propio Alhakán, de nombre Hiam, fue esta vez el encargado de dirigir a las tropas musulmanas. Parece que la expedición —la aceifa, como las llamaban— fue un éxito económico, pero sin ningún hecho de armas significativo; probablemente los moros no penetraron demasiado en territorio gallego.

Pero el reino de Asturias no se limitaba a recibir, sino que también daba. Y así sabemos, porque un poeta musulmán lo contó, que hacia 809 una mujer del área de Guadalajara se quejaba amargamente al emir porque permitía que los cristianos arrasaran sus campos. Decía el poeta que Alhakán, ante las quejas de la mujer, ordenó una expedición para castigar a los cristianos. Sin duda lo hizo, porque ya hemos visto que los ataques de Córdoba contra Alfonso no cesaron nunca. Pero el dato es de la mayor importancia: nos está diciendo que Alfonso II el Casto respondió a las aceifas moras lanzando a sus tropas nada menos que sobre el alto Tajo, en el camino entre Toledo y Zaragoza, una zona absolutamente controlada por el emir. Audaz, Alfonso.

El relato de las batallas llega a hacerse reiterativo. Podemos condensarlo extrayendo las consecuencias oportunas. La primera, que Córdoba nunca dejó de atacar. La segunda, que el reino de Asturias había alcanzado ya una potencia militar importante, lo mismo para detener las acometidas moras que para lanzar ataques sobre los territorios del emirato. La tercera, que el reino cristiano del norte había alcanzado también una madurez política notable, una organización lo suficientemente eficaz como para que los ejércitos actuaran motu proprio, pues recordemos que al menos uno de estos ataques moros —el de 803— fue detenido en un momento en el que el propio rey Alfonso se hallaba depuesto y encerrado.

Y hay una cuarta conclusión que merece ser estudiada con algo más de detalle: la insistencia mora en atacar por Álava y Castilla, el oriente del reino. ¿Por qué era tan importante esa zona? ¿Por qué los moros atacaban ahí una y otra vez? Porque resulta que ahí, en ese punto, era donde estaba avanzando la repoblación cristiana a toda velocidad. Caravanas de colonos llegaban sin cesar para reconquistar tierras y aumentar la extensión del reino. Y aun bajo la amenaza musulmana, la repoblación proseguía. Más que las batallas, esto estaba siendo realmente la Reconquista.

Capítulo 5

La aventura de la colonización

COLONOS DE CASTILLA: LA NUEVA FRONTERA

La última vez que nos acercamos al solar de Castilla, hacia el noreste de Burgos, habíamos visto a Lebato y su esposa Muniadona tomando tierras, haciendo presuras, devolviendo vida a paisajes abandonados tiempo atrás. El valle de Mena se va poblando de casas, molinos, iglesias… Los hijos de Lebato y Muniadona, que eran Vítulo y Ervigio, ambos eclesiásticos, continuarán su labor. Esto ya es realmente la Reconquista. En su estela, los colonos irán dibujando la nueva frontera.

Vítulo y Ervigio colonizan, siembran, construyen. De su trabajo nacen los núcleos de Hoz de Mena y Ordejón de Mena (o de Ordunte); núcleos que pronto empiezan a recibir nuevos colonos. Seguimos en la confluencia de las actuales provincias de Cantabria, Vizcaya, Álava y Burgos. Vítulo se dirige después hacia el oeste. Pasa el monte Cabrio, donde los valles cantábricos se abren ya a la meseta, y encuentra unas ruinas: es la antigua *Area Patriniani*, que corresponde seguramente al pueblo de Agüera. Vítulo y sus compañeros levantan allí la iglesia de San Martín, construyen molinos en el río, hacen presuras en los campos de alrededor. Al lado está la calzada romana que lleva de Amaya a Castro Urdiales. Nace un nuevo núcleo, éste mayor. Años más tarde se llamará Espinosa de los Monteros.

¿Tímidas exploraciones en pequeños valles? No. Lo que esta gente está haciendo es abrir camino. Por la vía abierta en el valle de Mena empiezan a afluir gentes de Carranza; por el camino abierto en Espinosa llegan los colonos desde Reinosa y desde el valle del Pas. A partir de ahí la búsqueda de tierras se dirige hacia el sur: Villarcayo, Medina de Pomar, Trespaderne, Oña, también Valdegovía en Álava. En muy pocos años se procede a una colonización intensísima de toda la margen norte del Ebro, desde el valle de Valdebezana, en el nacimiento del río, hasta las Conchas de Haro, en La Rioja.

Asentada la colonización en el valle de Mena, el siguiente paso importante será el valle de Losa, vecino por el sur. Aquí aparece un nombre importante: Juan, el obispo. Juan organiza monasterios en Valdegovía, Losa, Ayala, Tobalina, el valle de Miranda y Santa Gadea. Conocemos los nombres de algunos de los abades que se convierten en líderes de la repoblación: el abad Rodanio en Valdivielso, Avito en Valdegovía, Paulo en Tobalina.

Estamos hacia 804. Una comunidad benedictina se entrega a la tarea de colonizar. Su cabeza visible es el obispo de Valpuesta, ese Juan del que antes hablábamos. ¿Dónde está Valpuesta? En la frontera norte entre Álava y Burgos. ¿Y quién es este obispo Juan? Un buen amigo de Alfonso II el Casto. Sabemos todo eso gracias al cartulario de Santa María de Valpuesta, cuyos textos más antiguos son de ese año 804 (y por los cuales, por cierto, reclama Valpuesta el honor de ser la cuna del castellano). El documento que más nos interesa de este cartulario es el llamado «Becerro Gótico». Becerro, por la piel en la que está hecho, y gótico, por el tipo de caligrafía empleado.

Según esos documentos, Juan había sido maestro de Alfonso. ¿Cuándo? Quizá cuando Alfonso permaneció exiliado entre sus parientes vascones. Y ahora Alfonso, ya rey, encomendaba a Juan colonizar y organizar esta zona. Cuando Juan llegó a Valpuesta, encontró una iglesia abandonada; en su frontispicio, una dedicatoria a la Virgen. Juan reconstruyó la iglesia, instaló allí su sede y se aplicó a la tarea de organizar los trabajos de los colonos que en número creciente afluían a la región.

Juan no encontró solamente esa iglesia de Santa María. Había otras, todas abandonadas. Él mismo nos lo cuenta: «Encontré allí iglesias antiguas: de los Santos Cosme y Damián, de San Esteban, San Cipriano, San Juan, San Pedro y San Pablo y San Caprasio». Aquellas iglesias estaban allí desde tiempos de los godos. Y es que las tierras a las que ahora llegan los colonos no eran un desierto ni «tierra de nadie». Al revés, eran zonas pobladas desde antiguo, pero que habían sido abandonadas por el miedo a las expediciones moras. El retorno no estaba exento de riesgos, y todos lo sabían. Precisamente eso es lo que hace tan impresionante la aventura.

El documento fundacional del monasterio de Santa María de Valpuesta, firmado por el rey Alfonso, nos da muchas informaciones sobre en qué consistía exactamente la misión repobladora. Podemos definirla así: colonización tanto espiritual como material. Como conocemos el texto, nada mejor que reproducir algunos fragmentos. Era el 21 de diciembre de 804. Y esto es lo que decía:

Yo, Alfonso, por la gracia de Dios rey de los Ovetenses, hago privilegio de testamento por amor de Dios, perdón de mis pecados y sufragio de las almas de mis padres, con el consejo y consentimiento de mis condes y príncipes, á la iglesia de santa María de Valpuesta, y á ti Juan, venerable obispo y maestro mío, confirmándote el dominio de las cosas que tus antecesores hayan adquirido y de las que tus sucesores puedan adquirir para tu iglesia. Y doy á esta por términos propios suyos desde Orrundia hasta Fuente-subanaria: desde esta hasta Molares: desde allí hasta Rodil; de allí hasta Pinilla; y por otra parte hasta Cancelada: de allí hasta Fuente-Sombrana: de allí hasta la Hoz de Busto: de allí hasta Peñarrubia: de allí hasta san Cristóbal: de allí hasta san Emeterio y Celedonio por la calzada que va á Valdegobia hasta Pinilla: de allí siguiendo la loma hasta la cumbre de Pozos; desde Pozos hasta la mayor altura de la peña; y todo esto doy con montes y fuentes, lagunas, pastos, entrada y salida. Si alguno se refugiare al territorio incluido en estos términos por causa de homicidio u otra culpa, ninguno sea osado de sacarlo; sino que antes bien él permanezca totalmente salvo, y los clérigos de la iglesia no tengan responsabilidad alguna. Si dentro de los mismos términos fuere matado algún hombre, los clérigos de dicha iglesia, y los legos que hagan población allí, sean exentos de responsabilidad del homicidio; por lo qual de ningún modo se les exijan prendas...

Y entonces, ¿era la Iglesia la propietaria de los territorios abiertos a la Reconquista? No. Donar tierras a la iglesia de Valpuesta no era exactamente ponerlas bajo propiedad episcopal, sino más bien poner bajo su control la actividad particular de los repobladores. Y el propio rey Alfonso lo explicaba en el párrafo siguiente de su donación:

Concedo también á los pobladores de Valpuesta licencia de apacentar sus ganados en todos mis montes y demás parajes en que otros pasten. Asimismo dono en el lugar que dicen Pontacre las iglesias de San Cosme y Damián, de San Esteban, de San Cipriano, de San Juan, de los santos Pedro y Pablo, y de San Caprasio, con sus heredades y términos, desde la peña hasta el río Orón, y con sus molinos, prados, huertos y pertenencias. Igualmente mando que vosotros los pobladores de Valpuesta tengáis plena libertad de cortar maderos en mis montes para edificar templos y casas, para quemar y cualesquiera distintos objetos que lo necesitéis; y concedo también que uséis de las dehesas, pastos, fuentes y ríos, con entrada y salida, sin pagar montazgo ni portazgo.

Esto es muy importante: el rey está dando derechos, y los está dando a un núcleo de población en tanto que tal. Propiamente hablando, esto ya es un fuero. Vuelve a ser el rey Alfonso quien lo dice expresamente: «Doy a la citada villa de Valpuesta»:

En la misma forma doy á la citada villa de Valpuesta, y á los monasterios, iglesias y divisas de que se ha hecho mención, y a las demás que tú o tus sucesores pudiereis adquirir, el fuero de que no paguen castillería, anubda y fosadera, y sean exentos de la entrada de sayón por fosado, hurto, homicidio, fornicio, ni otra caloña; pues ninguno ha de ser osado de inquietar á los pobladores por fosado, anubda, labor de castillo, ni servicio alguno fiscal o real. Si alguno de los reyes sucesores míos, o de los condes, o cualquiera otra persona, intentare quebrantar en la parte más mínima este privilegio, incurra en la ira de Dios, sea reputado como extraño de la religión católica, reo en la presencia divina, su nombre se borre del libro de la vida, y llore condenado en el infierno con

Judas el traidor de Jesús; cayga sobre su persona el anatema; sea excomulgado y separado del sacratísimo cuerpo y de la sangre de nuestro señor Jesucristo y de las puertas de la santa iglesia de Dios. Además pague por coto del daño que causare mil libras de oro al rey y al obispo, y restituya duplicado lo que hubiere tomado: y este escrito permanezca firme é incombustible.

Inapelable, Alfonso.

Así se va construyendo de manera tenaz, constante, sin tregua, un país nuevo en una tierra renovada, y con gentes que conquistan para sí una vida también nueva en un orden de carácter religioso y guerrero. Seguirán llegando caravanas de colonos. Los monasterios se convierten en los pivotes de esa nueva frontera, los jalones a cuyo alrededor se desarrolla la vida. Cuando los musulmanes ataquen, los colonos se retirarán a las montañas; pero será para volver a bajar al valle inmediatamente, en cuanto el enemigo se haya retirado, y comenzar de nuevo el trabajo. Y esto no sólo ocurría en el extremo este del reino, sino también en otras áreas como el norte de Palencia. Eso era la Reconquista.

EL ENIGMA DE BERNARDO DEL CARPIO

Vamos a ocuparnos ahora de uno de los enigmas de la Reconquista; uno de esos episodios donde la historia se mezcla con la leyenda y, al final, no sabe uno a qué carta quedarse. Ese enigma es el del héroe español Bernardo del Carpio, supuesto sobrino de Alfonso II el Casto, al que la tradición atribuye nada menos que la victoria de Roncesvalles. Con el relevante matiz de que esa batalla, según la leyenda de Bernardo, habría tenido lugar treinta años después de lo que comúnmente se piensa. ¿Es verdad? ¿Es sólo leyenda? Vamos a verlo.

Pero, un momento. Aquí hemos hablado ya de la batalla de Roncesvalles —la derrota de Carlomagno en el Pirineo navarro— y no hemos mencionado para nada al bueno de Bernardo. ¿A cuento de qué sacarlo ahora? Expliquémoslo: es que de aquella batalla hay dos fuentes épicas contrapuestas, una francesa y otra española, y ambas difieren en puntos esenciales. Durante mucho tiempo se ha tratado de hacerlas concordar y de ajustarlas a los datos que arrojaba la investigación histórica; ha sido imposible. La historia moderna ha terminado construyendo una versión propia, distinta de las fuentes legendarias, pero hay razones para pensar que también la historia debe ser revisada.

Empecemos por la versión francesa. Uno de los más antiguos cantares de gesta europeos es la *Canción de Roldán*, que cuenta precisamente la derrota de los carolingios en el paso de Roncesvalles. Por supuesto, lo hace de manera fantástica, no histórica. Y dice así:

Tras siete años de guerra, Carlomagno, que ya es un anciano, ha conquistado España a los moros; sólo Zaragoza permanece rebelde, bajo el rey moro Marsilio. Éste hace una oferta de paz a los francos. Roldán, sobrino de Carlomagno, desconfía y propone que vaya un embajador llamado Ganelón. Este Ganelón cree que Roldán le manda allá porque desea su muerte, de manera que decide vengarse: azuza a los moros contra los francos y, al mismo tiempo, se las arregla para que Carlomagno confíe la retaguardia de las tropas a Roldán. Los sarracenos, avisados por Ganelón, tienden una emboscada a Roldán. Nada menos que cuatrocientos mil moros se abalanzan sobre los francos en el paso de Roncesvalles. Tras la terrible batalla, Roldán encuentra la muerte. Así lo relata el cantar:

Recostado bajo un pino está el conde Roldán, vuelto hacia España su rostro. Muchas cosas le vienen a la memoria (…). Mas no quiere echarse a sí mismo en olvido; golpea su pecho e invoca la gracia de Dios (…). A Dios ha ofrecido su guante derecho: en su mano lo ha recibido San Gabriel. Sobre el brazo reclina la cabeza; juntas las manos, ha llegado a su fin. Dios le envía su ángel Querubín y San Miguel del Peligro, y con ellos está San Gabriel. Al paraíso se remontan llevando el alma del conde. Ha muerto Roldán; Dios ha recibido su alma en los cielos. El emperador llega a Roncesvalles. No hay ruta ni sendero, ni un palmo ni un pie de terreno libre donde no yazca un franco o un infiel.

Sabemos que la *Canción de Roldán* es una versión legendaria de un hecho real. Por tanto, los sucesos que presenta quedan deformados en perjuicio de la historia y en beneficio de la épica. Nunca hubo cuatrocientos mil sarracenos en el paso de Roncesvalles; ni eran tantos ni, probablemente, tampoco fueron sarracenos. Incluso es dudoso que el episodio ocurriera exactamente en Roncesvalles. También hay problemas con la fecha. Según los estudios posteriores, esta batalla habría tenido lugar en el año 778. Ahora bien, el cantar presenta a Carlomagno como un anciano de barba blanca, y el emperador, en aquel momento, no pasaba de los treinta años. Tampoco tenía ningún sobrino que se llamara Roldán. Hay muchas incongruencias.

Y ahora veamos la versión española. Porque mientras la épica francesa construía su leyenda, al calor de Roncesvalles aparecía en nuestras tierras otro cantar con su propio héroe, Bernardo del Carpio, a quien se atribuye la victoria sobre Roldán. Este *Cantar de Bernardo del Carpio* se ha perdido, pero sabemos que existió por numerosas referencias documentales y porque el personaje pasó a multitud de romances. Y no es sólo literatura, puesto que todas las crónicas y anales cuentan la misma historia. Ahora bien, la tradición española presenta un contexto completamente distinto.

Alfonso II —cuenta el *Cantar de Bernardo del Carpio*— no tiene descendencia. Un posible heredero es Bernardo del Carpio, sobrino del rey, pero ilegítimo. Es hijo de los amores de Jimena, hermana del rey, con el conde de Saldaña. Alfonso ha encerrado a los amantes; a Bernardo se lo queda bajo tutela. Pero Bernardo, que ignora tanto su condición de bastardo como su sangre real, se entera de quién es su padre y decide librarle de su encierro. En esa circunstancia, Alfonso pide ayuda a Carlomagno contra los moros y le promete a cambio una parte del reino. Varios nobles asturianos, temerosos de perder sus posesiones, se rebelan y pactan una alianza contra los carolingios. No están solos: ni los moros de Zaragoza ni los vascones quieren a Carlomagno aquí. Se forma una coalición. Bernardo del Carpio la encabeza. Los conjurados sorprenden a los carolingios en Roncesvalles. Allí Bernardo derrota a Roldán, sobrino de Carlomagno, y a los Doce Pares de Francia. Bernardo se cobra la espada Durandarte, el arma de Roldán, que a partir de entonces le acompañará en numerosas hazañas.

La historia de Bernardo nunca fue tenida por legendaria, sino más bien por histórica. Multitud de crónicas y anales la reproducen. Cuando Alfonso X el Sabio la relate, lo hará como hecho real. Y varios siglos más tarde, cuando Carlos I llegue a España, visitará la tumba de Bernardo en Aguilar de Campoo y allí recibirá la espada Durandarte, sacada del sepulcro del héroe. Además, Bernardo estará omnipresente en la literatura española, hasta el Siglo de Oro incluido. Ahora bien, hay que reparar en que Alfonso X el Sabio fechó la batalla de Roncesvalles «andados veintisiete años del reinado del rey don Alfonso el Casto», es decir, en el año 808. ¿No había ocurrido la batalla en 778? Y, sin embargo, en esta nueva fecha, 808, sí sería posible decir que Carlomagno, ya con sesenta años, tuviera la barba blanca, como dice el cantar francés.

Hay que insistir en que la historia de Bernardo del Carpio fue tenida por cierta hasta el siglo XVII. Fue entonces cuando se empezó a dudar de su verosimilitud. ¿Por qué? Por la incongruencia de fechas. ¿Recapitulamos? Tenemos una misma batalla, pero fechada en dos años distintos —con tres décadas de diferencia— y originada por dos causas distintas también: la sublevación de Zaragoza, en la versión francesa, y la hostilidad de los nobles astures hacia Carlomagno, en la versión española. ¿Cuál de las dos versiones es la correcta?

La francesa se llevó la palma, porque se ajustaba más a los datos fehacientes. Los historiadores no tenían sólo a su disposición las fuentes épicas y literarias; había también una nutrida documentación de la época carolingia, y en particular la *Vita Caroli* de Eginhard. Por otro lado, todas las investigaciones posteriores vinieron a coincidir en la absoluta veracidad del planteamiento que servía de punto de arranque al cantar francés, la *Canción de Roldán*. Era verdad que los moros de Zaragoza se rebelaron contra el califato de Córdoba. Era verdad que pidieron ayuda a Carlomagno y que éste vio aquí una oportunidad para asentar la Marca Hispánica hasta el Ebro. Un historiador aragonés, Pellicer, fijó Roncesvalles en 778. A partir de ese momento, tal fue la fecha canónica de la batalla. Y en esa fecha, Bernardo del Carpio, de haber existido, sólo sería un niño; por eso Bernardo desapareció de la historia.

¿Cuál es la versión oficial, por así decirlo, de la historia moderna? Ésta: «En el verano del 778, el emperador Carlomagno, rey de los francos, se adentró en tierra hispana llamado por el gobernador musulmán de Zaragoza, que se había rebelado contra el califa de Córdoba. El gobernador no cumplió su promesa y Carlomagno tuvo que volver. Al regresar por el Pirineo navarro, las tropas carolingias sufrieron una emboscada en el paso de Roncesvalles. Los atacantes, tal vez vascones, tal vez una coalición de vascones y musulmanes, aniquilaron a la retaguardia de Carlomagno, matando a Roldán, duque de la Marca de Bretaña, y a los Doce Pares de Francia».

Ya hemos visto aquí que nadie sabe exactamente dónde fue la batalla. Lo más probable es que fuera en Valcarlos, algo al norte de Roncesvalles. Tampoco se sabe con precisión quién atacó a los carolingios: pudieron ser vascones de este lado del Pirineo, o aquitanos del lado francés, o musulmanes, o todos juntos. En cuanto a la batalla, parece que fue más bien una emboscada masiva, un ejército inerme bajo una catarata de rocas y dardos. Pero por otro lado, ¿qué pasa entonces con la batalla de 808 que recoge la tradición española desde antes de Alfonso X el Sabio y que éste fecha con toda precisión? ¿Era mentira? Sin embargo, muchos elementos de la «versión de 778» se explican mejor desde la «versión de 808», como las edades de Carlomagno y de Roldán, por ejemplo. Y sabemos, además, que Alfonso pidió efectivamente ayuda a Carlomagno, tal y como dice el *Cantar de Bernardo del Carpio*, y podemos suponer que eso irritaría a no pocos nobles celosos de la propiedad sobre sus tierras.

Juntando todos estos enigmas y unos cuanto más, un historiador español, Vicente González García, propuso en 1967 una hipótesis singular: no hubo una batalla de Roncesvalles, sino dos. La primera, en agosto de 778, tuvo lugar en Valcarlos, y corresponde a la secuencia descrita por la historia moderna: una emboscada ejecutada por los vascones sobre las tropas carolingias cuando vuelven de Zaragoza. La segunda, en junio de 808, tuvo lugar propiamente en Roncesvalles, y es la que perduró en la tradición española. Allí una alianza de nobles asturianos y aliados musulmanes del norte de la Península, con Bernardo del Carpio, derrotó a las tropas que Carlomagno enviaba a Alfonso II el Casto. Hace poco, en febrero de 2008, un congreso exponía en Oviedo esta hipótesis. El debate continúa.

¿Historia? ¿Leyenda? ¿Hubo una batalla de Roncesvalles o hubo dos? ¿Existió Bernardo del Carpio o es una invención literaria de los españoles? En todo caso, la tradición nos seguirá hablando de él: veremos a Bernardo señoreando castillos en Salamanca y guerreando contra los moros. La historia pasa, el caballero permanece.

CONMOCIÓN EN OCCIDENTE: APARECE LA TUMBA DE SANTIAGO

Conmoción en Occidente: ha aparecido la tumba del Apóstol Santiago. Hoy nos cuesta imaginarlo, pero en su tiempo aquello fue el acontecimiento, no ya del año, sino de la década e incluso más. Y ese tiempo fue precisamente el que aquí estamos contando: los primeros años de la Reconquista. En Asturias reinaba Alfonso II. En Francia, Carlomagno. Uno y otro prestarán al hallazgo la mayor atención. Para la Reconquista, además, fue crucial: Santiago nos acompañará ya para siempre.

¿Cómo fue este descubrimiento? Situémonos. Estamos en la Galicia del año 813. Hemos de internarnos en un bosque gallego, el paraje de Libredón, en la primitiva diócesis de Iria Flavia. Allí habita, aislado del mundo, un ermitaño llamado Pelayo. Una noche, el solitario Pelayo ve sobre el cielo algo prodigioso. Un intenso resplandor se ha posado en un punto concreto del bosque; luces cegadoras brillan en los árboles y canciones de ángeles surgen de la espesura. Pelayo cree estar loco, pero no: todos los vecinos, feligreses de la antigua iglesia de San Félix de Solobio, al pie del bosque, han visto lo mismo. Impresionado, Pelayo acude al obispo de Iria, Teodomiro, y le cuenta el prodigio. Teodomiro, intrigado, va al bosque de Libredón, investiga entre la maleza, descubre un viejo cementerio y, en él, un sepulcro, un túmulo funerario. Con la tradición en la mano, Teodomiro no duda: aquellos misteriosos fenómenos obedecen a que en este lugar se halla el Arca Marmárea, el lugar donde fue enterrado el Apóstol Santiago junto a sus discípulos Teodoro y Anastasio.

¿Es preciso recordar quién era Santiago? Hablamos de Santiago el Mayor, uno de los doce apóstoles de Jesús; hijo del Zebedeo, hermano de Juan el Evangelista. Estuvo con Jesús en la Transfiguración en el Monte Tábor y también en el Huerto de los Olivos. Sabemos que murió mártir en Jerusalén en el año 44, degollado por orden del rey de Judea, Herodes Agripa. Fue, pues, uno de los primeros mártires. Esto es lo que nos dice la historia.

Pero además de la historia, la tradición añade algunas cosas que nos conciernen directamente. En efecto, según la tradición, después del Pentecostés, Santiago había venido a Hispania para predicar el Evangelio; se rastrea su huella en Tarragona, en la Bética, en Galicia, en Zaragoza… Aquí, en Zaragoza, se le apareció la Virgen sobre un pilar a orillas del Ebro. Con Santiago estaban en ese momento sus siete discípulos, los «siete varones apostólicos» que, siempre según la tradición, continuaron la tarea evangelizadora de Santiago. Tras su muerte en Jerusalén, sus discípulos recuperaron su cuerpo y lo trajeron a Hispania para darle sepultura.

La prédica de Santiago en Hispania no está atestiguada por ningún documento histórico con valor de prueba; de hecho, son escasísimos los documentos sobre aquellos primeros tiempos de la evangelización, ya no sólo en España, sino en todo el Imperio romano. Que Santiago predicara en España es tan verosímil como improbable. Por otro lado, los documentos que hablan del culto al apóstol en España son bastante posteriores. Al parecer, el primer texto que menciona este asunto es un catálogo greco-bizantino. Luego aparece en el *Breviarium Apostolorum* del gran Beda el Venerable, un monje inglés que vivió entre los siglos VII y VIII y que es una de las grandes luminarias del Occidente medieval. De Beda debió de tomarlo Beato de Liébana cuando refirió la historia en su *Comentario al Apocalipsis*.

¿Y se acordaba alguien de Santiago en la España del siglo VIII? Hagamos un poco de memoria. Aquí hemos contado que el culto a Santiago había empezado a extenderse en la corte asturiana hacia finales de ese siglo, y aportábamos como prueba el himno que le compuso Beato de Liébana. Santiago era «cabeza refulgente y dorada de España, defensor poderoso y patrono nuestro». Es dudoso que Beato pudiera cantar al santo si no hubiera existido previamente un culto más o menos extendido. Por otro lado, que el Apóstol Santiago fuera adoptado como advocación nacional era algo que tenía muchas consecuencias. Para empezar, identificaba al reino cristiano del norte con el primer evangelizador de *toda* España. Era, pues, toda la vieja Hispania lo que Asturias reclamaba, y no sólo ese pequeño territorio de la cornisa cantábrica. Además, a través del Apóstol se trazaba una línea de continuidad histórica con Roma y con el reino visigodo. Asturias, pues, no reclamaba sólo una tierra, sino también un pasado.

Sabiendo todas estas cosas podemos entender mejor por qué fue tan importante la noticia del hallazgo de la tumba jacobea. El acontecimiento voló de Iria Flavia a Oviedo, de Oviedo a Aquisgrán, de Aquisgrán a Roma. El papa León III no tardará en avalar el descubrimiento. Queda establecida la versión canónica sobre la tumba de Compostela. Así lo contará años después, en 1077, la *Concordia de Antealtares*:

No hay duda alguna y para algunos es claro, como el testimonio del Papa León, que el bienaventurado Apóstol Santiago, degollado en Jerusalén y llevado por sus discípulos a Jaffa, y después de algún tiempo, fue trasladado por el mar al extremo de Hispania, guiado por la mano de Dios, y fue sepultado en el extremo de Gallecia permaneciendo oculto mucho tiempo. Pero como la luz en las tinieblas, o una candela bajo el celemín no pueden permanecer mucho tiempo ocultas, con la ayuda de la divina providencia, en tiempo del serenísimo rey don Alfonso, llamado el Casto, un anacoreta de nombre Pelayo, que vivía cercano del sepulcro del Apóstol, tuvo en principio una revelación por medio de ángeles. Después se manifiesta como muchas lucecitas a los fieles que estaban en las iglesias de San Félix de Lovio; los que buscando consejo, visitaron al obispo de Iria, Teodomiro, y le contaron la visión. El cual, después de un ayuno de tres días, con gran cantidad de fieles, encontró el sepulcro del bienaventurado Apóstol, cubierto con piedras de mármol. Y lleno de enorme alegría llamó enseguida al citado religiosísimo rey; el cual, como era guardador de la castidad y amador de la santidad, se apresuró a construir de momento una iglesia en honor del mismo Apóstol.

Y así fue. Teodomiro corrió a ver a Alfonso II el Casto, rey de Asturias y amigo de Carlomagno. Alfonso percibió inmediatamente la importancia del hallazgo y acudió en persona a comprobarlo. De hecho, él fue el primer peregrino. Y sobre el mismo campo donde se habían encontrado los restos, ordenó que se elevara una iglesia. Será el primer templo de Santiago: una iglesia de estilo asturiano, típica del siglo IX, pequeña y un tanto rústica, pero que enseguida alcanzará enorme importancia como centro de peregrinación. Después el obispo Teodomiro abandonó Iria Flavia, instaló en Compostela su sede episcopal y aquí residirá hasta su muerte, en 847; su tumba se ha hallado en las excavaciones de la catedral.

Varias veces hemos subrayado la buena relación entre Alfonso II y Carlomagno, y éste es un dato muy importante para entender el enorme eco del hallazgo jacobeo en toda Europa. Recordemos que Carlomagno era el faro de la cristiandad occidental, el heredero del Imperio de Occidente. En torno a él, la corte de Aquisgrán estaba alentando una auténtica reconstrucción del Imperio, también en el terreno religioso y cultural. Tanto impacto causó allí la noticia del hallazgo de Compostela, que en muchas representaciones francesas de la época —incluida la propia tumba del monarca, que iba a fallecer poco después de estos hechos— se atribuye a Carlomagno el descubrimiento. El hecho es que gracias a la corte carolingia toda Europa se enteró: en el extremo occidente, en el lugar que marcan las estrellas de la Vía Láctea —el Camino de Santiago—, había aparecido milagrosamente la tumba del Apóstol. Las peregrinaciones comenzaron casi inmediatamente.

Al mismo tiempo, la figura del Apóstol Santiago empieza a aparecer como refuerzo legendario de las tropas cristianas. En 844, Ramiro II de Asturias hace frente a los moros en Clavijo, La Rioja. La aparición del Apóstol, a caballo, decidirá la batalla. Los historiadores científicos han llegado a la conclusión de que esa batalla no fue exactamente tal —también en su momento lo veremos—, pero a aquella fecha se remonta la invocación de Santiago como auxilio de los españoles en la batalla, invocación que perdura hasta hoy.

Así se convirtió Santiago en el epicentro de la cristiandad. En el año 899 otro rey asturiano, Alfonso III el Magno, consagrará al Apóstol una nueva catedral, en el mismo emplazamiento que la anterior, pero más grande y rica. Comenzaron a llegar peregrinos ilustres: el obispo de Puy, Gotescalco, en 950, con imponente comitiva; el marqués de Gothia, Raimundo II, que morirá asesinado en el trayecto; ya en el siglo XI, el arzobispo de Lyon. Estas personalidades llegaban entre un incesante goteo de gentes de todos los lugares de Europa. El islam no ignoraba la gran importancia religiosa y cultural de Santiago, y así el sanguinario caudillo moro Almanzor, en el año 977, organizará una expedición para arrasar la capital jacobea. Almanzor destruyó la catedral y se llevó las campanas (las devolverá dos siglos después Fernando III el Santo), pero dejó la tumba, de modo que el culto al apóstol siguió adelante. Y un siglo después, en 1073, con el obispo Peláez, comienza la construcción del tercer templo, que es el que hoy conocemos: una auténtica joya monumental.

Y bien, ¿es realmente Santiago quien está enterrado en Compostela? Sabemos a ciencia cierta que se trata de restos humanos inhumados en una necrópolis romana, y que pertenecen a alguien que vivió en los primeros siglos de nuestra era, entre el I y el III. También sabemos a ciencia cierta que la tradición cristiana sostiene desde antes del siglo VII que Santiago está enterrado en Galicia. Y a partir de aquí, no podemos saber nada más. Es verdad que habría algo milagroso en que el cadáver de aquel apóstol, decapitado en Palestina en el año 44, pudiera ser trasladado a Galicia en aquellos tiempos. Pero aún más milagroso sería que un remoto rincón de España se convirtiera en centro espiritual de toda Europa. Y este milagro fue el que aconteció, reinando Alfonso II en Asturias, y en Europa Carlomagno.

LUDOVICO PÍO, NAVARRA Y LA BATALLA DEL RÍO ORÓN

Corre el año 812 cuando Carlomagno mueve ficha en España: envía a su hijo Ludovico Pío para tomar el control de Pamplona, muy probablemente con el conocimiento de Alfonso II de Asturias. Amanece así un bloque de poder que inquieta sobremanera al emirato de Córdoba. El emir responderá con una fuerte ofensiva en 816; su punto culminante será la batalla del río Orón, una de las más tremendas de este primer siglo de la Reconquista. Curiosamente, esta fecha iba a marcar de forma imprevisible los destinos de nuestros protagonistas.

Empecemos por el principio. ¿Para qué entra Ludovico Pío en Pamplona? Para terminar de cerrar la Marca Hispánica, aquel largo y denso territorio fronterizo que Carlomagno había ido construyendo sobre el Pirineo. Desde 801, cuando los carolingios llegaron a Barcelona, comprendía ya casi la totalidad del área pirenaica. Sólo faltaba, en el otro extremo, el rincón navarro. Navarra, recordemos, vivía una larga oposición entre dos familias rivales: los Íñigo, aliados de los Banu-Qasi, y los Velasco, aliados de los francos. El reino de Pamplona conocerá sucesivos cambios de poder. Como esa inestabilidad inquieta a Carlomagno, éste manda a su hijo Ludovico a tapar la brecha.

Ludovico Pío, es decir, Luis el Piadoso: tercer hijo de Carlomagno, nacido en el centro de Francia en 778, mientras su padre estaba en España; un hijo de Roncesvalles, por decirlo así. Carlomagno encomendó desde muy pronto a sus hijos el gobierno de las distintas partes de su gran imperio. A Ludovico le correspondió el sur. Tenía sólo tres años cuando fue coronado rey de Aquitania. Crecerá y será educado entre una nube de cortesanos y consejeros con la finalidad expresa de gobernar esa parte del reino, un amplio espacio que ocupaba la mitad sur de la actual Francia y, por tanto, la frontera española. Desde los dieciséis años, su vida girará en torno a los cuatro castillos que su padre le había edificado para controlar la región. Estará en las batallas por la plana de Vic hacia 795; tomará Barcelona a los moros en 801. Entre 810 y 811 mueren sus dos hermanos, Pipino y Carlos. Así, Ludovico va a convertirse en único heredero del vasto Imperio carolingio. Ése es el personaje que en 812 se presenta con sus tropas en el Pirineo navarro.

No debió de costarle mucho a Ludovico tomar el control de Navarra. El territorio, que todavía no conformaba un reino propio, seguía sujeto a las peleas entre Íñigos y Velascos. La clave estaba en la ciudad de Pamplona, auténtico pivote de la región desde tiempos de los romanos. No sabemos exactamente quién controlaba qué en aquel momento. Los Íñigos se habían hecho con el poder poco antes, los Velasco los habían derribado inmediatamente después. Ludovico Pío llega para asentar el poder de los Velasco, que son, por así decirlo, sus agentes en la región. Hay quien aventura una supuesta tregua entre Carlomagno y el emir de Córdoba, Alhakán, que habría permitido la entrada de los francos en Navarra. Es improbable. El hecho es que Ludovico entra, refuerza a Velasco como rey de Pamplona y, cumplida la misión, se retira. Para evitar complicaciones en Roncesvalles y Valcarlos, lleva en su retirada gran cantidad de rehenes: así nadie le atacará. Hombre prudente, Ludovico Pío.

El movimiento de Ludovico Pío dejaba un mapa político inquietante para el emir de Córdoba. Desde el Atlántico hasta el Mediterráneo, a lomos del Pirineo, una franja fronteriza bajo dominio cristiano; en Navarra, un ancho punto de contacto entre el reino de Asturias y el Imperio carolingio. A partir de ese paisaje, a Alhakán podían lloverle tortas por todos lados. Dejar que aquello se consolidara era arriesgarse a que, un día, asturianos y francos reunieran sus fuerzas sobre el campo de batalla en un único e invencible ejército cristiano. El emir no tardará en acosar a la Pamplona carolingia. Pero, de momento, estaba con las manos atadas: las sublevaciones dentro del propio emirato absorbían toda su atención.

Y mientras tanto, ¿qué pasaba en Asturias? Asturias —esa gran Asturias que iba desde Galicia hasta Vizcaya— vive en ese momento años de esplendor. La amenaza musulmana sigue vigente, pero ha sido controlada. El reino goza de un periodo poco frecuente de paz. Alfonso no sólo ha consolidado su poder, sino que además ha afianzado su posición internacional ante Carlomagno y ante el Papa. También ha comenzado la repoblación al sur de la Cordillera Cantábrica. El rey puede consagrarse a la tarea de edificar una capital a la medida de su proyecto, y así se va construyendo la Oviedo regia, el gran complejo palaciego y eclesial que crece en torno a la iglesia del Salvador. Hoy nos quedan pocos vestigios de aquella empresa, pero sabemos que por allí pasaron orfebres lombardos, constructores francos, artesanos italianos… Córdoba tenía razones para sentirse amenazada; aquello ya no era un pequeño reducto rebelde, sino que se estaba convirtiendo en una pequeña potencia europea.

Alhakán no pudo responder hasta 816. Pero, en cuanto pudo, no perdió un minuto. Organizó un ejército formidable. Puso al frente a su mejor y más veterano general, Abd al-Karim. Señaló un claro objetivo: una vez más, el punto de unión de asturianos y navarros, en el sureste de Álava. Las tropas musulmanas ascendieron hacia el norte. En algún momento de su camino, los moros se toparon con una cuantiosa fuerza cristiana: pamploneses, guerreros de Alfonso, incluso huestes vasconas. Era la tarde del 25 de mayo de 816. Aquellas tierras iban a asistir una de las mayores batallas libradas hasta entonces.

¿Dónde fue exactamente la batalla? Las fuentes musulmanas llaman al lugar Wadi-Arun. Con toda probabilidad se trata del río Orón, que corre desde el desfiladero de Pancorbo hasta volcarse en el Ebro a la altura de Miranda. Parece probable que el propio Alfonso estuviera allí. El que estaba con toda seguridad era Velasco. Poco sabemos de este Velasco que comparece en la batalla al frente de sus pamploneses. Las fuentes moras le llaman Velasco al-Galiqui, Velasco *el Gallego*, o sea, Velasco *el Español*. Era el hombre en Navarra de Ludovico Pío, ya emperador. Conocemos también los nombres de algunos guerreros: García López, magnate asturiano casado con la hija de Bermudo I; Sancho, que las fuentes moras describen como el mejor caballero de Pamplona; Zaldún, el guerrero más destacado de los vascos…

Como el crepúsculo no era hora adecuada para combatir, Abd al-Karim ordenó a sus tropas detenerse; aguardarían hasta el alba del 26 de mayo. A esa hora, el general musulmán ordenó un vigoroso ataque para cruzar el río. Los cristianos, sin embargo, defendieron con fiereza los pasos. El ataque musulmán se estrelló contra las defensas cristianas. Viendo a los musulmanes en apuros, los cristianos optaron por pasar a la ofensiva. Pero esta vez fueron los moros los que aguantaron sus posiciones. Y más aún, el veterano Abd al-Karim —la veteranía siempre es un grado— se las arregló para que sus tropas fueran empujando a los cristianos hacia los desfiladeros. El viejo general estaba utilizando la misma táctica que tantas veces habían empleado contra él los cristianos: encerrar al enemigo en lugares sin salida, para anular su capacidad de maniobra, y destrozarlo a golpes de espada y lanza. Todo parecía perdido para la coalición cristiana. Pero, con la fuerza de la desesperación, los cristianos que pudieron escapar a la matanza escalaron hacia las alturas y, desde allí, sometieron a los sarracenos a una inclemente lluvia de rocas. Eso les permitió volver a sus posiciones. Al caer nuevamente la tarde, después de un día de intenso combate, los contendientes se hallaban de nuevo en el punto de partida.

Unos y otros aprovecharon la noche para fortificar sus posiciones, cada cual en una orilla del río Orón. Una densa capa de fosas, empalizadas y trincheras guarnecía los pasos del río en ambas direcciones. A la mañana siguiente, ni moros ni cristianos se atrevieron a tomar la iniciativa. Hubo pequeñas escaramuzas sin consecuencias. Se combatió a distancia, con dardos y flechas. Las dos fuerzas habían optado por una estrategia defensiva. Pasaron un día y otro, hasta trece jornadas consecutivas. Entonces comenzó a llover. Y mucho. Las aguas arruinaron las defensas cristianas, que se convirtieron en un lodazal. Pero los moros, por su parte, tenían exactamente el mismo problema. Al amanecer del 7 de junio de 816, Abd al-Karim ordenó la retirada: los moros levantaron el campo.

El paisaje después de la batalla era atroz. En el bando cristiano habían caído combatiendo García López, Zaldún y Sancho, entre otros muchos. Eso lo sabemos por las fuentes moras. Pero éstas sólo cuentan las bajas del enemigo, nunca las propias. Y si Abd al-Karim optó por volver a casa fue, sin duda, porque también sus bajas habían sido cuantiosísimas y no podía arriesgarse a permanecer allí. Así que, aun a costa de enormes sacrificios, los cristianos habían conseguido detener la gran ofensiva.

Y después de la batalla de río Orón, ¿todo quedó como estaba antes? Aparentemente, sí. Y sin embargo, a partir de esa fecha muchas cosas iban a cambiar. Cambiarían, ante todo, para Navarra y el Imperio carolingio. Ludovico Pío, ya emperador en el trono tras la muerte de su padre, perdió interés por la lucha en el sur: su vasto imperio requería otros esfuerzos. Eso fue letal para los Velasco, que no tardarían en ser desplazados por los Íñigo, sus acérrimos enemigos. Y también cambiarían mucho las cosas para Alhakán, el emir de Córdoba, que había fallado nuevamente en su intento de cimentar su autoridad sobre una gran victoria. Inmediatamente se recrudecerían los trastornos internos en Al Ándalus, y de ellos nacerá la inconcebible aventura de unos exiliados españoles que, expulsados de Córdoba, se apoderarán de Alejandría y Creta, nada menos. Lo veremos enseguida.

Quien mejor parado salió, después de todo, fue Alfonso. Ante el rey de Asturias se abría ahora un periodo de relativa paz: el emirato tardaría varios años en volver a atacar las fronteras del reino cristiano del norte. Alfonso vería incluso la muerte de Alhakán.

LA INCREÍBLE AVENTURA
DE LOS EXILIADOS DE CÓRDOBA

Imagínese usted a varios miles de españoles del común, familias enteras, que de repente se ven expulsados de su tierra. Errantes sin rumbo, recalan en Alejandría y se hacen con la ciudad hasta que son expulsados también de allí. Entonces deciden cruzar el mar y apoderarse de la isla de Creta, que dominarían durante más de un siglo. Ésta fue la increíble aventura de los cordobeses del Arrabal, expulsados de sus hogares por el emir Alhakán. Para quedarse con la boca abierta.

Aquí hemos contado ya las numerosas revueltas a las que tuvo que hacer frente el emir Alhakán, lo mismo en Zaragoza que en Toledo, Mérida o la propia Córdoba, la capital. Las de Córdoba inquietaron especialmente al emir, como es natural, y las reprimió con espantosa dureza. Hay cierta polémica sobre cuándo fueron esas revueltas. Consta que las más peligrosas tuvieron lugar en 806 y 818, aunque lo más probable es que la capital viviera un estado de efervescencia permanente. Y sobre todo, precisamente, en el barrio del Arrabal.

¿Por qué se le sublevaba la gente a Alhakán? Por sus pecados: el emir era un tipo despótico, violento y orgulloso, acostumbrado a ejecutar una justicia perfectamente arbitraria. Obsesionado por su propia seguridad, convencido de que todo el mundo quería matarle —y hay que conceder que no andaba descaminado—, Alhakán rodeó Córdoba de un recinto fortificado y se hizo custodiar por varios miles de soldados. Entre la gente del pueblo corrió la voz de que, además, el emir no era suficientemente piadoso. Eso hizo que la oposición al soberano cordobés creciera sin tregua, y tanto entre los notables de la ciudad como entre los estratos populares. La revuelta del año 806 fue la primera señal. Pese a la crueldad con que la reprimió —ya la hemos contado aquí—, la brasa de la rebeldía siguió viva.

¿Y por qué la gente se sublevaba precisamente en el Arrabal? Por la peculiar configuración urbanística de aquella Córdoba del emirato. A lo largo del medio siglo anterior habían ido llegando a Córdoba incesantes oleadas de nuevos vecinos, especialmente árabes y bereberes. Para que nos hagamos una idea de la gente que había allí, señalemos que la mezquita fue ampliada para dar cabida a más de 17.000 personas, que para la época es una cifra extraordinaria. Al principio, Córdoba se desplegaba sobre una de las orillas del Guadalquivir. Cuando el emir Hisam reconstruyó el puente que cruza el río, la ciudad se extendió rápidamente al otro lado. Allí se configuró un arrabal superpoblado, donde convivían numerosos grupos muy pobres, al parecer sobre todo hispanomusulmanes, junto a una parte importante de la aristocracia palaciega. Los pobres veían en los aristócratas una tabla de salvación, alguien a quien exponer sus quejas. En cuanto a los aristócratas descontentos, veían en las clases populares una fuerza sobe la que apoyarse para cambiar las cosas.

La combinación era explosiva. Tan explosiva que la revuelta de 806 se reprodujo en 818. Dicen las fuentes musulmanas que lo que prendió la mecha fue el asesinato de un niño. El protagonista del crimen fue un mameluco del emir. Los mamelucos eran un pueblo originario de Egipto y dedicado a la guerra; los emires habían contratado a varios miles de ellos para sostener su poder. Pues bien, uno de estos mamelucos llevó su espada a un bruñidor para que la limpiara. El bruñidor era un niño. El niño devolvió la pieza más tarde de lo convenido. El mameluco, irritado, tomó la espada y golpeó al niño con ella hasta matarlo. La conmoción fue inmediata. Una muchedumbre llenó las calles del Arrabal. Las gentes se armaron y tomaron camino hacia el Alcázar, el palacio del emir Alhakán.

Alhakán apareció en ese momento. Volvía de una jornada de caza y se encontró con aquella multitud que, amenazante, exigía su destitución. Expeditivo, el emir, que ya estaba harto del Arrabal y sus gentes, ordenó a su guardia que marchara hacia ese barrio y lo incendiara. Dicho y hecho: todo el Arrabal comenzó a arder. La muchedumbre, al ver sus casas devoradas por el fuego, corrió hacia el Arrabal. Allí estaban aguardando los hombres del emir, que apresaron a los rebeldes y mataron a muchos de ellos. Dicen las crónicas que cientos de prisioneros fueron crucificados cabeza abajo por orden del emir. El resto sufrió condena de inmediato destierro. El suelo del Arrabal fue arrasado.

Es entonces cuando empieza la alucinante aventura de los exiliados. Miles de familias abandonan Córdoba. Un pequeño grupo se dirige a Toledo. La mayoría opta por caminar hacia el sur, rumbo al mar, para alejarse del cruel Alhakán. Sabemos que un buen número llegó a Fez, en Marruecos, ciudad de mayoría berebere. Allí, el príncipe Idris II recibió a los cordobeses con los brazos abiertos, porque su llegada le iba a permitir disminuir la enojosa hegemonía de los bereberes. Otro grupo de exiliados cordobeses recaló aún más lejos: en Alejandría, Egipto. ¿Cuántos eran? Algunas fuentes hablan de quince mil cordobeses. No lo sabemos a ciencia cierta. Pero debieron de ser muchos, porque dice la crónica de Al-Nuwari que «llegaron a ser tantos en su nueva ciudad, que lograron hacerse dueños de ella y la erigieron independiente».

Los cordobeses de Alejandría no sólo debían de ser muchos, sino que, además, debían de tener una cualificación notable desde el punto de vista cultural y profesional, porque, de otro modo, no se entiende que pudieran convertirse en el grupo dominante de una ciudad como Alejandría, que no era en absoluto irrelevante. No obstante, poco duraron aquellos días de gloria para nuestros cordobeses. Hacia el año 827 el califa Al-Mamún ben al Paxid envía al gobernador de la región, Abd Allah ben Tahir, la orden de expulsar de allí a aquellos molestos advenedizos. Abd Allah acude a Alejandría, convoca a los cordobeses y les plantea un ultimátum: si aceptan irse, él les dará una suma de dinero y se encargará de transportarles hasta Creta; si no aceptan, la única solución será el combate. Los cordobeses aceptan. Y vuelta a empezar.

Cuesta imaginarse el éxodo de quince mil personas a través del Mediterráneo, rumbo a Creta. ¿Por qué precisamente Creta? Porque el califa quería esa isla, siempre codiciada por su excelente situación, cruce de los caminos del mar. Creta era de Bizancio, pero los bizantinos no tenían una flota capaz de garantizar la posesión de la isla. En cuanto a los cordobeses, no tenían muchas más opciones: o desembarcar y apoderarse de la isla, o perecer. Escogieron lo primero, como es natural. Bajo el mando de un caudillo llamado Abu Hafs Umar al-Balluti (al parecer de estirpe goda, según indica ese *Hafs*), recorrieron la isla, la tomaron bajo su control y se establecieron allí. Comenzaba un dominio que iba a prolongarse durante siglo y medio.

¿Quién era este Abu Hafs Umar al-Balluti, el líder de los rebeldes? Sabemos de él bien poca cosa. Dicen que su auténtico nombre era Umar Ben Shuayb al-Bitrawshi y que era natural de Pedroche, al norte de Córdoba. Umar, en todo caso, sabía bien lo que tenía que hacer: organizó los asentamientos, repartió las tierras, encomendó los cultivos, mandó armar cuarenta barcos y se proclamó emir. Así se constituyó un singular mundo hispano-cretense-musulmán que vivía tanto de la agricultura en el propio suelo como de la piratería en las islas vecinas. La familia Shuayb gobernaría la isla hasta el final.

Ese final se produjo en febrero de 961, es decir, ciento treinta y cuatro años después de que los cordobeses pusieran el pie en la isla. Durante todo ese tiempo, los bizantinos habían tratado numerosas veces de recuperar el control sobre Creta, a veces por vía militar, a veces por vía diplomática, pero siempre infructuosamente. Hasta que en febrero de 961 el general bizantino Nicéforo Focas ideó una treta. Ocurría que Bizancio atravesaba por momentos de gran carestía y se había hecho difícil mantener a los caballos; en Creta, por el contrario, había pastos suficientes. Así que los bizantinos pidieron a los hispano-cretenses permiso para desembarcar algunos caballos en la isla. Así lo cuenta la crónica de Al-Nuwari:

> Fueron enviadas a la isla quinientas yeguas con sus pastores necesarios. Luego que estuvieron las yeguas en la isla, el emperador Romano II hizo que partieran con el mayor sigilo y ocultamente las tropas, capitaneadas por Nicéforo el Doméstico y por otro de sus capitanes más bravos (…). La flota griega arribó a la parte de la isla en que estaban las yeguas; cada jinete con su silla y su rienda saltó sobre la yegua respectiva, y sorprendieron en completo descuido a los habitantes de la isla, que fue conquistada rápidamente. Los invasores mataron al señor de la isla. Dejaron con vida a los pacíficos habitantes (…). Redujeron a cautiverio a las mujeres y niños de los milicianos y guarnecieron fuertemente las isla con tropas y pertrechos de guerra.

El último emir español de Creta se llamaba Abd el Aziz Ben Shuayb. Dicen que realmente no murió en el ataque, sino que fue apresado y llevado con su familia a Constantinopla. Allí murió Abd el Aziz, sí, pero uno de sus hijos, Al-Numan, se convirtió al cristianismo con el nombre bizantino de Anemas y sirvió en la guardia del emperador. Este Anemas, el último de los Ben Shuayb, murió combatiendo en Rutenia, en la frontera norte del Imperio bizantino, hacia el 972. En Creta, mientras tanto, proseguía la vida de miles de familias que un lejano día, quizá ya olvidado, habían abandonado Córdoba desterradas por el emir Alhakán. Una aventura extraordinaria.

RELEVO EN EL EMIRATO: MUERE EL GUERRERO, LLEGA EL POETA

Alhakán no fue un hombre feliz. Nunca. Sus últimos años aumentaron su amargura. Incapaz de acabar con el reino de Asturias, envuelto en sublevaciones internas de enorme violencia, la gota que colmó el vaso fue la revuelta del Arrabal de Córdoba. Murió el 25 de mayo del año 822. Le sucedió su hijo Abderramán, que gobernó como Abderramán II. El relevo iba a traer consecuencias importantes para los rebeldes cristianos del norte. El nuevo emir, sin embargo, tampoco lograría acabar con la independencia cristiana ni con el proceso de la Reconquista.

Podemos imaginarnos los últimos días de Alhakán: solo, receloso, odiado por todo el mundo, literalmente encerrado en un alcázar fortificado hasta la última esquina, obsesionado con la idea de que asturianos y carolingios fueran a formar frente común, no menos obsesionado con las mil y una conspiraciones que surgían en las tierras de Al Ándalus. La revuelta de Córdoba, ahogada en sangre, debió de crearle una zozobra poco común. Alguien tan próximo a él como el veterano general Abd al-Karimse se permitió aconsejarle que moderara la represión. Alhakán la moderó, pero el general cayó en desgracia. Ahora bien, para el emir todo había concluido ya. Tenía sólo cincuenta años, pero hablaba de sí mismo como si no hubiera ya futuro. Así escribía el emir después de la rebelión del Arrabal:

Uní las divisiones del país con mi espada, como quien une con la aguja los bordados, y congregué las diversas tribus desde mi juventud. Pregunta si en mis fronteras hay algún lugar abierto al enemigo y correré a cerrarlo, desnudando la espada y cubierto con la coraza. No fui de los que huyeron cobardemente. No fui de los que se apartaron cobardemente de la muerte. Defendí mis derechos… Humillación y afrenta sufre quien no los defiende. Mira ahora el país que he dejado, libre de disensiones, llano como un lecho.

Era más un epitafio o un testamento que otra cosa. Alhakán dejaba el mundo de los vivos con sólo cincuenta y dos años, una edad temprana incluso para la época. Dejaba tras de sí mucho rencor y, además, diecinueve hijos varones y veintitrés hembras. Uno de ellos le sucedió: dos días después subía al trono Abderramán.

Abderramán era todo lo contrario que su padre. Alhakán había sido un hombre de poder, dado a las soluciones expeditivas y a la vida del guerrero y, psicológicamente hablando, un tipo torturado y torturante (y torturador). Abderramán, a la inversa, era un tipo amable que gustaba del lujo, y sus verdaderas aficiones en la vida eran la poesía y las señoras. Lo primero que hizo para garantizar una transición suave fue nombrar canciller. ¿A quién? A nuestro viejo amigo Abd el-Karim, el veteranísimo general que también lo fue de su padre y de su abuelo, y que debía de estar ya más cerca de los ochenta que de los setenta años.

Abderramán era muy consciente de que su padre le dejaba una herencia espinosa: demasiada gente enfadada, demasiado resentimiento, demasiado muerto que pedía venganza… Estaban enfadadas las clases populares, tanto los cristianos (los mozárabes) como los musulmanes, por los abusos de la aristo-cracia árabe, y Abderramán intentó aplacar los ánimos propa-gando una imagen de moderación. Estaban enfadados los alfa-quíes —los doctores de la ley islámica, que denunciaban relajación de costumbres—, y Abderramán intentó atraérselos desmante-lando el mercado de vinos de Córdoba, conforme al veto musul-mán sobre el alcohol. Estaban enfadados los que pagaban impues-tos, porque la política fiscal de Alhakán había sido intolerable, y a Abderramán, para calmar la irritación de los contribuyen-tes, no se le ocurrió mejor cosa que crucificar al responsable de la recaudación, un cristiano o judío —eso no se sabe a cien-cia cierta— al que las fuentes dan el nombre de Rabí.

Eran sólo una parte de sus problemas. Porque a las tradi-cionales rivalidades familiares y a los entuertos dejados por su padre, Abderramán debía sumar los levantamientos aquí y allá de los jefes territoriales, siempre dispuestos a marcar su auto-nomía. El levantamiento más grave fue el de la región de Mur-cia; región donde, recordemos, en 711 el conde godo Teodo-miro se había sometido sin lucha al islam a cambio de que los nuevos amos de Hispania le reconocieran sus prerrogativas. Lo de Teodomiro, en todo caso, quedaba ya muy atrás. Había pasa-do más de un siglo desde entonces y la *kora* de Tudmir —que no obstante conservaba el nombre del godo felón— era ahora objeto de disputa entre dos tribus musulmanas rivales: yemeníes contra muraditas.

Mientras todo eso pasaba, el canciller del emir, nuestro vie-jo general Abd el-Karim, decidió ejecutar lo que hoy llama-ríamos una campaña de imagen. Había que mostrar al mundo, y especialmente a los cordobeses, que el nuevo emir Abderra-mán era hombre arrojado y que sus tropas no habían sufrido merma. Así que Abd el-Karim decidió atacar al reino cristiano del norte. Reunió a sus capitanes y sometió a discusión el plan de ataque. Tal vez alguien sugirió atacar Oviedo; tal vez otro propuso Galicia. Pero Abd el-Karim no quería una campaña costosa y arriesgada; conocía demasiado bien el paño. Lo que él quería era una expedición de saqueo, cómoda y ventajosa, y decidió atacar la llanada de Álava, como tantas otras veces. Era terreno fácil y mal defendido. Pobre, es verdad, de poco botín, pero no faltaban en Córdoba plumas dispuestas a contar las cosas de manera que una vulgar aceifa pasara a la historia como una gigantesca victoria.

Fue en 823. Un grueso ejército, con el anciano Abd el-Karim a la cabeza, ascendió desde Córdoba hasta la llanura alavesa. Presa fácil: nadie allí podía defenderse. Los moros se abalanzaron sobre su pieza, los caseríos rurales. Quemarían las cosechas, sin duda. También rescatarían a algunos musulmanes que permanecían allí presos desde anteriores combates. Ante Abd el-Karim se abría entonces la posibilidad de explotar la victoria: Vizcaya, quizá Cantabria, simplemente la Castilla primitiva… Pero ni siquiera lo intentó. ¿Por qué? Porque su objetivo no estaba en la ida, sino en la vuelta. Se trataba de volver a Córdoba y poder contar que los ejércitos de Abderramán habían aplicado un severo correctivo a los rebeldes cristianos del norte. Nada más. El viejo Abd el-Karim retornó a la capital. Su proeza fue cantada por los poetas y así figura en los anales. Una vulgar expedición de rapiña ensalzada como campaña victoriosa.

Aquélla fue la última página que Abd el-Karim escribió en la historia, pues moría un año después, víctima inapelable de la edad. Había sido un gran general; también uno de los más encarnizados enemigos de los cristianos españoles. Nieto del conquistador de Córdoba, siempre se había preocupado porque su nombre pasara en letras de molde a la historia del emirato. Lo consiguió.

La muerte de Abd el-Karim dejó a Abderramán con un alfil menos, pero el emir no tardó en encontrarle sustitutos. Y la primera prueba para la nueva generación de soldados de Córdoba fue aquel follón murciano del que antes hablábamos: la disputa entre yemeníes y muraditas, que a punto estaba de sustraer al control de Córdoba el viejo territorio del renegado Teodomiro. Los dos bandos habían pasado a mayores. En las afueras de Lorca se estaban librando sangrientos combates. Una vez más, las peleas entre tribus étnicas desgarraban el emirato. Y Abderramán decidió acabar con ello.

Para emplear un lenguaje que los rebeldes pudieran entender, Abderramán envió un potente ejército al mando del general Unmayya ibn Mu'awiya. En realidad no hubo combate: las tropas del emir llegaron, lo arrasaron todo y mataron al que les salía al paso. Las crónicas hablan de tres mil muertos, incluido el jefe de los yemeníes, un tal Abu Samaj. La ciudad de los rebeldes, llamada Eio (tal vez Cieza, quizá Hellín), fue reducida a cenizas. Y para demostrar que una nueva era empezaba, Abderramán trasladó la capital del territorio suroriental. Si antes estaba en Orihuela, ahora estaría en una ciudad edificada de nueva planta. Esta nueva ciudad fue fundada el 25 de junio de 825 y se llamó Madina Mursiya. Había nacido Murcia.

Abderramán II pasará a la historia como uno de los gobernantes más cultos de Al Ándalus. También como el más pródigo y esplendoroso, porque convirtió Córdoba en una joya. Aunque, por otro lado, aumentará la presión sobre los cristianos hasta hacerla insoportable. Ya lo veremos.

Y mientras tanto, en Asturias, ¿qué? Abderramán II era el tercer emir de Córdoba que a Alfonso le tocaba soportar. Había combatido a su padre, Alhakán, y había combatido a su abuelo, Hisam. Los dos habían intentado acabar con el reino de Asturias. También Abderramán lo intentaría. Se avecinaban tiempos muy difíciles. Pero en el norte seguía habiendo voluntad de resistir. Y más aún, los colonos ganaban incesantemente tierras al vacío. Allá, en el norte, nacía lentamente una nueva España.

LOS COLONOS LLEGAN A BRAÑOSERA

Entre guerras y convulsiones, la repoblación cristiana del norte continúa. Los colonos siguen llegando al sur de la cordillera para crear nuevas poblaciones. Y en una de ellas aparece un documento de incalculable valor: la Carta Puebla de Brañosera, de 824, considerada como el primer fuero municipal de España. La firman el conde Munio Núñez y su esposa, Argilo. Gracias a ese documento sabemos muchas cosas sobre quiénes fueron los pioneros.

Recordemos cómo estaba la cosa. Desde finales del siglo VIII, cántabros, vascos y asturianos están deslizándose a través de las montañas hacia las tierras altas de Castilla. A pesar de la incesante amenaza musulmana, los colonos persisten en su objetivo. En el este, junto a Álava, llegan a los valles de Mena, Losa y Tobalina, hasta La Bureba de Burgos; en el centro, al pie de Cantabria, toman tierras en los valles donde nace el Ebro y hasta el norte de Palencia.

Conocemos muy bien el sistema: clanes de campesinos libres llegan a un territorio, hacen la presura, lo escaliban y se convierten en propietarios. Así lo hemos visto hacer a Lebato y Muniadona en el valle de Mena, a sus hijos Vítulo y Ervigio en Espinosa, al obispo Juan en Valpuesta… Lo mismo debía de estar ocurriendo en otras áreas del sur del reino de Asturias, aunque la historia no haya conservado los nombres de los pioneros. Aquí y allá surge una pequeña iglesia; en torno a ella, tierras y cabañas; sus moradores construyen o rehabilitan un molino, roturan y siembran sus parcelas, crean una comunidad de aldea. Así va naciendo la vida en espacios hasta entonces mudos.

La Iglesia actúa siempre como pivote de la repoblación: no es que se convierta en propietaria de las tierras —aunque se le reconocen diversas propiedades—, sino que son los abades y obispos quienes se encargan, por delegación regia, de la función judicial y administrativa. Los clérigos son, además de campesinos, los garantes de que las presuras se ajusten a derecho, de que nadie traspase los límites de sus tierras, de que nadie abuse del vecino, y también de que la organización económica funcione: el control de los derechos de paso (portazgo) y de uso de los montes (montazgo), la prestación de servicios de defensa (anubda, castellería, soldada), etcétera.

En algún momento, muy temprano, en el paisaje de las comunidades de aldea empiezan a aparecer los condes con la misión expresa de representar al rey y defender a los campesinos. La del conde es una vieja institución europea, tanto romana como germánica: el *comes* es el que va en la comitiva del jefe, un hombre de confianza para la guerra y para la paz. Condes del rey de Oviedo eran, sin duda, los guerreros que regentaban los castillos de la frontera oriental del reino, donde nace Castilla. Y uno de esos condes, Munio Núñez, deja inscrito su nombre en la historia por ser el primero que firma una carta puebla, es decir, un documento que reconoce las propiedades y derechos de los campesinos.

Vamos a poner la lupa en un punto muy concreto del mapa: Brañosera, en el límite entre Cantabria y Palencia, equidistante de Reinosa y Aguilar de Campoo. Hoy eso es un parque natural (el de la Montaña Palentina); en el siglo I antes de Cristo, aquí estuvo asentada —eso dice el Fuero— la ciudad celtíbera de Vadinia, escenario de sangrientos choques entre cántabros y romanos. Ahora, en el momento de nuestro relato, hacia 820, no hay nada, sólo brañas, es decir, altos pastos de verano, y osos. Brañas y osos: Brañosera.

No hay nada hasta que empiezan a aparecer nuestros colonos. Vienen de Cantabria, más concretamente de Malacoria, que es la actual Mazcuerras, no lejos de Cabezón de la Sal. Por el valle del Saja o por el camino de Reinosa, y después siguiendo el nacimiento del Ebro, habrían podido viajar hasta este paraje verde y fresco, nueva tierra de promisión. ¿Cuándo empezó exactamente la repoblación? No lo sabemos. Hace muy poco acabamos de ver un ataque musulmán por esta zona, Pisuerga arriba. Podemos suponer que los primeros colonos empezarían a llegar hacia 820. Y lo que sabemos con toda seguridad es que en 824 el conde del lugar, Munio Núñez, junto con su esposa, Argilo, firman la carta puebla que reconoce a los colonos sus propiedades.

Nunca se insistirá bastante en la importancia de estos documentos: no sólo nos están diciendo quiénes fueron los primeros colonos y en qué año se asentaron, sino que, además, nos indican que estamos hablando de hombres libres, y esa cualidad va a ser decisiva para toda la historia posterior. Hasta entonces, la norma social en todo el mundo conocido, y por supuesto en Europa, era la estratificación social entre señores y siervos: el señor era el propietario, y el siervo ponía su trabajo. En el reino de Asturias, el régimen común era el de la servidumbre, como en el resto de Europa. La repoblación al sur del Pirineo, como más tarde al sur de Galicia, se realizará en régimen de servidumbre. La servidumbre no es la esclavitud —son cosas bien distintas—, pero tampoco era la libertad. Por el contrario, esta gente que se va asentando aquí comparece como dueña de sí misma, como propietaria libre de sus tierras, y eso es lo que reconoce la carta puebla.

¿Qué quiere decir exactamente esa «libertad»? No poca cosa. Los pobladores pueden administrar libremente sus tierras. Tienen derecho a cobrar impuestos a quienes quieran pasar por ellas o utilizar sus pastos. Tienen derecho a tomar como propiedad cualquier tierra del término, en ganancias compartidas con el conde. Quedan exonerados de pagar otros impuestos o prestar otros servicios que los privativos del conde «en lo que pudieren». Y además se reconoce todo eso a cualquier persona que acuda a este territorio, con carácter general. ¿Y el conde? El conde tiene sus tierras, pero no es propietario del territorio donde ejerce su jurisdicción, sino sólo delegado del poder del rey. Por eso en Castilla no se desarrollará el feudalismo como en Francia o en Inglaterra. Y así nace una sociedad de hombres libres.

Como el texto de la Carta Puebla de Brañosera es conocido, nada mejor que reproducirlo:

En el nombre de Dios, Yo, Munio Núñez y mi mujer Argilo, buscando el Paraíso y hacer merced, hacemos una puebla en el lugar de Osos y Caza y traemos para poblar a Valerio y Félix, a Zonio, Cristuévalo y Cervello con toda su parentela, y os damos para población el lugar que se llama Brañosera con sus montes y sus cauces de agua, fuentes, con los huertos de los valles y todos sus frutos. Y os marcamos los términos por los puntos que se llaman la Pedrosa, y el Villar y los Llanos y por Zorita y por Pamporquero y por Cuevares y Peña Rubia, y por la Hoz por la que discurre el camino de los de Asturias y Cabuérniga y por el Hito de Piedra que hay en Valberzoso y por el Coto Mediano. Y yo el Conde Munio Núñez y mi mujer Argilo os daremos a vosotros, Valerio y Félix y Zonio y Cristuévalo y Cervello, esos términos a vosotros y a aquellos que llegaren a poblar Brañosera.

Muy importante: la tierra queda para todos los que lleguen a poblar Brañosera. Conocemos a los primeros, pero luego llegarían más, sin duda atraídos por esa nueva vida de hombres libres. Y a propósito de libertades, éstos son los derechos y obligaciones que la Carta reconoce a las gentes de Brañosera:

> Y a todos los que de otras villas vinieren con sus ganados o por interés de pastar los prados de los pagos que se mencionan en los términos de esta escritura, los hombres de Brañosera les cobren montazgo y tengan derecho sobre aquellas cosas que se encuentren dentro de esos términos, la mitad para el conde y la otra mitad para el concejo de Brañosera. Y todos los que vinieren a poblar la villa de Brañosera no paguen anubda ni castellería, sino que tributen, en cuanto pudieren, por infurción del conde de esta parte del Reino.

La infurción era un tributo personal que el campesino pagaba al conde, la garantía de su defensa, entre otros servicios. Es llamativo ese «que tributen en cuanto pudieren» que Munio precisa. Por lo demás, Munio y su esposa Argilo —interesante también, la presencia de las esposas en todos estos documentos— se ocupan igualmente de su vida ultra terrena. Así concluye la Carta Puebla de Brañosera:

Y levantamos dentro del espeso bosque de Brañosera la iglesia de San Miguel Arcángel, y yo, Munio Núñez y mi mujer Argilo, para remedio de nuestras Almas, donamos tierras de labor a los lados de dicha iglesia y para la misma. Y si algún hombre después de mi muerte o la de mi mujer Argilo contradijere al Concejo de la Villa de Brañosera por los montes o límites o contenido que en esta escritura se señalan, pagara, antes de litigar, tres libras de oro al fisco del conde, y que esta escritura permanezca firme.

Atención a este otro dato: el conde habla del «concejo de la villa de Brañosera». Lo cual nos está diciendo que, además del poder del propio conde, en ese pueblo hay un consejo de vecinos con autonomía suficiente para reconocer derechos de propiedad. Estamos a principios del siglo IX; en ningún otro lugar de Europa había nada igual.

Esta Carta Puebla de Brañosera es un documento de valor excepcional. Nos informa sobre los principios de la Reconquista. Nos describe la vida de aquellas gentes. Nos explica el origen de la organización municipal española. Es el primer fuero conocido en España, junto con el que Carlomagno otorgó a los godos e hispanos de Barcelona. Es literalmente una ventana abierta a nuestro pasado común.

Andando el tiempo, todos los condes de Castilla confirmarán el fuero de Brañosera: Gonzalo Fernández, Fernán González, Sancho García… En cuanto a nuestro conde Munio, un descendiente suyo de igual nombre liderará como conde de Castilla, casi un siglo después, la expansión hacia el Duero. Hoy, por cierto, la principal calle del pueblo de Brañosera, que todavía existe, es la Avenida del conde Munio Núñez. No es para menos.

UN FRACASO, UN PARÉNTESIS Y UNA CARNICERÍA

La última vez que pasamos por Córdoba tuvimos noticia de que el viejo emir, Alhakán, abandonaba el mundo de los vivos. Le sucedía su hijo Abderramán II, cuya primera ocupación iba a ser, como de costumbre por aquellos lares, apagar las revueltas internas de Al Ándalus. También habíamos visto al viejo general Abd al-Karim dirigir una última expedición contra los cristianos antes de morir a su vez. Los cristianos del norte, mientras tanto, seguían repoblando el territorio. Y el nuevo emir, Abderramán, no tardará en fijarse un objetivo, el mismo de su padre y de su abuelo: acabar con el reino cristiano del norte. Pondrá todo su esfuerzo. No lo conseguirá.

Primera ofensiva, verano de 825. Abderramán diseña una operación de gran estilo: un ejército musulmán atacará Álava, al este de la frontera, mientras otro, de mayores dimensiones, ataca Galicia; es el viejo plan, pero con la variedad de que, ahora, ese ejército que invade Galicia se duplicará a su vez, uno por la costa y otro por el interior, para terminar cerrando literalmente una tenaza sobre el oeste del reino cristiano. El ataque por Álava respondía al objetivo habitual: impedir que las tropas cristianas, mucho menos numerosas que las islámicas, pudieran concentrar sus fuerzas en un solo punto. Y el doble ataque sobre Galicia aspiraba probablemente a metas aún mayores: ocupar toda la región, amputar al reino de Oviedo su marca del oeste.

Alfonso —Abderramán lo sabía— era inexpugnable entre las montañas asturianas, pero Galicia, menos accidentada, era un terreno bastante más apto para la guerra. Si el rey de Asturias trataba de combatir al mismo tiempo a los dos brazos de la tenaza mora, sin duda perdería la baza, dada su inferioridad numérica. Y si concentraba su esfuerzo en uno de los brazos de la tenaza, el otro proseguiría su avance, ocupando el territorio y tal vez envolviendo a las huestes cristianas. Un plan perfecto. No podía fallar.

Para esta gran ofensiva, Abderramán escogió a los generales que juzgó más adecuados. Muerto el viejo Abd al-Karim, tres nombres aparecen ahora al frente de los ejércitos musulmanes. Uno es un veterano, Ubayd Allah al-Balansi, nieto de Abderramán I y tío de nuestro actual emir. Los otros son dos hermanos de la familia Quraisí, de la estirpe Omeya: Al-Abbas y Malik. Al veterano, Ubayd Allah, se le encomendó el ataque al este. Apenas halló resistencia. Sabemos que penetró hondo en el país, seguramente hasta las montañas de Guipúzcoa, pues llegó hasta tierras de los vascos aún paganos, que las crónicas moras llaman *mayus.* Su victoria debió de ser arrasadora. No así su botín, porque en aquellas tierras, en esta época, no había más que míseros caseríos.

Otra cosa fue la campaña del oeste, la de los hermanos Quraisíes en tierras gallegas. Malik ascendió con sus tropas por la costa, desde Coimbra hasta la vieja y linajuda Tuy. En la otra línea del ataque, Al-Abbas entró por el Bierzo hacia Lugo. Tal y como los musulmanes habían previsto, Alfonso eligió uno de los brazos de la tenaza, este último, el de Al-Abbas. Fue a la altura de Curzul, cerca de Becerreá, al sureste de Lugo. Allí, a favor de un valle hondo y estrecho, las huestes del rey de Asturias se apostaron para esperar la llegada de los musulmanes. A Alfonso hay que reconocerle que sabía dónde atizar a su enemigo. Los moros no pudieron pasar. No sólo no pasaron, sino que fueron literalmente destrozados. Al-Abbas, el general, murió en el combate. Así Alfonso rompió uno de los brazos de la tenaza mora. Pero, ¿y el otro?

El otro también se rompió. La historia no nos ha dejado saber si fue el propio Alfonso quien lo hizo o alguien que combatía para él. El hecho es que los moros del otro Quraisí, Malik, cruzaron el Miño, ascendieron por Cu de Porco hasta el valle del Oitavén, y allí, cerca de Ponte Caldelas, en Anceo, se toparon con los ejércitos cristianos, que esperaban apostados en los cerros. Una vez más, Alfonso había elegido el lugar perfecto para dar la batalla. Estuviera él o no en el combate, que eso no lo podemos saber, el hecho es que los guerreros del rey de Asturias aniquilaron a los sarracenos. La tenaza mora sobre Galicia había fracasado.

Podemos imaginarnos a Abderramán II comiéndose su turbante. Lo primero que hizo fue clamar venganza: había que devolver el golpe. Pero, ¿dónde? El emir moro optó por una solución fácil, sacudir en la frontera sur y en el este, allí mismo donde hemos visto a los primeros colonos de Castilla tomar tierras y fundar comunidades. Abderramán estaba tan irritado que, aunque ya era diciembre —fecha en la que el clima aconsejaba no combatir—, ordenó una expedición contra el sur de Cantabria e inmediatamente, otra contra la Castilla naciente. Las crónicas moras las consignan; hubo, pues, campañas. Seguramente también habría botín; el pobre botín que pudieran dar aquellas tierras de pequeños núcleos campesinos. Con aquellas expediciones contra los colonos, Abderramán estaba en realidad confesando su impotencia.

Nunca nos hemos preguntado qué harían los colonos de Brañosera, el valle de Mena o el valle de Losa al ver llegar a los moros. Podemos suponer que cualquier cosa menos esperarles sentados. Estamos hablando de comunidades muy pequeñas, de unos pocos centenares de personas, que viven exclusivamente de la agricultura. En el paisaje, sólo campos sembrados, caseríos de pobre factura y alguna iglesia con su minúscula comunidad monástica. Ocasionalmente, algún castillo cercano. Aquella gente sabía que vivía en permanente amenaza, y que la llegada de la primavera significaba el anuncio de una inminente expedición mora.

Podemos imaginarnos a nuestros amigos atendiendo los campos mientras alguien, en la zona más peligrosa, oteaba el horizonte (en eso consistía el servicio de anubda, del que alguna vez hemos hablado aquí). Un ejército enemigo no es un visitante discreto: ante su ruidosa llegada, se daría la voz de alarma. Los colonos correrían a refugiarse con sus familias y sus rebaños en lo alto de las cumbres, en el interior de los bosques, en algún castillo cercano como el del conde Munio Núñez. Los moros pasarían destrozando cuanto encontraran; no perderían tiempo sitiando plazas fuertes ni se expondrían a perseguir a fugitivos por montes y bosques que no conocían. Y al ver marchar al enemigo, los colonos volverían a sus campos para reconstruir el paisaje desolado. Y así un año tras otro, sin tregua, con la misma tenacidad de la tierra.

Abderramán II tuvo que hacer una pausa en su acoso al reino de Asturias. Fue hacia 826, porque el mapa de Al Ándalus había vuelto a incendiarse: revueltas en Toledo, en Mérida, en Zaragoza… Los españoles, ya fueran muladíes o mozárabes, llevaban mal la hegemonía aplastante de la minoría árabe. Esas revueltas internas del emirato beneficiaban mucho al reino de Asturias, porque precisamente por Toledo, Mérida y Zaragoza pasaban los caminos que los sarracenos tenían que cruzar para llegar al norte, y con el país revuelto, los caminos quedaban cerrados y, por tanto, Asturias a salvo. El emir tardó más de diez años en apaciguar su casa. Pero cuando lo hubo conseguido, hacia el año 838, no tardó un minuto en volver a declarar la guerra santa contra los rebeldes cristianos del norte.

Volveremos así al programa habitual: un par de campañas anuales, una contra Galicia y otra contra Álava y Castilla; pillaje y desolación. Los moros no volverían a atacar el corazón del reino, al menos por ahora; les bastaba con esa labor de zapa permanente en tierras donde la victoria era fácil. Sangrienta rutina. Hubo una campaña, sin embargo, que merece ser contada con algo más de detalle, tanto por su desmedida crueldad como porque allí apareció nada menos que el propio emir al frente de sus huestes. Así fue la historia:

Era la primavera de 839. Como las aceifas de los moros en los campos de los colonos habían dado buenos frutos y no se temía un contraataque cristiano, Abderramán II decidió encabezar en persona el ejército musulmán. El objetivo era fácil: una vez más, la llanura vasca. Sabemos que Abderramán llegó hasta Guadalajara. Sabemos que, una vez allí, se cansó y decidió volver a Córdoba. ¿Por qué? Al parecer, porque no podía vivir sin mujeres, y tantos días lejos de su harén le estaban resultando insoportables. Fue un hijo suyo, Al-Hakam, quien dirigió las huestes sarracenas. Esta vez no era sólo cuestión de pillaje: los moros entraron en la llanada alavesa persiguiendo con saña a la población. Hombres, mujeres, niños, ancianos, miles de cristianos —dicen las crónicas árabes— perecieron bajo las espadas musulmanas. Y cuentan que con las cabezas decapitadas de los muertos formaron túmulos tan altos como colinas; tan altos que dos jinetes no podían verse de un lado al otro de aquellas siniestras masas sanguinolentas.

El rey Alfonso sabría, sin duda, de aquella carnicería. Parece que se tomó la venganza asolando Medinaceli, cabeza de la frontera musulmana al este del Duero. Y con ello volvería a encorajinar al emir de Córdoba, que sin duda planificaría nuevos ataques. Hay que tener en cuenta algo importante: las aceifas musulmanas en tierras cristianas fueron muchas, pero se ejecutaban sobre un país pobre, de manera que su rentabilidad en términos de botín era limitada. Por el contrario, las tierras bajo control musulmán que Alfonso atacó, ya se tratara de Lisboa, Guadalajara o Medinaceli, eran considerablemente más ricas, de modo que las campañas cristianas, aun siendo menos numerosas, causaban un efecto mayor. Y ese escenario se iba a repetir un año tras otro, sin descanso. Una vida dura.

Habrá un momento, sin embargo, en que los dos ejércitos, el de Alfonso y Abderramán, hallándose frente a frente, rehusarán combatir. Un caso único en la historia de la Reconquista. ¿Qué pasó? Luego lo veremos.

EL PARTO DE LOS PIRINEOS

Mientras Abderramán II trataba infructuosamente de someter al reino de Asturias, el Pirineo seguía agitándose bajo el efecto de las luchas de poder. Lentamente van surgiendo formaciones políticas nuevas. ¿Políticas? Bueno, en realidad estamos hablando de señoríos rurales, edificados sobre el control de zonas agrarias relevantes o pasos estratégicos. Que nadie imagine cortes esplendorosas de aguerridos reyes con imponentes ejércitos. Hemos de pensar más bien en territorios poco poblados, regidos por un poder débil, sometidos a las querellas entre las familias más pudientes. Pero es aquí, en este espacio, donde algo nuevo estaba naciendo ya.

La dominación islámica en la región pirenaica, recordémoslo, no consistía en una ocupación física del territorio, sino en una exigencia de vasallaje. Quienes ejercían el poder eran los señores autóctonos, los grandes clanes rurales cuya hegemonía databa de siglos anteriores, como los Galindo y los Velasco. Pero los musulmanes exigían a éstos una sumisión que se materializaba en la entrega periódica de botín: cosechas, cautivos… Si se negaban, entonces los moros asolaban la comarca. Y no se piense que la amenaza era pequeña. La dominación sarracena se manifestará de manera abiertamente cruel. Hay un vestigio de esa violencia: la cueva de Foradada.

Hemos de situarnos en el Sobrarbe, en el norte de Huesca, en el valle del río Vero; un paraje lleno de cuevas y oquedades. En una de esas cuevas, una galería de unos veinticinco metros de largo, se hizo un hallazgo extraordinario: restos óseos de aproximadamente cuarenta personas. Ha sido posible identificar quiénes eran. Hay más mujeres que varones, y dos terceras partes de los restos corresponden a niños, desde recién nacidos hasta chicos de quince años; otros trece esqueletos son de personas mayores de esa edad, pero sólo uno parece mayor de treinta años. Lo más espeluznante es que en la entrada de la cueva de Foradada hay vestigios evidentes de un muro de piedra que cerraba el acceso. Es decir, que a esa gente se la enterró literalmente en vida. ¿En qué época? El análisis de los restos sitúa el drama en algún momento entre 750 y 850. No es difícil reconstruir la tragedia: los moros dominan, la población local se subleva, los hombres mueren en la batalla y las mujeres y los niños son encerrados en una cueva y abandonados a una muerte atroz. Es sólo una hipótesis, pero es la más plausible. Y nos da una idea de la extrema dureza de la vida en aquel momento y en aquel lugar.

¿Qué estaba pasando en el Pirineo? Recompongamos el paisaje. En Navarra tenemos la lucha sin cuartel entre dos familias, los Velasco y los Íñigo. Los primeros tienen el respaldo del

Imperio carolingio; los segundos tratarán de apoyarse en los Banu-Qasi del valle del Ebro, asentados sobre el triángulo Tudela-Borja-Tarazona, zona de gran riqueza agraria. Los Banu-Qasi, recordemos, eran musulmanes, pero no de origen: se trataba de una familia goda renegada —la del conde Casio— que se había convertido al islam para mantener su poder en la región. Más al este, siguiendo la línea del Pirineo, aparecen los condados aragoneses y catalanes como producto del empeño de Carlomagno de construir una marca, una frontera militar frente al emirato de Córdoba. Así nace una cadena de pequeñas formaciones políticas que va desde Jaca y Sobrarbe, en Huesca, hasta Barcelona, en el Mediterráneo. Estos condados dependen del Imperio carolingio, pero no tardarán en ser escenario de luchas de poder entre las familias locales. El Pirineo es, en fin, un mundo en ebullición.

A partir de este paisaje empiezan a desencadenarse fuerzas contrapuestas. En el reino de Pamplona, los Íñigo consiguen imponerse a los Velasco. ¿Cómo? Con el apoyo de los Banu-Qasi del Ebro. El caudillo de la operación es Íñigo Arista, hijo de Íñigo Jiménez e hijastro del Banu-Qasi de Tudela Musa ibn Fortún, con quien la madre de Arista, Oneca, había contraído segundas nupcias. Tras los intentos del rey carolingio Ludovico Pío por asentar a los Velasco en Pamplona, que ya hemos contado aquí, Íñigo Arista y sus aliados musulmanes del Ebro consiguen dar la vuelta a la situación. Íñigo queda como rey de Pamplona, lo cual le otorga el dominio sobre un amplio territorio que abarca aproximadamente la mitad norte de la actual Navarra y el oeste de Huesca. En Huesca pondrá sus ojos para aumentar su poder.

Pero Íñigo tiene dos enemigos: al norte, los carolingios; al sur, el emirato de Córdoba. El hecho de que los Banu-Qasi, aliados de Íñigo, fueran musulmanes, no significa que se llevaran bien con el emirato. De hecho, las disputas entre Córdoba y los Banu-Qasi serán permanentes. En una de ellas, Abderramán II atacará Pamplona. También atacarán Pamplona los francos carolingios: en 824, como ya hemos visto, Ludovico Pío ordenó una expedición contra la ciudad. Íñigo, sin embargo, conseguirá derrotar a los francos. Una vez más contará con el apoyo de los Banu-Qasi. Pero ahora, además, tiene otro aliado: García I Galíndez el Malo, conde de Aragón, es decir, del área de Jaca. ¿Quién era este personaje? ¿Por qué le llamaron *El Malo*? Vamos a verlo.

La última vez que pasamos por Aragón, habíamos visto al conde franco Aureolo ocupar el territorio del Pirineo oscense en nombre de Carlomagno y constituir allí un centro de poder. Aureolo se apoya en una familia local, los Galindo. Cuando Aureolo muera, hacia 809, será un Galindo, Aznar I Galíndez, quien herede el condado. Pero he aquí que, andando el tiempo, Aznar Galíndez se ve envuelto en un feo asunto de familia. Nuestro hombre había tenido cuatro hijos: Matrona, Eilo, Centulfo y Galindo. La primera, Matrona, se había casado con García Galíndez, hijo de Galindo Belascotenes (es decir que tenía sangre de los Galindo, pero también de los Velasco: Belasco-tenes). Éste es el García que pasará a la historia como *El Malo*. Porque el tal García mató a su cuñado Centulfo, repudió a su esposa Matrona y depuso al conde Aznar, apoderándose del condado de Aragón.

¿Qué pasó exactamente? Dice la tradición que Centulfo y Galindo, los cuñados de García, le gastaron una broma pesada: en una noche de San Juan, le encerraron en un hórreo. Cuando García logró salir, le cegó la sed de venganza. Fue a buscar a Centulfo y le dio muerte. No contento con eso, acudió al rey de Pamplona, Íñigo Arista, y le pidió ayuda para expulsar a Aznar del condado. Como Íñigo era enemigo de los carolingios, y éstos respaldaban a Aznar, el rey de Pamplona vio que la ocasión la pintaban calva: podía quitarse de en medio a un molesto vecino y ganar para sí un territorio que los francos controlaban. De manera que Íñigo prestó a García un pequeño ejército y la hueste marchó sobre Jaca. Aznar tuvo que salir por pies; el Imperio carolingio le encomendaría los condados de Urgel y Cerdaña. García, dueño de la situación, repudió a Matrona y se casó con una hija de Íñigo Arista llamada Nunila. Así, García el Malo se convirtió en conde de Aragón, bajo la órbita del rey de Pamplona. Era el año 820.

Es interesante, porque de esta manera se configura en el oeste del Pirineo un núcleo de poder completamente singular: entre la Pamplona de Íñigo, la Tudela de los Banu-Qasi y el Aragón de García, se ha formado una coalición opuesta tanto al Imperio carolingio como al emirato de Córdoba, pero sin relación de alianza con el reino de Asturias. ¿Es un mundo cristiano o es un mundo musulmán? Aragón y Pamplona son formalmente cristianos; el valle del Ebro, con los Banu-Qasi, es formalmente musulmán. Pero en realidad a lo que todos apuntan es a afirmar su propio poder frente a enemigos de potencia muy superior. Porque en la frontera de este nuevo núcleo, desde La Rioja hasta Barbastro, pasando por Zaragoza, el emirato mantenía su presión.

En los años siguientes cambiarán los nombres de los protagonistas, pero no la orientación general de las relaciones de poder. En Aragón muere García el Malo (en 833) y le sucede su hijo Galindo Garcés, un mozalbete que conducirá el condado hasta su muerte sin descendencia en 844. Como Galindo Garcés no tiene sucesor, se hace cargo del condado Galindo I Aznárez, es decir, un hijo de aquel Aznar que había sido depuesto por García el Malo. Este nuevo Galindo viene de desempeñar los condados de Urgel y Cerdaña, heredados de su padre y, por tanto, al servicio de los carolingios. Pero cuando llega a Aragón no lo hace para devolver el condado al control carolingio, sino que mantiene la política de alianzas con Pamplona y los Banu-Qasi. De hecho, Galindo I Aznárez se casará con una hija del rey de Pamplona. Para entonces el rey de Pamplona ya no era Íñigo Arista, que se había quedado paralítico, sino su hijo García Íñiguez. Y éste también mantendrá la política de alianzas: se casó con una Banu-Qasi, primero, y con una condesa de Aragón después.

Abderramán II no dejará de hacer valer su fuerza ante sus inquietantes vecinos. Hacia 843 logrará derrotar a la coalición de pamploneses, aragoneses y Banu-Qasi. Obtendrá así una sumisión formal por parte de los aliados navarroaragoneses. No será, sin embargo, por mucho tiempo; a mediados de siglo, el propio García Íñiguez trabará alianza con el reino de Asturias. El mapa político de España cambiará de manera decisiva. Pero eso ya lo veremos en su momento.

Ahora bien, quizá lo más importante de todo esto es que mientras los futuros reinos del Pirineo comenzaban a nacer entre dolores de parto, también aquí empezaban a producirse movimientos de repoblación. Y ya no se trataba de las colonizaciones promovidas por la corona carolingia, sino que ahora tenemos a los campesinos y a los monjes, como en Castilla, protagonizando el esfuerzo repoblador. Las gentes del norte de Sobrarbe empiezan a trasladarse a los valles meridionales, más aptos para el cultivo: son los valles del Guarda, de Solana, de Puértolas, la Ribera de Fiscal… Un lugar peligroso: pocos kilómetros al sur está Barbastro, principal plaza fuerte del emirato de Córdoba en la zona. Pero la tenacidad de los colonos podrá más.

Así empiezan a nacer nuevos asentamientos caracterizados por su «muro», comunidades de aldea protegidas por una pequeña muralla defensiva. En las décadas siguientes aparecerán, entre los ríos Yesa, Cinca y Ara, pueblos como Muro de Valle, Muro de Bellos, Muro de Roda… Y después de los muros vendrán las torres: Torrolluala del Obico, Torruellola de la Plana, Latorrecilla, Latorre en Castejón de Sobrarbe… También aquí la Reconquista se iba haciendo a golpe de azada y piedra. Sobre ese esfuerzo se edificará el reino de Aragón.

Capítulo 6

REBELDES, VIKINGOS, MÁRTIRES Y LADRONES

EL DÍA QUE ALFONSO Y ABDERRAMÁN
RENUNCIARON A LUCHAR

La nota dominante durante los primeros siglos de la Reconquista fue la guerra. Prácticamente no hubo año que no registraran enfrentamientos armados entre moros y cristianos. Y cuando no los hubo en la frontera asturiana, fue porque unos y otros tenían que combatir en otros lugares. Hubo una vez, sin embargo, en que ambos ejércitos, frente a frente, rehusaron trabar combate. El contexto del episodio, realmente insólito, fue la insurrección de un traidor que venía de Mérida. Alfonso II el Casto tenía ya ochenta años; morirá muy poco después.

Se llamaba Mahamud ibn Abd al-Yabar y era de Mérida. Aquí hemos contado ya los problemas de los emires de Córdoba con ciudades como Mérida y Toledo, viejas capitales de la época romana y visigoda, orgullosas de su personalidad, poco propensas a dejarse avasallar por cualquier advenedizo. Tanto

Mérida como Toledo habían caído rápidamente en manos musulmanas, pero esas manos estaban movidas por brazos españoles. Las viejas ciudades podían soportar a los nuevos amos, pero a condición de mantener márgenes muy amplios de libertad.

Ahora bien, el sistema de poder Omeya no era el más adecuado para mantener tolerantes relaciones con ciudades federadas. La casta árabe, hegemónica pero minoritaria, no quería que nadie le hiciera sombra. La minoría berebere se sentía marginada del poder. En cuanto a la mayoría hispana, ya fuera muladí (o sea, conversa) o mozárabe (o sea, cristiana), sencillamente odiaba a los prepotentes árabes. Eso es lo que encenderá la mecha en Toledo y Mérida. Y no fueron convulsiones episódicas, porque la mecha arderá durante decenios.

Normalmente, el conflicto solía resolverse con un ataque del emir contra la ciudad en cuestión, obligando a los sublevados a pactar condiciones de paz… hasta la siguiente revuelta. Pero en una de estas algaradas, en Mérida, en 833, los revoltosos se negaron a cualquier componenda con el emirato. Más aún: los rebeldes cogieron las armas y abandonaron la ciudad, dispuestos a seguir la lucha en otra parte. Al frente de los fugitivos, nuestro hombre, Mahamud ibn Abd al-Yabar. Las huestes de Mahamud iban en serio. Lo primero que hicieron fue acudir a Monsalud, al sureste de Mérida. Perseguidos por los ejércitos del emir, los rebeldes marcharon entonces sobre Beja, ya en lo que hoy es Portugal, y después se hicieron fuertes en el castillo de Monte Sacro, cerca de Faro. Acosados también allí, los hombres de Mahamud terminaron pidiendo socorro. ¿A quién? A Alfonso de Asturias. Y el rey de Oviedo, quizá no de buena gana, accedió.

Mahamud y sus gentes, bajo la protección de Alfonso II el Casto, se instalaron en la zona de Sarria, al sur de Lugo. Era un área en la que ya habían echado raíces numerosos mozárabes, cristianos que huían de Al Ándalus. Cinco años habitaron allí las huestes de Mahamud. Pero por razones que ignoramos, un día Mahamud se puso a conspirar contra Alfonso. El rebelde de Mérida entró en tratos con su viejo enemigo, Abderramán. Quizá creyó posible alcanzar el perdón de Córdoba. ¿Cómo? Abriendo camino al emir por Galicia. Y para eso tenía que levantarse en armas contra Oviedo y apoderarse de unas cuantas plazas que pudiera ofrecer al emir. Así se fraguó la traición.

Empezaba la primavera de 840. Mahamud enroló a cuantos musulmanes pudo, tanto de sus propias huestes como de las de las regiones vecinas, probablemente en Portugal. Cuando se vio lo bastante fuerte, se lanzó a saquear Galicia. Pero Alfonso, mientras tanto, no había permanecido inactivo: enterado de la traición de Mahamud, llamó a sus gentes de armas y contraatacó. El de Mérida, acosado por fuerzas superiores, trató de defenderse en el castillo de Santa Cristina. Allí Alfonso atrapó a su pieza, sitió el castillo y, sin prisa, decidió esperar hasta que se rindiera. La situación de Mahamud, sin alimentos y con sus fuerzas ya muy reducidas, era desesperada. El rebelde optó por jugárselo todo a una carta: salió del castillo con sus huestes y cargó contra las fuerzas de Alfonso. Fue una desdicha. El caballo de Mahamud se desbocó y el de Mérida cayó al suelo, se golpeó la cabeza y murió en el acto. Los caballeros de Alfonso, recelosos, temiendo que todo fuera un truco, decapitaron al rebelde. La cabeza del traidor fue ofrecida al rey. Y las huestes de Mahamud, pasadas a cuchillo.

No debió de haber una represión excesivamente dura contra las gentes de Mahamud que se abstuvieron de combatir, porque dice la tradición que una hermana del de Mérida, conversa al cristianismo, se casó con un noble gallego; un hijo de esta señora llegará a ser obispo en Santiago de Compostela. Pero el hecho es que, transcurrido el mes de mayo de 840, la revuelta había quedado sofocada. El ejército de Alfonso II se preparaba ya para volver a casa. Y así estaban las cosas cuando, apenas comenzado el mes de junio, el rey cristiano recibió una noticia alarmante: el ejército de Córdoba ascendía por Piedrafita con el propio Abderramán en cabeza.

¿Acudía Abderramán a socorrer a Mahamud? En ese caso, llegaba tarde. ¿Se trataba de la habitual campaña saqueadora de todos los años? Si así era, esta vez los moros tendrían que empezar a combatir antes de saquear nada. Grande fue la sorpresa de Alfonso. Pero grande fue también la sorpresa de Abderramán. Ésta era la situación: dos ejércitos que no se esperaban, se encuentran de súbito frente a frente. Abderramán no había calculado que de repente le saliera al paso todo el ejército cristiano. Y Alfonso, que había convocado a sus huestes para dar caza a Mahamud, ni mucho menos esperaba darse de bruces con todo el ejército de Córdoba, con el propio emir a la cabeza.

No sabemos qué pasó. Ni las fuentes moras ni las cristianas nos explican los hechos. Las moras se limitan a consignar que la campaña fue penosa; las cristianas guardan silencio. Pero podemos imaginarnos a Abderramán, sorprendido, mandando detenerse a sus hombres. Él no había previsto semejante choque tan pronto. Y también podemos imaginarnos a Alfonso, no menos perplejo, evaluando la situación: tenía a su alcance nada menos que al emir de Córdoba, pero las huestes cristianas venían de combatir y estaban ya camino de sus hogares. ¿Qué hacer?, pensaría Alfonso. Y ¿qué hacer?, pensaría Abderramán.

Uno y otro hicieron lo mismo: dar media vuelta. Alfonso, ochenta años de edad y casi cincuenta de reinado, no iba a jugarse el destino del reino a una carta. Abderramán II, poderoso emir de Al Ándalus, con un evidente talento político pero con muy poco ardor guerrero, tampoco iba a empeñar todo su prestigio en un lance de resultado incierto. Así, los ejércitos de Córdoba y de Asturias, por primera vez en más de un siglo, se ignoraron. Ambos volvieron grupas. No hubo batalla. Alfonso y Abderramán renunciaron esta vez a luchar.

Sánchez Albornoz imagina a Abderramán harto de campañas, en perpetua añoranza de las damas de su harén. Y trae a colación unos versos escritos para el emir por Ibn Samar, poeta de la corte cordobesa, y dirigidos a la bella concubina Tarub. Dicen así:

> Te he despreciado por visitar al enemigo y llevar contra él un gran ejército. ¡Qué desiertos he recorrido en mi camino y qué desfiladeros he atravesado uno tras otro! Quemado por el viento abrasador del mediodía, tan ardiente que parecía poder fundir las piedras, me he hecho con el polvo una coraza y mi bello rostro está transformado por el agotamiento.

Al otro lado de los campos muertos del valle del Duero, encerrado en los desfiladeros cantábricos, el reino de Asturias seguía siendo inaccesible para las huestes sarracenas. Y mientras el emir Abderramán cantaba su desolación, el anciano Alfonso se preparaba para entregar su alma a Dios.

Alfonso II el Casto murió en 842, con ochenta y dos años, en su palacio de Oviedo. No hay razones para dudar de que murió satisfechísimo. En más de medio siglo de reinado, había asegurado la independencia del reino de Asturias desde Galicia hasta Guipúzcoa, había ganado nuevas tierras al sur para la cruz, había triunfado sobre todos sus enemigos internos y externos, había edificado una capital como Oviedo, digna de un gran rey; había dado un sentido histórico y espiritual al reino mediante la recuperación del orden gótico; había extendido el culto al Apóstol Santiago desde el hallazgo de Compostela, y había trazado sólidos puentes con la Europa de Carlomagno. Y todo eso, a partir del precario paisaje heredado de Bermudo. El legado de Alfonso es sencillamente sensacional.

El epitafio del rey decía así: «El que todo lo hizo en paz, en paz descansó». ¿Paz? Sin duda, interior.

EL ENIGMA DEL GOLPE DE NEPOCIANO

Alfonso II el Casto reinó medio siglo y murió con ochenta y dos años. Con él se extinguía el linaje directo de Don Pelayo. Su figura nos ha acompañado durante muchos episodios. Cuando murió, allá por el año 842, y puesto que carecía de descendencia directa (por algo era *El Casto*), le sucedió en el trono Ramiro, décimo rey de Asturias. A Ramiro I le esperaba un periplo difícil: sólo reinó durante ocho años y todos ellos verán trastornos permanentes, desde conspiraciones palaciegas hasta delincuencia al por mayor, pasando por la inevitable guerra contra el moro y hasta una invasión normanda. Un reinado duro, el de Ramiro.

¿De dónde había salido Ramiro? ¿Por qué fue el elegido? Ramiro era hijo de Bermudo el Diácono, aquel noble, descendiente del guerrero Fruela Pérez, que fue designado por sus pares para ocupar el trono y que, descalabrado en el campo de batalla, entregó la corona a Alfonso. Es decir que Ramiro, cuando llega al trono asturiano, ya es un hombre maduro, con más de cincuenta años. Sabemos, además, que en aquel momento era viudo y tenía un hijo llamado Ordoño.

Las razones que llevaron a Alfonso a escoger a Ramiro no están muy claras, pero parece que el anciano rey, consciente de que a su muerte volverían a despertarse las intrigas de palacio que tanto le habían hecho sufrir en su día, se propuso conjurarlas devolviendo la corona a la estirpe que la había ostentado antes que él. Nada mejor para ello que promover como sucesor a un hijo de Bermudo. Hay razones para pensar que Alfonso mismo escogió a Ramiro y que, antes de morir, había avalado su candidatura al trono. Los nobles del reino habrían refrendado la elección. Sin embargo…

Sin embargo, si Alfonso esperaba haber neutralizado las conjuras de palacio, se equivocaba. Porque ocurrió que Ramiro, designado sucesor, marchó a Castilla a buscar esposa —la segunda, porque era viudo—. Pero en ausencia de Ramiro murió Alfonso y el trono quedó vacante. Y como todos los tronos tienen horror al vacío, inmediatamente hubo alguien que lo llenó. Un tal Nepociano Díaz aprovechó la muerte de Alfonso y la ausencia de Ramiro para buscarse el apoyo de un sector de la nobleza y hacerse ungir como rey. Y así volvió a oscurecerse el paisaje en Asturias.

Bien, nuevo enigma. ¿Quién era Nepociano Díaz? Las fuentes dicen que era *comes palatii* (o sea, conde de palacio, un cargo muy importante en la corte) y cuñado del rey, *cognatus*. ¿Cuñado de Alfonso II el Casto? ¿Marido, pues, de la hermana del rey? Porque de Alfonso sabemos que tenía sólo una hermana, Jimena. Aquí hemos contado que, siendo niños, su madre, la vasca doña Munia, ocultó a los dos, Alfonso y Jimena, en el monasterio de Samos cuando asesinaron a su padre, el rey Fruela. Esa misma Jimena ha aparecido en nuestro relato como madre legendaria del caballero Bernardo del Carpio, engendrado en la hermana del rey por el conde de Saldaña, Sancho Díaz. Ahora bien, hay que recordar que Alfonso murió con más de ochenta años, y que su padre, Fruela, había muerto en 768. Por tanto Jimena, a la altura de 842, que es cuando se produce el episodio de Nepociano, tendría por lo menos setenta y cuatro años. Si Nepociano estaba casado con esta mujer, debía de ser ya un anciano.

Todo esto, lamentablemente, sólo son conjeturas. Incluso la relación de Nepociano con Jimena es sólo hipotética, porque la crónica no nos da más datos. Puede que Nepociano fuera el propio Sancho Díaz, conde de Saldaña; puede que fuera un marido posterior de Jimena; o puede que *cognatus* no quiera decir exactamente cuñado, sino pariente consanguíneo, o sea del mismo linaje, porque esa palabra —*cognatus*— tuvo también ese significado. Si esto fuera así, quizá Nepociano no habría sido, después de todo, un usurpador, sino alguien con suficientes derechos para ocupar el trono. Pero todo esto, ya digo, no lo sabemos. Lo que sí sabemos es lo que pasó después. Y realmente es bastante desagradable. Vamos a verlo.

Con Ramiro en Bardulia, Nepociano se proclama rey. Le apoyan los nobles astures y vascones. Recordemos que Alfonso había logrado unir bajo su cetro a gallegos, astures, cántabros y vascones, pero la muerte del rey volvió a propiciar la desbandada. Porque si vascones y astures apoyaban a Nepociano, los gallegos, por el contrario, no le querían ni en pintura. Ramiro, desalojado del trono, aprovechará esa circunstancia: marcha a Galicia, obtiene el apoyo de la nobleza local, forma un ejército y se dirige contra Oviedo para recuperar la corona. Todo apuntaba a una guerra civil en el reino. Pero no hubo tal.

No hubo tal porque las gentes de Nepociano, de repente, se marcharon y dejaron solo al presunto usurpador. La cosa fue así: Nepociano, enterado de que Ramiro marchaba sobre Oviedo, preparó a su ejército y se dispuso a esperarle en Cornellana, que está al oeste de Oviedo, entre Grado y Salas, a orillas del Narcea; pero al divisar a las tropas de Ramiro, las de Nepociano, por razones que ignoramos, se negaron a luchar y huyeron, dejándole solo ante el peligro. Nepociano se fugó, como es natural, pero su sentencia estaba dictada. En la ribera del Sella fue apresado por dos condes fieles a Ramiro, de nombres Scipion y Sonna, y entregado al rey. La suerte de Nepociano fue horrible: le sacaron los ojos y quedó encerrado de por vida en un convento.

Este castigo de la ceguera sacando los ojos al reo es bastante bárbaro. Para entenderlo mejor, hemos de explicar que era una práctica habitual de la época, tanto en Oriente como en Occidente, y tanto en tierra cristiana como en tierra musulmana. Incluso mucho tiempo más tarde, hacia el siglo XIV, seguiremos encontrando este castigo en el centro de Europa y también en el mundo islámico. Justamente la terrible crueldad del castigo hace más enigmático el caso de Nepociano, que sin duda sabía a lo que se exponía cuando se aupó al trono. Nepociano Díaz, con las cuencas de los ojos vacías, terminó sus días en aquel convento cuyo nombre ignoramos. Ramiro recuperó la corona. Y con él aparece ya la mujer que había desposado en Castilla: Urraca.

Hay que decir que Nepociano no se resignó. Aunque ciego y encerrado, se las arregló para seguir intrigando. Y así, muy poco después, aprovechando otro momento en el que Ramiro estaba fuera de Oviedo, el pertinaz conspirador lió a dos condes, Aldroito y Piniolo, para que se sublevaran contra el rey. Este Aldroito era nada menos que *comes palatii*, como lo había sido Nepociano. El hecho es que Ramiro, una vez más, venció a los conspiradores y, también una vez más, hizo caer sobre ellos la más dura ley. Aldroito perdió igualmente los ojos. En cuanto a Piniolo, que se sublevó un poco más tarde, pagó con la vida; con la suya y con la de sus siete hijos. Años de hierro.

El tremendo episodio de Nepociano dio el tono de lo que iba a ser el reinado de Ramiro I: un sinvivir. En las próximas páginas veremos al nuevo rey de Asturias haciendo frente a las invasiones vikingas, desmantelando más conspiraciones palaciegas, repoblando infructuosamente León, reprimiendo con mano dura el aumento de la delincuencia en el reino… Ramiro pasará a la historia con el sobrenombre de *la vara de la justicia*.

Fueron ocho años de vértigo. En ellos se sitúa la legendaria batalla de Clavijo, cuando el Apóstol Santiago apareció en un caballo blanco para ayudar a los cristianos en su batallar contra los caldeos. Y en ellos, también, floreció el arte prerrománico asturiano, justamente llamado «ramirense»: Santa María del Naranco, San Miguel de Lillo, Santa Cristina de Lena. Muchas cosas para tan pocos años. Las veremos en su momento.

CUANDO RAMIRO I DERROTÓ A LOS VIKINGOS

Estaba Ramiro I recién llegado al trono cuando, súbitamente, aparecieron los vikingos. Debió de ser una gran conmoción, porque hasta ese momento nadie en España sabía quiénes eran aquellos terribles navegantes. Si ya era duro vivir con la amenaza musulmana, ahora al reino cristiano del norte se le presentaba un peligro nuevo. Hay que decir, no obstante, que los normandos se llevaron lo suyo. Vamos a contar esta historia, que es para hacer una película.

El reinado de Ramiro I recuerda un poco al de Fruela I, casi un siglo atrás. Ambos recibieron la corona de manos de grandes reyes (los dos Alfonsos), ambos reinaron por un periodo relativamente breve (once años Fruela, ocho Ramiro) y ambos se vieron envueltos en interminables tribulaciones, sin un solo día de descanso. En el caso de Ramiro, el destino le tenía reservada una dura prueba: hacer frente a una amenaza desconocida hasta entonces. Esa amenaza era la misma que estaba devastando el norte de Europa, los vikingos. Fue el 31 de julio del año 844. Ese día aparecieron por primera vez en aguas españolas las velas cuadradas de los *drakkars* normandos.

Los vikingos eran los pueblos de origen germánico que habitaban en Escandinavia. Parece que la palabra *vikingo* proviene de *vik*, que significa fiordo: los habitantes de los fiordos. Durante siglos habían permanecido relativamente aislados, pero en un determinado momento, hacia el siglo VIII, se hicieron a la mar y desde sus asentamientos en Noruega, Suecia y Dinamarca saltaron sobre Europa. La historia y la leyenda nos han transmitido la imagen de unos terribles guerreros entregados a la rapiña a bordo de sus *drakkars*. Eso es verdad, pero no es toda la verdad. Hoy se sabe que los vikingos —o los normandos, que así se les llamaba: hombres del norte— se dedicaron a la pesca y al comercio casi con tanta intensidad como a la guerra. Pero descubrieron que hacia el sur, en Inglaterra, Francia o España, había muchas ciudades, muy ricas y no bien protegidas. Su codicia se despertó particularmente al conocer que en ese extraño mundo del sur existían lugares llenos de tesoros sin más vigilancia que unos pacíficos hombres entregados a la oración: los monasterios.

En el año 793 se registra el primer ataque vikingo a las costas británicas. El objetivo era el monasterio de Lindisfarne, temprano testimonio del cristianismo céltico. Las *Crónicas anglosajonas* recogieron el episodio como una auténtica maldición bíblica. Había aparecido en la historia el «furor de los normandos». De las islas británicas pasaron a Francia. De Francia no tardaron en llegar a España, aquella España que vivía bajo el clima bélico de la primera Reconquista.

Volvamos a aquella jornada inaugural, 31 de julio de 844. Hemos de situarnos en las costas de Gijón. Y podemos imaginarnos la impresión de los lugareños al ver cómo el mar, de repente, aparecía cubierto por multitud de velas abiertas al viento. Los visitantes eran daneses, de Vestfold. Según las crónicas había no menos de 115 barcos, a bordo de los cuales podrían navegar unos 5.000 guerreros. Parece que se trataba de una flota que había participado a sueldo en las guerras internas de la Francia carolingia y que, de vuelta a su país, fue arrastrada hacia aguas cantábricas. Desembarcaron en los alrededores de Gijón el 1 de agosto. No debió de gustarles lo que encontraron, de manera que rápidamente volvieron a hacerse a la mar, pero no para volver a casa, sino para seguir tanteando la costa cantábrica.

Como no les resultó fácil tocar tierra en Asturias, los vikingos siguieron camino por la costa gallega. Nadie ignoraba entonces qué era Galicia: la tierra donde en 813 había aparecido la tumba del Apóstol Santiago; así, *Jakobsland*, Tierra de Santiago, llamaban en la Europa germánica a Galicia. Sabemos que estuvieron en Lugo. Después saquearon Clunia, la actual La Coruña, atraídos por la majestad de la Torre de Hércules, el Faro Brigantium, que creyeron depósito de tesoros (y buena decepción se llevaron, por cierto). Bajaron hasta Tuy. Pero los españoles de aquella época eran de armas tomar. El reino de Asturias, que abarcaba desde Galicia hasta Álava y Vizcaya, era un mundo pobre, exclusivamente agrario, sin moneda, pero muy hecho al combate y a la guerra. El rey Ramiro I reunió a su hueste y se dirigió contra los normandos.

La forma de actuar de los vikingos era bastante versátil. En principio, toda su estrategia consistía en depredar cuanto encontraban. Si lo que encontraban les parecía mucho más fuerte que ellos, entonces solían limitarse a comerciar; si, por el contrario, las localidades visitadas eran más débiles, entraban directamente a saco. Después de varias visitas de este carácter, los normandos solían llegar a algún tipo de acuerdo con los desdichados lugareños. Si éstos pagaban un buen rescate previo, los vikingos se abstendrían de usar la violencia. En realidad era una forma de chantaje. En Inglaterra llegó a instituirse el procedimiento con un nombre especial: el *danegeld,* el «dinero para los daneses», un impuesto destinado a pagar a los visitantes para que se marcharan de allí. Quizá los normandos pensaron que en aquellas ignotas tierras de Jakobsland iban a poder cobrarse algo parecido. Pero las cosas salieron al revés.

No sabemos exactamente cómo ocurrieron los hechos. No sabemos si el rey Ramiro participó en los combates, o si envió tropas propias o si encargó el asunto a sus huestes gallegas. Lo que sabemos es que, cuando los normandos desembarcaron en Galicia y comenzaron a saquear el territorio, una fuerza cristiana les hizo frente, trabó combate con los normandos, los derrotó y los persiguió hasta sus barcos. La fuerza vikinga quedó aniquilada. Así lo contaba la *Crónica de Sebastián:*

Así, en los tiempos que siguieron, las naves de los normandos llegaron al litoral de la ciudad de Gijón por el océano del norte y desde allí prosiguieron hasta el lugar que se llama Faro Brecantium. Cuando Ramiro, ya convertido en rey, averiguó esto, envió contra ellos al ejército con sus jefes y séquitos y mató a muchos de ellos y quemó sus naves. Pero los que quedaron irrumpieron en la ciudad de Sevilla y saqueándola mataron a espada y fuego a muchos de los moros.

A Sevilla llegaron, es verdad. Veamos cómo ocurrió. Las pérdidas de los vikingos en aquel primer ataque gallego habían sido enormes: perdieron setenta barcos y quizá la mitad de sus hombres, pero aún les quedaba fuerza. Se dirigieron más al sur, hacia la España musulmana. Aunque no pudieron forzar Lisboa, atacaron y saquearon Cádiz, Medina Sidonia y, finalmente, Sevilla. Allí los vikingos aplicaron su estrategia habitual: dividirse en partidas para saquear los campos. Ahora bien, esa costumbre, eficaz en países de organización rudimentaria, les resultó letal en Al Ándalus, donde el emirato controlaba muy bien el territorio. Abderramán II pudo reunir rápidamente un ejército que hizo trizas a los vikingos. Los pocos supervivientes marcharon hacia lugares menos ásperos.

Entonces a los musulmanes españoles se les ocurrió algo singular. Vista la fiereza de aquellos normandos, ¿por qué no buscar un arreglo diplomático? Si se trataba de comerciar con prisioneros, esclavos a cambio de mercancías, el entendimiento era factible. Parece que a Abderramán II le sedujo la idea de crear asentamientos comerciales en el norte de Europa. Además, musulmanes y vikingos tenían un enemigo común: el Imperio carolingio, al que ambos combatían. De manera que los moros españoles enviaron a un embajador, Al-Ghazal, que estuvo año y medio en Dinamarca. No es que Al-Ghazal firmara acuerdos duraderos, pero, a cambio, este embajador andalusí, muy probablemente de origen godo, nos legó la primera descripción etnográfica del mundo vikingo. Un precursor.

Los vikingos retornarán a España, por supuesto, ya bastantes años más tarde. Y por cierto, volverán a llevarse lo suyo. Pero en lo que concierne a nuestro relato, quedémonos con lo esencial: Ramiro I había salido con bien de este inesperado reto. Le esperaban más desafíos.

LA BATALLA DE CLAVIJO: SANTIAGO Y CIERRA, ESPAÑA

Dentro de la prolija serie de sucesos con que el destino cargó a Ramiro I, hay uno que parece más legendario que real y que, sin embargo, no por ello dejó de ejercer una gran influencia en la historia de España. Se trata de la batalla de Clavijo, en La Rioja, en 844. Fue allí donde el Apóstol Santiago se apareció, armado, para ayudar a los cristianos en su lucha contra el islam.

Dice la leyenda que aquella batalla actuó sobre las huestes hispanas como un revulsivo. Entre otras cosas, permitió poner fin al oprobioso tributo de las cien doncellas cristianas que los musulmanes exigían como prenda de paz. Hoy casi todo el mundo está de acuerdo en que la batalla de Clavijo, propiamente dicha, no existió, como tampoco existió aquel tributo —ya lo hemos contado aquí—. Pero sabemos que en torno al año 850 hubo intensos combates en esa misma zona de La Rioja, y el hecho es que la memoria de Clavijo acompañó a los españoles durante siglos. ¿Qué pasó? ¿Fue todo una invención? No.

Lo que sabemos de Clavijo se lo debemos a un documento del siglo XII, es decir, muy posterior a los hechos. En él, un canónigo de la catedral de Santiago, de nombre Pedro Marcio, dice copiar otro documento del siglo IX donde el rey Ramiro I establece el voto de Santiago, o sea, una serie de donaciones a la sede de Compostela en acción de gracias por aquella batalla. Ese documento de Pedro Marcio ha sido muy discutido por sus errores históricos y cronológicos. En todo caso, en su momento fue tomado por testimonio veraz. Y en las primeras historias de la Reconquista —las de los obispos Lucas de Tuy, el Tudense, y Jiménez de Rada, ambas del siglo XIII— se otorga a la batalla de Clavijo un valor esencial. ¿Qué ocurrió allí?

Dejemos que hable la leyenda. En aquel tiempo, los poderosos moros habían impuesto a los cristianos un tributo vergonzoso, la entrega anual de cien doncellas. A cambio, los musulmanes no atacarían a los reyes que accedieran al pacto. Este tributo se remontaría al año 738, cuando Mauregato lo aceptó. Desde entonces, sucesivos reyes cristianos habían peleado para abolirlo. Así lo contó, mucho después, Alfonso X el Sabio:

> Así como cuenta la historia, fue que los moros supieron que había muerto el rey don Alfonso el Casto, que era rey muy esforzado y fuerte y aventurado en batallas, y mucho los había quebrantado con lides y correrías. Y supieron los moros que en su lugar reinaba el rey don Ramiro, y pensaron que éste les tendría miedo, porque era el poder de los moros muy grande en España, y que, teniéndoles miedo, les daría lo que los moros pidiesen para que no hubiera guerra y le dejasen en paz. Y así los moros pidieron a Ramiro que cada año les diese cincuenta doncellas de las más hidalgas para casarlas, y otras cincuenta del pueblo para solaz y deleite de los moros. Y que estas cien doncellas fueran todas vírgenes.

Pero Ramiro I, contra lo que los moros pensaban, no estaba dispuesto a aceptar semejante oprobio. De manera que el rey asturiano, con su estandarte de la cruz roja sobre fondo blanco, convocó a los caballeros cristianos, se puso él mismo al frente y marchó en busca de los musulmanes allá donde más crítica era la amenaza, en La Rioja. Los moros, que andaban entonces enredados en las frecuentes querellas de la Navarra Banu-Qasi, disponían de un gran ejército. Y dicen las crónicas que a la cabeza del ejército moro se hallaba nada menos que el propio emir, Abderramán II.

Cuando los cristianos llegaron a la altura de Nájera y Albelda, se toparon con una sorpresa atroz: un innumerable ejército moro, compuesto tanto por tropas peninsulares como por levas de Marruecos. Los cristianos se batieron con bravura, pero la superioridad mora era manifiesta. Acosados por todas partes, los caballeros se vieron forzados a refugiarse en el castillo de Clavijo, en Monte Laturce. Era el 23 de mayo de 844. Hay que imaginarse a las huestes cristianas, ya muy mermadas, recluidas al caer la noche, al borde de la desesperanza. Pero fue entones cuando, en el duermevela de la derrota, el rey Ramiro tuvo una visión. Dejemos que él mismo nos lo cuente, según el citado documento de Pedro Marcio:

Y estando yo durmiendo, se dignó aparecérseme, en figura corporal, el bienaventurado Santiago, protector de los españoles; y como yo, admirado de lo que veía, le preguntase ¿quién era?, me aseguró ser el bienaventurado apóstol de Dios, Santiago. Poseído yo entonces del mayor asombro, que en modo extraordinario me produjeron tales palabras, el bienaventurado apóstol me dijo:

«¿Acaso no sabías que mi Señor Jesucristo, distribuyendo las otras provincias del mundo a mis hermanos, los otros apóstoles, confió por suerte a mi tutela toda España y la puso bajo mi protección? (...) Buen ánimo y ten valor, pues yo he de venir en tu ayuda y mañana, con el poder de Dios, vencerás a toda esa gran muchedumbre de enemigos por quienes te ves cercado. Sin embargo, muchos de los tuyos destinados al descanso eterno recibirán la corona del martirio en el momento de vuestra lucha por el nombre de Cristo. Y para que no haya lugar a duda, tanto vosotros como los sarracenos, me veréis sin cesar vestido de blanco, sobre un caballo blanco, llevando en la mano un estandarte blanco. Por tanto, al punto de rayar el alba, recibido el sacramento de la penitencia con la confesión de los pecados, celebradas las Misas y recibida la Comunión del Cuerpo y la Sangre del Señor, no temáis acometer a los escuadrones de los sarracenos, invocando el nombre de Dios y el mío, teniendo por cierto que ellos caerán al filo de la espada».

Dicho todo esto, desapareció de mi presencia la agradable visión del apóstol de Dios.

Ramiro —sigue diciendo la leyenda— se apresuró a contar su visión a todos: caballeros, obispos, menestrales. Al alba, las tropas cristianas, seguras de su victoria, acometieron a los sarracenos. Allí gritaron por primera vez unos españoles aquello de «¡Santiago!». Y en el fragor del combate, en efecto, apareció el gran jinete blanco, estandarte blanco en caballo blanco, como un rayo de luz, para inclinar la victoria del lado de los cruzados. El día 25 de mayo, en la ciudad de Calahorra, el rey dicta en acción de gracias el voto de Santiago, que comprometía a todos los cristianos de la Península a peregrinar a Santiago de Compostela portando ofrendas al Apóstol.

¿Ocurrió esto así? Hace siglos que se cree que no. Las fuentes cronísticas oficiales de la época, tanto astur-leonesas como musulmanas, no hacen referencia alguna a Clavijo; es como si esa batalla no hubiera existido jamás. Todas las menciones son muy posteriores. Ahora bien, la *Crónica Najerense* habla de las campañas de Ramiro contra los árabes. Por su parte, las crónicas musulmanas de la época de Abderramán II hablan de campañas moras contra Álava. Y quizá lo más importante, unas y otras coinciden en señalar fuertes combates en el área riojana que nos interesa. Más concretamente, las fuentes astur-leonesas cuentan que Ordoño I, el hijo de Ramiro, cercó la ciudad de Albelda y estableció su base en el Monte Laturce, es decir, el mismo lugar donde la leyenda sitúa la batalla de Clavijo. Y los hallazgos arqueológicos no dejan lugar a dudas: en Albelda se combatió, y mucho.

En Albelda hubo, en efecto, una batalla o, más precisamente, dos, una en 852 y otra en 859. El contexto de ambas fue la lucha por el control de las vías de comunicación en el este de la España cristiana. Pero el rey cristiano de aquellas batallas no era Ramiro, sino su hijo Ordoño, y el jefe moro no era Abderramán II, sino Musa II, de los Banu-Qasi, la poderosa familia hispanogoda conversa al islam. La primera batalla la ganaron los musulmanes, exactamente como, según la leyenda de Clavijo, le ocurrió a Ramiro I cuando apareció por La Rioja. Pero la segunda la ganaron los cristianos, también como le ocurrió a Ramiro. Lo que la leyenda condensa en veinticuatro horas de Ramiro I, pudo ser en realidad un lapso de siete años en la ofensiva reconquistadora de su hijo Ordoño.

La polémica entre los historiadores prosigue. Pero lo cierto es que, tras aquella segunda batalla de Albelda, el poder cristiano en el área se reforzó y los musulmanes vieron frustrado su intento de consolidar una plaza fuerte en La Rioja. Ordoño, inmediatamente, procedió a amparar la repoblación masiva del área, designio que permaneció vivo en los años posteriores, y que terminaría asentando de manera definitiva la cruz en aquellas tierras. E igualmente cierto es que Santiago, a partir de entonces, siempre fue invocado por los españoles en apuros. Federico García Lorca lo escribió en unos versos muy hermosos. Dicen así:

> *Dice un hombre que ha visto a Santiago*
> *en tropel con doscientos guerreros;*
> *iban todos cubiertos de luces,*
> *con guirnaldas de verdes luceros,*
> *y el caballo que monta Santiago*
> *era un astro de brillos intensos.*
> *Dice el hombre que cuenta la historia*
> *que en la noche dormida se oyeron*
> *tremolar plateado de alas*
> *que en sus ondas llevose el silencio.*
> *¿Qué sería que el río parose?*
> *Eran ángeles los caballeros.*
> *¡Niños chicos, cantad en el prado,*
> *horadando con risas al viento!*

¿Historia o leyenda? Leyenda, sin duda, pero leyenda que muy pronto se hizo historia. Y que desde entonces forma parte entrañable de la conciencia histórica española.

LA VARA DE LA JUSTICIA

Al rey Ramiro le llamaron *la vara de la justicia* por su mano dura. Esa mano dura la tuvo que aplicar en el interior de su reino para reprimir el auge de dos inquietantes fenómenos, la magia y el bandolerismo. Quiso aplicarla también a una audaz empresa reconquistadora, la repoblación de León, pero no le salió bien. Lo que sí le salió bien fue el embellecimiento monumental de Oviedo con las iglesias del monte Naranco. Vara de la justicia, pues, pero vara piadosa.

Empecemos por el capítulo del orden público. En tiempos de Ramiro I —cuentan las crónicas—, hubo un extraordinario aumento de los robos y de la magia. Dos fenómenos distintos, sin duda, pero que coincidían en poner en peligro el buen orden interior. Los robos, porque extendieron por todas partes una intensa sensación de inseguridad; la magia, porque… ¿Por qué? Es interesante preguntarse por qué.

Cuando las fuentes altomedievales hablan de magia, uno tiende siempre a pensar en cultos precristianos. Al fin y al cabo, sabemos que en el reino de Asturias había ciertas zonas apenas cristianizadas (la frontera vascona, por ejemplo) y otras muchas áreas donde pervivían determinadas prácticas rituales del viejo paganismo. Y también sabemos, por la comparación con otros lugares de Europa, que las viejas creencias paganas habían ido degenerando hasta convertirse en una suerte de supersticiones populares de tipo mágico. Ahora bien, si se tratara de esto, es decir, de pervivencias paganas, ¿por qué semejantes cosas no habían sido un problema en épocas anteriores, sino específicamente en el reinado de Ramiro?

Por otro lado, la plena cristianización del reino de Asturias era una evidencia desde mucho tiempo atrás. Más aún, la identificación del reino con la cruz era una tendencia sostenida desde los días de Covadonga, y los reyes la habían consolidado promoviendo la creación de nuevas sedes episcopales, estableciendo obispos independientes de Toledo, favoreciendo la expansión de las comunidades monásticas, trabando relación directa con Roma, estimulando el culto jacobeo… Es decir, que cada vez había menos espacio para la pervivencia de cultos paganos.

En ese paisaje, que las crónicas nos hablen de un florecimiento de la magia es algo que sólo podemos interpretar en sentido literal: ciertas cosas ocurrieron en el reinado de Ramiro para que las prácticas de los magos, con sus conjuros y, también, sus embustes, alcanzaran una extensión antes desconocida. ¿Y cuáles son esas cosas que pudieron ocurrir en el reinado de Ramiro? Por lo que sabemos, numerosos desórdenes interiores: la lucha por el trono con Nepociano, las posteriores conspiraciones de Aldroito y Piniolo… Sucesos que, sin duda, crearían una viva inquietud en todas partes. Es lo que hoy llamaríamos, con la jerga sociológica, «paradigmas de crisis»: inestabilidad en la cúpula del poder, inseguridad en la base social, delincuencia, búsqueda de soluciones fáciles (mágicas) a los problemas del día a día…

Todo esto que decimos es una exploración sobre la oscuridad, porque nos faltan datos. Pero ese paisaje puede explicar tanto el auge de la magia como el de los robos en el periodo de Ramiro. Y lo que sí conocemos con todo género de detalles es la manera en que Ramiro aplicó su vara. Para los ladrones, pena de ceguera; para los magos, encierro y, con frecuencia, la muerte. La vara de la justicia, en efecto.

Entre varazo y varazo, Ramiro tuvo una idea. Como Abderramán II andaba muy ocupado con las invasiones vikingas, primero, y con la revuelta de los Banu-Qasi después (la veremos en el próximo capítulo), quizás era el momento de osar una jugada audaz. ¿Cuál? Repoblar León. Y Ramiro se lió la manta a la cabeza.

León: la vieja ciudad romana de la Legio VII Gémina, prácticamente despoblada desde los tiempos de Alfonso I. Repoblar León significaba establecer un punto fuerte desde el que proyectarse hacia el valle del Duero. Los rebeldes cristianos del norte ya estaban desbordando la frontera de las montañas en Álava y Cantabria; con toda probabilidad estaba ocurriendo lo mismo en el oeste del reino, desde Galicia hacia el Bierzo. En ese paisaje, León no era importante como centro urbano, pero sí como baluarte estratégico que permitiría organizar el territorio aledaño, sobre el eje del río Esla. Eso significaba bajar la frontera hasta la llanura castellana. Una apuesta, en efecto, audaz.

Las gentes de Ramiro llegaron a León hacia 845, probablemente. La ciudad conservaba sus sólidos muros romanos; era, pues, un lugar relativamente seguro. La repoblación debió de ser muy rápida: lo bastante para que en 846 ya fuera una ciudad nuevamente viva; lo bastante también para que Abderramán II se enterara de aquel movimiento del rey cristiano del norte. La reacción del emir de Córdoba fue inmediata: resuelto el problema con los Banu-Qasi, organizó un fuerte ejército, se lo encomendó a su hijo Muhammad y lo lanzó contra las murallas de León.

El ejército musulmán apareció ante la ciudad pertrechado con máquinas de guerra. Pero, cuando llegó, ya no quedaban cristianos allí. Las gentes de Ramiro, que habían divisado al enemigo a distancia, hicieron cálculos, constataron que no podrían resistir ante una fuerza tan numerosa y optaron por volver a los montes. Sabemos que el príncipe Muhammad ordenó quemar las casas y desmantelar las murallas. Sabemos que lo primero se ejecutó, pero lo segundo fue imposible: los romanos construían demasiado bien. En todo caso, León volvió a quedar despoblada. Sería sólo por diez años: el hijo de Ramiro ganaría la apuesta.

Y mientras tanto, en Oviedo, Ramiro legaba a la posteridad un collar de joyas en piedra, los monumentos del monte Naranco. Allí, en la ladera sur del monte, hubo en un tiempo unas termas romanas; después, el terreno se convirtió en coto de caza. En tiempos de Alfonso II se erigió un pequeño santuario dedicado San Miguel. Ramiro escogió el lugar para dejar su huella. Hay quien dice que las obras se iniciaron en el momento en que Nepociano ocupaba la corte de Oviedo, y que Ramiro quiso edificar allí una sede regia alternativa. Eso no lo sabemos con seguridad. Tampoco sabemos quién fue el arquitecto, aunque hay quien cree que fue el mismo que construyó la Cámara Santa.

De las joyas del Naranco, el tiempo nos ha dejado dos: Santa María y San Miguel, pero sabemos, porque lo cuentan las crónicas, que en su día hubo allí «multitud de edificios». Santa María era originalmente un palacio; San Miguel, una iglesia de la que sólo permanece en pie un tercio del edificio original. Había, además, otros palacios y, con toda seguridad, una villa regia rodeada por terrenos de cultivo. ¿Por qué son tan importantes estos monumentos? No sólo por su belleza y la singularidad de su estilo, sino por sus avances técnicos. Por ejemplo, las bóvedas de cañón de piedra toba, que es piedra volcánica natural. En aquella misma época, tanto en el resto de Europa como en la arquitectura andalusí, las bóvedas eran todas de madera. Lo del Naranco era una completa novedad.

También era una novedad, por supuesto, su estilo. En los edificios del arte ramirense hay muchas influencias visibles: bizantinas, romanas, orientales, carolingias, lombardas… todo ello superpuesto sobre la tradición visigoda y astur. El resultado de la fusión es algo único, sin parangón. Y el estilo cuajó, porque no sólo lo vemos en el monte Naranco, sino también en otro monumento situado a treinta kilómetros de Oviedo: la iglesia de Santa Cristina de Lena, en el camino que lleva a León.

Aquellos monumentos del monte Naranco son el recuerdo más grato que nos dejó el rey Ramiro. Los otros son menos amables, pero también son importantes. Aunque feroz por su vara, lo cierto es que pacificó el reino y erradicó el delito. Aunque falló en León, lo cierto es que derrotó a los vikingos. Aunque nunca batalló en Clavijo, lo cierto es que la posteridad construyó en torno a él la leyenda áurea del Apóstol, que tan decisiva iba a ser en los siglos siguientes. El rey murió pronto, el 1 de febrero de 850, a los sesenta años, después de apenas ocho de reinado. Un hombre duro, Ramiro. Nos queda, paradójicamente, la huella de su sensibilidad.

REBELIÓN EN EL EBRO, INQUIETUD EN EL PIRINEO

Una de las pocas circunstancias favorables que hubo en el reinado de Ramiro I fue la intensa tarea que el emir de Córdoba tuvo que afrontar en el valle del Ebro. Tanto se le complicaron las cosas a Abderramán II, que Ramiro pudo lanzarse a aventuras como la frustrada repoblación de León. ¿Y tan importante era lo que estaba pasando en el valle del Ebro? Sí, mucho. Vamos a contar este conflicto, que fue largo, y de paso veremos qué estaba pasando en el resto de la España cristiana.

Recordemos cómo estaba el patio. En Navarra seguía reinando García I Íñiguez, hijo de Íñigo Arista, aliado por sangre y por conveniencia con los Banu-Qasi del Ebro. Más hacia el este, en la línea del Pirineo, se afianzaban los condados de la Marca Hispánica, sujetos a las convulsiones que estaba viviendo el Imperio carolingio. Luego veremos lo que estaba pasando en Cataluña y Aragón. Por ahora, quedémonos en Navarra y en el valle del Ebro. Es aquí donde Abderramán II se ha visto obligado a enviar sucesivos ejércitos, entre 843 y 846, para sofocar las revueltas de los Banu-Qasi. Esas revueltas tienen un nombre: Musa ibn Musa.

Fijémonos un poco en este personaje, Musa ibn Musa Qasi Banu, que vivió aproximadamente entre 800 y 862. Hijo de Musa ibn Fortún, hermano por parte de madre de Íñigo y Fortún Íñiguez de Pamplona, y marido de la también pamplonesa Ossona. Los Banu-Qasi habían hecho de Tudela su capital. La familia goda conversa al islam de los Banu-Qasi había consolidado su dominio en el valle del Ebro y también había emparentado con los Arista de Pamplona. Eso les proporcionaba un control directo sobre una zona importante de la Península y, además, una influencia de peso sobre Navarra y sobre el Pirineo. Nuestro Musa ibn Musa tomó el liderazgo de la familia hacia el año 820. Córdoba le confirmó como gobernador de Tudela y su comarca.

Musa ibn Musa sabía muy bien qué tenía en las manos: un territorio decisivo. Las tierras de los Banu-Qasi eran decisivas desde el punto de vista estratégico, militar y político, porque eran el muro entre Al Ándalus y el Imperio carolingio. Por eso los emires siempre respetaron a los Banu-Qasi, que les hacían un enorme servicio. Y eran también tierras decisivas desde el punto de vista económico por su riqueza agrícola, que garantizaba la autosuficiencia, y por su situación junto al cruce de los caminos que atravesaban la Península de este a oeste y de norte a sur. Nadie en su sano juicio renuncia a poseer semejante bombón.

Parece que hacia 841, después de una campaña contra los cristianos del Pirineo, Musa tuvo un grave altercado con Mutarrif, hijo del emir Abderramán. Mutarrif había ordenado una expedición de saqueo contra Pamplona. Musa, ligado a Pamplona por lazos de sangre, envió a su hijo Fortún, pero rehusó asistir personalmente a la campaña y se encerró en su fortaleza de Arnedo, en La Rioja. Entonces Mutarrif nombró a un nuevo gobernador de Zaragoza, un tal Harit, y le dio órdenes expresas de acabar con Musa. Harit sitió a Musa en Borja primero, en Tudela después, finalmente en Arnedo. Acosado, Musa pidió socorro a sus aliados pamploneses. Con los refuerzos de García Íñiguez de Pamplona, Musa derrotó a Harit y le hizo prisionero.

Harit fue la prenda de la reconciliación entre Musa y Córdoba. Reconciliación, en todo caso, precaria, porque las hostilidades volverían a estallar inmediatamente, y esta vez Pamplona entraba en el lote de las cosas que estaban en juego. Comienza así una extravagante sucesión de guerras y reconciliaciones. Navarros y Banu-Qasi se sublevan de nuevo contra Córdoba en 843, y son vencidos por los ejércitos de Abderramán II. Al año siguiente, Musa acude en socorro del emir para echar a los vikingos que estaban saqueando Sevilla, pero no por ello el inquieto caudillo del Ebro dejará de levantarse nuevamente, muy poco más tarde, contra los delegados del emirato.

Musa ibn Musa debía de ser un tipo extraordinario: inteligente, astuto a la hora de jugar sus bazas y, además, valiente en el campo de batalla. Llama la atención la manera en que vivió en permanente conflicto con el emirato, tan pronto en guerra como en paz, victorioso unas veces y derrotado otras, pero haciéndose perdonar siempre sus frecuentes cambios de estrategia. ¿Por qué le perdonó Abderramán II tantas veces? Esto es algo que sólo puede entenderse si explicamos brevemente las relaciones de poder en la España de la época, que no se definían con los criterios modernos. El poder del emir de Córdoba era, en teoría, omnímodo, pero, en la práctica, la estructura del emirato descansaba sobre los jefes territoriales, algunos directamente subordinados al emir, otros simplemente federados.

Musa, en realidad, nunca fue rebelde al emir de Córdoba, al que debía obediencia porque era su jefe religioso. De hecho, cada vez que el emir le llamó al combate, ya fuera contra los vikingos, contra los francos o contra los cristianos del reino de Asturias y del Pirineo, Musa acudió y además combatió de manera brillante. Pero el caudillo Banu-Qasi, que había heredado el poder sobre una zona de gran riqueza agraria y enorme importancia estratégica, tenía su propia política y no estaba dispuesto a subordinarla a los intereses de los gobernadores y generales del emirato, los cuales, con frecuencia, atendían también a su propio poder personal, más que al del emir. ¿Cuál era la política de Musa? Garantizar la hegemonía de su propia familia y la seguridad de sus parientes pamploneses. A lo cual los pamploneses, por su parte, contribuían secundando a Musa contra los carolingios, aunque no contra los asturianos.

Es un juego extremadamente delicado. Sobre el papel, Musa es aliado de Córdoba. Pero cada vez que Córdoba designe a un gobernador para Zaragoza o para Tudela, Musa se verá amenazado y responderá con las armas, para lo cual cuenta con el apoyo de sus parientes pamploneses. Los de Pamplona, a su vez, son aliados de los Banu-Qasi, pero no del emirato de Córdoba, que reiteradas veces atacará la capital navarra. En estos ataques moros contra Pamplona, los Banu-Qasi han de mantenerse al margen, aunque vigilando, eso sí, que las campañas cordobesas se limiten al saqueo y no signifiquen un cambio de poder.

En esa estrategia, literalmente bailando sobre el filo de una espada, Musa supo hacerse al mismo tiempo temible e imprescindible para Córdoba. Su premio fue, ya en 852, el puesto de gobernador de Tudela, primero, y de Zaragoza después. Con tales títulos, los Banu-Qasi alcanzaron el cénit de su poder. Hasta el punto de que Musa se proclamó *tertius regem in Spania,* «tercer rey de España», junto al rey de Oviedo y al emir de Córdoba.

Todas estas cosas no dejaron de tener su influencia en el resto de la España cristiana. Porque, además, en el Pirineo se estaban dejando sentir los efectos de las grandes convulsiones del Imperio carolingio. Recordemos que los núcleos cristianos del Pirineo —desde Aragón y Sobrarbe hasta Barcelona— se habían constituido como entidades políticas bajo la protección carolingia, a modo de frontera entre el imperio franco y el islam. Pero el Imperio carolingio se estaba deshaciendo.

El emperador Ludovico Pío ha muerto en 840. Desde 817, y siguiendo la tradición franca, había dividido el imperio entre sus hijos, pero éstos comenzaron a luchar entre sí. Los hijos de Ludovico eran Lotario, Pipino, Luis y Carlos el Calvo. Pipino murió pronto, pero los otros tres hermanos mantendrán la lucha hasta el Tratado de Verdún, en 843. La fracción del imperio que nos interesa, la francesa, será para Carlos el Calvo. En todas esas luchas, los condes del Pirineo español tendrán que tomar partido; con frecuencia de forma cruenta.

Empecemos por Aragón. Aquí Galindo I Aznárez, que ya había ejercido como conde en Urgel, Cerdaña, Pallars y Ribagorza, ha empezado a consolidar un poder propio, sólo formalmente vinculado a la Francia carolingia. Mantendrá ese estatuto hasta la fecha de su muerte, en 867. Y cuando muera, el condado no será para ningún nuevo enviado de los francos, sino para su hijo, Aznar II Galíndez. Así Aragón empieza a distanciarse del imperio para dibujar su propia política.

Muy distintas fueron las cosas en el este del Pirineo, en el área catalana, que vivió de manera mucho más intensa la guerra interna carolingia. La guerra opone a los partidarios de Carlos el Calvo contra los de Pipino. La figura clave es el conde Bernardo de Septimania, que controlaba Barcelona y Gerona además de buena parte del sur de Francia. Bernardo había tomado partido por Pipino, pero la victoria fue para Carlos. El conde Bernardo pagó con la vida. Era 844. En Ampurias y el Rosellón se consolidó el poder del conde Suñer. Y Barcelona y Gerona fueron para otro conde, quizás hermano de Suñer, de nombre Sunifredo, también partidario de Carlos.

Este Sunifredo había ido acumulando desde 834 un poder muy importante: tenía bajo su mando los condados de Osona, Besalú, Cerdaña, Urgel y Conflent, además de otros territorios en Francia. En 841 detuvo una invasión musulmana contra la Cerdaña, lo cual afianzó su posición. Ahora, con el control sobre Barcelona y Gerona, se convertía en una pieza clave del juego en la región. Uno de los hijos de Sunifredo, de nombre Wifredo, será más tarde conde de Barcelona: Wifredo el Velloso.

Ahora bien, la derrota y ejecución de Bernardo tuvo una consecuencia fundamental, y es que su hijo Guillermo se sublevó contra Carlos el Calvo. Y muy poderosos debían de ser los apoyos de Guillermo, porque el hecho es que pudo organizar un ejército y recuperar los condados arrebatados a su padre. Así, en 848 Guillermo derrota a Suñer y Sunifredo, y se apodera de los condados de Urgel, Cerdaña, Barcelona, Rosellón y Ampurias. A Suñer y a Sunifredo se los da por muertos en estas luchas. En todo caso, la gloria de Bernardo duró muy poco, pues inmediatamente Carlos el Calvo ordena una ofensiva contra el rebelde. En un paisaje de guerra total que se complica con una invasión musulmana, Bernardo es apresado y ejecutado en Barcelona. Era el año 850.

Que la acumulación de datos no nos impida ver lo fundamental. Aquí, en el Pirineo, a la altura de mediados del siglo IX, estamos asistiendo a la consolidación de dos procesos fundamentales, a saber: el surgimiento de élites locales que entran en las luchas por el poder y la tendencia a que los hijos hereden el poder de los padres. Ambos procesos, esenciales para la formación de entidades políticas estables, serán ya imparables en las décadas siguientes.

Y mientras todo esto ocurría en el Pirineo, en el resto de España el paisaje se preparaba para grandes cambios. En Oviedo moría Ramiro I en 850. En Córdoba moría Abderramán II en 852. Y en la misma Córdoba sucedía algo que iba a conmover los cimientos de la cristiandad: los mártires escribían con sangre su tragedia.

LOS MÁRTIRES DE CÓRDOBA

Pregunta de preguntas: ¿hasta qué punto era realmente musulmana la España de Al Ándalus? No cabe duda de que los emires de Córdoba intentaron por todos los medios islamizar a fondo su territorio; de hecho, será una de las líneas políticas generales del emirato. Y sin embargo, a pesar de ello tendremos numerosos ejemplos de cómo el cristianismo seguía vivo. Un ejemplo supremo es el de los mártires de Córdoba.

Empecemos con un texto de la época. Estamos en el año 850. Y un sacerdote cristiano de Córdoba escribe lo siguiente:

Era el año 850, año vigésimo noveno del emirato de Abderramán. El pueblo de los árabes, engrandecido en riquezas y dignidad en tierras hispanas, se apoderó bajo una cruel tiranía de casi toda Iberia. En cuanto a Córdoba, llamada antaño Patricia y ahora nombrada ciudad regia tras su asentamiento, la llevó al más elevado encumbramiento, la ennobleció con honores, la engrandeció con su gloria, la colmó de riquezas y la embelleció con la afluencia de todas las delicias del mundo, más allá de lo que es posible creer o decir, hasta el punto de sobrepasar, superar y vencer en toda pompa mundana a los reyes de su linaje que le precedieron. Pero mientras tanto, bajo su pesadísimo yugo, la Iglesia era arruinada hasta la extinción.

Quien escribió estas líneas fue Eulogio de Córdoba, un cristiano eminente. Eulogio era cordobés, de familia cristiana; se había educado en las escuelas de parroquias y conventos y se había ordenado sacerdote. Profesor a su vez, había reintroducido el latín en su círculo, para mayor irritación del poder moro. ¿Cómo era posible que este Abderramán II, que había llevado a Córdoba a tal grado de esplendor, se comportara con tanta crueldad contra los cristianos? Era posible porque en el entorno de Abderramán, como sucede de manera recurrente en el islam, se había instalado el fundamentalismo, el llamado «malikismo», que aquí se tradujo en una aplicación estricta de la ley islámica. Guiados por ese fundamentalismo, los musulmanes extremaron su celo contra los cristianos.

«Bajo su pesadísimo yugo —escribía Eulogio—, la Iglesia era arruinada hasta la extinción». El problema venía de muy atrás. Contra lo que dice el tópico, el islam nunca fue tolerante en España. El cristianismo estaba formalmente vetado en la vida pública. Se podía ser cristiano, pero en condiciones muy duras de sumisión: había que pagar un impuesto especial para seguir profesando la fe de Jesús, estaba prohibido hacer manifestación externa de la fe, estaba prohibido hacer apostolado, estaba prohibido disentir en público de la inspiración divina de Mahoma. En la práctica política andalusí, los cristianos del emirato —los mozárabes— eran enemigos cuya presencia se toleraba a regañadientes. Por eso desde finales del siglo VIII será creciente el goteo de mozárabes que marchan al norte y buscan acogida en el reino de Asturias. Y también por eso, el elemento cristiano estará muy presente en las sucesivas conmociones internas del emirato, particularmente en las sublevaciones de viejas ciudades —Toledo, Mérida— que cada vez soportaban peor el despotismo cordobés. Ahí se mezclan problemas sociales y políticos con el problema religioso. Y donde los hispanos cristianos no puedan organizarse con las armas, buscarán otras formas de expresar su resistencia.

Éste es el contexto que explica el fenómeno de los mártires, es decir, los cristianos que optan por recibir la muerte antes que abjurar de su fe. Los primeros casos conocidos datan del año 825. Como hoy es costumbre dar la vuelta a todas las cosas, no faltan reconstructores de la historia que niegan la persecución islámica y denuncian el fanatismo cristiano. Es una forma torcida de ver las cosas: la realidad es que a aquellas tierras, que eran cristianas, había llegado una religión nueva que pretendía sepultar a la tradicional. El problema parece, además, generalizado en la España mora, porque hacia 828 el emperador carolingio Ludovico Pío escribe a los cristianos de Mérida para llamarles a la resistencia. Los cristianos son muy conscientes de su situación: están oprimidos por un poder extranjero.

En respuesta, los cristianos reafirmaron sus profesiones de fe, aun sabiendo que la consecuencia inevitable sería la muerte.

Es lo que ocurrió con uno de los casos más sonados de aquel tiempo, el del presbítero Perfecto, decapitado el 18 de abril de 850. Perfecto fue conminado por los musulmanes a decir qué pensaba de Mahoma. Y el presbítero contestó lo siguiente:

> Jesucristo es el Señor, sus seguidores están en la verdad y llegarán a la salvación; la Ley de Cristo es del Cielo y dada por el mismo Dios. En cuanto a lo que los católicos piensan de vuestro profeta, no me atrevo a exponerlo, ya que no dudo que con ello os molestaréis y descargaréis sobre mí vuestro furor.

Evidentemente descontentos con la respuesta, y buscando la manera de atrapar a Perfecto, los musulmanes insistieron: «¿Quién es Mahoma?», le preguntaron. Y la respuesta de Perfecto a esta nueva pregunta significó su condena a muerte:

> Pues que insistís, os lo diré: Mahoma es un falso profeta, el hombre del demonio, hechicero, adúltero, embaucador, maldito de Dios, instrumento de Satanás, venido del infierno para ruina y condenación de las gentes.

A Perfecto le cortaron la cabeza, pero el escarmiento no tuvo el efecto que los musulmanes esperaban, sino exactamente el contrario: el número de mártires aumentó. Tras la muerte de Perfecto, nada menos que cuarenta y ocho notables de Córdoba, cristianos todos ellos, se ofrecieron voluntariamente al martirio. A partir de ahí se desata una auténtica ola de condenas a muerte cuya cuantía exacta sería difícil precisar. Entre el 3 y el 25 de junio del año 851, son ajusticiados un laico y once monjes; entre ellos, el monje Isaac, que había sido nada menos que administrador de los caudales públicos en la corte cordobesa. El 21 de noviembre de 851 son martirizadas dos hermanas, Nunila y Alodia; tres días después, la virgen Flora (hija de un mahometano y de madre cristiana) y la monja María.

Como los martirios estaban creando un malestar social importante y, además, trascendían a otras comunidades cristianas de la España mora, Abderramán II quiso tomar cartas en el asunto y convocó un concilio en el año 852. El rey moro quería forzar a los obispos cristianos a que condenaran la búsqueda voluntaria del martirio. No lo consiguió: el concilio desaconsejó el martirio, pero no formuló la condena clara e inequívoca que quería Abderramán. Por otra parte, los martirios siguieron; la resistencia pasiva se había convertido en una fuerza que sólo podía parar la muerte. Mientras tanto, la agitación seguía en Toledo: los toledanos llegaron incluso a lanzar ofensivas sobre el valle del Guadalquivir. Los moros, en respuesta, intensificaron la represión, las persecuciones, las conversiones forzosas.

Abderramán II murió ese año. Su sucesor, Muhammad I, endurecerá aún más la represión. El 13 de marzo de 857 son decapitados los santos Rodrigo y Salomón; el primero, sacerdote, había sido entregado por su propio hermano, converso al islam. Conocemos otros nombres: Sancho, un guerrero cristiano del Pirineo que había acabado como esclavo en la guardia del sultán; Pedro, sacerdote; Walabonso, diácono; Sabiniano y Wistremundo, el anciano Jeremías, y Habencio... Estos últimos protagonizaron un episodio impresionante. Se presentaron ante el juez musulmán y se ofrecieron voluntariamente al martirio. Conocemos las palabras que dijeron. Fue así:

Nosotros repetimos lo mismo que nuestros hermanos Isaac y Sancho; mucho nos pesa de vuestra ignorancia, pero debemos deciros que sois unos ilusos, que vivís miserablemente embaucados por un hombre malvado y perverso. Dicta sentencia, imagina tormentos, echa mano de todos tus verdugos para vengar a tu profeta. Aquí nos tienes.

La represión mora logró dividir a la comunidad cristiana. Mientras unos, más acomodaticios, empezaban a criticar a los mártires como insensatos, otros defendían a los que llevaban su profesión de fe hasta la muerte. Entre los defensores de los mártires figuraba, destacadamente, aquel Eulogio cordobés del que hablábamos antes. El prestigio de Eulogio entre los resistentes mozárabes creció hasta el punto de que en 858 fue elegido obispo de Toledo. Sin embargo, no llegaría a hacerse cargo de la diócesis. Los moros habían entendido que, para sofocar el movimiento de resistencia, era imprescindible acabar con Eulogio.

San Eulogio fue encarcelado por los moros en 859. Se le acusó de haber ocultado a una joven de padres musulmanes, llamada Leocricia, y que había sido convertida por una monja. La joven fue inmediatamente sentenciada como apóstata. Eulogio fue llevado ante el emir. Se le conminó a retractarse, pero los jueces sólo consiguieron que hiciera una encendida defensa del cristianismo. San Eulogio fue decapitado el 11 de marzo de 859, a las tres de la tarde.

Las fuentes históricas de la resistencia mozárabe quedaron cegadas con la muerte de Eulogio. Poco más sabemos de ellos. Todos los cristianos de Al Ándalus quedaron formalmente islamizados en la vida ciudadana, en las huestes armadas de los emires, en su idioma, en su alfabeto. Se abren así los siglos del «silencio mozárabe». Pero también sabemos que aquellas comunidades mantuvieron su fe y sus ritos cristianos incluso bajo la persecución, porque hasta nosotros han llegado los textos patrísticos y litúrgicos de la Iglesia mozárabe. La llama no se extinguió.

Este episodio de los mártires de Córdoba resulta hoy bastante políticamente incorrecto. Al discurso dominante le gusta más imaginar un Al Ándalus pacífico, de convivencia tolerante entre todas las religiones. Es una imagen bonita, pero es una imagen falsa. La verdad es más bien esta otra. Primero, que la España cristiana, romana y goda no se abandonó al nuevo poder musulmán, sino que le plantó cara incluso en su propia capital, Córdoba. Segundo, que para esa resistencia fue crucial el elemento religioso: los españoles sabían que eran, ante todo, cristianos, y que ése era el rasgo de su identidad que había que defender. Tercero, que en la defensa de su fe no retrocedieron ni siquiera ante el martirio y, aún más, lo abrazaron deliberadamente, a pesar de la cobardía disfrazada de prudencia de quienes apostaban por someterse al islam. Ésa es la enseñanza histórica de los mártires de Córdoba: fue la España que resistió al islam.

¿Y CÓMO ERA LA CORTE DEL REY DE ASTURIAS?

Estamos acostumbrados a imaginar las cortes medievales como una singular mezcla de lujo y rusticidad, con nobles adornados con doradas joyas mientras comen con las manos gruesos muslos de venado. No es una imagen incorrecta, aunque hay que decir que, en esa mezcla de pompa y primitivismo, la proporción de cada elemento variaba según los lugares y las fechas. La corte cordobesa, como la bizantina, era sensiblemente refinada. ¿Cómo era la asturiana? Bastante más primaria.

En capítulos anteriores hemos visto que Alfonso II recuperó el «orden gótico», lo cual quiere decir —entre otras cosas— que imprimió a la corte un sello nuevo, recuperando o rehabilitando no sólo las costumbres de la monarquía goda y sus rituales, sino también su organización, su estructura. Ésta era una decisión importante, porque tenía consecuencias inmediatas sobre la política del reino. La estructura de la corte —el «aula regia», como la llamaban los godos— implicaba un reparto de funciones que determinaba la forma de gobernar.

Y bien, ¿cómo era la corte de Oviedo después de las reformas de Alfonso II, aumentadas y perfeccionadas por sus sucesores? En realidad, era una copia del modelo visigodo, pero mucho más sencilla, porque el reino también era mucho más menesteroso. Y sobre ese modelo visigodo, además, parece que se introdujeron muchos elementos copiados de la corte carolingia, que era la gran referencia de la época para la cristiandad. A partir de los estudios de Valdeavellano, seguido por Salazar y Acha, es posible reconstruir el esquema de la corte de Asturias. Veamos cómo era.

En la cúspide, evidentemente, estaban el rey y la familia real. Hay que decir que la familia real, en el caso de Asturias, parece haber sido siempre poco numerosa; sin duda hay que contar con la elevadísima mortandad infantil de la época. En todo caso, la familia real era la cabeza indiscutible de toda la organización, y la persona que encarnaba toda la estructura política era el rey mismo. Para hacer patente eso servían los símbolos del rey: el trono, la corona, el cetro…

El siguiente escalón en la corte eran los magnates seglares, el círculo de confianza del monarca. Estaban unidos al rey por una relación personal de vasallaje, formaban parte de su comitiva o séquito (que de ahí viene la palabra, de «seguir» al rey) y eran sus auxiliares en el consejo político y en las funciones militares. Esta figura era sucesora de lo que en el mundo godo se conocía como *comites* (los condes), y las crónicas los llamarán alguna vez *comites palatii*, es decir, condes de palacio. Alguno de esos condes conspirará contra la voluntad regia, como Nepociano.

Junto a este escalón de los magnates seglares —llamémosles los condes— hay que contar con los altos dignatarios eclesiásticos. Éstos, en principio, llevaban la dirección espiritual del reino, pero sus funciones reales iban mucho más allá y con frecuencia intervenían en la política cotidiana. Será muy habitual ver, por ejemplo, cómo los obispos encabezan la repoblación en las tierras reconquistadas.

Magnates seglares y dignatarios eclesiásticos constituían la élite del poder, pero no eran los que mandaban físicamente dentro de la corte, es decir, dentro del palacio. Ese cometido estaba reservado para los denominados «oficiales palatinos»: las personas que ocupaban un oficio concreto en la estructura del palacio del rey. ¿Quiénes eran estos oficiales? Entre ellos vamos a encontrar tanto a magnates adscritos a una función determinada como a servidores de menor nivel. ¿Y qué hacían, cuáles eran esos «oficios» que desempeñaban? La verdad es que no hay una reglamentación muy estricta: cuanto más primaria era la corte, más reducido era el número de oficiales. En Oviedo no eran especialmente numerosos. Pero sí sabemos lo que hacían.

Primer oficio: el *mayordomo*. La figura del mayordomo, importada de la corte carolingia, corresponde al oficial jefe, por así decirlo: él es el responsable de que todos los demás oficiales funcionen bien. En el caso del reino de Asturias conocemos a uno de estos primeros mayordomos: un tal Sarracino, a la altura del año 883. Después vendrán Ermegildo, Gisvaldo Braoliz, Hermenegildo Aloitez…

Segundo oficio de relieve: el *primicerius*, que es el cantor mayor. El *primicerius* era, en la práctica, el capellán de palacio. A él correspondía la dirección y administración de las ceremonias religiosas dentro de la corte. También en este oficio conocemos un nombre, Gundisalvo, que fue *primicerius* allá por 853.

Hay un tercer oficio cuya importancia se calibra mejor si reparamos en que en aquellos tiempos se vivía a caballo. Es el *strator* o caballerizo, responsable de cuidar los caballos del rey en particular y del palacio en general. Hay que suponer que en su misión sería asistido por una nutrida servidumbre. Podemos imaginar al *strator* impartiendo órdenes y disponiendo todas las cosas antes de una partida de caza o de una expedición guerrera. ¿Un nombre? Quiriacus, que fue *strator* en 875.

Oficios para la guerra, para el alma y también para la administración. Es el caso del *notarius*, el escribano de confianza de la corte. Hay quien supone que el *notarius* debía de regir también una cancillería, es decir, una oficina de Estado que llevaría el control de los escritos y comunicaciones que entraban y salían de palacio. En la documentación que nos ha llegado hasta hoy aparecen numerosos *notarius*, pero no consta que ejercieran esas funciones de canciller, de manera que no podemos saber si se trataba de *notarius* de palacio.

Y a partir de principios del siglo X aparecerá un nuevo oficio, que sin duda existió ya con anterioridad, pero que hasta entonces no parece haber formado parte de las gentes de palacio: el *armiger*, que era literalmente el responsable de las armas del rey.

Básicamente, sobre estas personas descansaba la estructura de la corte asturiana. Una corte, pues, reducida y bastante elemental. Andando el tiempo, y sobre todo a partir del siglo X, la corte irá creciendo, el número de funciones se multiplicará y además su cometido se reglamentará de una manera cada vez más detallada. Pero eso será después.

Una nota interesante: en el reino de Asturias no parece haber habido influencia alguna de la corte más cercana, que era la cordobesa. Sabemos que la corte del emir de Córdoba era mucho más vistosa que la asturiana, como corresponde a un Estado más complejo, rico y mejor organizado. Sin embargo, Oviedo buscó su inspiración en el modelo godo anterior y en el modelo carolingio, nunca en el modelo cordobés, al margen de la importación de ciertas denominaciones. Era, sin duda, cuestión de visiones del mundo.

Capítulo 7

LA NUEVA FRONTERA

ORDOÑO, EL PRIMER HEREDERO POR DERECHO

Cuando murió Ramiro I, todo presagiaba nuevas conmociones como las que siguieron a la muerte de Alfonso II el Casto: que las facciones rivales de la corte y los distintos territorios del reino volvieran a levantarse para disputarse el poder y afianzar su propia posición. Y eso pasó, en efecto, pero en medida mucho menor de lo esperado. Porque Ramiro, buen político, había tomado una prudente providencia: señalar sucesor antes de morir y, a tal efecto, designar a su hijo mayor, Ordoño. Fue una decisión de gran trascendencia, porque era la primera vez que la corona se transmitía expresamente de forma hereditaria, y no por elección de la nobleza.

Hasta ese momento, el viejo sistema de la monarquía electiva, heredado de los godos, seguía siendo la norma. Una norma, ciertamente, adulterada y en buena parte degenerada, porque había conducido a una inestable oligarquía. En su origen, el sistema electivo era una forma de que los nobles del reino participaran en el poder; pero ese sistema, teóricamente más democrático, en la práctica se había convertido en un generador de caos, porque las facciones nobiliarias tendían a no aceptar la victoria del rival. Eso pasó en tiempos de los godos, llenando de sangre la corte, y también había pasado en Asturias, pero además estaba pasando en toda Europa. Por eso las monarquías, a medida que se consolidaban, caminaban hacia la sucesión hereditaria. Primero, de hecho; después, de derecho. Es lo que se hizo en la corte de Oviedo. El reino de Asturias alcanzaba así su mayoría de edad política.

Y bien, ¿quién era este Ordoño, hijo de Ramiro? Un tipo serio. Dicen las crónicas, además, que era prudente y templado, y afable y modesto. Ordoño era hijo del primer matrimonio de Ramiro. Había nacido hacia 821, de manera que pasaba ya de los veinte años cuando a su padre le hicieron rey. Se había criado en la corte de Oviedo, primero, y en Lugo después, con su padre, donde aprendió el arte de gobernar y el uso de las armas. En 842, cuando Ramiro, viudo y designado heredero de Alfonso, fue a buscar nueva esposa a las Bardulias, Ordoño quedó al frente de Galicia. Por el camino ocurrió lo que ya hemos contado aquí: Nepociano toma la corona y Ramiro queda fuera de juego. Entonces Ordoño se emplea en preparar el ejército con el que su padre recobrará la corona.

Resuelto el problema de Nepociano, Ordoño seguirá en Galicia como gobernador. Su padre, Ramiro, debía de tener en mente desde muy pronto que él sería su heredero. En 847, con veintiséis años, se casa con una noble vascona, Doña Munia o Nuña, de la familia de los Arista (los Íñigo), que reinan en Pamplona. Un matrimonio de evidente intención política. Y cuando Ramiro muera, Ordoño será ungido rey. Era el 2 de enero de 850. Y Ordoño se convierte, en efecto, en el primer rey que en Asturias hereda el trono por derecho de sucesión.

La vara de la justicia de Ramiro había domado a la corte. No hubo, según parece, resistencia alguna entre los magnates del reino y Ordoño pudo ceñir la corona sin golpes palaciegos. Pero eso no quiere decir que no tuviera que superar pruebas. Y todas ellas se iban a encadenar en el espacio de pocas semanas: una revuelta de vascones que súbitamente se convirtió en gran batalla contra los ejércitos de Córdoba. Vamos a ver cómo ocurrió.

La cosa fue que, recién llegado al trono, a Ordoño se le sublevaron los vascones. ¿Por qué? No lo sabemos. ¿Dónde exactamente? Tampoco lo sabemos. La hipótesis más probable es ésta: después de muchos años de tranquilidad, los jefes de los clanes vascones deciden hacer un gesto de fuerza ante el nuevo rey. Debió de ser en la llanura alavesa, único lugar del reino donde los vascones podían hacer tal cosa. Y debieron de hacerlo los vascones de Álava solos, sin contar con los del reino de Pamplona, que estaban a otras cuestiones. Fue el único desafío interno de cierta entidad que se le presentó a Ordoño cuando ciñó la corona. Decidido a resolverlo, organizó su ejército, se puso en marcha y llegó a Álava. Comenzaba el verano de 850. Pero entonces ocurrió algo que no estaba en el guión: una cuantiosa hueste musulmana apareció en el horizonte. Lo que sólo era un problema de orden interior se convertía de repente en una batalla contra el moro. La primera de Ordoño.

La hueste sarracena en cuestión no era poca cosa. La mandaba el príncipe Al-Mundir, un hijo de Abderramán II. ¿Qué hacía allí esa gente? ¿Era una más de las innumerables expediciones moras de saqueo contra las tierras de Álava? ¿Sabía el emirato que los vascones estaban sublevados y Córdoba había mandado a un ejército para incordiar? El hecho, en cualquier caso, es que allí estaban los moros. Y seguramente no esperaban encontrarse a un ejército cristiano con nada menos que el rey a la cabeza. Por lo general, las aceifas moras en tierra vasca jugaban con la ventaja de castigar una zona indefensa. Esta vez, sin embargo, las cosas habían salido al revés.

Ordoño no perdió la oportunidad: dirigió a su ejército contra los sorprendidos sarracenos de Al-Mundir y los deshizo. Fue mano de santo, porque los vascones sublevados, ante la demostración de fuerza del rey, se doblegaron y se acabó la rebelión. Dos pájaros de un tiro, una rebelión domada y una victoria sobre los moros, todo en un solo movimiento. Ordoño no podía empezar su reinado con mejor pie.

¿Reinaría así la paz en el reino? No, en absoluto. En el valle del Ebro, Musa ibn Musa, el Banu-Qasi, del que hablábamos páginas atrás, seguía su propia política. Y como no se fiaba del emir de Córdoba, y aún menos del nuevo rey de Asturias, decidió mover ficha y fortificar la plaza de Albelda, en el centro de La Rioja: un lugar estratégico que, asomado al Ebro, le permitía controlar los movimientos de todo el mundo en la confluencia de Navarra, el reino de Asturias y el emirato; en particular, permitía al Banu-Qasi amenazar los esfuerzos repobladores de los cristianos en el límite con la llanura riojana.

Ordoño olió el peligro. No sabemos exactamente cómo fue, pero lo cierto es que a la altura de 851, es decir, muy poco después de la victoria sobre los moros de Al-Mundir, Ordoño atacó la Albelda de Musa. Hablan las crónicas de gascones, y también de asturianos y gascones. No es fácil saber qué podían hacer ahí los gascones; salvo que en realidad se tratara de vascones. En todo caso, lo cierto es que Ordoño decidió marchar contra aquel nuevo obstáculo. La batalla debió de ser terrible. Dicen las crónicas que Musa ibn Musa recibió treinta y cinco lanzazos en su loriga, que es la armadura que protege el torso.

¿Quién ganó? Probablemente, nadie. Las fuentes adjudican la victoria indistintamente a moros y a cristianos. Esto es frecuente en las fuentes antiguas, y tal ambigüedad siempre indica que el choque militar no tuvo un vencedor claro. Pero podemos dar la victoria táctica a los Banu-Qasi, porque lo cierto es que Musa mantuvo la fortaleza de Albelda bajo su control. Y con esa plaza en su poder, el control de los Banu-Qasi sobre el valle del Ebro alcanzaba dimensiones extraordinarias. Musa obtuvo de Córdoba el reconocimiento como gobernador de la Marca Superior.

¿Fue tal vez eso, la audaz jugada de Musa, lo que empujó al rey de Pamplona a separarse de su socio musulmán del Ebro? Muy posiblemente. Grandes cambios empezaban a dibujarse. Ordoño, por su parte, nunca dejará de tener presente la amenaza de esa fortaleza de Albelda. De hecho, pronto intentará tomarla de nuevo.

Ordoño I iba a reinar dieciséis años, que no son pocos, y en el transcurso de su gobierno iban a pasar cosas importantísimas: la extensión de las ofensivas militares cristianas hacia la meseta sur, el cambio de alianzas políticas en el valle del Ebro y, sobre todo, el afianzamiento de la repoblación en Portugal, León y Castilla, hasta La Rioja. Las iremos viendo una por una.

LA ROCAMBOLESCA HISTORIA DE CÓMO LLEGÓ AL TRONO EL EMIR MUHAMMAD

Mientras Ordoño I estrenaba corona en Oviedo, en Córdoba pasaban cosas muy inquietantes. El viejo emir, Abderramán II, de cerca de sesenta años, enfermaba gravemente. Su último gesto de autoridad había sido la convocatoria de un concilio de obispos cristianos para tratar de solucionar el problema de los mártires. No lo resolvió, como sabemos. Para acabar de oscurecer el paisaje, la rebelión volvía a estallar en Toledo, un berebere se sublevaba en Algeciras, entre los moros de Córdoba aparecía un seudoprofeta que sembraba la zozobra entre las gentes y la corte del emir se plagaba de conspiraciones. Sombrío horizonte.

Conspiraciones, ¿para qué? Para suceder al emir. No sabemos exactamente cuál fue la enfermedad que le aquejó, pero debió de ser seria, porque Abderramán II optó por vivir encerrado en sus aposentos, aislado del mundo. Aparte de sus eunucos, que por otra parte llevaban la administración del emirato, nadie visitaba al monarca cordobés. Nadie salvo una persona, una nieta suya, hija de su hijo Muhammad.

Era evidente que el emir duraría muy poco, de manera que no hubo persona en la corte que no se pusiera a conspirar. Abderramán II, de quien ya hemos dicho que sus dos pasiones fundamentales eran la poesía y las señoras, había tenido un centenar de hijos de ambos sexos. Eran muchos los hijos varones que aspiraban al trono. Eran también varias las mujeres que en aquellos meses desplegaron toda su influencia para tratar de situar bien a sus respectivos hijos predilectos. Y entre esas mujeres, una sobre todas: la bella favorita Tarub, aquella a la que el emir había consagrado sus más delicados pensamientos.

Tarub era una señora de armas tomar. Sabía, evidentemente, que Abderramán bebía los vientos por ella. Pero no puede decirse que los sentimientos de la concubina hacia el emir respondieran al hermoso nombre de «amor». Y al constatar que la vida del emir se apagaba, Tarub urdió una arriesgada maniobra. La bella quería situar en el trono de Córdoba a su hijo Abd Allah, un muchacho seguramente bien criado, pero con una horrible fama de borracho y libertino. Abderramán, por el contrario, no quería a ese Abd Allah ni en pintura. Y así a Tarub se le ocurrió jugar fuerte: aprovechando su ascendiente sobre la corte de eunucos que rodeaba a Abderramán, aceleraría la muerte del emir mediante una sabia administración de venenos y, acto seguido, los eunucos proclamarían emir al beodo Abd Allah, el hijo predilecto de la favorita Tarub.

¿Y quiénes eran los eunucos? Hablemos un poco de esta institución, porque así hay que considerarla. Los eunucos eran funcionarios de la corte con una particularidad evidente: se les había amputado el aparato genital. ¿Por qué? Hay que remontarse a la tradición oriental —desde China hasta el Egipto de los faraones— de entregar el cuidado de los harenes a hombres sin posibilidad de reproducirse. En el caso de la cultura árabe, los eunucos no sólo atendían estas funciones, sino que además fueron convirtiéndose poco a poco en los más fieles asesores y lacayos de los emires. Sin dejar de ser esclavos —tal era su condición inicial, y por eso se los castraba—, el desempeño de cargos de responsabilidad elevó a muchos eunucos a una posición decisiva en la corte. Ese era el caso del eunuco Nasar.

Nasar Abu-l Fath, llamado *el gran eunuco*, sin duda una de las personalidades determinantes del reinado de Abderramán II. Era un personaje de gran influencia. Desde 832 se había encargado de dirigir las obras de ampliación de la mezquita. Hombre inteligente, supo ganarse la confianza del emir. Poco a poco fue controlando toda la administración del emirato, y más todavía, la dirección de numerosas empresas políticas. Por ejemplo, en 844, cuando la invasión vikinga, se encargó de coordinar las operaciones militares. Él fue también quien insistió en que el castigo a los mártires cristianos de Córdoba no fuera una simple ejecución, sino que ésta tuviera lugar en público, para que sirviera de advertencia a todos los cristianos. Eso fue ya en abril de 850. Nasar y la favorita Tarub dominaban la corte. Los dos veían cómo la vida del emir se apagaba. De consuno, tramaron el envenenamiento de Abderramán. Sería Nasar quien le acercaría una copa letal. El emir no desconfiaría.

Nasar, en efecto, se acercó a Abderramán. Le ofreció la copa. El emir miraría tal vez el obsequio con ojos crueles. Pero, para pasmo del eunuco, el emir no bebió la copa, sino que ordenó a Nasar que él la bebiera antes. Alguien había advertido a Abderramán de lo que se estaba tramando. Nasar se llevó la copa a los labios. Podemos imaginar el pavor que se apoderó del eunuco. A los pocos segundos, Nasar agonizaba entre horribles convulsiones. El emir había desviado el golpe. Aquello hizo que Abderramán, que ya llevaba una vida muy aislada, se encerrara todavía más, como un galápago en su concha. Nadie le veía jamás. Sólo aquella muchacha, su nieta, hija de su hijo Muhammad.

Abderramán murió solo, de noche, sin nadie a su lado. Nadie más que los eunucos había en los aposentos del emir. Tarub, por su parte, se apresuró a impedir que nadie entrara en la cámara del soberano: aún era posible coronar al borracho Abd Allah. Y nadie, en efecto, entró en palacio. Nadie salvo aquella muchacha, la nieta, que llegó al alcázar envuelta en velos y túnicas. ¿Qué temer de una muchacha? Pero, esta vez, la piadosa visita traía una sorpresa. La nieta comenzó a quitarse los velos, uno a uno, y quien apareció debajo no fue la muchacha, sino su padre, Muhammad, hijo del difunto Abderramán. Así llegó al trono el nuevo emir Muhammad. Era el año 852.

Sabemos cómo era Muhammad, hijo de Abderramán II y de su esposa Al-Shiffa: bajito, con la cabeza pequeña, de piel sonrosada (se teñía para parecer más moreno), inteligente, de buen talante y muy, pero que muy tacaño. No había heredado de su padre ni la prodigalidad —que en Abderramán superó con creces el despilfarro, aunque es verdad que gastó con mucho gusto— ni la pasión ciega por las mujeres. Tampoco heredó, y esto ya era más preocupante, la pasión política, que en Abderramán había sido muy profunda. De hecho, Muhammad tardó poco en confiar los asuntos del Estado a un tal Hasim ibn Abd al-Aziz.

Pero aunque el nuevo emir no era lo que se dice un trabajador infatigable, el destino le había deparado una prueba de iniciación semejante a la que había tenido que afrontar Ordoño. En efecto, el rey de Asturias, nada más llegar al trono, tuvo que afrontar una rebelión de vascones que se convirtió en batalla campal contra los sarracenos. Y del mismo modo, Muhammad, recién proclamado emir, se vio obligado a hacer frente a una rebelión de amplio alcance en Toledo, rebelión en la que terminaría participando Ordoño.

Toledo, la vieja capital goda, siempre rebelde a Córdoba. Aquí hemos contado ya un par de rebeliones especialmente sonadas. Hubo otra después, en 835, que a Abderramán II le costó mucho sofocar; finalmente lo logró, llevándose a Córdoba numerosos rehenes. Pero ahora, 852, los toledanos aprovechaban el cambio en el trono del emirato para volver a sublevarse. Sin duda se trataba de una operación planificada desde tiempo atrás. Bajo la dirección de los magnates de la ciudad, la población de Toledo se rebela y apresa al gobernador. Con el delegado del emir en su poder, los toledanos exigen un trueque: no le soltarán hasta que Córdoba libere a los rehenes presos en Toledo desde aquella rebelión de 835. Córdoba cede, pero los toledanos van más lejos: forman columnas armadas, se dirigen contra Calatrava, atacan la ciudad y la toman. A Muhammad I se le presentaba un serio problema.

El nuevo emir trató de estar a la altura de aquel desafío que inauguraba su reinado. Envió a Calatrava un ejército al mando de un hermano suyo, de nombre Al-Hakam, y logró reconquistar la plaza. Pero Toledo seguía indómita y, pocas semanas después, las huestes rebeldes asestaban un duro golpe a los ejércitos del emir. Fue a orillas del Jándula, no lejos de Andújar. Córdoba había enviado un nuevo ejército, esta vez directamente contra Toledo, al mando de los generales Qasim y Tamman. Alguien debió de advertir a los toledanos sobre esta ofensiva. El hecho es que los rebeldes cruzaron Sierra Morena, emboscaron a las tropas del emir y las aniquilaron. Y todo eso, a apenas ochenta kilómetros de la propia capital del emirato.

Era demasiado para Muhammad. El nuevo emir, extremadamente alarmado, resolvió coger el toro por los cuernos. Alineó un poderoso ejército, se puso él mismo al frente y marchó contra Toledo. Era junio de 854. Un gran peligro se cernía sobre la vieja capital de los godos. Pero los toledanos habían previsto la acometida del emir. Y para hacerle frente, habían pedido ayuda al único que podía dársela: Ordoño, el rey de Asturias. Así se cruzaron por primera vez las armas del rey cristiano y el emir moro. Pronto veremos cómo fue.

LA HAZAÑA DE LOS PIONEROS: PURELLO, EL CONDE GATÓN Y EL OBISPO INDISCLO

Para entender bien la enorme aventura de la Reconquista hay que subrayar siempre este hecho fundamental: por encima y por debajo de las batallas, de los nombres de reyes y de las crónicas de corte, a partir de finales del siglo VIII hombres y mujeres de a pie, familias de campesinos y grupos de monjes, iban ocupando tierras cada vez más hacia el sur, desafiando al peligro y a la muerte, en busca de una vida más libre. También ahora, mediados del siglo IX, con Ordoño en Oviedo y Muhammad en Córdoba, los colonos cristianos siguen descendiendo lentamente hacia las tierras llanas.

En páginas anteriores hemos visto a Lebato y Muniadona en el valle de Mena, a sus hijos Vítulo y Ervigio en el valle de Losa, al obispo Juan en Valpuesta, a los campesinos libres del conde Munio en Brañosera, al guerrero Juan en la plana de Vic, a los colonos de Sobrarbe y a los desdichados que acabaron sus días en la cueva Foradada, al pie del Pirineo de Huesca. Viajemos ahora a otro punto del mapa, la montaña leonesa, en el vértice de Asturias, León y Palencia. También aquí los colonos cristianos empiezan a aventurarse hacia las tierras llanas. Y conocemos la aventura de uno de ellos, el audaz Purello.

Hay un punto en la montaña de León donde los cerros empiezan a asomarse hacia al llano, a lomos del río Esla, cerca de donde hoy se extiende el embalse de Riaño. Hasta allí habían llegado los colonos, seguramente asturianos y cántabros, ocupando montes y prados, haciendo presuras y sembrando los campos. Uno de esos colonos es nuestro amigo Purello, que se ha instalado en la zona con su familia. No era una vida fácil: pocos kilómetros al sur, la amenaza musulmana seguía presente. La gran llanura leonesa era tierra de nadie; ni moros ni cristianos habían establecido ciudades ni plazas fuertes. Pero eso no significa que estuviera exenta de presiones armadas; ya hemos visto cómo el intento de Ramiro de repoblar León fue inmediatamente frustrado por las huestes sarracenas. Porque aunque aquello era tierra de nadie, las columnas guerreras no dejaban de transitar la zona.

Podemos imaginar la situación. En el norte del llano, donde empieza la montaña, familias de campesinos cristianos; en el sur, al otro lado del Duero, partidas de guerreros musulmanes que conocen bien la debilidad de esas comunidades de agricultores y ganaderos; en medio, aisladas en el paisaje, pequeñas plazas defensivas como las de Verdiago y Aleje, puestos avanzados desde donde los musulmanes controlan los movimientos de los cristianos. No hacen falta grandes contingentes armados para castigar a los osados campesinos: bastan unos pocos hombres, veinte o treinta jinetes, para cabalgar hasta aquellos campos, saquear las cosechas y apresar a cristianos a los que luego se podrá vender como esclavos. Los campesinos saben que, si aparecen los jinetes moros, pueden refugiarse en las montañas, pero no siempre les será posible. En una de esas pequeñas expediciones de saqueo, los musulmanes han llegado hasta el paraje de Purello y han apresado a uno de sus hijos, Flagino.

Probablemente se trataba de soldados moros de los puestos de Verdiago y Aleje, en la garganta del Esla. Purello no está dispuesto a soportar la afrenta. Coge sus armas y sale en persecución de los moros. Sin duda le acompañarían sus clientes, es decir, la gente que trabajaba para él. Nuestro hombre da alcance a los secuestradores a la altura del río Dueñas, en la montaña. Implacable, mata a los moros y rescata al joven Flagino. De regreso, hace alto en el paraje de Valdoré, en el alto Esla. Purello hace presuras en el lugar y se lo adjudica. Un documento de 6 de mayo de 845, firmado por el rey Ordoño, confirma a Purello la presura de Valdoré «para que la tengáis vos y vuestros hijos y la posea vuestra progenie hasta el fin de los siglos con potestad de venderla o donarla», en premio por su acción contra los moros. Dicen que el linaje de Purello se mantendría en la zona de Valdoré hasta nuestros días.

A este Purello se le han atribuido muchas cosas. Entre otras, que fue gobernador de Astorga. La verdad es que de él sólo conocemos lo que nos dice ese documento regio de 845. Pero sí sabemos que la aventura de Purello se inscribe en un proceso más general que es la repoblación del norte de León, un proceso que la corona asturiana alienta decididamente. Y también sabemos a quién encomendó el rey Ordoño la tarea de proteger la repoblación: al conde Gatón del Bierzo.

Gatón formaba parte de la familia real. Su esposa se llamaba Egilo. Unos dicen que Gatón era hijo del difunto rey Ramiro; otros, que cuñado de Ordoño. Sea como fuere, era un hombre de confianza del rey. Por eso, a partir de 850, Gatón recibe la orden de asegurar la repoblación. Recordemos cómo se hacía eso: no es que las tropas cristianas derrotaran a los moros y a continuación repoblaran la tierra recuperada, sino que la acción militar tenía por objeto asegurar los territorios recién ocupados por los colonos y dotarles de una estructura política incorporándolos a la corona. Y así Gatón parte de Balboa, en el Bierzo, y se dirige hacia el sureste: Ponferrada, Astorga…

En Astorga hemos de pararnos. Una antiquísima ciudad, primero astur y después romana, cabeza del tráfico de metales en la Hispania imperial; destruida en 456 durante las guerras entre godos y suevos, reconstruida inmediatamente por el obispo Toribio en 460, que hizo de ella su sede episcopal… Los moros la arrasaron en 714, cuando la invasión, y desde entonces había quedado reducida al estatuto de ciudad fantasma. Pero seguía siendo un lugar clave para las comunicaciones en el noroeste y, además, un baluarte estratégico de primer orden, protegido por las montañas al norte y abierto al llano hacia el sur. Gatón debió de poner enseguida sus ojos en ella. Es la primera ciudad que el conde del Bierzo repuebla. Deja allí al obispo Indisclo y sigue camino hacia el este.

¿Gatón dejó allí al obispo, o éste ya había realizado presuras en la zona? No lo sabemos. El nombre de este obispo Indisclo aparece en cualquier caso vinculado a las primeras presuras de tierra en Astorga. Al este, un riachuelo marca una frontera natural; Gatón establece allí una línea divisoria, edifica un castro defensivo —que aún hoy se llama Villagatón— y las tierras al oeste quedan para el obispo. Bajo la dirección de Indisclo nacen o se repueblan localidades como Brimeda y Biforcos. Los documentos nos indican con mucho detalle cuál era la mecánica de la repoblación; primero se plantan mojones que señalizan el terreno, después se construyen casas y se ara y siembra la tierra, reservando otros espacios para apacentar los rebaños.

El movimiento repoblador es intenso. A la zona acuden numerosas familias: bercianos, por supuesto, en la estela del conde Gatón, pero también gallegos, asturianos y hasta mozárabes que abandonan Al Ándalus para unirse al reino cristiano del norte. Los monjes del monasterio de Samos aparecen en Bergido, entre las actuales Villafranca y Cacabelos. Nacen hasta diecisiete núcleos de población.

Otros nombres comparecen en nuestra historia; con frecuencia, envueltos en conflictos por la propiedad de las tierras colonizadas. Cerca de Astorga, en Combarros, un berciano llamado Catelino ara unas tierras aparentemente abandonadas y las toma como presura. Pero esas tierras forman parte de la presura de Indisclo, que las reclama. Indisclo pone un pleito a Catelino. El conde Gatón, delegado del poder real, ha de actuar como juez. Dará la razón al obispo. La noticia es interesante, porque nos señala una primera fuente de conflictos entre la presura por delegación regia y la presura popular, es decir, la que los campesinos realizaban por su propia cuenta. Y esto a su vez nos confirma el protagonismo del pueblo, que iba haciendo la Reconquista a golpe de azada.

Gatón del Bierzo tuvo éxito en su tarea, pero un acontecimiento imprevisto iba a apartarle temporalmente de ella. En el verano de 854, el rey le da orden de acudir con sus ejércitos a Toledo, porque los toledanos, en guerra con Córdoba, han pedido ayuda a Oviedo, y Oviedo se la tiene que prestar. Tal era la nueva misión del conde Gatón del Bierzo. Poco podía imaginar el eficaz repoblador del norte que el destino le había preparado una tragedia.

EL DESASTRE DEL GUADACELETE

Noticia de impacto: los rebeldes de Toledo, acosados por el emir de Córdoba, pedían socorro al rey de Asturias. En la corte de Oviedo debió de ser una conmoción; era la primera vez que sucedía algo parecido. Y Ordoño mandó a sus tropas. Y las fuerzas del reino cristiano del norte ayudaron a los rebeldes de Toledo. Y unos y otros fueron severamente derrotados por los ejércitos del emir en el cauce del Guadacelete. Pero la aventura, después de todo, no salió tan mal como al principio pintaba. Vamos a verlo.

La ocasión era, sin duda, trascendental. Hasta este momento, las tropas cristianas habían ejecutado alguna expedición aislada sobre tierras musulmanas, episódicas campañas de saqueo como las de Guadalajara o Medinaceli, pero nada que pudiera considerarse una ofensiva contra el corazón del emirato. Los reyes de Asturias conocían bien sus limitaciones y nadie ignoraba que el ejército musulmán era mucho más poderoso que el cristiano. Pero he aquí que a Ordoño se le presentaba ahora una oportunidad única: por primera vez podía llevar a sus ejércitos hasta la línea del Tajo, cuatrocientos kilómetros al sur de la frontera, nada menos que en la noble y vetusta Toledo, la vieja cabeza de la España goda.

Sin duda Ordoño evaluaría los riesgos. La hueste que allí enviara iba a quedar aislada de la retaguardia cristiana, separada de sus tierras por la despoblada meseta, expuesta a la aniquilación si las cosas se torcían. Pero, por otro lado, la expedición tenía un valor estratégico incalculable, porque significaba llevar el núcleo de la guerra a las tierras del enemigo, alejar la lucha de los territorios del reino cristiano, ganando seguridad para sí y zozobra para el adversario. Cuanto más estuviera la guerra en tierra mora, menos estaría en tierra cristiana. Y, en cualquier caso, nobleza obliga: si los toledanos pedían auxilio, el rey cristiano se lo tenía que prestar. Así Ordoño resolvió enviar un poderoso ejército con dirección a Toledo y encomendó la misión a su caballero más fiable, el conde Gatón del Bierzo. Era la primavera de 854.

Muhammad, por su parte, necesitaba un golpe de fuerza. Recién llegado al trono como estaba, era peligrosísimo que alguien pusiera en duda su autoridad. Así que movilizó un ejército imponente y se puso en marcha hacia Toledo. No ahorró gestos, el emir: él mismo se puso al frente de sus fuerzas. Y, por supuesto, tomó sus precauciones; no iba a asaltar directamente la ciudad, férreamente defendida por unas murallas fortificadas (y construidas, por cierto, por Amorroz, el asesino de la terrible Jornada del Foso), sino que buscaría otra manera de imponer a los toledanos un severo correctivo. El ejército del emir de Córdoba enfiló hacia Toledo por un camino singular, el arroyo de Guadacelete, entre colinas y barrancas. Allí dejó Muhammad al grueso de su hueste. Y así dispuestas las tropas, el propio emir salió al llano de Nambroca con la vanguardia de su ejército, rumbo a Toledo. Era el mes de junio de 854.

Los vigías de Toledo no tardaron en llevar la noticia: tropas de Córdoba se dirigían contra la ciudad. Contarían que el propio emir las encabezaba. Contarían, también, que su número era reducido. Los vigías no habían podido divisar más que a las fuerzas visibles en el llano; ignoraban que Muhammad había resguardado al grueso de su ejército entre los barrancos y las colinas del Guadacelete. Sin duda en Toledo pensaron que el emir había cometido un error. Pero no, fueron los toledanos y los asturianos de Gatón quienes iban a cometer una desdichada cadena de errores.

A veces la moral de victoria despierta peligrosos espejismos. Ninguno de los que en Toledo aguardaban la embestida del emir carecía de experiencia guerrera. Gatón había estado, a buen seguro, en la batalla inaugural de Ordoño en tierras vasconas, y los toledanos acababan de asestar un serio golpe a la caballería del emir. Pero quizás aquellas experiencias habían creado en los toledanos y en Gatón una idea equivocada del auténtico poder militar del emirato; quizás esas victorias les habían llevado a subestimar al enemigo y a pasar por alto su capacidad de maniobra y su versatilidad a la hora de sembrar de trampas el campo de batalla. Tal vez hubo voces más prudentes en Toledo. Podemos imaginar a unos u otros desaconsejando una carga a campo abierto. En todo caso, nadie escuchó esas voces y la opinión que se impuso fue la contraria: salir de la ciudad y trabar combate con la vanguardia musulmana. Fue el primer error.

Las huestes de Toledo, engrosadas con los refuerzos cristianos del norte, salieron de las murallas de la ciudad y cargaron contra el moro. La vanguardia de Muhammad no perdió la cara, hizo frente a la ofensiva y trató de mantener sus líneas. Pero la superioridad de los toledanos en aquel primer embate era tan obvia que la batalla no tardó en decantarse de su lado. Las tropas de Córdoba comenzaron a retroceder hasta que, en un momento determinado, el emir ordenó retirada. Toledanos y astures, eufóricos, creyeron ver la oportunidad de infligir al ejército del emir una severa derrota. No contentos con haber salido bien librados del primer choque, persiguieron a los fugitivos. Fue el segundo error.

Porque las tropas de Muhammad habían huido, en efecto, pero no para alejarse del combate, sino para llevar a los toledanos hasta una encerrona letal. En las estrechas y secas gargantas del Guadacelete, ocultos entre cerros y barrancos, aguardaban los guerreros del grueso del ejército cordobés. Los toledanos se vieron súbitamente acosados en todos los flancos. La emboscada mora estaba bien pensada: los toledanos apenas veían a sus enemigos, muy superiores numéricamente, que salían de los lugares más insospechados para frustrar cualquier resistencia. Incapaces de maniobrar con orden, los de Toledo y Gatón intentaron trabar combate con las fuerzas que les acosaban. Desorganizados, no pudieron o no supieron retroceder. Fue el tercer y definitivo error.

La matanza fue horrible. Dicen las crónicas moras que cayeron ocho mil hombres de Toledo y Asturias. Después, en un macabro ritual, los moros decapitaron los cadáveres, construyeron un túmulo con las cabezas y danzaron sobre ellas en un demencial baile de victoria. Las cabezas de los vencidos fueron retiradas en carros y llevadas a todos los puntos del emirato, para que nadie ignorase cuál había sido la suerte de los rebeldes. «Veo muerte por doquiera», dice un testimonio cristiano de la época. Gatón del Bierzo pudo escapar a la carnicería. Ese día el exitoso conde saboreó la amargura de la derrota.

La victoria del emir Muhammad fue incuestionable. Sin embargo, no fue completa. Y no sólo porque Gatón consiguiera escapar con parte de su hueste, sino porque Toledo no se rindió. Más precisamente, el emir, pese a su victoria en campo abierto, no se atrevió a atacar la ciudad. ¿Por qué? Sin duda, porque las tropas que movilizó para esa batalla también habían sufrido cuantiosas bajas. Y así Toledo siguió, orgullosa, desafiando al emir. Muhammad buscó otras estrategias. Primero, controlar el peligro que significaba Toledo recuperando para el emirato la plaza de Consuegra; después, sitiar la vieja capital goda con un nuevo ejército al mando del príncipe Al-Mundir. Maniobras que en realidad sólo significaban una cosa: la rebelión toledana se daba por inexpugnable. Tanto que unos años más tarde, en 859, Muhammad optó por la vía diplomática y pactó una amnistía con la ciudad. Toledo suspendía las hostilidades contra Córdoba, pero a cambio veía reconocido su estatuto singular.

Tampoco para Ordoño fueron graves las consecuencias de la derrota. Después de todo, el objetivo político se había conseguido; el emir de Córdoba permanecía atareado en el sur y, por tanto, no podría dirigir a sus huestes contra el norte. Y aprovechando la coyuntura, el rey de Asturias se lanzará inmediatamente a repoblar León. Esta vez, con éxito. Pronto lo veremos.

Es verdad que la osadía toledana de Ordoño no quedó sin castigo. Hubo una expedición sarracena de venganza contra Álava, pero sin otras implicaciones que las habituales. Salvo el hecho, nada desdeñable, de que quien dirigió esa campaña fue Musa, el Banu-Qasi que señoreaba el valle del Ebro. Ahora bien, esto a su vez generó movimientos que terminarían en la victoria cristiana de Albelda, que bien puede considerarse como la venganza por la derrota del Guadacelete. También lo veremos en su momento.

En cuanto al conde Gatón, hay que decir que volvió al Bierzo, desde donde seguía pilotándose la repoblación del llano leonés, al mismo tiempo que los campesinos bercianos, cántabros, asturianos y vascos continuaban su lento y tenaz camino hacia las tierras del sur. Movimientos decisivos empezaban a tomar forma también en el valle del Ebro, Pamplona y La Rioja. El mapa cambiaba.

Pero entonces ocurrió algo que volvió a retener la atención de todos los españoles, tanto cristianos como moros: retornaban los vikingos. Y esta vez iban a secuestrar nada menos que a un rey.

VUELVEN LOS VIKINGOS

Corría el año de Nuestro Señor de 858, octavo del reinado de Ordoño I y sexto del emir Muhammad en Córdoba, cuando las costas españolas recibieron por segunda vez la visita de unos indeseables forasteros: volvían los vikingos. Y hay que decir que, una vez más, aquellos terribles guerreros nórdicos que aterrorizaban a Europa se llevaron aquí un par de buenas tundas. Por el camino, no obstante, lograron secuestrar nada menos que al rey de Pamplona.

Se llamaban Bjorn, alias *Costillas de Hierro*, y Hasting. Eran dos grandes caudillos guerreros, con fama de implacables. Hasting había acumulado un fantástico historial en su juventud. Las crónicas danesas lo describen como «astuto, vigoroso, temible e impredecible». En cuanto a Bjorn Costillas de Hierro, era hijo del rey de Dinamarca, Ragnar Lodbrok, llamado *Calzones*

Velludos, que unos años antes había saqueado París. Bjorn y Hasting concibieron una audaz empresa: saquear Roma, nada menos. Y hasta llegar a Roma, cabotando por todo el Atlántico europeo, saquearían cuanto encontraran por el camino. Por ejemplo, la ciudad que escogieron como primera etapa de su empresa: Santiago de Compostela, en lo que ellos llamaban Jakobsland.

Dicen que fueron cien naves las que en el mes de junio de 858 penetraron por la ría de Arosa. Desembarcaron en Iria Flavia, la vieja sede episcopal, y la saquearon. Desde allí pusieron rumbo a Santiago. La capital compostelana ya era una ciudad famosa, pero ni mucho menos había sido concebida como una fortaleza militar: poco defendida, sin apenas murallas, era presa fácil para cualquier atacante. Los vikingos sitiaron Santiago. Los compostelanos se defendieron como pudieron. Dos semanas aguantaron el empuje de los normandos. Finalmente, Santiago se rindió. Para evitar el saqueo de la ciudad, enviaron emisarios a Bjorn y Hasting. Los vikingos actuaron como de costumbre. Exigieron un alto rescate. Y Santiago pagó. Pero la ambición nubló la vista de los caudillos daneses: cuando tuvieron el dinero en sus manos, con la ciudad vencida, ordenaron el saqueo de Santiago. Traición. Las huestes normandas se lanzaron contra la ciudad indefensa. Pero…

Pero en ese momento apareció el ejército del rey de Asturias. Ordoño I, que había recibido ya noticia de la incursión vikinga, se había movido con velocidad. Alineó una tropa, la puso al mando del noble Pedro Theon y le encomendó la misión de liberar Santiago. Este Pedro Theon, también conocido como Pedro de Pravia, debía de ser un guerrero de primera; varios años más tarde lo encontraremos ocupando altas responsabilidades en el reino. No sabemos cómo fue el combate que trabó con los normandos, porque las crónicas no dieron detalles. Lo único que sabemos es que Hasting y Bjorn, viendo que el paisaje se complicaba, levantaron el campo, corrieron hasta sus barcos y pusieron proa al sur, hacia Lisboa. El reino de Asturias había vuelto a vencer a los vikingos.

El problema se le planteaba ahora al emir Muhammad, porque los caudillos normandos mantuvieron su ruta camino de Roma. Llegaron a Lisboa y la pasaron a sangre y fuego. Asaltaron Algeciras. Buscaron el Guadalquivir, remontaron el río, desembarcaron en Sevilla e incendiaron la mezquita mayor de Ibn Addabas (donde hoy está la iglesia de San Salvador). Ahora bien, el emir Muhammad tenía recursos. Desde la primera incursión vikinga, en tiempos de Abderramán, el emirato se había provisto de una nutrida flota. En algún lugar del Guadalquivir chocaron las armadas vikinga y mora. Los barcos del emir combatieron con dureza. Y los normandos, viendo que también allí encontraban más dificultades de las esperadas, abandonaron la idea de saquear Sevilla. Pero como la osadía de aquella gente no conocía límites, Bjorn y Hasting probaron suerte en el litoral africano.

Al menos dos ciudades del norte de Marruecos —Ashila y Nekor— recibieron la tarjeta de visita de los normandos. Años más tarde, las crónicas hablarán de tuaregs vendidos como esclavos en Irlanda. Después le tocó el turno a Murcia, y luego a las Baleares. Subieron el litoral mediterráneo hasta el sur de Francia. Saquearon Nimes y Arles. Pasaron el invierno en una isla de la Camarga. Se dirigieron luego contra Génova, que saquearon e incendiaron. No llegaron a Roma. Pero en algún momento de sus correrías hicieron algo que volvía a afectarnos directamente: secuestraron a García Íñiguez, rey de Pamplona.

Nadie sabe qué ruta siguieron los vikingos para llegar a Pamplona. Unos dicen que remontaron el Ebro hasta el Arga, y luego este río hasta la capital; pero cuesta imaginarlos, la verdad, pasando por una plaza tan bien defendida como Zaragoza. Otros sostienen que no entraron por el Ebro, sino desde el Cantábrico. El hecho es que llegaron a Pamplona, la saquearon y secuestraron a García Íñiguez, hijo de Íñigo Arista y rey en ejercicio de la ciudad. Después de un cautiverio de casi un año, García Íñiguez pudo salir libre gracias a un rescate de 90.000 monedas de oro: una fortuna.

Una pregunta interesante: ¿cómo pudieron enterarse los vikingos de que existía una ciudad llamada Pamplona y que era factible secuestrar a su rey? A partir de esa pregunta, hay una línea de investigación que mantiene la existencia de una densa red vikinga de espionaje e información en tierras de Al Ándalus. Después de todo, tratándose de unas gentes cuyo negocio consistía en saber dónde podían saquear con más provecho, parece lógico pensar que dispusieran de agentes e informadores. Tales espías habrían sido reclutados, especialmente, entre los abundantes eslavos que vivían en Al Ándalus, generalmente como esclavos de cierta posición. Por otra parte, ya hemos contado aquí que consta la existencia de contactos diplomáticos y comerciales entre el emirato de Córdoba y Dinamarca. Aunque, según parece, quien mejores relaciones mantenía con los normandos era el califato de Oriente, que veía en estos navegantes de rapiña un excelente instrumento para incordiar a andalusíes, francos y bizantinos. «El enemigo de mi enemigo es mi amigo», dice el refrán.

En ese refrán debió de pensar mucho García Íñiguez de Pamplona durante su cautiverio en manos de Bjorn Costillas de Hierro y Hasting. ¿Quién era realmente su amigo, y quién su enemigo? Teóricamente, su amigo era el gran Musa, el Banu-Qasi del valle del Ebro, pero éste no había movido un dedo para pagar el cuantioso rescate de su libertad. ¿Y si mañana el atacante no fuera una horda de normandos, sino el vecino rey de Asturias? Quizá —debió de reflexionar García Íñiguez— había llegado el momento de replantearse el sistema de alianzas.

No hay que quitar mérito a las tropas del reino de Asturias por el coscorrón que propinaron a los normandos. Los vikingos habían saqueado París y Orleans en 856, Tours y Blois en 857, Bayoux y Chartres en 858. El poderoso reino de los francos había sido incapaz de frenar las rapiñas vikingas. Pero he aquí que este pequeño reino cristiano del Cantábrico resistía por dos veces a los vikingos y los vencía en el campo de batalla. Los largos años de guerra contra el islam habían endurecido el ánimo de los gallegos, los asturianos, los cántabros… Los reyes de Oviedo, por su parte, ya habían sido capaces de poner en marcha gruesos contingentes de hombres de armas, dispuestos a actuar donde se les pidiera. El reino de Asturias empezaba a ser una pequeña potencia.

Pero para ser una pequeña potencia le faltaba a nuestro reino algo importante: poder salir libremente de las montañas donde había estado encajonado hasta entonces. Al sur, el Duero y el alto Ebro configuraban un amplio espacio libre. Las repoblaciones de Tuy, Astorga, León y la Bardulia señalaban sólidos caminos de expansión. Pero, al este del reino, una peligrosa presencia amenazaba la seguridad de los colonos: la fortaleza de Albelda, el baluarte del orgulloso Banu-Qasi Musa, señor del valle del Ebro y tercer rey de España. Ahí puso sus ojos Ordoño.

LA BATALLA DE ALBELDA Y LA RUINA DEL VIEJO MUSA

Ya hemos contado aquí que la batalla de Clavijo, aquella que según la leyenda libró Ramiro I contra los moros, y donde la aparición del Apóstol Santiago decidió la lucha a favor de los cristianos, es probablemente deformación legendaria de dos batallas reales: las que libró Ordoño, hijo de Ramiro, en torno a Albelda y el Monte Laturce, precisamente en el collado de Clavijo. La primera vio la victoria de los Banu-Qasi del Ebro, pero la segunda la ganaron los cristianos. Y tras esa segunda batalla de Albelda, el mapa iba a cambiar de forma decisiva.

Para contar lo que pasó hay que empezar por su protagonista fundamental, que, más que Ordoño, fue Musa. Volvamos a Musa, el fiero Banu-Qasi, el «tercer rey de España», como él mismo se hacía llamar (los otros dos reyes eran el cordobés y el asturiano). En los diez años anteriores, Musa había logrado convertirse en auténtico eje del equilibrio de poder en la Península. Siguiendo una tortuosa estrategia de alianza y a la vez oposición respecto al emir de Córdoba, este biznieto del visigodo renegado Casio había llegado a dominar un amplio espacio que abarcaba desde Tudela y Huesca, en el norte, hasta Calamocha y Daroca por el sur, pasando por Zaragoza y parte de La Rioja. El territorio Banu-Qasi era un auténtico tapón en el centro de España. Desde el año 850 ni una sola caravana partió de Zaragoza hacia Córdoba.

En un paso más allá, Musa se las había arreglado para extender su influencia política hacia el sur. Por un lado, había organizado el casamiento de una de sus hijas con el gobernador de Muhammad en Guadalajara, un tal Izraq. Por otro, había enviado a su hijo Lope como gobernador de los rebeldes de Toledo. Esta última era una típica jugada de este caballero, en su alambicada estrategia política. Con un Banu-Qasi como cabeza de los levantiscos toledanos, el emir de Córdoba podía estar seguro de que Toledo sería musulmana, pero, a la vez, tendría que aceptar la autonomía de la ciudad, sometida a un poder musulmán, sí, pero ajeno a Córdoba. Y de paso, Musa se garantizaba así una inaudita proyección de su esfera de poder hacia el sur. ¿Arriesgado? Claro, pero en eso consistía el juego. Y a Musa le dio muy buen resultado: el propio Carlos el Calvo, rey de los francos, trató de ganarse la voluntad del Banu-Qasi inundándole de regalos. Musa se había convertido en alguien con quien había que llevarse bien.

En este diseño de poder, la fortaleza que Musa levantó en Albelda a partir de 852 jugaba un papel decisivo. Albelda era muy importante porque aquella pequeña y blanca villa levantada en lo alto de un cerro presentaba un valor estratégico incalculable. Desde sus torres se controlaban todos los caminos que unían el este con el oeste y el norte con el sur. Desde allí podía Musa vigilar los accesos a Navarra y a las tierras de los vascones, y aún más, algunas vías de entrada hacia Cantabria. Desde Albelda se señalizaba con claridad cuál era el límite del territorio Banu-Qasi hacia el oeste. Y sobre todo, desde Albelda podían los Banu-Qasi ejercer una presión permanente sobre los colonos cristianos que empezaban a cruzar el Ebro en La Rioja. Por eso Musa levantó en Albelda una plaza fuerte. Y por eso Ordoño quería borrarla del mapa.

Ordoño, el rey de Asturias, sabía que no podría bajar hasta el Ebro riojano mientras la fortaleza de Albelda estuviera allí. En 852 había intentado suprimir el obstáculo, pero Musa soportó la embestida. Después, el Banu-Qasi había invadido Álava, saqueándola. Ebrio de soberbia, Musa había desdeñado ayudar a su sobrino García Íñiguez, de Pamplona, cuando fue secuestrado por los vikingos. Aquel episodio rompió las relaciones entre los Banu-Qasi y la casa de Pamplona. Y Musa, fiero, había respondido con una campaña de saqueo contra tierras pamplonesas. Ordoño debió de ver claro el paisaje: si ahora, 859, volvía a atacar Albelda, ni pamploneses ni cordobeses acudirían en socorro del Banu-Qasi. Era el momento de actuar.

Debió de ser ya entrada la primavera, cuando el frío se retira de los campos, ya ha corrido el agua del deshielo y la naturaleza invita a la guerra. Ordoño reunió a sus huestes y, atravesando Bardulia, se plantó ante Albelda y puso sitio a la ciudad. Musa, que probablemente estaba en Arnedo —era su residencia favorita—, corrió a socorrer a los sitiados. El Banu-Qasi llegó a las cercanías de Albelda y dispuso sus tiendas en torno al monte Laturce, también llamado collado de Clavijo. Ordoño vio la maniobra y dividió sus fuerzas en dos. Un ala mantendría el sitio sobre Albelda mientras la otra buscaba el combate con los refuerzos de Musa. El escenario estaba ya dispuesto para la gran batalla.

Las crónicas no nos dan detalles sobre el choque, pero podemos imaginarlos. Con Ordoño estaría, muy probablemente, Gatón del Bierzo, que sin duda tendría ante sus ojos el desastre del Guadalecete, con aquellas montañas de cabezas cristianas que los moros elevaron a modo de macabro trofeo de guerra. Ahora se presentaba la hora de la venganza. También estaría con Ordoño otro conde que empezaba a hacerse un nombre: Rodrigo, el de Castilla, quizás hermano o cuñado del rey, y casado con una castellana. Debían de estar también los gallegos Vimara Pérez y Hermenegildo Gutiérrez, y asimismo Pedro Theon, porque no es probable que el rey, en aquella prueba suprema, prescindiera de sus mejores caballeros. Y esos fueron, o pudieron ser, los protagonistas del combate.

La victoria cristiana fue completa. Las huestes de Ramiro arrollaron a las de Musa. Un yerno de Musa llamado García murió en el combate. El propio caudillo Banu-Qasi resultó malherido y a punto estuvo de caer prisionero; le salvó in extremis un enigmático caballero de su hueste, antiguo guerrero cristiano que sin duda guardaba con Musa una deuda de sangre y que, al ver al viejo caudillo en tan difícil trance, se apeó de su caballo, hizo subir a Musa y se aseguró de que lo llevara lejos del campo de batalla. Musa se salvó, pero sus tropas fueron diezmadas. Los vencedores hablaron de doce mil jinetes musulmanes muertos. Ebrios de victoria, los soldados de Ordoño penetraron en el campamento del fugitivo Musa: era la hora del botín. Para coronar la victoria, los cristianos encontraron en la tienda vacía de Musa los regalos que el Banu-Qasi había recibido del rey franco, Carlos el Calvo. No es extraño que, después, la leyenda enalteciera esta batalla con el mito de Clavijo.

Albelda, vencidos sus auxiliadores, apenas pudo resistir. Después de siete días de asedio, las tropas cristianas penetraron en la ciudad. Literalmente la arrasaron. Sus defensores murieron. Todos. Los derrotados de Guadalecete vieron vengado el desastre de Toledo. Ordoño logró que la fortaleza mora de Albelda desapareciera del mapa. Los colonos pudieron bajar sin peligro al cauce del Ebro.

En cuanto a los Banu-Qasi, les tocó vivir tiempos amargos. Recordemos que Musa había dejado a un hijo suyo, Lope, como gobernador de Toledo. Cuando se conoció la noticia de Albelda y la derrota de Musa, los toledanos dedujeron que se habían quedado sin apoyos; temerosos de que el emir Muhammad aprovechara la oportunidad para atacar de nuevo Toledo, se apresuraron a entregar al gobernador Lope a Córdoba y pedir un tratado de paz. A este Lope le esperaba un tortuoso periplo. Preso un tiempo en Córdoba, terminaría acogiéndose al reino cristiano del norte.

Y en lo que respecta al propio Musa, que ya pasaba de los setenta años, toda su gloria se vendría abajo con estrépito. Tras la derrota de Albelda, el emir Muhammad le retiró el gobierno de la Marca Superior. Por dos veces se vio obligado el orgulloso Banu-Qasi a permitir que las tropas del emirato pasaran por su antes intocable territorio. Musa trató de resarcirse atacando los condados catalanes, pero con fortuna limitada. Y las cosas terminaron en desastre para el Banu-Qasi por un asunto de familia.

Recordemos que Musa, en su política de proyectarse hacia el sur, no sólo había hecho a Lope gobernador de Toledo, sino que además había casado a una hija suya con el valí de Guadalajara, Izraq. Pues bien, ocurrió que Muhammad, con la mosca detrás de la oreja, mandó llamar a Izraq, porque sospechaba que aquel matrimonio iba a significar que Guadalajara terminara en manos de los Banu-Qasi. El valí Izraq dio al emir todo género de seguridades sobre su fidelidad, pero, al hacerlo, despertó la cólera de Musa, que atacó Guadalajara. Musa logró echar a Izraq y sus huestes de la ciudad, pero el valí se rearmó y pasó a la ofensiva. En la brutal refriega, el anciano Musa cayó gravemente herido. Sus tropas volvieron a Tudela. Musa ni siquiera pudo montar a caballo. Lo llevaron en parihuelas, agonizante, durante veintidós días, al cabo de los cuales falleció antes de llegar a su capital. Así murió el astuto y feroz Musa ibn Musa ibn Fortún ibn Casius, cuyo destino había quedado marcado por la derrota de Albelda.

La batalla de Albelda sirvió también para que Asturias y Navarra estrecharan definitivamente sus lazos. García Íñiguez no se había equivocado al cambiar de socio. Una hija de Ordoño, Leodegundia, casó con el propio García; así se hacían las alianzas en aquel tiempo. Navarra quedaba fuera de la influencia del Banu-Qasi.

Pero, sobre todo, la batalla de Albelda fue decisiva para la Reconquista; bajo su luz se avanzó en la repoblación hasta límites inimaginables tan sólo diez años atrás. Y entre otras cosas, nacía Castilla.

EL REY EMPUJA LA REPOBLACIÓN: TUY, LEÓN, AMAYA

La consecuencia más importante de la batalla de Albelda fue que Ordoño I se encontró con las manos libres para empujar la Reconquista, es decir, la repoblación de territorios al sur de la Cordillera Cantábrica. Hasta el momento hemos visto comunidades de campesinos y monjes que se arriesgan a dar el salto y ocupan un territorio; después llega la autoridad política para ordenarlo. Ahora, con Ordoño, el sistema va a conocer alguna modificación. La iniciativa privada sigue siendo el motor de la Reconquista, pero el rey se suma a la corriente, la empuja y, además, pone su nombre en muchas de las tierras recobradas.

¿Y podía el rey poner su nombre a esas tierras, adjudicárselas? Sí. Desde los tiempos de Roma, una vieja costumbre decía que las tierras vacantes, desocupadas, yermas, correspondían al soberano. Los godos mantuvieron esa costumbre y Ordoño iba a aplicarla a conciencia. Empezó a hacerlo con la repoblación de Astorga y León, y seguiría aún más al sur. Los reyes de Asturias habían empezado a apoyar abiertamente la repoblación desde Alfonso II el Casto, a finales del siglo VIII. Con Ordoño, el impulso regio será determinante.

Recordemos cómo teníamos el paisaje a mediados del siglo IX. Colonos cristianos habían empezado a saltar la montaña en el norte de Burgos, también en Palencia, después en el Bierzo. Ordoño encarga al conde Gatón que baje hasta el Esla y repueble Astorga, con el obispo Indisclo. El siguiente paso será la ciudad de León. Ramiro, padre de Ordoño, había intentado diez años antes repoblarla, sin éxito. Pero ahora, 856, los moros están muy ocupados con las revueltas toledanas, y los cristianos podían descartar una nueva intervención musulmana. Era el momento oportuno para emprender la aventura.

Es el propio rey Ordoño quien dirige la operación repobladora. Y parece que se planificó con cuidado, porque hay documentos relativos al caso fechados dos años antes de la ocupación. Así, en un momento determinado del año 856, en nombre del rey, por impulso suyo y bajo su dirección personal, gentes del Bierzo y de Asturias llegan a la vieja ciudad romana. Al calor de las murallas legionarias, que la última ofensiva mora no pudo desmantelar, elevan casas y ocupan tierras. Alrededor de la ciudad resucitada empiezan a instalarse otras gentes. León nace ya con obispo, Frunimio, que regirá la nueva sede episcopal durante al menos quince años. El propio rey Ordoño hará presuras en la zona.

Inmediatamente antes o inmediatamente después de la repoblación de León, Ordoño había impulsado la reconquista de Tuy. Esta ciudad gallega a orillas del Miño, hoy fronteriza con Portugal, había sido un importante centro político, militar y religioso desde los tiempos de Roma. Tuvo sede episcopal desde el siglo V. Fue capital del reino suevo. Los godos hicieron de ella sede regia. Después, los moros, cuando la invasión, asolaron la ciudad. Tuy volvió tibiamente a la vida hacia 739, cuando Alfonso I y su hermano Fruela Pérez llegaron hasta allá en sus correrías. Desde entonces vegetaba en una situación semejante a la de otros viejos centros urbanos; semiabandonada a su suerte, reducida a un pequeño burgo de pescadores. El designio de Ordoño fue que Tuy recobrara su estatuto, y el trabajo lo harán tres caballeros cuyos nombres conocemos: Vimara Pérez, Hermenegildo Gutiérrez y Alfonso Betote. A los dos primeros volveremos a encontrarlos en la repoblación del norte de Portugal. Tuy tendrá pronto su propio obispo, de nombre Diego.

Tuy, Astorga y León se habían repoblado antes de la batalla de Albelda. Amaya se repoblará inmediatamente después, y como consecuencia directa de esa victoria. Amaya, recordemos, era otro de los centros tradicionales de la vida en el norte de la Península: vieja fortaleza prerromana, centro de comunicaciones bajo el imperio, capital del ducado de Cantabria en la España goda… Entre los muros de Amaya aguantaron los godos la invasión musulmana hasta que no pudieron más. Después, Alfonso I, hijo precisamente del último duque godo de Cantabria, la reocupó y hasta puso un obispo, pero aún era temprano. La ciudad estaba demasiado expuesta a los ataques moros, de manera que nuevamente se despobló. Pero Albelda cambió las cosas.

Después de Albelda, en efecto, el paisaje era otro; había hombres para repoblar, había tropas para guerrear y, sobre todo, había un horizonte despejado hacia el este. Y así Ordoño encargó a Rodrigo, primer conde de Castilla, que reconstruyera las murallas y ocupara el territorio. Conde de Castilla, sí, porque el pequeño núcleo inicial de las Bardulias, en el noroeste de Burgos, había ido extendiéndose hasta reclamar una identidad propia. Y Amaya, que ahora iba a llamarse Amaya Patricia, volvía a convertirse en una plaza defensiva fundamental.

Así nace una cadena de puntos fuertes que abarca desde Tuy, cara al Atlántico, hasta Amaya. Estos puntos fuertes no hay que entenderlos exactamente como una frontera, un *limes*; de hecho, los campesinos siguen bajando al sur de esa línea y repoblando tierras desocupadas. No, esas nuevas ciudades hay que verlas más bien como los nudos principales de una red: sobre ellas y en torno a ellas se construye el orden. Tienen, por supuesto, una función militar, tanto defensiva, porque desde ellas se controlan las vías de acceso al corazón del reino, como ofensiva, porque sirven de base para proyectarse hacia el sur. Pero tienen, además, una función política, porque materializan la presencia ordenadora de la corona, y una función económica, porque se convierten en los ejes de las comunicaciones y de los intercambios.

Las ciudades-fortaleza no marcan la frontera. La frontera real está más al sur, donde los colonos siguen haciendo su trabajo, tomando tierras, devolviendo Castilla a la vida. También aquí conocemos algunos nombres. En julio de 852 tenemos al abad Paulo, con el presbítero Juan y el clérigo Nuño, haciendo presuras a orillas del río Purón, en el valle de Tobalina; al año siguiente funda el monasterio de San Martín de Losa, y gracias a ese documento sabemos que Paulo controlaba tierras en los valles de Losa, Valdegovia y Tobalina, es decir, en lo que hoy es el límite de Álava y Burgos. En julio de 855 encontramos los mismos nombres en la fundación del monasterio de San Román de Dondisle, siempre en la misma zona del noreste burgalés.

Un poco más al oeste, en el valle de Valdivielso, tenemos al abad Rodanio, que funda el monasterio de San Pedro de Tejada, después de haber hecho presuras en torno al cerro de Castrosiero. De este cerro, por cierto, sabemos que fue habitado durante siglos por sus cualidades defensivas. Aquí encontramos otros dos nombres: Fernando Núñez (llamado de *Castrosiero*) y su esposa Gutina, que aparecen vinculados a la pequeña iglesia de las santas burgalesas Centola y Elena. Y más al oeste aún, en la zona de Campoo, sabemos que hicieron presuras los obispos Severo y Ariolfo; lo sabemos porque luego donaron esas tierras al monasterio de Santa María del Yermo, en Cantabria.

Llama la atención este protagonismo de la Iglesia en la labor repobladora. ¿Por qué aparece siempre la Iglesia detrás? Por tres razones. La primera, porque la Iglesia es la institución que conserva los documentos, tanto los que conciernen a la propia Iglesia como todos los demás, así que es lógico que abunden las referencias eclesiásticas en la información que nos ha llegado hasta hoy. La segunda, porque la Iglesia está siendo efectivamente la columna vertebral de la organización del territorio, como lo había sido ya en tiempos de los godos: en torno a las iglesias y los monasterios se despliegan los campos de labor, desde las comunidades monásticas se arbitra en los pleitos… Y hay una tercera razón, y es que la Iglesia, en esta época, no es que vertebre la vida civil, sino que no hay propiamente separación entre la existencia de la gente común y la vida religiosa, y una y otra se trenzan continuamente. Por ejemplo, sabemos de dos repobladores, Sonna y Munina, que en 865 entran por un año en el monasterio de San Cosme y Damián de Valderrama y le donan diversas tierras.

Ojo a este asunto: Valderrama está en Tobalina, en Burgos, pero ya no al norte del Ebro burgalés, sino al sur del río. ¿Cuándo se atrevieron a dar el salto? ¿Y quiénes eran Sonna y Munina? Apenas podemos aventurar respuestas para estas preguntas. Sona o Sonna es un nombre de varón; Munina o Munia, un nombre de mujer. El primero, de origen germánico; el segundo, frecuentemente vascón. Por los documentos de la época sabemos que hubo una importante familia Sonna. También abundan los Munios y Munias, Nuños y Nuñas, cuyos hijos son Muñoz y Núñez. Podemos conjeturar que estamos ante un matrimonio de la época, Sona y Munina, una familia de propietarios tal vez, que se lanza a hacer presuras al sur del Ebro por propia iniciativa. Más pioneros, en fin, como los que hemos venido viendo en capítulos anteriores.

Así se construye un mapa nuevo. Ciudades-fortaleza en línea, cerrando el paso hacia el norte y abriendo camino hacia el sur. En torno a ellas, caminos, poblaciones y castillos que configuran una auténtica red de supervivencia. Alrededor de todo eso, al norte y al sur, campos que van volviendo a la vida por la acción de los colonos. Y envolviendo el paisaje, el espíritu de la Reconquista. ¿Cómo era la existencia de esa gente? ¿Cuántos eran? ¿Cómo se organizaban? Vamos a intentar responder a esas preguntas.

UN DÍA EN LA VIDA DEL CONDE RODRIGO DE CASTILLA

Castilla nace como un pequeño rincón de aventureros, entre la promesa de una vida mejor y la amenaza permanente del enemigo musulmán. A partir del núcleo inicial de las Bardulias, la tierra castellana empieza a extenderse a fuerza de espada y de arado. El primer jefe político y militar del nuevo territorio es un pariente muy próximo (tal vez un hermano) del rey Ordoño, el conde Rodrigo. Con él, en una vida que conoció tantas glorias como sinsabores, surgen para la historia Castilla y los castellanos.

Un gran conde, Rodrigo, sí. Pero no perdamos de vista lo esencial: el signo distintivo de la Reconquista es que se ejecuta bajo un modelo distinto del modelo feudal; ése es el rasgo singular del medioevo español, lo que le diferencia del resto de Europa, y por eso es preciso insistir en ello. Y es que, en la España de la primera Reconquista, el noble sólo es dueño de sus propias tierras, no de la demarcación sobre la que ejerce su autoridad. No hay identificación entre el espacio del poder y el espacio de la propiedad nobiliaria. Rodrigo es conde de Castilla, pero no es *señor* de Castilla; él tiene sus tierras, pero gobierna otras muchas —la mayoría— que no son suyas, sino de otros, incluido el rey.

Hay que tener siempre presente este hecho capital: en este momento, a mediados del siglo IX, cuando el poder llega a un territorio es porque los colonos han abierto antes el camino. Así, lo que el conde se encuentra es una tierra apenas organizada, cierto, pero poblada y trabajada por los pioneros. En consecuencia, lo que los reyes hacen fundamentalmente es confirmar las presuras realizadas con anterioridad por las comunidades de monjes y de campesinos; una sanción formal de un hecho consumado. Y allá donde las tierras aún son yermas, el rey se atribuye la propiedad con un rito solemne: haciendo sonar un cuerno que da publicidad a la presura y enarbolando sobre el lugar el estandarte regio.

El conde ejerce su poder como delegado del rey, no en nombre propio. Y lo ejerce sobre un territorio discrecionalmente señalado por el rey. Por otra parte, aunque la dignidad condal es vitalicia, es decir, que la tiene el conde hasta que muere, eso no lleva aparejado el gobierno del condado, que puede serle revocado en cualquier momento. Y, por supuesto, la condición de conde no es hereditaria. En otras áreas, como Galicia, sí habrá una mayor presencia del señorío nobiliario y eclesial, pero en Castilla los protagonistas de la repoblación son los pequeños propietarios y las ciudades.

Y entonces, ¿para qué servía un conde? Para muchas cosas. En su demarcación, y mientras ejercía el poder que se le había concedido, él era la única autoridad política, administrativa, fiscal, judicial y militar. El conde dirige la repoblación, encabeza las huestes armadas en caso de guerra, dicta las reglas que ordenan la vida económica y jurídica de las gentes, designa por su cuenta a los funcionarios subalternos que le asisten en el gobierno, recauda los impuestos para el rey (y él se queda una parte por derecho), cobra las costas de los litigios, preside el tribunal del condado…

Vemos que dentro de las funciones del conde se da gran importancia a los asuntos judiciales. Eso es precisamente por aquel protagonismo de los campesinos libres que antes mencionábamos. ¿Y por qué los colonos eran más libres en Castilla que en otros lugares? El protagonismo del campesinado libre y de las ciudades es una exigencia directa de las circunstancias de la guerra. A alguien que va a instalarse en zonas amenazadas por un enemigo implacable hay que asegurarle un grado de libertad suficiente para que el riesgo merezca la pena. ¿Y cómo se garantiza eso? Fundamentalmente, ofreciendo una vida mejor que la que se deja atrás. Lo cual se traducía en propiedades y en libertades concretas, tanto para las personas singulares como para sus villas y aldeas. Y así los colonos de Castilla desarrollan una mentalidad singular, de hombre libre, que va a marcar toda esta época.

En la estela de la Reconquista, de la progresiva colonización de tierras hacia el sur, aparecen miles de pequeños propietarios organizados en comunidades y pronto en villas. De ahí nace un paisaje social donde la propiedad resulta determinante. La gente adquiere tierras, ha de garantizar su propiedad, también las vende, las arrienda, las transmite, las hereda, litiga por ellas con el vecino, y junto a esas tierras se pleitea también por los cursos de agua, los montes, los molinos, los caminos… Todos litigan: los propietarios individuales, los nobles, los eclesiásticos, los ayuntamientos… Las necesidades de la vida cotidiana impulsan el nacimiento de un espacio judicial propio. Ese espacio terminará materializándose en la institución de los Jueces de Castilla, que veremos en un próximo capítulo.

Hablábamos de riesgos. El peligro, desde luego, existía. El territorio controlado políticamente por el emir de Córdoba no llegaba tan al norte —se mantenía en el Sistema Central—, pero más allá del Duero seguía habiendo puestos avanzados musulmanes que actuaban como vigías contra los cristianos. Fueron esos puestos los que alertaron de la repoblación de León en tiempos de Ramiro, por ejemplo. Sus soldados hostigaban sin cesar a los colonos —recordemos cuando secuestraron al hijo de Purello— y representaban un peligro cotidiano. Por eso los colonos serán, con frecuencia, campesinos y soldados al mismo tiempo.

¿Y eran muchos, los colonos de Castilla? Hay un célebre verso del *Poema de Fernán González,* el poema fundacional de Castilla, que lo dice con toda claridad:

> *Eran en poca tierra muchos hombres juntados,*
> *de hambre y de guerra eran muy lacerados.*
> *aunque mucho daño y mucha pena sufrieron,*
> *siempre ganaron: de lo suyo non perdieron.*

«En poca tierra muchos hombres juntados». ¿De cuánta gente estamos hablando? No lo sabemos, porque no disponemos de cifras censales, evidentemente. Pero los arqueólogos han encontrado en el sur de Cantabria y de Vizcaya cosas asombrosas, como restos de cabañas y vestigios de cultivos en zonas de montaña completamente inaptas para la agricultura. Eso significa que la franja cantábrica estaba superpoblada, hasta el punto de llevar a la gente a tratar de sacar el máximo rendimiento de unas tierras imposibles. Y, por tanto, no puede extrañarnos que aquellas personas se lanzaran al sur de la cordillera en cuanto tuvieron la primera oportunidad.

Para cántabros y vascones —que éste es el contingente del que nacen los primeros castellanos—, asomarse a las tierras del sur debió de ser una experiencia impresionante. Atrás quedaban los estrechos valles y las gargantas encajonadas entre montañas; ante sus ojos se extendían, primero, los valles anchos y suaves de Mena, Losa y Tobalina; después, las grandes llanuras de la meseta. Había tierra para todos. Más aún, había más tierra de la que necesitaban, y así la Castilla naciente no sólo acogió a los foramontanos del norte, sino también a los mozárabes que, huyendo de las persecuciones, empezaron a afluir hacia el norte en número cada vez mayor para buscar refugio en tierra cristiana.

La aportación mozárabe es difícil de cuantificar, pero debió de ser bastante numerosa, sobre todo en áreas como León. Consta que en la repoblación del sur de León, y hasta Zamora, hubo abundante presencia de cristianos que venían huyendo de las persecuciones del emirato. Estos mozárabes aprovechaban las expediciones de saqueo cristianas para viajar hacia el norte con las huestes guerreras, o utilizaban los viejos caminos romanos para lanzarse a la aventura. Con ellos traían formas de vida y de cultura que iban a dejar su huella en las tierras repobladas, contribuyendo a definir la personalidad de esta nueva España.

De esta manera se configura la Castilla inicial. Córdoba, por supuesto, verá con claridad el peligro: la tierra desierta del Duero empezaba a convertirse en un espacio organizado que amenazaba la hegemonía del emirato. La proyección cristiana hacia el sur parecía imparable. Dispuesto a sacar el máximo partido de sus victorias, el rey Ordoño se lanzó a una serie de expediciones, que hoy llamaríamos preventivas, con el objetivo de situar aún más al sur el frente de guerra. Venían días de triunfo, pero también severas derrotas.

LAS AUDACES CAMPAÑAS DEL REY ORDOÑO

El rey Ordoño I de Asturias no fue sólo un guerrero temible, sino también un político audaz, que supo explotar al máximo las oportunidades que le dieron sus victorias. Y, además, tenía las cosas muy claras: vivía con el transparente propósito de extender lo más posible hacia el sur sus territorios. Así, se apresuró a aprovechar el éxito de Albelda, en 859, para impulsar la repoblación de la Castilla inicial. El emirato de Córdoba reaccionará, pero será para que Ordoño, a su vez, emprenda jugadas realmente audaces.

Después de Albelda, el emir Muhammad clamaba venganza. Pero, ¿sobre quién vengarse? La derrota de Musa, el Banu-Qasi, demostraba que los ejércitos cristianos se habían convertido en un enemigo de consideración. Seguramente a Muhammad le desaconsejarían atacar directamente el reino de Asturias. Resultaba mucho más fácil atacar Pamplona, cuyo cambio de bando, poniéndose al lado de Ordoño, era una traición que merecía castigo. La ofensiva serviría, además, para advertir a todos los territorios españoles de lo peligroso que era abandonar el lado musulmán.

Debió de ser en la primavera de 860. Las tropas sarracenas entraron en Pamplona por las tierras de los Banu-Qasi en el Ebro. El reino pamplonés era demasiado débil para oponer la menor resistencia. Las huestes de Muhammad asolaron el territorio a placer. No sólo eso, sino que además se llevaron cautivo al hijo y heredero del rey García, Fortún Garcés. A Fortún le esperaba un largo cautiverio de veinte años en la corte cordobesa. Muhammad pensaba tal vez que este castigo empujaría a los pamploneses a recabar de nuevo la clemencia del emirato, pero se equivocó. Lejos de eso, la bárbara venganza sobre tierras navarras empujó a los reyes de Pamplona a abrazar ya para siempre la causa asturiana. Y es fácil entenderlo: sólo Ordoño podía protegerles de futuras incursiones moras.

Ordoño, que era buen jugador, vio con claridad el tablero. Después de la batalla de Albelda, los Banu-Qasi habían quedado desactivados en el Ebro. Y después del ataque moro a Pamplona, era evidente que Asturias tampoco podía temer nada de los navarros. Además, el hecho de que Muhammad hubiera atacado Navarra, y no Castilla, significaba que Córdoba no estaba en condiciones de alinear grandes ejércitos contra el norte cristiano. Era, pues, el momento oportuno para tomar la iniciativa. Ordoño decidió atacar las tierras del emir.

Desde el punto de vista estratégico, la campaña tenía mucho sentido. Se trataba, una vez más, de alejar la guerra de las fronteras propias y situarla en las fronteras del enemigo, al otro lado del despoblado valle del Duero. Hasta ese momento, el valle, la meseta norte, desarticulada y muy poco poblada, había actuado como escudo protector para el norte cristiano, pero no había evitado las aceifas moras contra Galicia, León y, sobre todo, Álava y Castilla. El propósito de Ordoño es invertir la situación: que ahora sean los moros quienes vivan con el temor de que los cristianos asomen por el horizonte.

El primer objetivo fue Coria, en la actual provincia de Cáceres, una ciudad de lejanísima memoria, enclave celta a orillas del Alagón, luego ciudad romana, después sede episcopal del reino godo. Los moros la tomaron cuando la invasión de 711 y emplazaron allí una base de primera importancia, el principal baluarte musulmán frente al desierto del Duero y el norte cristiano. En términos militares, golpear sobre Coria era tanto como herir al emirato en un brazo. Y eso es lo que se propuso Ordoño.

El rey en persona encabezó la expedición. Debía de ser el verano de 860. Un poderoso ejército cristiano partió de Astorga, atravesó Zamora, cruzó el Duero, bajó a lo largo de la actual provincia de Salamanca, pasó la sierra de Gata y asomó sobre Coria. Una cabalgada de casi cuatrocientos kilómetros, nada menos. Evidentemente, nadie en la Coria mora esperaba un ataque de los rebeldes cristianos del norte. Como había hecho Alfonso II ante Lisboa sesenta y dos años antes, Ordoño tomó la ciudad, se apoderó de cuantos tesoros pudo y, acto seguido, volvió grupas hacia el norte. Pero el rey, astuto, tomó la providencia de llevarse un rehén de campanillas: el alcalde Zeid, gobernador moro de Coria.

Al mismo tiempo que Ordoño atacaba Coria, otra expedición cristiana emprendía una aventura paralela: tomar Talamanca, al sur de la sierra de Guadarrama, en lo que hoy es la raya norte entre Guadalajara y Madrid. Otra ciudad de abolengo, Talamanca: a orillas del Jarama, hubo allí un asentamiento romano del que más tarde nació la ciudad visigoda de Armática. Cuando los moros la tomaron, hicieron de ella cabecera de su marca media, una red de fortificaciones destinada a prevenir cualquier ataque por Somosierra. Tan principal fue Talamanca que allí surgió una escuela coránica. Su valor estratégico era semejante al de Coria: era el otro brazo del dispositivo de defensa del emirato. Y ahí también quiso sacudir Ordoño.

Esta vez la misión la encabezaría el conde Rodrigo de Castilla. La hueste partió de las Bardulias, o quizá de Amaya, y cruzó la meseta en dirección sur. La fuerza cristiana cruzó el Duero en algún lugar cercano a Aranda y se plantó ante la mole de la sierra de Guadarrama. Sin duda la cruzaría por el paso de Somosierra, que sigue siendo hoy el paso natural a través de las montañas. Es poco verosímil que no hubiera puestos avanzados moros en la zona, pero nadie pudo detener el ataque. Rodrigo saldría de la sierra por Buitrago y La Cabrera. Después de unos trescientos cincuenta kilómetros de marcha, se plantó ante los muros de Talamanca de Jarama.

El ejército del conde Rodrigo cayó sobre Talamanca como una maza. De poco sirvieron las murallas de la ciudad. Hubo combate, pero la fuerza sarracena cedió. Las huestes del conde castellano vengaron en los defensores moros las muertes y desolaciones de Álava y Castilla. La tropa sarracena pereció por entero. Los habitantes musulmanes de la ciudad fueron apresados y llevados al norte; posiblemente la esclavitud sería el destino de muchos de ellos. Como Ordoño en Coria, también Rodrigo en Talamanca tomó la providencia de apresar al alcalde de la ciudad, Mozeror, y a su esposa Balcaiz. Sabemos que Ordoño confinó a ambos en los alrededores de Peña Santa, en León, donde, aun siendo rehenes, se les dejó vivir con cierta libertad.

Después de las batallas de Coria y Talamanca, el paisaje quedaba de lo más favorable para el rey de Asturias: desde el norte del actual Portugal, en el Atlántico, hasta lo que hoy es La Rioja, no había enemigo capaz de hacerle frente. De oeste a este se extendía una ancha zona de influencia que Ordoño se apresuró a marcar como propia. Los colonos descendieron hasta el Arlanzón y parece ser que empezaron a repoblar el área de lo que hoy es la ciudad de Burgos. Con más claridad consta la repoblación de Mijangos, a un paso de la línea del Ebro en Burgos. Más al este, la repoblación descendía desde los montes Obarenes a los montes de Oca, y allí, sobre las ruinas de la vieja Auca romana y goda, crecía lo que hoy es Villafranca de Montes de Oca. Un avance espectacular.

El emir de Córdoba, Muhammad, debió de comprender inmediatamente que le era imprescindible golpear al reino de Asturias. Con semejante paisaje en el norte, sólo podía esperar que la osadía de los cristianos se proyectara cada vez más hacia el sur. Para colmo, en 862 había desaparecido Musa, el Banu-Qasi, dejando en el valle del Ebro un peligrosísimo vacío. Parece que hacia 863 hubo, además, un ataque moro sobre Talamanca, donde Rodrigo había dejado guarnición, y la fuerza cristiana lo resistió con éxito. Era preciso —pensaría Muhammad— volcar toda la fuerza del emirato contra el rey Ordoño.

La expansión cristiana hacia el sur había llegado más lejos que nunca, pero se avecinaban tiempos extremadamente duros, tiempos en los que el emirato de Córdoba iba a concentrar todo su potencial militar, económico y político en la tarea de desarbolar los logros de la Reconquista.

LA CÓLERA DE MUHAMMAD

La cólera del emir Muhammad fue terrible. Con esa frase podemos resumir todo lo que pasó en España después de las audaces campañas de Ordoño. El rey de Asturias había conseguido llevar sus límites muy al sur, hasta donde nunca habrían soñado sus predecesores. La Reconquista ganaba terreno hacia el Miño, el Esla, el alto Duero, el alto Ebro. El emir de Córdoba se sintió amenazado. Muhammad tenía que tomar una determinación. Y esa determinación cayó sobre nuestras cabezas.

La cólera de Muhammad fue terrible, en efecto, pero no fue ni mucho menos improvisada ni irreflexiva. El emir se pensó muy bien cómo, dónde y cuándo actuar. Primero, se aseguró de tener las espaldas guardadas. Ante todo había que prevenir cualquier trastorno interior que pudiera restar fuerza al golpe contra Asturias. Así, comenzó por garantizarse que los Banu-Qasi del Ebro serían buenos chicos: tras la muerte del viejo Musa en 862, poco le costó al emir convencer a sus herederos de que doblaran la cerviz; Muhammad logró recuperar el control de Zaragoza, Tudela y Huesca, donde situó a gobernadores de su propia elección.

Con el valle del Ebro en calma, Muhammad procedió después a verificar que ni Mérida ni Toledo volverían a levantarse. Las dos viejas ciudades hispanas, en efecto, parecían tranquilas. En todo caso, el emir, precavido, tomó una prudente decisión: sus ejércitos, en la inminente campaña contra el norte, no pasarían ni por Toledo ni por Mérida, para evitarse complicaciones. Y, por supuesto, tampoco cruzarían la meseta norte. Las repoblaciones cristianas de Tuy, Astorga, León y Amaya habían configurado una línea defensiva bien plantada, que cerraba los caminos de acceso al norte. Sin embargo, al este de Amaya...

Al este de Amaya, era verdad, se dibujaba un amplio espacio de muy frágiles defensas. Desde Amaya hasta las hoces riojanas del Ebro había un frente de más de ciento veinte kilómetros extremadamente vulnerable. Era precisamente allí, en esa zona, donde los colonos cántabros y vascones habían empezado a hacer brotar Castilla: los valles de Mena, Losa, Tobalina, Valdivielso... Ciudades como Oca, Salinas de Añana y Oña eran todavía pequeñas aldeas de recién llegados. La frontera sur de la colonización, sobre la línea del río Tirón y en la margen norte del Ebro, carecía de estructura militar y política. Pequeños castillos actuaban como vigías, pero ni en sueños podrían pensar en frenar una invasión. Y sin embargo, era la región más peligrosa para el emirato, el punto donde podría romperse la comunicación de Córdoba con el valle del Ebro y el Pirineo. Ahí es donde Muhammad concentraría todos sus esfuerzos.

¿Conocía Ordoño las consideraciones estratégicas del emirato? No hay razones para dudarlo. Las acciones de Albelda, Coria y Talamanca, ejecutadas sobre lugares particularmente sensibles del mapa, dejan pensar que el rey de Asturias sabía bien dónde pegaba. Consta que hacia 863 hubo aún combates en torno a un punto tan meridional como Torija, en la cabecera del valle del Henares, es decir, en el paso natural desde la meseta hacia Aragón, a través de La Alcarria. Ordoño, pues, sabía dónde pegaba, sí, pero sus recursos militares estaban bastante por debajo de sus cálculos estratégicos. Muhammad era perfectamente consciente de su superioridad material. Y la iba a emplear a fondo.

La primera campaña fue en aquel mismo año 863. Muhammad apuntó directamente a Castilla y Álava, la región más desguarnecida del reino cristiano. Envió un poderoso ejército. Como era costumbre en los emires, puso al frente a uno de sus hijos, Abderramán, con un general de confianza, en este caso Abd al-Malik ben Abbas. La fuerza sarracena penetró por la orilla del Ebro desde las tierras riojanas controladas por los Banu-Qasi, ahora domados, y atacó en Miranda, que por entonces era un pequeño núcleo rural perteneciente a la demarcación de Valpuesta. La crónica de Ibn Idhari detalla con claridad qué hizo allí el ejército moro: «Los entró y dio muerte a los hombres y destruyó las fábricas y se extendió por las llanuras, de lugar a lugar, asolando sembrados y cortando frutos».

Alertado, el conde Rodrigo —aunque otros creen que fue Gatón— corrió hacia el lugar. Planificó la respuesta: trataría de cortar la retirada mora en el desfiladero de Pancorbo. Pero

Abderramán y Abd al-Malik se dieron cuenta de la maniobra y cambiaron de rumbo. Enfilaron hacia lo que la crónica mora llama «estrechura de Al-Feg» y que probablemente es la Hoz de la Morcuera, entre Bugido y Cellorigo. El cronista Ibn Idhari refiere un gran combate: los moros paran el primer golpe, se enzarzan después en un largo cuerpo a cuerpo con los cristianos, caen abundantes hombres por ambas partes hasta que, finalmente, la superioridad numérica de los sarracenos se impone y las huestes de Rodrigo, derrotadas, abandonan el lugar.

Dice Ibn Idhari que los cristianos perdieron «diecinueve condes». Probablemente ni fueron diecinueve ni eran condes; es más verosímil que el moro se refiera a los jefes de las fortalezas que Rodrigo había ido desplegando en la margen del norte del Ebro. En todo caso, aquello debió de ser un duro golpe para la defensa militar de la marca alavesa y castellana. También las fuerzas del emir sufrieron grandes bajas. De hecho, el año siguiente, 864, no hubo ninguna expedición mora contra el reino de Asturias. Eso indica claramente que Abderramán y Abd al-Malik sufrieron serias pérdidas. La gran diferencia es que el emirato podía recuperarse rápidamente de esas pérdidas, y Asturias no.

¿Cómo recuperaba el emirato de Córdoba las pérdidas sufridas en sus expediciones militares? Sacando partido de su superioridad demográfica y económica. Sabemos los enormes recursos que Muhammad movilizó para la siguiente campaña, en 865. Las cifras son asombrosas: 2.900 jinetes de Elvira (Granada), 2.200 de Jaén, 1.800 de Cabra, 1.200 de Écija, 2.600 de Málaga, 6.800 de Sidonia, y más jinetes de Priego, Algeciras, Carmona, Murcia, Calatrava, Morón, hasta un total de 20.000 soldados de a caballo. Añadamos las tropas de caballería de la propia Córdoba, que no debían de ser menguadas, más los soldados de a pie. No será descabellado cifrar el total de la fuerza sarracena en un mínimo de 50.000 hombres.

Hay que tener muy presente esta potencia demográfica y económica del emirato de Córdoba para hacerse una idea completa de las circunstancias reales de la Reconquista. Los cristianos del reino de Asturias estaban luchando contra un enemigo muy superior. Después de la conquista del año 711, los moros habían conservado las regiones más ricas de la vieja Hispania: los valles del Guadalquivir, el Guadiana, el Tajo y el Ebro, así como toda la cuenca mediterránea. Es decir, las regiones de agricultura más fértil, población más abundante y organización más asentada. La obra de gobierno de los Omeyas, aun con sus frecuentes crisis, había logrado mantener ese potencial y multiplicarlo con la llegada de población nueva. Y ése es el poder al que tenía que enfrentarse, año tras año, el reino de Asturias, mucho más pobre y mucho menos poblado que el emirato.

El golpe de Muhammad será feroz. Con sus huestes rehechas, y a sabiendas de que los cristianos no habrían podido recomponer sus fuerzas en tan poco tiempo, el enorme ejército del emir se dispuso al combate. Lo mandarían de nuevo, muy probablemente, el príncipe Abderramán y el general Abd al-Malik. Empezaba el verano de 865. Y la fuerza sarracena no se encaminó esta vez hacia Álava, sino que apuntó a un objetivo mucho más suculento: Amaya, la vieja fortaleza que el conde Rodrigo acababa de repoblar, a modo de guardián, en la entrada natural a Cantabria.

En el calor de julio, decenas de miles de jinetes sarracenos cruzaron el valle del Duero para asaltar la puerta del reino de Asturias. Enfrente, las huestes cristianas, todavía menguadas por las crueles batallas de la campaña anterior, no podían ni imaginar lo que se les venía encima. Se anunciaban días de sangre; días en los que el trono de Ordoño pendería de un hilo.

EL DESASTRE DE LA MORCUERA

Un desastre sin precedentes iba a marcar los últimos días del reinado de Ordoño I: la derrota de la Hoz de la Morcuera. El emir Muhammad había reunido el mayor ejército visto hasta entonces por aquellos pagos. Se proponía desmantelar el esfuerzo de repoblación cristiana en Castilla. El camino de las huestes moras debió de pasar por Sigüenza, Medinaceli, Osma y Clunia, siguiendo la red de las calzadas romanas, hasta desembocar en la llanura del Pisuerga. Desde ahí, la llanura conduce suave a la peña donde se alzaba Amaya. Era el objetivo.

Era el objetivo, sí, pero los moros, como otras veces, optaron por no complicarse la vida. Amaya era una fortaleza natural, una peña de trescientos metros de alto encajonada entre ríos que conforman un foso invencible y, sobre el peñasco, un castillo indomable. Abderramán y Abd al-Malik debieron de evaluar la situación: tratar de tomar Amaya significaba disponerse a un asedio que podía durar semanas, incluso meses; en ese tiempo, sin duda las huestes cristianas acudirían en socorro de la fortaleza castellana. Era más aconsejable pasar de largo y sacar partido de las ventajas estratégicas de su hueste: número y movilidad. Y eso es lo que hicieron.

El ejército sarraceno cruzó por Ordejón y Humada hacia el este. Había allí cuatro pequeños fuertes que nada pudieron contra la ola musulmana. Los jinetes del emirato se desparramaron por los campos. Según cuenta el cronista moro Ibn Idhari, «no dejaron en pie ninguna localidad ni habitación alguna, lo destruyeron y lo quemaron todo». El objetivo era claro: destruir toda la obra de repoblación en la línea del alto Ebro. Caminando de oeste a este, el gigantesco contingente de Abderramán y Abd al-Malik atacó uno tras otro los castillos que jalonaban la marca sureste del reino de Asturias. Sabemos que cayeron los fuertes del conde Rodrigo en Castilla, los del conde Diego en Oca, los del conde Gonzalo en Burgos, los del conde Gómez en Mijangos. Tierra quemada.

La ola sarracena prosiguió su camino hacia el este. Salió a los llanos de Miranda de Ebro, como dos años antes, para reducirlo todo a cenizas. Y después enfiló hacia el norte, en dirección a Salinas de Añana, en la llanura alavesa. Los moros dicen que Salinas era una de las fortalezas más preciadas del conde Rodrigo; era, en cualquier caso, la que vigilaba el paso hacia el norte, a Vizcaya. El ejército de Abderramán y Abd al-Malik siguió la misma táctica, por así llamarla: que no quedara piedra sobre piedra. El castillo de Salinas fue desmantelado. Y en sus alrededores se desató la misma marea de muerte y esclavitud.

Cuando los jefes musulmanes consideraron cumplida la misión, pusieron ruta al sur, a Miranda, para ganar los pasos que salen de Álava a La Rioja. Entonces fue cuando el conde Rodrigo se planteó qué hacer. Hasta ese momento, la superioridad numérica musulmana era demasiado evidente, y las tropas que Rodrigo tenía a su disposición no habrían podido hacer otra cosa que advertir a los lugareños para que se refugiaran en los bosques y en los montes, como tantas otras veces. Pero ahora Abderramán y Abd al-Malik, con su inmenso ejército, tenían que salir del llano, lo cual les obligaría a atravesar caminos estrechos, donde era difícil maniobrar. Y Rodrigo podría aprovechar su ventaja estratégica para vengar la desolación sembrada por los moros en Castilla.

Para salir del llano de Álava hacia La Rioja hay cuatro pasos naturales. El más occidental es el de Pancorbo, que los combatientes conocían desde la campaña anterior: un paso excesivamente estrecho para un contingente tan numeroso como el sarraceno; demasiado arriesgado. Lo mismo ocurría con el paso más oriental, las Conchas de Haro, que además daban salida a las tierras de los Banu-Qasi, de momento calmadas, pero nunca enteramente seguras ni para asturianos ni para cordobeses. En medio hay otros dos pasos: el Alto de la Morcuera y la Hoz de la Morcuera, el primero cresteando sobre las montañas, el segundo por entre ellas. La cuestión estratégica era la siguiente: ¿por dónde hacer pasar lo más rápido posible y con el menor esfuerzo a un ejército de muchas decenas de miles hombres y caballos? Eso debía de ser lo que Rodrigo se preguntaba, para esperar allí a su enemigo.

El camino de la Hoz era suave, las montañas no se elevaban muy altas, la vía se hacía ancha… Por allí pasa hoy la carretera que lleva de Bugido a Foncea. Era el lugar idóneo para dejar pasar a un ejército tan numeroso. Era, sin duda, el que los jefes moros escogerían. Y allí se instaló el conde Rodrigo. Durante los años anteriores, el conde de Castilla había acentuado las condiciones naturales de la Hoz con obras defensivas: fosos, trincheras… Un ancho foso vetaba el acceso al camino de la Hoz. En él desplegó Rodrigo a sus huestes, cerrando la entrada. Y ante la línea de cierre se presentaron, en efecto, los ejércitos sarracenos, como Rodrigo había previsto. Era miércoles, 8 de agosto de 865.

Lo que sabemos del choque es lo que nos han legado las fuentes andalusíes. La clave de los movimientos estuvo en un cerro que estrecha la entrada del camino, sobre el foso construido por Rodrigo. Los moros atacaron. Los cristianos resistieron en el foso. Cuando la superioridad numérica musulmana se impuso, los cristianos abandonaron el foso y se replegaron al cerro, su segunda línea, para mantener el cierre de la Hoz. Anocheció. Los combates se reanudaron al alba. Los moros se habían apoderado del foso. Desde allí reanudaron el ataque. Nuevamente la superioridad numérica hacía flaquear la defensa. Ésta, sin embargo, no cedió. Hasta que alguien cometió un grave error. Bajo la presión mora, algunos de los defensores huyeron hacia el interior de la Hoz; otros, pronto, les siguieron. Era un suicidio. La fuga debilitó la presión defensiva y permitió a los jinetes sarracenos vencer la línea para penetrar en la Hoz. Una vez allí dentro, en el desfiladero, los caballos moros tardaron poco en dar alcance a las tropas cristianas que se retiraban a pie. Fue una carnicería.

Con la línea defensiva cristiana quebrantada, el ejército musulmán no tuvo la menor dificultad para aniquilar a los últimos resistentes. Los que seguían parapetados entre los árboles y los riscos fueron cazados sin piedad. Los fugitivos de la Hoz, también. Algunos lograron pasar al llano, hacia el sur, en dirección a Haro, pero allí tuvieron que atravesar el Ebro a nado y, según las fuentes moras, muchos se ahogaron en el intento. «Se hizo de ellos una horrible matanza y gran cantidad de prisioneros quedaron en nuestras manos», dice el cronista musulmán. La misma fuente da una cifra de bajas cristianas escalofriante: «Después de la batalla se reunieron veinte mil cuatrocientas setenta y dos cabezas». Todas ensartadas en lanzas moras como trofeo de guerra.

Seguramente la cifra del cronista —esas 20.472 cabezas— es exagerada. En todo caso, el desastre fue completo. Entre muertos, cautivos y fugitivos, la hueste de Rodrigo quedó totalmente aniquilada. Eso significaba ante todo una cosa: ya nadie podía defender a los colonos. Y en consecuencia, la repoblación se paró. No sólo se paró, sino que se retrajo, volviendo varios kilómetros hacia el norte. Los moros, plenamente conscientes de la coyuntura, intensificaron la presión. No atacarán nunca el corazón del reino de Asturias, sino que insistirán una y otra vez en esa misma área, Álava y Castilla, ahora desguarnecida, víctima fácil de cualquier depredación. El príncipe Abderramán volverá en 866 y 867. En esta última expedición, donde llegó al valle de Mena, ni siquiera pudo obtener botín: todo estaba ya arrasado por sus propios ejércitos.

El rey Ordoño murió el 27 de mayo de 866, después de dieciséis años de reinado que fueron, todos ellos, de lucha sin tregua. Sus últimos años se vieron atormentados por la gota; sus últimos meses, por las derrotas. El rey que había concebido una vasta empresa de repoblación hacia el sur moría viendo su obra frustrada. Se había llegado, sí, a Tuy, a Astorga, a León; Amaya había resistido. Pero el camino hacia el sur, promisoriamente abierto con la victoria de Albelda y con las audaces cabalgadas hasta Coria y Talamanca, quedaba ahora cerrado por el desastre de la Morcuera. Y sin embargo…

Sin embargo, lo asombroso es que pese a las derrotas, pese a la debilidad militar, pese al peligro de un enemigo infinitamente superior, las gentes iban a volver a los campos. Los castellanos —pues ya podemos dar tal nombre a aquella mezcla de cántabros y vascones, de godos y mozárabes— iban a retornar a las tierras arrasadas para devolverlas a la vida. Una vez más, las querellas internas del mundo musulmán les ayudarían. Eso fue ya en tiempos del hijo de Ordoño, Alfonso III. Pero antes hay que contar otras cosas.

Capítulo 8

EL QUE RESISTE, GANA

HABLEMOS DE POLÍTICA

El rey Ordoño murió en 866, fresco aún el ingrato recuerdo del desastre de la Morcuera. Le sucedió su hijo Alfonso, que reinaría como Alfonso III. Será un gran rey, victorioso en el campo de batalla, lúcido en los asuntos de gobierno, brillante en el plano cultural. Pero, sobre todo, el nuevo rey iba a darle un sentido histórico a la Reconquista. En buena medida, él fue quien dio significado al propio concepto de Reconquista. Y al hacerlo, demostró un talento político supremo.

Pero detengámonos un momento. Recapitulemos. Han pasado ciento cincuenta años desde la invasión musulmana. En ese siglo y medio, el reino de Asturias había logrado sobrevivir pese a todos los peligros. No vendrá mal repasar ahora cómo estaba la situación geográfica y política, para tomar conciencia del panorama que esperaba al nuevo rey.

El emirato de Córdoba seguía dominando la mayor parte de la Península. Su control político efectivo se extendía al sur de las fronteras naturales marcadas por el valle del Tajo, la sierra de Guadarrama y, en diagonal suroeste-noreste, el valle del Ebro y el Pirineo. Al norte de esa línea seguía habiendo una tierra de nadie en la mitad occidental, marcada por el curso del río Duero. Córdoba no consideraba tal área como parte de su estructura política, pero sí pretendía mantener sobre ella un control militar eficaz, tanto para atacar al norte cristiano como para defenderse de él. En cuanto a la mitad oriental de la línea, las tierras del curso medio del Ebro seguían en manos de los Banu-Qasi, momentáneamente sumisos a Córdoba, y la frontera militar se elevaba hasta los condados aragoneses y catalanes del Pirineo, con Huesca y Lérida como principales núcleos defensivos y ofensivos del islam.

Al norte de la línea estaba la España cristiana, y también aquí hay que distinguir entre distintos tipos de territorios: los que estaban controlados políticamente, los que estaban siendo objeto de repoblación y los que simplemente estaban bajo presión militar, eventual campo de ataque y defensa contra el sur musulmán. El reino de Asturias, que seguía abarcando desde el Atlántico gallego en el oeste hasta Vizcaya y Álava en el este, había bajado la línea de control político al río Miño, el Esla y el alto Ebro, en el eje Tuy-León-Amaya. Al sur y al este de esa línea, hasta el cauce del Duero, se extendían las tierras de repoblación, adonde iban llegando colonos pese al riesgo de verse asaltados por expediciones musulmanas. Al sur del Duero, cruzando horizontalmente la meseta, se desplegaba una franja prácticamente despoblada, que ni moros ni cristianos podían considerar como parte de su territorio, pero que ambos intentaban controlar militarmente.

Por último, en la mitad oriental de la franja norte de la Península habían emergido los nuevos territorios cristianos. Primero, Navarra, configurada como reino de Pamplona desde el Golfo de Vizcaya hasta la comarca de Tafalla, y ya aliada de Asturias. Después, encaramados sobre el Pirineo y de oeste a este, hasta el Mediterráneo, se sucedían el condado de Aragón, que ya contaba con casa gobernante propia; los condados de Sobrarbe y Ribagorza, todavía bajo influencia carolingia, y los condados catalanes, desde Urgel hasta Barcelona, donde las familias de la nobleza autóctona comenzaban a gozar de creciente autonomía respecto a los reyes de Francia.

Con ese paisaje, las vías naturales de proyección del reino de Asturias hacia el sur se alineaban en tres ejes muy concretos. Uno, la franja atlántica, sobre el norte de lo que hoy es Portugal; otro, el gran llano del Duero medio, sobre Zamora, Valladolid y Palencia; el tercero, el área entre el alto Ebro y el alto Duero, es decir, desde la vieja Castilla hasta La Rioja. Son los mismos tres ejes en los que habían actuado los colonos en los decenios precedentes, los mismos cuya repoblación habían alentado los reyes desde Alfonso II el Casto, los mismos donde Ordoño había cosechado triunfos importantes y sonoras derrotas. En ellos se centrará de nuevo, una vez más, la fuerza expansiva de la España cantábrica.

Porque, en efecto, de todo este conglomerado de reinos, señoríos y condados, tanto cristianos como musulmanes, la sociedad más expansiva y dinámica era sin duda la del reino de Asturias. Partiendo de cero, había construido una entidad política propia que lograba mantenerse en condiciones extremadamente adversas; y no sólo lograba mantenerse, sino que año tras año iba ampliando su proyección hacia el sur, desbordando su marco inicial de la Cordillera Cantábrica. Al Ándalus era más rico, pero su sociedad estaba más estancada. De hecho, Córdoba no dejará nunca de importar personas, tanto de África como de Europa, y frecuentemente en condiciones de esclavitud, para llenar sus campos y sus ejércitos. Respecto a la España pirenaica, ni en lo social ni en lo político estaba aún lo suficientemente articulada como para protagonizar procesos expansivos. Así que la fuerza más pujante de aquella España, en el siglo IX, era indiscutiblemente la cantábrica.

¿Por qué era la más pujante? ¿Qué es lo que hace a una sociedad más expansiva que otras? Aquí entran factores demográficos, económicos, sociales, políticos y culturales que vale la pena mencionar, para entender mejor las cosas. En el caso del reino de Asturias, no cabe duda de que existía un dinamismo demográfico expansivo: cada vez había más población en un territorio que se iba quedando pequeño. En consecuencia, era lógico esperar que ese excedente de población buscara espacio en nuevas tierras. La Reconquista inicial fue, en buena medida, fruto directo de una circunstancia demográfica.

Ese impulso viene favorecido por factores de tipo social, y se trata de lo siguiente: como hemos explicado aquí varias veces, los colonos de las nuevas tierras gozaban de un estatuto socioeconómico muy favorable, materializado en libertades tanto individuales como colectivas. En las comarcas de origen, lo mismo en Asturias que en Cantabria y en Galicia, el régimen de vida era esencialmente señorial, el sistema heredado de Roma y de los godos: unos poseían la tierra y otros —la mayoría— la trabajaban, sujetos a ella. Pero en las nuevas tierras cambian las cosas: sigue habiendo señores y siervos, pero los lazos son más fluidos, el número de pequeños propietarios aumenta, las oportunidades crecen para todos… Había razones para intentar la aventura.

¿Estamos, pues, ante un fenómeno que puede explicarse por causas únicamente económicas y sociales? No. Desde principios del siglo IX constatamos que quienes acuden a las nuevas tierras repobladas —reconquistadas— no son sólo los cántabros, vascones o bercianos empujados por la presión demográfica, sino también los mozárabes, los cristianos de Al Ándalus, que buscan en el norte una vida mejor. La creciente intolerancia religiosa del emirato daba razones para huir, pero, aun así, la aventura no era sencilla. Había que dejar atrás un territorio organizado por un poder implacable, cruzar anchos espacios llenos de peligros, asentarse en tierras donde los recién llegados, al fin y al cabo, no dejaban de ser extranjeros... ¿Por qué huían los mozárabes al norte? ¿Por qué creían que allí encontrarían una vida mejor? Sin duda, porque veían en el reino de Asturias una alternativa al emirato. ¿Y por qué una alternativa? Porque el reino de Asturias simbolizaba la cruz, el orden cristiano frente al orden musulmán.

Esto es de una enorme importancia. Frente a la pujanza política, económica y militar del emirato de Córdoba, el reino de Oviedo había logrado construirse como la más visible alternativa cristiana al islamismo. Esto no fue un azar: era una convicción generalizada, plenamente consciente, en las élites religiosas y políticas del reino al menos desde finales del siglo VIII. A partir de la obra de Beato de Liébana, que sin duda expresaba ideas más o menos extendidas, Asturias se identifica con la cruz y, por tanto, con la esencia de la Hispania romana y goda, frente al invasor extranjero. La política de Alfonso II el Casto subrayó decididamente ese rasgo, de tal modo que el reino cristiano del norte se configuraba como una entidad política dotada de una legitimación religiosa e histórica; legitimación que actuaba como un discurso implícito, como una ideología —valga el término— que justificaba la existencia del reino y, más aún, lo hacía imprescindible, necesario. Y realmente lo era.

De manera que en la gran fuerza expansiva de la sociedad cantábrica encontramos factores religiosos, culturales, políticos, sociales, económicos… Todos estos factores influyeron al mismo tiempo —en la historia rara vez pasan las cosas por una sola razón— para hacer que la Reconquista naciera como un largo proceso que se prolongaría durante siglos, sin interrupción.

¿Cuál fue el gran mérito de Alfonso III en este terreno? Hacer plenamente consciente el proceso. Explicar a las gentes de su reino que la fuerza nacida en Covadonga tenía un sentido. El reino de Asturias era el heredero del reino godo de Toledo, es decir, era el depositario de la legitimidad religiosa e histórica de Hispania. Y por tanto, a él le correspondía el derecho de gobernar el conjunto de las tierras que un día fueron cristianas. Nace el concepto de la «España perdida». Cobra naturaleza consciente la idea de Reconquista. Y ése fue el mensaje de las tres crónicas que Alfonso III ordenó redactar: la *Albeldense*, la *Profética* y la *De los Reyes Visigodos,* que algunos autores atribuyen a la pluma del propio Alfonso.

Todas estas ideas no las inventó Alfonso III: sin duda venían circulando en el reino desde tiempo atrás y hay razones para pensar que eran asumidas como algo natural por sus gentes. Por eso los mozárabes afluían hacia el norte, y por eso los colonos mantenían su constante proyección hacia el sur. Lo que Alfonso hizo fue poner por escrito el espíritu de su gente, el espíritu de la Reconquista.

ALFONSO, DIECIOCHO AÑOS, TOMA EL MANDO

Alfonso III era muy joven cuando subió al trono. Unos autores dicen que tenía dieciocho años; otros, que catorce. Teniendo en cuenta que su padre le asoció al trono hacia 853, parece más probable la primera cifra: dieciocho años. Muy joven, en todo caso, pero, eso sí, educado desde muy temprano en las artes del poder. Su escuela fue la gobernación de Galicia, que su padre le había encomendado. Más aún, Alfonso, jovencísimo, había dirigido personalmente la repoblación de extensas áreas de Orense, incluyendo el asiento de una nueva sede episcopal. Es decir que Ordoño pensaba, sin duda, en hacerle sucesor, y Alfonso, aunque muy joven, sabía qué terreno pisaba.

El escenario parecía el habitual en las monarquías hereditarias: un rey que nombra sucesor y le educa para ello, un heredero que se prepara para el trono. Pero esto, en Asturias, aún no era habitual. La corte asturiana aún no había superado del todo la tendencia electiva. Aunque Ordoño ya fue un rey hereditario, entre las grandes familias de la corte siguió latente la vieja costumbre germánica de que el rey fuera elegido por sus pares. ¿Cuántos pensaban todavía así en la corte? Lo ignoramos. Pero debieron de ser los suficientes para que un conde gallego, Fruela Bermúdez, de Lugo, se alzara en armas contra Alfonso y ocupara el trono.

Alfonso acababa de empuñar el cetro real y ya se lo querían quitar. El joven rey se vio obligado a abandonar Oviedo; buscó refugio en Castilla, la tierra del conde Rodrigo. Todo apuntaba a que se repetiría la vieja historia, la misma que sufrieron Alfonso II el Casto y Ramiro I, que tuvieron que emplear largos años para neutralizar a sus rivales. Sin embargo, la aventura del conde Fruela de Lugo duró muy poco. Desde Castilla, Rodrigo, dispuesto a dar la batalla por el joven Alfonso, reunió a sus huestes y marchó sobre Oviedo. Parece que no hubo propiamente una batalla. Los hombres de Fruela, al ver al ejército de Rodrigo con Alfonso a la cabeza, abandonaron el campo. El conde de Lugo, viéndose solo, trató de huir. Los caballeros de Alfonso le atraparon y dieron muerte. Así se desvanecía la efímera sombra del conde Fruela. Alfonso se apresuró a devolver a la catedral de Santiago las villas y propiedades que Fruela había incautado a la sede compostelana.

Ésta del aristócrata gallego no será la única sublevación que el joven Alfonso deba afrontar. Inmediatamente después de la rebelión del conde de Lugo surgen otros levantamientos —al menos dos, que sepamos—, esta vez en tierras vasconas, encabezados por magnates locales. Sabemos que uno de aquellos magnates se llamaba Eilo o Egylon. Lo sabemos porque Alfonso fue allí, venció y sometió a los insurrectos, y al tal Eilo se lo trajo cautivo a Oviedo como señal de triunfo. Una vez más, con Alfonso estaban también en aquel trance sus fieles caballeros y, en cabeza, Rodrigo de Castilla.

Sus *fieles caballeros*, sí. Muchos años antes, los «fieles del rey» también habían sacado de más de un apuro a los anteriores reyes de Asturias: recordemos al fidelísimo Theudano de Alfonso el Casto. Pero, atención, porque ahora estamos hablando de los fieles que Alfonso III había heredado de su padre, Ordoño. Es interesante. ¿Acaso estos «fieles» constituían una suerte de institución permanente, que pasaba de padres a hijos independientemente de quién fuera la persona que se sentaba en el trono? Sin embargo, sabemos que en este momento la fidelidad del caballero es ante todo una fidelidad personal, no una lealtad institucional. ¿Por qué aquellos caballeros, muerto ya su jefe Ordoño, siguieron al hijo de éste? ¿Por qué mantuvieron el vínculo con el heredero?

Aquí hay cuestiones personales que no son desdeñables. El rey Ordoño, por lo que de él sabemos, debía de ser un buen tipo. Su hijo Alfonso le adoraba. El redactor de la *Crónica de Albelda* decía de Ordoño que «fueron tales su bondad y misericordia, y se mostró siempre tan piadoso, que mereció ser llamado padre del pueblo». Sus parientes —fueran hermanos, cuñados o lo que fueren— Gatón y Rodrigo, condes del Bierzo y de Castilla respectivamente, debían de guardarle una fidelidad a toda prueba. El propio Ordoño, a juzgar por los hechos, daba a las fidelidades personales una importancia fundamental: Gatón sale derrotado en el Guadacelete y Rodrigo en La Morcuera, pero ni uno ni otro sufren represalias por su fracaso, quizá porque el rey tiene la nobleza de aceptar que la responsabilidad es suya.

Desde esa urdimbre de fidelidades personales es más fácil entender la rapidez con que los leales caballeros del difunto Ordoño aplastan las rebeliones contra el heredero Alfonso. Y por encima de todos ellos, Rodrigo, el conde de Castilla, que se ha convertido en una pieza clave de la estructura política del reino. Recién sofocada la sublevación vascona, Rodrigo ve cómo su jurisdicción castellana se engrosa con un nuevo cometido: regir las tierras de Álava, un territorio hasta entonces difuso, de borrosos contornos entre Vizcaya, Navarra, La Rioja y la Castilla naciente. El veterano caballero se veía así confirmado como capitán de la marca oriental. Álava pasaría a ser condado singular dos años después, cuando muera Rodrigo.

Estos primeros meses de reinado de Alfonso fueron extremadamente ajetreados. Junto a las conspiraciones de la corte, las rebeliones nobiliarias y las sublevaciones vasconas, el joven rey tenía que hacer frente a un peligro que jamás había desaparecido: la amenaza musulmana. Después del desastre cristiano en la Hoz de la Morcuera, el emir Muhammad no va a relajar la presión sobre el reino cristiano del norte. El emir de Córdoba tiene un objetivo muy claro: frustrar cualquier intento de repoblación al sur de la Cordillera Cantábrica, y especialmente en las desguarnecidas tierras castellanas y alavesas. Así se suceden las acometidas moras por tierras de Álava y Castilla en 867 y 868; los mismos años en que Alfonso veía peligrar su trono por los problemas internos.

El emir Muhammad —como el conde Fruela y como los vascones— va a tratar de sacar provecho de la condición bisoña de Alfonso. Con un rey recién llegado, de autoridad aún poco instalada, eran mayores las posibilidades de golpear con éxito. Sabemos que en aquellos primeros años de Alfonso III los sarracenos intentaron dos golpes contra la vanguardia de la repoblación, León y el Bierzo. No debieron de ser grandes campañas, sino más bien aventuras saqueadoras para desestabilizar al nuevo monarca. Las crónicas no nos han legado mayores detalles. Lo que conocemos es el resultado de las expediciones: ambas serán rechazadas por las tropas cristianas: León y el Bierzo repelerán a los atacantes en aquella primera ofensiva. Pero Muhammad no tardará en volver a intentarlo, y entonces, algunos años más adelante, con enormes recursos. Lo veremos en su momento.

La situación era grave. La inestabilidad interior aumentaba la vulnerabilidad exterior. Gobernar semejante conjunción de amenazas exigía una visión clara y una acción enérgica. Y ninguna de las dos cosas va a faltarle a Alfonso, que había interiorizado completamente lo que hoy llamaríamos el orden de prioridades de su política. Una vez pacificado el interior —lo cual logró muy rápidamente—, Alfonso III empieza a tomar decisiones. Y todas ellas serán acertadas.

Primera decisión: afianzar la repoblación en las áreas donde ello es posible y avanzar sin desmayo hacia el sur. Así veremos cómo los nobles de Alfonso avanzan hacia Portugal y hacia el Duero, y cómo el rey confirma masivamente las presuras realizadas hasta entonces por la iniciativa personal de las comunidades de campesinos y de monjes. Segunda decisión: debilitar al emirato explotando al máximo las rivalidades dentro del campo musulmán. Así, veremos al rey de Asturias pactando con los sublevados de Mérida y con los Banu-Qasi del Ebro, dejando al emir de Córdoba literalmente rodeado de enemigos. Tercera decisión: consolidar la alianza de las coronas cristianas. Así veremos a Alfonso contrayendo matrimonio con una hija de la casa de Pamplona. Y cuarta decisión, en el plano militar: resistir, primero, y acosar después al emirato, hasta conseguir que la iniciativa guerrera pase al bando cristiano. Y así veremos a las huestes del reino de Asturias derrotando una y otra vez a los sarracenos hasta el punto de lograr lo que sólo diez años antes hubiera parecido imposible: que Córdoba pidiera una tregua.

La política estaba clara. Lo difícil era seguirla sin vacilaciones y, sobre todo, triunfar en la empresa. Alfonso III lo conseguirá. Después —mucho después— la leyenda sumará a los años de Alfonso algunos otros episodios que nunca ocurrieron realmente, pero que también aquí veremos. Porque esa leyenda, después de todo, contribuye a definir el perfil de uno de los reyes más sobresalientes de la historia de España.

VÍA LIBRE HACIA PORTUGAL

Se llamaba Vimara Pérez; era probablemente asturiano, aunque con mando en Galicia, y formaba parte del círculo de fieles de Ordoño y de su hijo Alfonso. En algún momento de la década de los cincuenta, tal vez hacia 856, mientras Gatón del Bierzo repoblaba Astorga y el propio Ordoño reconquistaba León, Vimara Pérez llegaba a la línea del Miño y repoblaba Tuy. Acto seguido descubrirá un horizonte nuevo: era posible pasar al otro lado del río y prolongar la tarea repobladora. Así se reconquistará Oporto. El nuevo rey, Alfonso, impulsará a Vimara. Entre otras cosas, a Vimara debemos la ciudad hoy portuguesa de Guimarães, que lleva su nombre.

Era 868. Alfonso III acababa de aplastar las rebeliones que habían saludado su llegada al trono. Y sin perder ni un minuto, la corte de Asturias pone manos a la obra. Repoblar es la consigna. En el este, las tierras castellanas y alavesas aún sufren las consecuencias de las recientes aceifas musulmanas. En el centro, León y Astorga acaban de rechazar sendos ataques musulmanes. Pero en el oeste las cosas están más maduras. Y allí ponen sus ojos los hombres de Alfonso III.

El corredor oeste de la Península era tal vez el punto más vulnerable del sistema de poder islámico en España. En capítulos anteriores hemos visto a Alfonso II el Casto llegar hasta Lisboa, nada menos, y a Ordoño cabalgar hasta Coria, en Cáceres. También los vikingos pudieron penetrar en Lisboa y saquearla al menos dos veces. Inversamente, pocas veces hemos visto a los ejércitos de Córdoba ascender por la fachada atlántica hasta Galicia. ¿Por qué la franja oeste era un punto débil del emirato? La clave está en un nombre: Mérida.

Mérida, la vieja ciudad romana, era uno de los grandes centros urbanos de la España antigua y lo siguió siendo después, en época goda y en época mora. Su influencia se desplegaba sobre buena parte de la actual Extremadura más anchas zonas del centro de Portugal. Cuando la invasión musulmana, Mérida cayó —no sin larga resistencia—, pero, al igual que ocurrió con Toledo, la ciudad mantuvo un estatuto de relativa independencia. Pronto surgió una élite local formalmente islámica, pero muy orgullosa de su condición hispana. ¿Cómo se manifestaba ese orgullo? Entre otras cosas, poniendo trabas para el paso regular de los ejércitos del emir. Tanto es así que, para atacar Galicia, y ante la imposibilidad de cruzar por territorio emeritense, los generales del emirato llegarán a concebir una ofensiva por mar. Consta que hubo al menos un intento de ese género en tiempos de Alfonso III. Las tormentas desarbolaron la flota mora antes de llegar a las costas gallegas.

La hostilidad de la élite de Mérida hacia el emirato de Córdoba no se manifestará sólo en una actitud obstruccionista. Con frecuencia irá más lejos y llegará a la abierta rebelión. Aquí hemos contado ya alguna de esas rebeliones. Ahora, en el momento de nuestro relato, Mérida vivía una nueva rebelión: desde 866, un patricio local llamado Abderramán ibn Marwan se había levantado contra el emir.

Habrá que volver sobre este personaje, Ibn Marwn, sin duda del mismo linaje que los Galiki (gallegos) que llevaban amargando la vida a los emires desde un siglo antes. Habrá que volver sobre él porque, unos años más tarde, nos lo vamos a encontrar protagonizando sucesos decisivos para el reino de Asturias. Pero de momento quedémonos con las consecuencias geográficas de la rebeldía emeritense. Cada vez que Mérida se ponía en pie de guerra, todo el territorio de aquella región se convertía en un avispero. Y eso significaba que a los ejércitos del emir les quedaba prácticamente vetado el acceso al noroeste peninsular. Eso era exactamente lo que estaba ocurriendo ahora. Con la revuelta de Ibn Marwan, toda la atención del emirato se concentra en Mérida. Los ejércitos del emir Muhammad no pueden ir más allá de la línea del Tajo. Es el momento oportuno para que Galicia crezca hacia el sur.

Así, Vimara Pérez cruza el Miño. A partir de esa línea, se abre una extensa franja de tierra que limita al sur con otro río, el Duero, que señala la frontera histórica entre la Galicia y la Lusitania romanas. El objetivo fundamental es Oporto, la vieja Portucale in Castro Novo, antigua sede episcopal desde tiempos de los suevos. Tras la invasión musulmana, la ciudad se convirtió en avanzada de los moros hacia el norte. Pero, acto seguido, Alfonso I extendió hasta allí la presión de sus correrías con su hermano Fruela Pérez, el guerrero, de manera que Oporto entraba en lo que se conoce como «desierto del Duero». Hay que suponer que no sería una ciudad fantasma: más bien debemos pensar en un pequeño núcleo urbano envejecido y desmantelado —como lo habían sido Tuy y Astorga antes de su reconquista—, que sobrevivía malamente bajo la presión militar musulmana.

La operación debió de constar de varias etapas, metódicamente. Primero había que asegurar la posesión de Braga, ya al sur del Miño, en tierras abiertas hacia el valle del Duero. Braga, como Oporto, había quedado incorporada al área de influencia cristiana desde los tiempos de Alfonso I. La vieja Bracara Augusta actúa como trampolín hacia el sur. Los cristianos la reocupan en el mismo movimiento que les llevará hasta Oporto. Sabemos quiénes entraron allí en nombre de Alfonso III: fueron Peláez Pérez y Hermenegildo Gutiérrez, yerno este último de Gatón del Bierzo.

Después de asentar la posición de Braga, Vimara Pérez instala una plaza defensiva en los alrededores. Se trata de un pequeño burgo fortificado que ha de actuar como baluarte militar. Vimara otorga al pequeño núcleo su propio nombre, Vimaranis. Hoy se llama Guimarães y para los portugueses es la cuna de su identidad nacional.

Controlada Braga y fortificada la posición de Vimaranis, el objetivo de Oporto queda al alcance de la mano. Para la vieja ciudad portuaria, la llegada de las huestes del reino de Asturias supone un cambio radical. Vimara Pérez penetra en ella y la toma sin excesiva resistencia. Inmediatamente pone manos a la obra y organiza la repoblación. La conquista de Oporto supone un avance importantísimo: una franja de más de 20.000 kilómetros cuadrados queda ahora al alcance de los cristianos. Centenares de familias gallegas y bercianas se instalan en las nuevas tierras.

Pero la operación no acaba ahí: para asentar la ocupación del nuevo territorio hay que marcar un punto fuerte en el este, entre los montes del sur de Orense y el valle de Limia, en lo que hoy es la comarca portuguesa de Trás-os-Montes. El núcleo escogido es Chaves. Según un documento que se conserva en el monasterio de Celanova, en el año 872 Alfonso III encarga a «su hermano Odoario» que repueble la región de Chaves. Odoario, por su parte, encomienda a un primo suyo, el diácono Odoyno, que repueble el valle de Limia y reedifique las iglesias de Santa María y Santa Columba, abandonadas desde doscientos años atrás. Santa María y Santa Columba eran iglesias de época visigoda. El rey sigue los movimientos en persona. Sabemos que en 871 Alfonso III se entrevista con Vimara para hablar de la repoblación. Y que en 873 el rey acude a Guimarães para entrevistarse otra vez con el reconquistador de Oporto. La corona es sin duda el motor de la Reconquista.

Así la «España perdida» va volviendo a la vida bajo el impulso de la repoblación. En apenas cinco años, el avance en el extremo occidental de la España cristiana es impresionante. Los hombres del oeste llenan el territorio, reorganizan las ciudades, restablecen el orden jurídico y político. Tierras antes despobladas, apenas salpicadas aquí y allá por escuálidos núcleos rurales, empiezan a llenarse de campos cultivados, fortificaciones, comunidades religiosas, caminos… La iniciativa es fundamentalmente señorial —nobiliaria y eclesiástica—, pero los pioneros gozan de privilegios notables, especialmente en materia de libertad personal (respecto a los señores) y de autonomía de la propiedad. Esta franja norteña entre el Miño y el Duero empieza ya a recibir el nombre de Portucale. De aquí saldrá, andando el tiempo, la nación de Portugal.

Vimara Pérez muere en 873. Otros nombres tomarán el relevo en el liderazgo de la repoblación: Hermenegildo Gutiérrez, el yerno de Gatón, y Alfonso Betote, que dirige la colonización del Miño inferior. Ante los hombres del oeste aparece ahora un horizonte nuevo, más al sur, en el límite que marca el río Mondego. Pero aún habrá que esperar un poco para esto. Mientras tanto, Alfonso III seguía desplegando sus energías. Y el emir de Córdoba iba a conocer muy pronto hasta dónde llegaba la audacia del joven rey de Asturias.

LOS ZARPAZOS DEL JOVEN LEÓN: REALIDADES Y LEYENDAS

Alfonso III apenas tenía veinte años cuando protagonizó su primera ofensiva contra los moros: las cabalgadas sobre Deza y Atienza, plazas que conquistó. Pero no sólo gestas guerreras hubo en los primeros pasos de este rey, que sobradamente iba a merecer el apelativo de *Magno* con el que pasaría a la historia: además de las batallas, hubo mucha política. Vamos a verlo.

Y de paso, desharemos algunas de las leyendas que siguen rodeando a Alfonso III.

Empecemos por una de esas leyendas. Dice así: acosado en el trono por sus hermanos, Alfonso los derrotó y mandó cegar. Uno de ellos, Bermudo, se refugió en Astorga, donde con ayuda de los musulmanes resistió durante siete años. Esta leyenda surgió en los años posteriores al reinado de nuestro protagonista y nadie sabe exactamente cómo ni por qué. El contexto de la historia es el de aquellos tempranos ataques moros sobre León y Astorga que ya hemos referido. Probablemente no fueron más que expediciones tentativas de los sarracenos, aprovechando el cambio de rey en Oviedo, para calibrar la solidez de la situación. Pero la leyenda convirtió el episodio en un relato terrible.

Tras las rebeliones de Fruela Bermúdez en Lugo y de Eilo en tierras vasconas —dice la leyenda—, los hermanos de Alfonso le disputaron el trono. Alfonso hubo de pelear con ellos. Los derrotó. Conforme a los usos más bárbaros de la época, los mandó cegar. Pero uno de los hermanos, Bermudo, el infante ciego, logró apoderarse de la ciudad de Astorga y se hizo fuerte en ella. Cuando Alfonso envió a sus huestes contra el hermano rebelde, el infante ciego llamó en su socorro a los moros. Siete años mantuvo la posesión de la ciudad hasta que, derrotado, huyó a Córdoba con los sarracenos.

Ésta es la leyenda. Y ahora, la verdad. Empecemos por el principio: en realidad, nadie está seguro de que Alfonso tuviera hermanos, ni, de tenerlos, qué relaciones mantenía con ellos. El redactor que terminó la crónica alfonsí dice que Alfonso era hijo único de Ordoño, o sea, que no tenía hermanos. Por otro lado, aquí hemos visto que Alfonso tuvo un hermano llamado Odoario al que encomendó la repoblación de Chaves. Quizás «hermano» no quisiera decir, en aquel documento, hijo de los mismos padres. En todo caso, no parece que se llevara muy mal con él cuando le encargó una misión tan notable como aquélla.

Pero hay más. ¿Es verosímil que un ciego desterrado y condenado, en el siglo IX, pudiera conquistar una ciudad como Astorga, poblada por gentes fieles al rey? No lo es. ¿Es verosímil que esa ciudad estuviera en pie de guerra contra la corona durante nada menos que siete años sin que ninguna fuente directa permita corroborarlo? Tampoco lo es. ¿Es verosímil, en fin, que el emirato emprendiera aventura semejante —socorrer una plaza rebelde en el reino de Asturias— sin que las fuentes musulmanas lo señalaran? Por supuesto, tampoco es verosímil. Lo del infante ciego, en fin, no es más que leyenda.

En realidad, por los años en que supuestamente tuvo lugar aquella rebelión principesca que nunca existió, el rey Alfonso andaba detrás de otro asunto: se tenía que casar. En la corte asturiana, como en todas las cortes de todos los tiempos, el matrimonio tenía una dimensión política eminente; era una declaración de intenciones sobre el presente y sobre el futuro y debía guardar coherencia con las líneas generales del gobierno del reino. Y así Alfonso III escogió como esposa a una dama de la corte de Pamplona: Jimena Garcés (más exactamente, Sancha Jimena Amelina Garcés), hija del rey de Navarra García Íñiguez I, el mismo que había sido secuestrado por los vikingos y que había orientado su política hacia la alianza con Asturias.

La alianza de sangre entre Navarra y Asturias era ya irreversible. El propio Alfonso era hijo de una navarra, doña Munia. Ahora, con este matrimonio, la suerte de los dos reinos quedaba unida. Y para Asturias, que era el socio más poderoso de la coalición, el enlace representaba también una afirmación de liderazgo: la corona cristiana de España por excelencia era la de Oviedo. Jimena Garcés, que tenía veintiún años en el momento de su matrimonio (en 869), dará a Alfonso seis hijos, cinco varones y una mujer: García, Fruela, Ordoño, Gonzalo, Ramiro y Sancha. Tres de ellos llegarán a reinar.

Tiempo para el amor y tiempo para la guerra. Después de los ataques sarracenos contra León y Astorga —aquellos que inspiraron la falsa leyenda del infante ciego—, Alfonso había tomado la providencia de fortificar dos plazas al este de León: Cea y Sublancia. Ambos fuertes tenían por función alargar la línea defensiva hacia el sur, sobre el valle del Duero. Con aquellas fortificaciones, más la repoblación de Portugal hasta el Duero, el oeste y el centro del reino quedaban bien protegidos. Y con las espaldas guardadas, Alfonso pensó en golpear algún punto neurálgico del emirato. Como había hecho Alfonso II en Lisboa, y como había hecho Ordoño en Coria y Talamanca, el joven Alfonso III proyectó otra cabalgada audaz. Y fijó sus ojos en dos plazas del sureste: Deza y Atienza.

Deza está en el sureste de Soria, en el paso a la provincia de Zaragoza, donde la Fosa de Almazán se funde con la Sierra de Miñana. Atienza está en el norte de Guadalajara, en la serranía, cara al valle del Duero. Las dos plazas tenían un valor estratégico semejante: eran hitos en el camino natural que lleva desde el valle del Tajo —es decir, desde el emirato de Córdoba— hacia el valle del Ebro, es decir, hacia el territorio Banu-Qasi, musulmán, pero levantisco. Para el emirato, se trataba de dos puntos fuertes en la corona de puestos avanzados que protegía su frente norte. Y ahí es donde Alfonso quiso golpear.

No conocemos bien el desarrollo de los hechos, porque la crónica es escueta. Deza, al parecer, fue tomada a viva fuerza. En el curso de los combates, las huestes de Alfonso lograron incendiar el principal baluarte defensivo de la plaza y muchos sarracenos perecieron allí. En cuanto a Atienza, la ciudad capituló tras un breve asedio. Fueron, en todo caso, dos éxitos militares de Alfonso III con los que el joven rey envió un mensaje inequívoco al emirato: el león asturiano rugía y estaba dispuesto a pasar a la ofensiva.

Parece que Alfonso no se contentó con golpear sobre estas dos ciudades, sino que también dejó allí guarnición, como su padre había hecho, en su día, en la no lejana Talamanca. Con ese movimiento, el reino de Asturias situaba un núcleo armado muy al sur de sus propias fronteras, de manera que el camino quedaba cerrado por aquella parte a las eventuales incursiones musulmanas sobre tierras del Duero. Eso significaba que la repoblación, en Castilla, podría seguir avanzando.

Y en efecto, la colonización de nuevos espacios en el sur de Álava, Burgos y La Rioja no se detiene. Después de la desolación ocasionada en los años anteriores por las aceifas sarracenas, la vida volvía a ritmo constante sobre las castigadas tierras de Castilla. Consta, por ejemplo, que en el año 872 hay movimientos en la abadía de San Martín de Escalada, en el norte de Burgos, y se menciona expresamente al conde Rodrigo. ¿Qué está ocurriendo en esta región? Está ocurriendo que la repoblación es una fuerza que ya nadie puede parar. Los campesinos vuelven a sus tierras, los monasterios organizan nuevamente la vida, los nobles del rey dirigen la ocupación del territorio, nuevas presuras van colmando de población las tierras abiertas entre el alto Ebro y el Duero.

Y mientras tanto, ¿qué hacían los moros? ¿Por qué no reaccionaban? Los moros no reaccionaban porque el emir Muhammad se estaba encontrando con un auténtico avispero de problemas internos: revueltas de bereberes en el sur, revueltas de mozárabes en distintos puntos del reino, peleas entre árabes y muladíes (es decir, españoles convertidos al islam), sublevaciones… Entre esas sublevaciones, hubo una que iba a marcar la historia del reino de Asturias: la del muladí Ibn Marwan en Mérida. Hora es ya de ocuparse de ella.

OTRA VEZ UN REBELDE EN MÉRIDA

Un rebelde de Mérida había marcado los últimos años de Alfonso II el Casto; otro rebelde de Mérida marcará los primeros años de Alfonso III el Magno. El primero causó grandes perjuicios; este segundo traerá grandes beneficios. Se llamaba —ya lo hemos dicho— Abderramán ibn Marwan y probablemente descendía de aquellos Galiki (o chiliqui, o yilliqui: gallegos) que señoreaban la vieja ciudad romana. Su rebeldía terminará poniendo nada menos que al primer ministro del emirato en manos del rey de Asturias. Y además, Ibn Marwan fundó Badajoz.

Parece que Abderramán ibn Marwan se sublevó por primera vez hacia el año 860. Fue una más de las innumerables insurrecciones que el emirato tuvo que sofocar en la orgullosa Mérida. ¿Por qué se sublevaban los emeritenses? Como Toledo, Mérida era una ciudad compuesta por una mayoría autóctona, hispana, de muladíes (conversos al islam) y mozárabes (cristianos), y una minoría árabe y berebere. Los emeritenses se consideraban dueños de su ciudad; aliados del emir de Córdoba, pero no siervos suyos. Cada vez que Córdoba endurecía la presión fiscal o privilegiaba a los habitantes de origen árabe, los problemas se multiplicaban. Esto venía ocurriendo regularmente desde el año 714 hasta el momento de nuestro relato: siglo y medio de conflictos.

La primera rebelión de Ibn Marwan acabó mal: fue vencido. Pero como era musulmán y, además, de familia notable, Córdoba no podía imponerle un castigo definitivo, so riesgo de aumentar el malestar en Mérida. Así, la pena para el rebelde fue servir en las huestes del emir en la misma Córdoba. Ibn Marwan dobló la espalda, como no podía ser de otro modo, y en Córdoba quedó como servidor del emir durante siete años. Pero allí el rebelde se topó con un problema muy enojoso: la animadversión del primer ministro del emir Muhammad, llamado Hasim, y cuyo nombre hay que retener porque va a ocupar un papel muy importante en nuestro relato. Este Hasim, que se había ganado una deplorable fama por su carácter despótico y chulesco, disputó un día con Ibn Marwan y, en la refriega, le golpeó la nuca en público diciendo: «Un perro vale más que tú». La ofensa era intolerable. Ibn Marwan reunió a sus amigos y planeó la venganza. Primero, la fuga; después, la insurrección.

Era el año 874. Ibn Marwan y los suyos se hicieron fuertes en el castillo de Hins al-Taly, cerca de Guadalupe; recibió innumerables adhesiones de gentes que se sumaban a su rebeldía, y desde allí se dedicó a atacar los alrededores viviendo del saqueo. Fue un año complicado, aquel 874. Una gran hambruna asolaba España, la pobreza creció hasta el extremo de que los consejeros del emir Muhammad propusieron no cobrar impuestos. La carestía ayudaba a Ibn Marwan, porque aumentaba el descontento hacia Córdoba, y perjudicaba al emir, porque le impedía reclutar el ejército necesario para aplastar al rebelde. Ibn Marwan aprovechó la coyuntura y se apoderó del castillo de Alange, no lejos de Mérida, para resistir desde allí a las huestes de Córdoba. Era ya mayo de 875 y el emir Muhammad se encontraba con un serio problema.

Muhammad llegó hasta Alange y ordenó asediar el castillo. Las crónicas refieren escenas de intenso sufrimiento: sin agua ni víveres, los sitiados estuvieron a punto de perecer. Cien días duró el asedio. Ibn Marwan y los suyos consiguieron salir de allí previa negociación. Seguramente influyó en su fuga el hecho de que las tropas del emir tuvieron que hacer frente a un imprevisto: pocos kilómetros al sureste, en la fortaleza de Monsalud, se acababa de rebelar otro renegado, Sadún al-Surunbaqui.

¿De dónde ha salido este nuevo personaje, Sadún? El Surunbaqui era, como Ibn Marwan, un muladí, es decir, un español converso al islam, y había nacido, al parecer, en las sierras de Badajoz. Guerrero de fortuna, estaba en Oporto cuando los hombres de Alfonso III tomaron la ciudad del Duero y en ella se instaló, al servicio del rey cristiano. La circunstancia nos dice mucho acerca de la muy superficial islamización de los muladíes. El hecho es que allí estaba Sadún, al servicio de Alfonso III, cuando le llega una petición de socorro: su amigo Ibn Marwan está en apuros. Sadún pide permiso al rey de Asturias para acudir a la llamada. El rey cristiano se lo da sin dudar: es una oportunidad de oro para incordiar al emirato. En el verano de 875, Sadún se apodera de Monsalud. Si el emir Muhammad tenía un problema, ahora tiene dos.

Ibn Marwan, fugado de Alange, se hace fuerte en un pequeño núcleo rural elevado sobre un viejo asentamiento romano: es la ciudad de Badajoz, que el rebelde fortifica, y por eso se le considera refundador de la capital pacense. En cuanto a Sadún, se dedicó a atacar todos los territorios del área de Monsalud. De Ibn Marwan, que ya debía estar en edad madura, dicen que era un guerrero intrépido y temible. De su aliado Sadún, cuentan que era tan astuto como valiente, y que conocía los caminos de aquella región como la palma de su mano. El emir Muhammad decidió emplear los grandes remedios para acabar con aquel enojoso problema; alineó un gran ejército y lo envió contra los rebeldes. Al frente de las huestes de Córdoba iba… Hasim ibn Abd al-Aziz, primer ministro del emir; el mismo Hasim que había insultado y deshonrado a Ibn Marwan.

Hasim esperaba sin duda ajustar las cuentas a los rebeldes. Las cosas, sin embargo, estaban dispuestas de otra manera. Tras algunos éxitos iniciales, Hasim llegó a Cárquere, cerca de Monsalud. Allí Sadún planeó una trampa mortal: hizo correr el rumor de que le quedaban muy pocos hombres y se aseguró de que la especie llegara a Hasim, para provocar su ataque. Cuando Hasim atacó, lo hizo con unos pocos jinetes, pensando que Sadún estaba acabado. Fue entonces cuando los rebeldes cayeron en tromba sobre el imprudente primer ministro del emir. Hasim fue vencido, herido y capturado. El que había ofendido a Ibn Marwan —«un perro vale más que tú», le había dicho— quedaba ahora en manos del rebelde de Mérida. Era el 8 de julio de 876.

Ibn Marwan debía de estar contentísimo con Hasim en sus manos, pero no ignoraba que mantener a aquel sujeto era peligroso: la venganza del emir podía ser terrible. De manera que al rebelde de Mérida se le ocurrió un remedio para librarse de Hasim y, al mismo tiempo, ganarse la alianza de Alfonso: enviar a su cautivo al rey de Asturias. Y de esta manera Alfonso III se encontraba de repente nada menos que con la mano derecha del emir de Córdoba en su poder. En correspondencia, la corona asturiana envió a Sadún e Ibn Marwan algunas tropas para reforzar su posición. Todo salía a pedir de boca. Alfonso estaba acosando al emir sin tener que mover un dedo.

Muhammad, como es natural, reaccionó con ira. Sabemos que culpó al propio Hasim de su desdicha, por imprudente. Sabemos también que el círculo del emir, que detestaba al despótico Hasim, no sufrió mucho por la pérdida. No obstante, la osadía de los rebeldes extremeños no podía quedar sin castigo. Y así, al año siguiente, Córdoba envió nuevamente un ejército contra Sadún e Ibn Marwan. Lo mandarían esta vez Al-Mundir, hijo del emir, y el ministro Walid ibn Ganim, uno de los hombres más eminentes del emirato.

El ejército del emir marchó contra Badajoz. Ibn Marwan, que en Alange había aprendido a huir de los asedios, no se dejó atrapar; salió a campo abierto con sus huestes y los refuerzos que Alfonso le había enviado. Los combates se sucedieron a lo largo del valle del Guadiana. Hubo mucha muerte en los dos bandos. Finalmente, después de numerosos enfrentamientos, Ibn Marwan, viéndose acosado por una fuerza demasiado superior, optó por la retirada. Al frente de los hombres que le quedaban, puso rumbo hacia el norte, cruzó la meseta y buscó refugio en Galicia, cuya línea había bajado ya hasta el río Mondego por la repoblación cristiana.

¿Qué fue del primer ministro Hasim? Sabemos que Alfonso III le instaló en su corte y a buen seguro obtendría de él numerosas informaciones, aunque todas las crónicas dicen que el preso llevó una vida de auténtico lujo. Alfonso, eso sí, pidió por el cautivo un rescate fabuloso: 100.000 dinares de oro, una cifra desorbitante que Hasim tardó dos años en conseguir. Para un lugar como el reino de Asturias, donde aún no se acuñaba moneda, la entrada de aquel tesoro debió de ser un acontecimiento. Todavía años después la documentación nos brindará noticia de algún pleito por las «migajas» de aquella fortuna.

Hasim salió de su encierro e Ibn Marwan, por su parte, salvó la cabeza, pero Muhammad se sentía ofendido. La osadía de los cristianos al apoyar a los rebeldes de Mérida le parecía insultante (y lo era). Así el emir planeó una venganza a la altura de las circunstancias. La mayor acumulación de tropas jamás vista hasta entonces iba a desencadenarse sobre la España cristiana. Tres líneas de ataque golpearían simultáneamente contra el reino de Asturias. La Providencia iba a poner a prueba la inteligencia y la determinación de Alfonso III. Seguramente el joven rey de Oviedo no podía ni imaginar lo que pasaría después.

POLVORARIA: ALFONSO ROMPE A MUHAMMAD

Una gran amenaza se cernía sobre el reino de Asturias: el emir de Córdoba lanzaba una ofensiva sin precedentes sobre las fronteras cristianas. Toda la capacidad política y militar de Alfonso III iba a verse puesta a prueba. ¡Y qué prueba! La historia acabó bien. Los resecos campos de Polvoraria, cerca de Benavente, iban a ser testigos de un hecho decisivo, la derrota sin paliativos de los ejércitos de Muhammad. Las consecuencias políticas de aquel episodio fueron tan imprevisibles como la propia victoria cristiana.

El emir había planificado una operación extraordinariamente ambiciosa: un tridente ofensivo dispuesto a desmantelar las defensas del reino de Asturias en toda su extensión, desde el Atlántico hasta el valle alto del Ebro, con especial incidencia en el centro, sobre León y Astorga. Al efecto había movilizado tres ejércitos que debían moverse de sur a norte, cada uno con su propio objetivo, para acabar convergiendo en el corazón del sistema cristiano de defensa. La operación era arriesgada; sin embargo, la potencia de las fuerzas movilizadas permitía augurar un éxito indiscutible.

El principal brazo de la operación sarracena era el del este. Muhammad no escatimó medios: encomendó la dirección de esta fuerza a su hijo Al-Mundir y al ministro Walid ibn Ganim. Dos personajes de primera, unánimemente respetados por sus virtudes tanto políticas como personales. La misión de este ala (llamémosla ya «ala este») consistía en golpear primero en tierras de los Banu-Qasi, en el valle del Ebro, para cambiar después de dirección y marchar contra León y Astorga. Como era la operación de más peso, en ella se concentró el grueso de la fuerza. Acababa de comenzar la primavera de 878 cuando el ala este del gran ejército se puso en marcha.

El brazo central de la ofensiva mora estaba compuesto por las tropas reclutadas en la frontera, especialmente en·la cuenca del Tajo, desde Talamanca hasta Toledo pasando por Guadalajara. La misión de este contingente era ascender hacia el norte y unirse al ala este, la de Al-Mundir y Walid, en los alrededores de León. ¿Por qué no acompañaron al ala este en sus ataques a los Banu-Qasi? Porque este brazo central no podía incorporarse al combate hasta que sus hombres hubieran terminado las faenas agrarias en el valle del Tajo. En todo caso, Al-Mundir y Walid no los iban a necesitar hasta entonces.

Por último, el brazo izquierdo de la campaña de Córdoba, en el oeste, tenía por misión saquear la Lusitania de sur a norte, hasta llegar a Coimbra, y tomar la ciudad, recién repoblada para los cristianos por el conde Hermenegildo. Y después de tomar Coimbra, probablemente, seguir camino en dirección este hacia Astorga y León, donde las fuerzas de Al-Mundir y Walid, con sus refuerzos del Tajo, ya estarían poniendo en jaque al rey Alfonso, si los planes salían según lo previsto. Mandaba el ala oeste el general Al-Warraq ibn Malik.

Los dos brazos laterales del tridente moro se lanzaron sobre sus objetivos. En el este, Al-Mundir y Walid se desplegaron sobre las tierras de los Banu-Qasi, arrollándolo todo a su paso. Los hijos del difunto Musa, que eran Ismael y Fortún, se refugiaron en sus fortalezas de Tudela y Zaragoza. Los generales de Córdoba ni siquiera intentaron tomar esas ciudades; no era su objetivo ni, por otra parte, podían desgastar a sus tropas en un asedio imprevisible. Se limitaron a saquear sistemáticamente los riquísimos campos, acumulando provisiones para la larga marcha que aún les esperaba. Y cuando ya no quedó nada por saquear, bajaron hasta la calzada que lleva de Calahorra a Astorga y enfilaron hacia Zamora.

En el oeste, mientras tanto, las huestes de Al-Warraq ibn Malik depredaban a conciencia las tierras de la Lusitania. En su marcha imparable hacia el norte, cruzaron el río Mondego. Ante ellos apareció su primer gran objetivo, la ciudad cristiana de Coimbra. Para entonces ya se habría puesto en marcha el tercer vector del ataque. Las tropas de Toledo, Guadalajara y Talamanca, concluidas las faenas del campo, se pusieron en marcha hacia el norte, a través del valle del Duero, por la calzada que desde el sur conduce hasta Zamora. En Zamora tendrían que reunirse con las fuerzas de Al-Mundir y Walid ibn Ganim.

Alfonso tuvo que tomar una decisión sobre la marcha. Sin duda los vigías del reino habían podido traerle noticias de la ofensiva. Le habrían referido la campaña de Al-Mundir y Walid en territorio Banu-Qasi; le habrían informado de la amenaza sobre Coimbra; le habrían puesto al tanto de aquel otro ejército que ascendía desde el sur, a través de la meseta, con dirección a Zamora. Tres ataques a la vez. Alfonso no podía dispersar a sus fuerzas para hacerles frente por separado; tampoco podía esperar a que los tres brazos de la ofensiva mora se reunieran, porque entonces el enemigo impondría su superioridad. Había que escoger un objetivo para golpear con rapidez. Pero, ¿cuál de los tres?

El principal peligro era la confluencia de los ejércitos moros en Zamora. Eso era lo que había que impedir a toda costa. Alfonso confiaba en que los hombres del conde Hermenegildo sabrían retener a los musulmanes en las murallas de Coimbra. Descartado ese peligro, quedaban otros dos: las alas centro y este. El ala este, la de Al-Mundir y Walid, era muy poderosa para hacerle frente a campo abierto, pero resultaba factible frenar su marcha desde los puestos fortificados que Alfonso había sembrado en torno a León. El ala central, por el contrario, era menos numerosa y, además, seguramente no esperaría un ataque. Desarbolada ésta, la baza fundamental del ataque sarraceno quedaría anulada. Y ahí fue donde Alfonso golpeó.

Las tropas cristianas descendieron hacia la confluencia de los ríos Esla y Órbigo. Alfonso esperó allí al enemigo. En los campos polvorientos de Benavente, en la zona que por entonces se llamaba Polvoraria (y hoy, Polvorosa), sorprendieron los cristianos al ejército musulmán. Los moros no esperaban el ataque. Privados de información, en una zona deshabitada, nadie había podido advertirles de la amenaza. Las huestes de Alfonso cayeron sobre los sarracenos sin darles tiempo a organizar sus filas. Los moros se vieron empujados hacia las aguas del Órbigo. Pocos pudieron vadearlo. Trece mil moros —dicen las crónicas— cayeron ante las espadas del reino de Asturias.

El golpe había sido un éxito, pero la ofensiva mora aún estaba viva. Sin perder un minuto, Alfonso III llevó sus ejércitos hacia la fortaleza de Sublancia, que cerraba la entrada del reino por el este: por allí debía de estar viniendo el poderoso contingente de Al-Mundir y Walid ibn Ganim, el ala este del tridente musulmán. Justo a tiempo: Alfonso acababa de poner sus tiendas delante de la fortaleza de Sublancia cuando los vigías avizoraron la llegada de los moros.

Podemos imaginar que Al-Mundir y Walid no saldrían de su asombro: esperaban amigos y encontraron enemigos. El ala central cuyos refuerzos esperaban había desaparecido; por los fugitivos se enteraron del desastre moro en Polvoraria. En cuanto al ala oeste, la que debía atacar desde Coimbra, nada se sabía de ella. El rey Alfonso les había desmantelado la ofensiva con un solo movimiento. Cayó la tarde. Sin duda muchas voces se escucharon en el campamento sarraceno. Finalmente, los jefes moros decidieron renunciar a la presa; no podían exponerse a un nuevo desastre. De manera que, al caer la noche, el ejército de Al-Mundir y Walid abandonó sigilosamente el campo de Sublancia.

Alfonso se enteró de la maniobra al alba. Salió el sol y el enemigo ya no estaba allí. Asturias podía respirar tranquila. Pero Alfonso no era de los que se conforman con poco: tenía la oportunidad de asestar a los ejércitos de Córdoba un golpe definitivo y no iba a dejarla pasar. Inmediatamente salió en persecución de los moros. Sacó provecho de su mejor conocimiento del terreno y, caminando por atajos, adelantó a las huestes de Al-Mundir y Walid. Las tropas cristianas esperaron a los moros en el secarral de Valdemora, río Esla abajo. La caballería de Alfonso se precipitó sobre los sarracenos en retirada. El grueso del ejército invasor pereció. Los propios generales de Córdoba, Al-Mundir y Walid, a duras penas lograron escapar. La segunda pieza del tridente moro había sido aniquilada.

¿Y mientras tanto, qué ocurría con la tercera pieza, la que estaba asediando Coimbra? Que también fracasó. Tras largos días de asedio, la plaza de Coimbra resistió todos los ataques; los caballeros gallegos de Alfonso incluso pudieron infligir serias pérdidas al ejército de Al-Warraq ibn Malik. Y, finalmente, el general moro evaluó la situación y decidió levantar el campo. Tal vez recibiera noticias del desastre de Polvoraria. El hecho es que Al-Warraq, con sus fuerzas quebrantadas, se retiró hacia el sur. La victoria cristiana había sido completa.

Muhammad debió de hacer cuentas tras conocer el resultado de la batalla; contra todo pronóstico, la ofensiva militar más ambiciosa jamás pensada en Córdoba había fracasado de manera rotunda. La situación ahora era la siguiente: los ejércitos del emirato, destrozados; el rey de Asturias, dueño del valle del Duero; el emir Muhammad, incordiado por los problemas internos, y para colmo, el primer ministro del emir, Hasim, seguía preso en Oviedo. Era el momento de tragarse el orgullo, y Muhammad, que era buen político, no lo dudó, pidió una tregua.

¡Una tregua! ¡Córdoba pedía una tregua a Oviedo! Jamás había pasado una cosa igual. Siglo y medio después de Covadonga, aquellos «asnos salvajes» que la soberbia mora despreció se hallaban en condiciones de imponer una tregua al poderoso emir de Al Ándalus. Esta tregua de 878 fue el mayor triunfo político del reino de Asturias en toda su historia. Alfonso la aceptó. Duraría tres años. Tres años en los que el rey de Asturias, por supuesto, no iba a estarse quieto. Por eso se ganó el apelativo de El Magno.

PAISAJE DESPUÉS DE LA BATALLA: LA REPOBLACIÓN

De Alfonso III hay que decir una y otra vez que fue un político eminente; se había fijado desde el principio unos objetivos muy claros y nunca dejó de perseguirlos, aprovechando cada oportunidad para llevarlos a cabo. Ahora, 878, tras la victoria de Polvoraria, el rey se encontraba en una circunstancia única, nunca antes conocida: Córdoba pedía una tregua. Era la primera vez que eso pasaba. Y el reino de Asturias no iba a desperdiciar la ocasión. Había que llenar de gente el territorio que ahora quedaba bajo control cristiano.

Una tregua no es una paz: es un alto en las hostilidades. Ni Muhammad ni Alfonso ignoraban que la consecución inevitable del periodo marcado sería el retorno de la guerra, y para ella iban a prepararse durante esa paz temporal. La diferencia era que Asturias podía concentrarse en sus asuntos con cierta tranquilidad, mientras que Córdoba tenía que resolver muchos problemas internos. Y había otra diferencia no menor: era Asturias quien había impuesto esa tregua a su enemigo.

En efecto, así sucedieron las cosas. Tras la derrota de Polvoraria, fue Muhammad quien envió embajadores a Oviedo para pedir un alto en las hostilidades. Y Alfonso, que tenía todos los triunfos en la mano y era perfectamente consciente de su superioridad, fue quien puso las condiciones: tres años de tregua y una fortuna en oro por la libertad de Hasim, el primer ministro del emir, preso en Oviedo desde varios meses atrás. Córdoba sólo pudo aceptar las exigencias de Alfonso. No obstante, el tacaño Muhammad no pagará ni un dinar; será Hasim quien tenga que pagar íntegro su rescate.

Este asunto del rescate de Hasim merece un comentario aparte, y es que nos dice mucho sobre la realidad económica de Al Ándalus y de Asturias. Alfonso pidió cien mil dinares de oro. Era una suma fabulosa. Para Hasim resultó muy difícil pagarla. De hecho, tuvo que dejar en Oviedo a dos hermanos, un hijo y un sobrino como rehenes mientras reunía el dinero. Pero si para los moros era una cifra exorbitante, mucho más lo era para los cristianos, que en aquel momento ni siquiera acuñaban moneda.

No perdamos de vista este asunto, fundamental: en comparación con la España del emirato, el reino de Asturias era un mundo ostensiblemente primitivo. Córdoba había heredado el sistema económico de la época goda, asentado sobre una red de comunicaciones, centros urbanos y áreas de producción que venía de tiempos de los romanos. Había riqueza, el dinero circulaba y la fértiles vegas del Guadiana, el Guadalquivir, el Ebro y el litoral mediterráneo garantizaban una cierta abundancia. Incluso había empezado a nacer, al calor de los centros urbanos, una incipiente industria que ya era algo más que artesanal. Por decirlo en términos contemporáneos, el emirato de Córdoba era el primer mundo, como podía serlo el Imperio bizantino.

Por el contrario, el reino de Asturias era un mundo exclusivamente agrario y ganadero, sin otros bienes en circulación que los productos del campo, con explotaciones orientadas fundamentalmente a la subsistencia de pequeñas comunidades, con una red de comunicaciones muy limitada (porque las grandes calzadas romanas quedaban al sur de la Cordillera Cantábrica) y, desde luego, sin moneda propia acuñada; al parecer, la única moneda que seguía circulando eran los sueldos de plata que introdujeron los francos desde los tiempos de Alfonso II, y otras piezas de menos entidad. Asturias, en definitiva, era el mundo pobre.

En una situación así, podemos imaginar que la preocupación fundamental de los reyes sería organizar, poblar y reglamentar el territorio, operación que llevaba implícita una organización de la vida económica. Cuando se habla de reconquista y repoblación, hay que entenderlo sobre todo así: se trata de crear un espacio organizado. La base de la que se partía era clara, los territorios ganados en la incesante expansión hacia el sur de las comunidades cantábricas, con la aportación de pobladores mozárabes que huían del emirato. Todas las tierras ganadas hasta el Mondego en Portugal, hasta el Esla en León, hasta el alto Ebro en Castilla, configuran un espacio económico y social que enseguida va a transformarse en espacio político. Y como pivotes de ese espacio actúan las ciudades reconquistadas y las fortalezas levantadas frente al enemigo. Desde Oporto y Chaves hasta Cea y Sublancia, pasando por Astorga, León y Amaya, por ejemplo, surge una geografía de puntos fuertes que podemos imaginar como nudos de una red. En torno a ellos se construye un mundo nuevo.

El sentido de la repoblación oficial, especialmente intensa a partir de mediados del siglo IX, es precisamente ése: la organización política —y económica, y jurídica— de un espacio nuevo. En nuestro relato hemos hablado mucho de los colonizadores privados, los pioneros que llegaban a una tierra y la ocupaban con sus presuras y sus escalios. Tras ellos vendrá la repoblación oficial, es decir, la de los nobles y eclesiásticos que toman las tierras en nombre del rey y reconocen a los pioneros la propiedad de sus campos. Esa repoblación oficial significa que el territorio ha entrado en el orden político. Y después vendrán otros colonos que llegan para instalarse en tierras que ya no son vírgenes, que ya tienen dueño —al menos, nominal—, y que por tanto disfrutarán en condiciones algo más limitadas que las que caracterizaron a los pioneros.

Pese a esa diversidad en la propiedad de la tierra, en este mundo que va naciendo al calor de la Reconquista hay una serie de rasgos que vale la pena subrayar. Por ejemplo, que el resultado final, a la altura de este último tercio del siglo IX, es el de una sociedad de pequeños y medianos propietarios donde prácticamente todo el mundo tiene, al menos, una casa, un huerto y un solar. Las comunidades se dotan asimismo de bienes colectivos —los montes, los pastos…— que afirman la identidad de los grupos de pobladores frente a los vecinos, frente a los forasteros y también frente al poder.

En el resto de Europa la norma social era el régimen de servidumbre y señorío; también era así en Galicia, por ejemplo. Por el contrario, en la nueva España de la Reconquista la presencia de la servidumbre es mucho menor. Las nuevas tierras adquieren un perfil distinto. Añadamos otro hecho muy importante: en este ámbito de repobladores y colonos, la esclavitud prácticamente ha desaparecido. En parte por la influencia de la Iglesia, y en parte porque el modelo de asentamiento es el familiar, será rarísimo encontrar indicios de mano de obra esclava. E inversamente, lo que encontramos es un número creciente de campesinos en armas: propietarios pequeños o medianos que pueden costearse un caballo y una lanza y que prestan servicios de guerra. Muy pronto se los conocerá oficialmente como «caballeros villanos».

Los reyes van a apostar sin desmayo por este nuevo modelo de sociedad, que garantiza la autoridad regia sobre el conjunto de la comunidad cristiana. Aquí no hay una intermediación nobiliaria que actúe como muro entre el rey y los súbditos. Es verdad que, andando el tiempo, el papel de la aristocracia —lo mismo militar que eclesiástica— se hará cada vez más importante, hasta acaparar el protagonismo del sistema político, y especialmente en el área galaico-leonesa. Pero eso será más adelante. En este momento de nuestro relato lo que ha nacido es otra cosa: una sociedad menos jerarquizada o, si se prefiere, de jerarquías menos rígidas, donde un elevadísimo número de propietarios ha conquistado cotas importantes de libertad.

En los años de la tregua de Polvoraria, la corona asturiana impulsará decididamente este modelo de repoblación. Ante todo se trata de definir un espacio político propio, ahora sustancialmente extendido hacia el sur. La repoblación oficial pone sus ojos en Zamora, en el campo de Benavente, en los valles de Bricia y Sotoscueva… Pero lo más importante no es lo que hay delante, sino lo que queda detrás: un inmenso llano que puede empezar a colmarse de nuevos colonos. El paisaje de los años de la tregua, el paisaje después de la batalla, es el de múltiples hileras de caravanas que recorren el reino de norte a sur. A bordo de esas caravanas, los repobladores construyen un mapa nuevo.

LA POLÍTICA EXTERIOR

Estamos en tregua. Tras la victoria de Polvoraria, Alfonso ha impuesto a Córdoba una tregua de tres años. En la política interior, van a ser años empleados en la repoblación interior, en organizar políticamente el territorio. Pero también habrá consecuencias de este periodo de paz en la política exterior. Alfonso III lo aprovecha para estrechar lazos con los Banu-Qasi del Ebro. Aprovechemos nosotros para ver cómo estaba el paisaje en torno al reino de Asturias. Y empecemos por el enemigo, el emirato de Córdoba.

Mientras durara la tregua, Alfonso no tenía nada que temer del emirato. No sólo porque el pacto obligaba al emir a abstenerse de cualquier agresión, sino, sobre todo, porque Muhammad I bastante tenía con solucionar sus problemas interiores. La rebelión de Mérida le había hecho mucho daño y, aunque Ibn Marwan seguía en Asturias, los ánimos estaban lejos de haberse calmado. Toledo, por su parte, seguía dando quebraderos de cabeza. ¿Más desgracias? Sí; en 880, un fuerte temblor de tierra sacudía Andalucía causando estragos en numerosos puntos, incluida la misma Córdoba. Y para colmo, en torno a la serranía de Ronda había surgido un nuevo líder rebelde, Omar ben Hafsún, un muladí de origen godo que se había hecho fuerte en el castillo de Bobastro. Secundado por centenares de muladíes, mozárabes y hasta bereberes, Omar había empezado una sublevación contra la aristocracia árabe que daría mucho que hablar. Ya lo veremos en su momento.

¿Por qué había tantos problemas internos en Córdoba, si el emirato era una próspera potencia, rica en lo económico y poderosa en lo militar? Fundamentalmente, por la división social, y hay que repetirlo porque el origen de la crisis se mantenía vigente. El sistema de poder en Córdoba seguía descansando sobre una minoría de origen árabe, que dominaba a la población muladí (españoles islamizados), mozárabe (los cristianos residentes en Al Ándalus) y berebere. Los árabes odiaban a los mozárabes; muladíes y bereberes se odiaban entre sí, y ambos a su vez odiaban a los árabes. El problema no se resolverá hasta que, muchos años más tarde, Abderramán III decida importar enormes contingentes de población eslava. Pero eso será después. Ahora, a la altura de 880, el panorama en el emirato era el de la perpetua discordia. Y por eso Alfonso veía la frontera sur tranquila.

También la frontera sureste del reino está segura. Castilla, escenario interminable de conflictos, donde convergen las estrategias opuestas de Asturias, Córdoba y los Banu-Qasi, tiene una nueva fisonomía. El viejo y leal conde Rodrigo ha muerto en 873. La Castilla inicial se extiende ahora sobre tres condados. El hijo de Rodrigo, Diego Rodríguez, gobierna desde La Bureba hasta Oca; la zona norte, en torno a Amaya, está bajo la jurisdicción del conde Munio Núñez, muy posiblemente nieto de aquel otro Munio Núñez que dio el fuero de Brañosera; en cuanto a Álava, queda bajo el gobierno del conde Vela

Jiménez. Los tres condes fronterizos han levantado sendas fortificaciones: Munio ha fortificado Castrojeriz, que cierra la entrada a tierras leonesas; Diego ha construido un castillo en el desfiladero de Pancorbo, y Vela ha hecho lo propio en Cellorigo, que es la entrada a la Hoz de la Morcuera, de modo que el paso hacia Álava queda también cerrado.

Al este, la frontera navarra está igualmente tranquila. Alfonso está casado con una navarra, Jimena Garcés, hija del rey de Pamplona. Éste, el viejo rey, García I Íñiguez, ha muerto en 870. Como el heredero, Fortún, está preso en Córdoba, quien gobierna en Pamplona es un regente, García Jiménez. Un dato interesante: la historia de Pamplona había venido marcada por la oposición entre las familias Íñiga (los Arista) y los Velasco primero, y los Jimeno después. La casa gobernante era la de los Íñigo, pero este regente, García Jiménez, era de la familia Jimena. En todo caso, los asuntos internos de Pamplona no afectan a la estabilidad del reino de Asturias. Al contrario, la alianza entre Oviedo y Pamplona parece inquebrantable.

Más al este aún, hacia el Pirineo, el paisaje se llena de cambios. Se agudiza la tónica que había empezado a dibujarse medio siglo atrás. En la estela de las crisis del Imperio carolingio, primero, y del reino de los francos después, en los territorios de la Marca Hispánica aparecen aristocracias locales que tratan de afirmar un poder independiente. En Aragón se ha consolidado la casa de los Galindo. Allí gobierna Galindo II Aznárez, casado con otra hija del rey García Íñiguez de Pamplona. En Pallars-Ribagorza, entre el Pirineo y Tremp, un tal conde Ramón ha aprovechado las discordias del condado de Tolosa para establecer un área política propia. Y en Barcelona, un personaje fundamental recibe de manos de Carlos el Calvo la investidura condal de Barcelona: es Wifredo el Velloso, que llega a unir bajo su mando los condados de Urgel, Cerdaña, Barcelona, Gerona y Osona. Wifredo se apresura a impulsar la repoblación hacia la plana de Vic, y será el primer conde de la Marca que transmita el título a sus hijos por herencia.

Pero la clave del equilibrio de poder en la Península estaba, como casi siempre, en el valle medio del Ebro: en las tierras de los Banu-Qasi. Esta vieja familia de godos conversos al islam había afianzado su poder entre Tudela y Zaragoza. Tras la muerte del viejo Musa, en 862, sus hijos se habían repartido la herencia. Lope, en Viguera, no lejos de Albelda, en La Rioja; Ismael en Zaragoza; Fortún en Tudela; Mutarrif en Huesca. En algún momento que desconocemos —quizá en 871, cuando Lope se subleva en La Rioja—, los hijos del viejo Musa se las arreglaron para desplazar a los enviados del emir en el gobierno de las ciudades clave de la Marca Superior. Y en otro momento inmediato que tampoco podríamos precisar, los Banu-Qasi se acercaron a Oviedo. Se acercaron tanto que Alfonso hizo algo imprevisible: envió a su hijo Ordoño a Zaragoza para que se criara allí.

La decisión de Alfonso tiene algo de enigmático. ¿Por qué mandar al hijo del rey cristiano a una corte que, después de todo, no dejaba de ser musulmana? Esto sólo puede entenderse si tenemos en cuenta la peculiar idiosincrasia de esta poderosa familia. Los Banu-Qasi, como ya hemos visto aquí sobradamente, mostraron siempre una asombrosa versatilidad estratégica. El objetivo de esta familia era sólo uno desde los lejanos días de la conquista mora, en 711: mantener a toda costa su poder en el área del valle del Ebro. Para conseguir ese objetivo no dudarán en aliarse, ora con Córdoba, ora con Oviedo y con Pamplona, haciendo amigos a los que un día fueron enemigos, y viceversa. Alfonso era hijo de Ordoño I, el vencedor de Albelda; los Banu-Qasi eran hijos de Musa, el vencido en aquella batalla.

Pero ni unos ni otros consideraron tal cosa como un inconveniente a la hora de estrechar lazos. Antes al contrario, las dos partes vieron en este acercamiento una buena oportunidad.

Alfonso necesitaba llevarse bien con los Banu-Qasi; estar en paz con esa gente significaba liberar de riesgos la repoblación en el sur de Burgos y de Álava. Y los Banu-Qasi necesitaban llevarse bien con Alfonso: al fin y al cabo, el rey de Asturias acababa de propinar un serio escarmiento al mismísimo emir de Córdoba, y nada le impediría extender sus ofensivas hacia el Ebro. ¿Nada? Sí, algo: Alfonso estaba casado con una navarra y los Banu-Qasi también estaban emparentados con la casa de Pamplona. Así que, ¿por qué alterar la paz familiar? Los dueños del Ebro, en su difícil y perpetuo equilibrio sobre el filo de la navaja, sin duda vieron que Alfonso era un aliado apetecible. Y Alfonso selló la alianza enviando a su hijo Ordoño a la Zaragoza del Banu-Qasi Ismael ibn Musa.

Ordoño no debió de estar mucho tiempo en Zaragoza. Lo más probable es que volviera a Oviedo cuando la tregua de tres años expiró, pues con Córdoba otra vez en pie de guerra, no era seguro mantener al príncipe fuera del reino. Eso nos lleva al año 881. Es el mismo año en que un monje de la corte, quizá Dulcidio, entrega al rey la primera copia de un documento que Alfonso III esperaba con impaciencia: la primera crónica histórica del reino de Asturias, la llamada *Albeldense*. Tampoco en este campo había desaprovechado Alfonso los años de paz.

Los años de paz terminaban en 881, que era la fecha esperada. Ni Alfonso ni Muhammad ignoraban lo que ocurriría después. Ambos se habían preparado para la guerra. Y comienza así un nuevo periodo de hostilidades que iba a verificar quién se había preparado mejor. Ahora lo veremos.

Capítulo 9

CONCIENCIA DE RECONQUISTA

FIN DE TREGUA: LAS GRANDES CABALGADAS

La tregua de tres años terminó en 881. Córdoba y Oviedo se
habían preparado ya para la guerra que inevitablemente había
de volver. Ni Alfonso ni Muhammad estaban en condiciones de
atacar el centro neurálgico de su enemigo. Pero ambos podían
golpear en puntos sensibles, con campañas de alcance limitado
que sirvieran para obtener beneficios por el saqueo, menoscabar al rival, hacer que sus fuerzas flaquearan y, de paso, otorgar
al vencedor un nuevo crédito ante amigos y ante adversarios.
Éste es el guión de los acontecimientos que van a sucederse en
los siguientes años.

Parece que el primero en intentar el golpe fue Muhammad. Se trata de aquella aventura marítima a la que nos refe-
ríamos capítulos atrás. El objetivo es Galicia. El camino por
tierra desde Córdoba hasta Galicia se había complicado mucho
por la repoblación del norte de Portugal, que había bajado

muy al sur la frontera, y por la inestable situación de Mérida, que hacía poco seguro el paso de las tropas. Pero Córdoba contaba desde hacía treinta años con una buena flota, aquella que mandó construir Abderramán II para prevenir incursiones vikingas, reforzada ahora con nuevas naves. Así que Muhammad decidió atacar Galicia por mar.

Era una aventura arriesgada. La navegación, en el siglo IX, era un arte difícil, y más en las encrespadas aguas del Atlántico. Los *drakkars* vikingos habían cubierto grandes distancias, pero los musulmanes, aunque no carecían de experiencia en el cabotaje atlántico por la costa africana, nunca antes habían llevado por el océano una flota numerosa, con la consiguiente dificultad de mantener unidas a las naves. El emir ordenó construir una nueva escuadra. Conocemos el nombre del jefe que Muhammad escogió para la ocasión: Abd al-Hamid ibn Mugait al-Ruati, descendiente tal vez de aquel Mugait cuyas armas se midieron con las de Alfonso II el Casto. Abd al-Hamid zarpó del Guadalquivir, Atlántico arriba, rumbo a Galicia. Nunca llegó porque las tormentas desarbolaron la escuadra musulmana antes de alcanzar su objetivo. El almirante se salvó, pero la expedición había sido un fracaso.

Mientras Muhammad lo intentaba por mar, Alfonso III preparaba su golpe por tierra. Y audaz como era, el rey de Asturias planeó algo verdaderamente asombroso: atacar el valle del Guadiana hasta la mismísima Mérida, y todavía más al sur. Después de todo, aún guardaba junto a sí a Ibn Marwan, el rebelde de Mérida, que le sería de gran utilidad para moverse por aquellas tierras. Y así Alfonso emprendía la campaña que pasaría a la historia por los nombres de Los Adobales y el Monte Oxifer.

Para ocultar sus intenciones a los vigías sarracenos que sin duda vigilaban sus movimientos, Alfonso no movió a sus tropas directamente hacia Mérida, sino que dio un rodeo. Pasó las sierras del Sistema Central como si se dirigiera contra Toledo. Pero al llegar al Tajo no marchó contra la vieja capital goda, sino que giró hacia el oeste, hacia Lusitania. ¿Se dirigía contra Mérida? Quizás eso pensaron los espías de Córdoba, pero Alfonso también dejo atrás esa ciudad, cruzó el Guadiana y bajó hasta más allá de Badajoz. Atacó una fortaleza llamada Daubal, que seguramente corresponde al actual sitio de Los Adobales, y la desmanteló, aniquilando a sus defensores.

Acto seguido, Alfonso se dirigió hacia el suroeste. En la sierra de Jerez de los Caballeros debió de salirle al paso el ejército enviado desde Córdoba para frenar la temeraria aceifa cristiana. El choque se produjo en un lugar que la crónica inmortalizó como el Monte Oxifer. Nadie sabe dónde está; se supone que cerca de Zafra. Tampoco se sabe cómo fueron exactamente las batallas, porque la crónica no da detalle alguno. Lo que se sabe es que Alfonso venció y volvió con éxito. La aventura había sido extraordinaria. Desde León hasta Zafra, desviándose en el trayecto por Toledo, hay unos ochocientos kilómetros, que es la increíble distancia que los ejércitos del rey de Asturias recorrieron en su camino hacia el sur. Y más aún, las banderas de Alfonso habían ondeado a sólo cien millas de Córdoba. Como escribió el cronista, nunca ningún príncipe había intentado llegar tan lejos.

En el transcurso de esta aventura sucedió algo notable: la amistad entre Alfonso e Ibn Marwan se quebró. Dice la crónica mora que el rebelde de Mérida, ante la matanza de musulmanes en Los Adobales, protestó enérgicamente al rey de Asturias, y que éste, enojado a su vez, le respondió que esos cadáveres eran de los enemigos a los que había combatido el propio Ibn Marwan. La versión de la crónica es dudosa y parece más bien dirigida a mostrar, en tono edificante, la solidaridad entre musulmanes por encima incluso de los bandos en el campo de batalla. Lo que sí es cierto es que Ibn Marwan, después de esa campaña, volvió a sus tierras. ¿Qué fue de él? Al parecer, reconciliado con el emir, obtuvo de éste el reconocimiento de su señorío sobre Badajoz, pero enseguida le veremos aliado a los Banu Jaldún de Sevilla en otra revuelta intestina del emirato. Ibn Marwan morirá en su refugio de Badajoz en el año 889. Consiguió, eso sí, morir libre e independiente.

Pero al margen de este asunto emeritense, Muhammad no podía dejar sin respuesta la osadía de Alfonso en el valle del Guadiana. Tenía que contestar al golpe con otro mayor aún, y eso fue lo que hizo en la primavera de 882. El emir había meditado la respuesta. Preparó un ejército que la crónica cristiana cifra en 80.000 hombres, número que no parece descabellado. Colocó al frente a su hijo Al-Mundir, como otras veces, y puso a su lado a Hasim ibn Abdalaziz, el ministro que había estado cautivo en Oviedo y que sin duda guardaba deseos de venganza. En marzo partió el ejército moro con el objetivo de descargar su fuerza sobre Castilla. Como los sarracenos no podían exponerse a que los Banu-Qasi enviaran refuerzos a los cristianos, empezaron por neutralizar a los levantiscos dueños del valle del Ebro. Y así el gran ejército de Hasim y Al-Mundir apareció ante los muros de Zaragoza.

Los ejércitos de Córdoba golpearon duro en Zaragoza, pero no consiguieron rendirla. Ismael, el Banu-Qasi que había sido huésped del príncipe Ordoño, aguantó la embestida. Tampoco lograron tomar Tudela, donde se había encerrado Fortún, hermano del anterior. Sí consiguieron apoderarse de Roda, en Huesca, donde apresaron al jefe de la plaza. Pero lo más importante pasó después. Y es que marchaba el ejército de Al-Mundir y

Hasim rumbo a las tierras riojanas, cuando un fuerte contingente musulmán le salió al encuentro. ¿Una contraofensiva de los Banu-Qasi? No, al revés. Era Muhammad, hijo de Lope, sobrino de Ismael y Fortún, pero enemistado con ellos, que acudía para ponerse al servicio del emir de Córdoba. Las crónicas cristianas llaman a este Muhammad «Ababdella», y así le llamaremos nosotros a partir de ahora. Los jefes cordobeses recibieron el refuerzo de muy buen grado. Y con ese inesperado suplemento de fuerza, resolvieron atacar objetivos de mayor importancia estratégica: las fortalezas cristianas construidas en la frontera.

Cellorigo, en el paso de la Morcuera hacia Álava; Pancorbo, que vigilaba los caminos a Oca y La Bureba; Castrojeriz, que cerraba el camino al valle del Pisuerga y hacia Amaya. Esos eran los objetivos del poderoso contingente musulmán. El primer ataque se dirigió contra la fortaleza construida en Cellorigo por el conde Vela Jiménez. Fue un fracaso. Cellorigo aguantó y los musulmanes sufrieron pérdidas sensibles. Como el asedio era inútil, Al-Mundir y Hasim, junto a Ababdella, marcharon contra el siguiente objetivo, el fuerte elevado en Pancorbo por Diego Rodríguez, el hijo del conde Rodrigo. Igual resultado: después de tres días de acoso, el castillo aguantó y los musulmanes tuvieron que retirarse con serias bajas. Sólo quedaba una opción, Castrojeriz.

Castrojeriz era un objetivo más fácil. Levantado entre llanos, y no entre riscos, como los otros dos castillos, era una fortaleza a medio construir. Munio Núñez, que era el conde responsable del área, sabía que no estaba en condiciones de resistir un ataque. Así que, al ver aparecer a los moros, Munio optó por la retirada. Ni siquiera hubo combate. El ejército cordobés pudo entrar en la fortaleza a placer.

El éxito de Castrojeriz reanimó a los musulmanes. Ahora se abría ante ellos la gran llanura que lleva hasta León y Astorga. No tardaron en cruzarla para llegar a las orillas del Esla. León estaba amenazada. ¿Qué hacía Alfonso entre tanto? El rey sabía de la expedición mora y había reunido a su ejército al abrigo de los viejos muros romanos. Todo estaba dispuesto para el gran combate. Pero entonces ocurrió algo que nadie podía esperar.

LA MANIOBRA DE HASIM

Verano del año 882. La situación era peliaguda. Un enorme ejército sarraceno se concentraba a orillas del Esla, amenazando León. Pero aquí, en León, otro ejército no menos importante estaba dispuesto a dar la batalla. Alfonso III había reunido a sus hombres. En las tiendas del campo moro, los jefes deliberaban. El príncipe Al-Mundir y el ministro Hasim evaluaban la situación ante la mirada de Ababdella, el Banu-Qasi traidor, que se había sumado a las fuerzas emirales. Al-Mundir, probablemente, desearía cargar contra los cristianos, pues no habían llegado hasta allí para retirarse ahora. Pero Hasim se resistía. Era un suicidio permitir a Alfonso que diera la batalla donde él quería. Un argumento cierto. Ahora bien, Hasim escondía otro propósito, un designio secreto que haría crecer el asombro en Córdoba y en León.

Bajo los prudentes consejos de Hasim, el ejército moro abandonó las cercanías de León y se dirigió hacia Astorga. Fue entonces cuando Hasim descubrió sus cartas. Contra la opinión del príncipe Al-Mundir, una vistosa cohorte de embajadores dejó las filas moras y se dirigió hacia León para entrevistarse con el rey cristiano. Iban los embajadores cargados de regalos, cautivos, ricos presentes y persuasivos argumentos. ¿Qué se proponía Hasim? ¿Buscaba una retirada decorosa? ¿Era una añagaza para atacar con más posibilidades de éxito? No. Hasim se proponía trocar la guerra en negocio… político.

El ministro Hasim, como sabemos, había estado preso un par de años en Oviedo. Sólo pudo salir previo pago de un fuerte rescate y, en tanto reuniera el total del importe, dejando cautivos allí a unos cuantos familiares. Entre ellos, Abu-l-Qasim, el hijo del ministro Hisam. Ahora el ministro proponía a Alfonso un intercambio: la libertad de Abu-l-Qasim por los regalos que traían los embajadores y, además, las vidas de dos cautivos de los moros, los Banu-Qasi Fortún ibn al-Azala, apresado en Tudela, y un hijo de Ismael, el señor de Zaragoza. Además, Hasim, que conocía bien las debilidades de Alfonso, le enviaba dos libros: una Biblia sevillana de San Isidoro y una Biblia cordobesa. Una buena propuesta, en fin.

Alfonso evaluó la oferta: era inmejorable. Los dos Banu-Qasi, en manos de Asturias, eran un auténtico tesoro político, porque podían hacer inquebrantable la alianza con los señores del Ebro. Y si el asunto se resolvía con la marcha en paz de los ejércitos sarracenos, ¿quién podría poner la menor objeción? El negocio se cerró en Castro Alcoba, junto al río Órbigo. Cerrado el trato, Abu-l-Qasim volvió con su padre y los dos Banu-Qasi ganaron las líneas cristianas. Y el ejército moro, para gran irritación del príncipe Al-Mundir y frustración de Ababdella, el Banu-Qasi disidente, abandonó los llanos de León y volvió a Córdoba.

¿Asunto resuelto? La verdad es que este arreglo, aparentemente tan civilizado y cordial, iba a dar más de un disgusto tanto en Córdoba como en Oviedo, pero también en Zaragoza. La clave estuvo en el comportamiento de Ababdella, aquel Banu-Qasi que había abandonado a sus parientes para pasarse al lado cordobés.

Ababdella, tras la fallida campaña de Al-Mundir y Hasim, volvió a sus tierras riojanas. Sus parientes de Tudela y Zaragoza, que no podían olvidar su traición, fueron a por él. Pero Ababdella, más listo, se las arregló para emboscar a sus parientes y los apresó. Con tales triunfos en la mano, se dirigió a Zaragoza, que tomó sin resistencia. Y así el pariente disidente, que había actuado como oveja negra de la familia, se convertía en el más poderoso de los Banu-Qasi. El emir Muhammad debió de ver el cielo abierto. Después de los quebraderos de cabeza que le habían dado los Banu-Qasi, he aquí que un miembro de la orgullosa familia del Ebro, el único al que podía tener por aliado, daba un golpe de mano y se hacía con el poder. ¡El valle del Ebro volvía a ser para Córdoba! Presto, el emir mandó emisarios a Ababdella y le pidió la ciudad de Zaragoza y la vida de los otros Banu-Qasi, ahora presos. Pero entonces Ababdella, Muhammad ibn Lope, nieto de Musa, descendiente de Casio, hizo algo que sólo un Banu-Qasi podía hacer.

Porque Ababdella, en efecto, se negó a entregar la ciudad, rechazó a los enviados del emir, puso en libertad a sus parientes presos, firmó la paz con ellos, les otorgó castillos y renovó la tradicional independencia de los señores del Ebro. ¿Rectificación de Ababdella? ¿A qué se debía este giro? No, no había ningún giro. Como habían hecho todos los Banu-Qasi desde el principio de los tiempos, Ababdella se había limitado a jugar su propio juego. Y había ganado. En lo único en que falló Ababdella fue en calcular los efectos de su jugada en Asturias. Porque el nuevo jefe de los Banu-Qasi envió a Oviedo mensajes de paz y reconciliación, pero sin éxito; quizás el rey de Asturias juzgó más prudente mantenerse a distancia de un tipo tan alambicado como Ababdella.

Ante la traición de Ababdella, la cólera del emir Muhammad fue terrible, como de costumbre. En la primavera de 883 partió un gran ejército rumbo a Zaragoza. Lo mandaban, una vez más, el príncipe Al-Mundir y el ministro Hasim, juntos a pesar del odio que habían empezado a profesarse. Los ejércitos de Córdoba llegaron a Zaragoza. No la tomaron, pero saquearon a conciencia todo el valle del Ebro desde la capital aragonesa hasta La Rioja. Acto seguido, dirigieron sus pasos contra la frontera este del reino de Asturias. Iban a repetir la ofensiva del año anterior. Primero los castillos fronterizos, después las plazas fuertes de León y Astorga. Se volvía a dibujar el programa de 882, pero esta vez sin presos que intercambiar.

No les fue bien a los ejércitos de Muhammad. Fracasaron nuevamente ante Cellorigo. También fallaron ante los muros de Pancorbo. Y cuando marcharon sobre Castrojeriz, que el año anterior pudieron tomar, esta vez se encontraron con que Munio Núñez había acabado el trabajo, la fortaleza estaba terminada y sus muros fueron inexpugnables. Tuvieron más fortuna en la ciudadela de Sublancia, que pudieron saquear, aunque la hallaron vacía porque sus habitantes huyeron antes de que llegaran los moros. Y así se plantaron a pocas jornadas de León.

Alfonso, cuando supo de la nueva aceifa musulmana, volvió a alinear a sus huestes en León, ciudad que ya se había convertido en su residencia casi permanente. Allí se dispuso a esperar la acometida musulmana. Pero no hubo tal, porque los sarracenos, a su vez, se habían guarnecido en Sublancia esperando la acometida cristiana. Y así estuvieron unos y otros varios días, aguardando a un enemigo que nunca llegó. Finalmente, los ejércitos del emir abandonaron el campo. Saquearon algún convento, algún villorrio, pero nada más. Temiendo una emboscada, volvieron a casa por un itinerario tortuoso. De esta manera se disolvió la última ofensiva del emir Muhammad contra el rey Alfonso.

La última, sí, porque a partir de ese momento se inauguraba un largo periodo de paz entre Córdoba y el reino de Asturias. Es posible que Hasim, antes de abandonar las tierras leonesas, enviara embajadas a Alfonso proponiendo nuevas treguas. Eso no lo sabemos. Lo que sí sabemos es que en los años siguientes no volvería a haber campañas moras contra el reino cristiano del norte, ni campañas cristianas contra el enemigo musulmán del sur. Habría otros combates, pero no entre las dos grandes potencias de la Península. El emirato, por su parte, iba a verse envuelto, como ya era tradición, en feos problemas internos. Y Alfonso aprovecharía esos años de paz relativa para culminar su obra de gobierno.

Alfonso podía mirar hacia atrás con legítimo orgullo: en menos de veinte años de reinado había frenado al enemigo sarraceno, le había golpeado sin misericordia, había rechazado todos sus ataques posteriores, había extendido los límites del reino muy al sur, se había convertido en la potencia determinante de la cristiandad española… Y lo que ahora el futuro le deparaba era la posibilidad de coronar su obra con una política de gran estilo. Veamos cómo lo hizo.

POLÍTICA DE GRAN ESTILO: LAS CRÓNICAS

Hay que repetir que el gran mérito de Alfonso III fue su visión política; una visión política de gran estilo que abarcaba tanto la guerra como la paz, tanto la organización física del territorio como la narración histórica del reino, tanto la identidad religiosa del pueblo cristiano como las relaciones exteriores con los reinos vecinos. Alfonso no fue en esto completamente original, porque las líneas fundamentales de su política ya venían sentadas desde tiempo atrás, pero incluso eso hay que computarlo como mérito del vencedor de Polvoraria. Alfonso III supo inscribirse en la corriente heredada de sus antepasados para gobernarla con plena conciencia. Y es eso, tal conciencia, lo que hace grande a este rey.

La conciencia, sí: conciencia de quién es uno y dónde está. Una política de gran estilo es la que sabe dar razones de su acción, justificarse ante sí misma, ante su pueblo y ante la historia. El príncipe que hace esto asciende un escalón: ya no es sólo un caudillo guerrero o un gobernante más o menos acertado, sino un Político con mayúscula que da un sentido a las cosas que hace y transmite ese sentido a los demás. Desde el principio de los tiempos, todos los grandes poderes han buscado proveerse de tal sentido. Eso se hace escribiendo la historia. Lo hicieron los griegos y los romanos. Lo hicieron los musulmanes. Y ahora, siglo y medio después de Covadonga, era hora de hacerlo en Asturias.

¿Cómo se hizo? Con las llamadas *Crónicas alfonsíes*, tres en total, de las cuales una conoció dos versiones. ¿Y quién las escribió, y por qué? Eso es un misterio, pero hay suficientes datos para plantear una hipótesis muy verosímil. Tal y como lo reconstruyó Sánchez Albornoz, la cosa pudo ser así:

Desde los días del rey Ordoño, un nutrido contingente de mozárabes había huido de Al Ándalus para buscar refugio en el reino de Asturias. Estos mozárabes trajeron consigo la sabiduría isidoriana, es decir, el acervo cultural que la cristiandad de Toledo y Andalucía conservaba desde la época goda. ¿En qué consistía tal sabiduría? Fundamentalmente, en libros y tradiciones. Y entre esos libros, buen número de códices históricos y geográficos, además de textos religiosos. Los portadores físicos de este legado cultural eran los clérigos, depositarios de la tradición hispanogoda.

Uno de estos clérigos, sin duda mozárabe por su conocimiento de la grafía arábiga, comenzó un día a escribir una larga historia. Es muy probable que viviera en Oviedo, y es también posible que comenzara su relato por indicación expresa de Alfonso III, cuyo gusto por los libros es bien conocido. El clérigo mozárabe compuso un relato al viejo estilo: historia de Roma, historia de la España goda y, por fin, historia del reino astur. ¿De dónde sacó el material para confeccionar su relato? Sin duda, de los materiales hispanogodos que los mozárabes habían conservado. Pero, ¿y el material sobre el reino de Asturias? ¿De dónde lo había sacado? Porque los hechos de la corona de Oviedo no se encontraban en los textos godos, evidentemente, y los mozárabes de Toledo o Córdoba tampoco podían conocerlos sino muy remotamente. Sin duda, alguien en Asturias se había tomado la molestia de redactarlos en alguna crónica que después desapareció. Por eso se supone que hubo alguna vez una crónica asturiana primordial, hoy perdida.

El hecho es que, con todos esos materiales, nuestro clérigo mozárabe, en su latín canónico, terminó su trabajo. Debía de ser el año 881, porque el relato llega hasta las batallas del Monte Oxifer. El clérigo añadió una lista de las diócesis del reino y de los obispos que las gobernaban. Más tarde se añadirán dos párrafos correspondientes a los años 882 y 883. El resultado fue la primera crónica histórica conocida del reino de Asturias; una crónica que sitúa la corona de Oviedo en una línea ininterrumpida desde Roma. En otros términos: el reino de

Asturias —literalmente, «los reyes godos de Oviedo»— se identificaba con la legitimidad de la corona goda, heredera a su vez de la legitimidad imperial romana, santificada por la cruz. A esta crónica se la llamó después *Albeldense*, porque en el monasterio de Albelda se halló una primera copia. Pero el clérigo que la escribió no era de Albelda, sino, insistimos, mozárabe, y vivió en la corte de Oviedo.

Casi al mismo tiempo, alguien escribía otra crónica, la llamada *Crónica Profética*, que es el segundo texto fundacional en la ideología del reino de Asturias. Esta crónica se llama profética porque se basa en una supuesta profecía de Ezequiel. Interpretada por los mozárabes de Toledo, la profecía en cuestión venía a anunciar el fin del poder musulmán y el retorno de la corona goda. ¿Cuándo caería el emirato en España? Según los cálculos de Toledo, cerca del día de San Martín de 884. ¿Y cómo volvería la corona goda? Volvería encarnada en el rey de Asturias, que era la prolongación histórica de la vieja monarquía toledana. Esta crónica fue terminada el 11 de abril de 882.

Respecto al autor de la *Crónica Profética*, todo apunta al erudito sacerdote Dulcidio, presbítero de Toledo primero, obispo de Salamanca después. Dulcidio, en su gabinete toledano, cotejó la profecía, hizo los cálculos y corrió a Oviedo para contar al rey Alfonso su inminente victoria. Los cálculos no eran correctos, como no tardaría en verse, pero sí es cierto que el emirato, a partir de ese momento, entró en fase de agudísimos problemas internos y todo presagiaba su inminente caída. Dulcidio, en todo caso, se quedó en Asturias y entró al servicio de Alfonso. Pronto le veremos actuando de embajador. Y no sólo eso, sino que además aportará materiales importantes para la tercera crónica del reino de Asturias, la que estaba escribiendo el propio Alfonso.

Porque, en efecto, hay una tercera crónica que conoció dos versiones, y todo apunta a que Alfonso en persona fue su primer redactor. Esto se sabe porque hay cartas en las que Alfonso agradece a un sobrino suyo, cierto obispo llamado Sebastián, su mediación para obtener datos e información con que escribir su relato. ¿Y quién le proporcionaba esos datos, esa información? Dulcidio, el de la *Crónica Profética*. Así, Alfonso pudo componer un relato histórico con abundantes materiales. Esta primera versión de la crónica recibe el nombre de *Rotense*. Parece que la primera versión le quedó al rey un tanto… sincera. Hasta el extremo de que hubo de ser corregida para embellecer un poco no sólo el estilo, sino también los hechos. Y de ahí nace la segunda versión.

¿Quién escribió esa segunda versión de la crónica de Alfonso III? Al parecer, fue Sebastián, su sobrino, y por eso a la segunda versión se la llama *Sebastianense*, aunque también *Ovetense* y *Erudita*. Sebastián no sólo mejoró el bárbaro latín de Alfonso, sino que además introdujo elementos muy importantes en la justificación ideológica del reino. Subrayó el origen noble de Pelayo y la continuidad entre la monarquía visigoda y la corona asturiana, suavizó las enérgicas disposiciones de Fruela contra la corrupción del clero, maquilló determinados pasajes poco edificantes acerca de las luchas intestinas por el poder en la corte de Oviedo… Eso explicaría las lagunas que, como hemos visto en capítulos anteriores de nuestra narración, salpican con frecuencia la crónica astur.

El hecho, en todo caso, es que así se construyó el relato inaugural de la Reconquista, la narración que a partir de ese momento iba a orientar, a encauzar, a dar sentido a la existencia misma de los reinos cristianos de la Península. Las *Crónicas alfonsíes* son el germen narrativo de todo lo que pasó después.

Hay quien ve aquí un motivo para sospechar de la «verdad» de la Reconquista. Nosotros pensamos todo lo contrario: precisamente el hecho de que fuera puesta por escrito demuestra que aquella gente sabía lo que estaba haciendo y, sobre todo, lo que quería hacer: recuperar lo que a partir de entonces se llamó la «España perdida».

POLÍTICA DE GRAN ESTILO: LA RELIGIÓN

Una de las primeras cosas que hizo Alfonso III después de la segunda tregua con el emir Muhammad fue enviar un embajador a Córdoba. ¿Para qué? Para recuperar los cuerpos de los mártires Eulogio y Leocricia, asesinados en la capital del emirato en 859 por afirmar la fe de Cristo frente a la de Mahoma. El embajador fue nada menos que Dulcidio, aquel clérigo de Toledo que escribió la *Crónica Profética*. Dulcidio cumplió con éxito su misión: en septiembre de 883 salió de Oviedo y en enero de 884 volvía con las reliquias de los mártires. Alfonso las hizo depositar junto a la iglesia de San Salvador.

¿Y por qué mandaba Alfonso traer los cuerpos de los mártires? ¿Por devoción? Sí, sin duda, pero también por el intenso significado político —en el mejor de los sentidos— de aquel gesto. Porque traer desde la capital del emirato las reliquias de los mártires, y depositarlas en la capital del reino de Asturias, significaba proclamar que Oviedo era el centro de la cristiandad española. Por el mismo motivo, Alfonso III y su esposa Jimena donaron a la catedral de Oviedo la maravillosa Cruz de los Ángeles, claramente emparentada con aquella Cruz de la Victoria que desde un siglo antes ornaba la iglesia de San Salvador.

Hay que tener en cuenta que, en esta época, política y religión son dimensiones inseparables. La resistencia del núcleo asturiano, primero, y de toda la Hispania cantábrica después, no puede entenderse como una resistencia de tipo «nacional». En aquella época la comunidad —incluida la comunidad política— no se fundaba en ese tipo de sentimientos. Lo que constituía una comunidad era un sentimiento de pertenencia basado en cosas como la lengua, la corona o, muy principalmente, la religión. Y fue precisamente la religión lo que marcó la diferencia fundamental entre la España súbitamente mora de 711 y la España cristiana que quiso resistir.

¿En qué medida fue una resistencia consciente o, por el contrario, fue un simple sentimiento de rebeldía espontánea ante un poder que se percibía como profundamente ajeno? Eso es difícil saberlo. Lo que sabemos sin ningún género de duda es que las élites del país debían de verlo con cierta claridad, porque todos los reyes, uno detrás de otro, incluso los más tibios, se preocupan por construir iglesias que den fe de su compromiso. Porque lo que caracteriza al reino de Asturias, lo que fundamenta y justifica su independencia, es su carácter cristiano frente a una Hispania que ha dejado de serlo por la fuerza de las armas.

Pequeño problema: Asturias se quería cristiana, la verdadera cristiandad frente a la cristiandad sometida de Al Ándalus, pero, al fin y al cabo, la cristiandad oficial era la encarnada en Toledo, es decir, la que estaba bajo el poder moro. ¿No había ahí una contradicción? La había, y sin duda eso fue lo que llevó a las pequeñas comunidades del norte a mostrarse cada vez más disidentes. Una disidencia que encontró un argumento perfecto para expresarse en la querella del adopcionismo, cuando el obispo de Toledo, Elipando, se permitió transigir con el dogma de la divinidad de Cristo. Y fue entonces cuando Beato de Liébana llamó a Elipando «testículo del Anticristo» —aquí lo hemos contado— y comenzó una polémica que terminaría llevando a la independencia de la Iglesia asturiana, primero, y a su primacía en España después.

Es muy importante subrayar que esa disidencia religiosa del norte respecto a Toledo se disparó sin intervención del poder regio, es decir, fue un proceso autónomo, no promovido por la corona a modo de instrumento político. La única intervención política en este episodio fue la de la monarquía carolingia, que actuaba más bien a modo de delegada papal. Eso sí, la corona asturiana vio rápidamente que en la querella contra Toledo había mucho más que una discusión doctrinal. Por eso, acto seguido, Alfonso II el Casto se apresuró a apoyar a la Iglesia asturiana en un movimiento que era al mismo tiempo religioso y político.

A partir de este momento, la Iglesia se convierte en eje de la vida del reino, y no sólo en lo religioso y lo cultural, sino también en lo político, como demuestra su protagonismo en las labores de repoblación hacia el sur. El hallazgo del sepulcro de Santiago supuso un hito decisivo. Después, la tardía leyenda de Clavijo dará testimonio del intenso sentimiento religioso que acompañaba al reino en aquellos primeros años de la Reconquista.

Una vez más, lo que caracteriza a Alfonso III en este aspecto es la plena toma de conciencia de la situación. El rey es consciente de que en la defensa de la cruz reside la auténtica fuerza de su corona. Y por eso, apenas empuña el cetro, ordena restaurar todos los templos, y no sólo en Oviedo. Por los documentos conservados sobre la repoblación de Chaves sabemos que mandó rehabilitar allí dos viejas iglesias visigodas. Podemos suponer que lo mismo hizo en toda la larga línea que se extendía desde Coimbra hasta Amaya. Y en cuanto a los grandes centros religiosos del reino, especialmente Santiago y Oviedo, se ocupó de protegerlos con fortificaciones pensadas para evitar nuevas incursiones vikingas.

En Santiago hizo algo más, y esto también tiene un gran valor político: sobre la modesta iglesia que Alfonso II había mandado elevar en torno al sepulcro del Apóstol, Alfonso III edificó un gran templo que quedó terminado el 6 de mayo de 899. Por el acta de la ceremonia fundacional conocemos, a pesar de las falsificaciones posteriores, los nombres de las personalidades más eminentes del reino. Entre los condes, Vermudo de León, Sarracino de Astorga y el Bierzo, Betote de Deza, Hermenegildo de Tuy y Oporto, Arias de Coimbra, Pelayo de Braganza, Odoario de Viseo, Silo de Prucios (el norte de Galicia), Lucidio de Guimarães, Ero de Lugo, Munio Núñez de Castilla, Gonzalo Fernández de Burgos, amén de otros condes, como Osorio Gutiérrez y Fruela Suárez, cuya jurisdicción ignoramos. Y entre los obispos, Teodomiro de Egitania, Gomado de Oporto y Viseo, Nausto de Coimbra, Sisnando de Iria, Elleca de Zaragoza, Argimiro de Lamego, Recaredo de Lugo, Jacobo de Coria…

La iglesia que construyó Alfonso en Santiago ya no existe, pero sabemos cómo era: veinticuatro metros de largo, catorce de ancho, tres naves, nueve pilastras, capiteles visigodos, mármoles verdes, pórfidos violetas… Los trabajos de los arqueólogos bajo el actual templo jacobeo han descubierto también elementos arquitectónicos de origen mozárabe, sin duda traídos por los refugiados del sur. A esa mezcla de elementos ramirenses, mozárabes, romanos y góticos se le llama «arquitectura post-ramirense» y es la culminación del prerrománico asturiano. Alfonso III dejó varias muestras eminentes, y en particular la iglesia de San Salvador de Valdediós, cerca de Villaviciosa —la única que se conserva íntegra—, y la abadía de San Adriano de Tuñón. Sabemos que el rey impulsó además otras muchas fundaciones monásticas, por ejemplo el monasterio de San Pedro de Cardeña, en Burgos, y en León los de Abellar y Sahagún, entregado este último a un fugitivo del sur, el abad Alonso, para que lo rigiera con su comunidad mozárabe.

Es interesante lo de este abad Alonso, porque Alfonso acogió a otros muchos prelados procedentes del sur: constan al menos los obispos de Osma, Zaragoza, Coria y Guadalajara. Del mismo modo, creó nuevas sedes y, sobre todo, se ocupó de dotarlas abundantemente, de manera que antes de terminar su reinado las sedes episcopales ya eran, en la práctica, el eje de la organización territorial del reino. Como colofón, parece que Alfonso —pero esto no es seguro— convocó un concilio a la altura del año 900 en la sede compostelana. Si no fue un concilio, fue tal vez una asamblea de los magnates del reino. En todo caso, con abundante presencia eclesial.

Se ha dicho que las catedrales eran en la Europa medieval el equivalente de las constituciones en el occidente moderno: la fuente material de la legitimidad. Así hay que entender la constante preocupación de los reyes de Asturias por asentar el papel de la Iglesia, y así hay que enfocar la intensa actividad de Alfonso III en este terreno: fue la más clara manifestación de una política de gran estilo, que quería dar razón de sí ante el pueblo, ante la historia y, por supuesto, ante Dios.

ENEMIGOS DE DENTRO Y DE FUERA

En cierto modo, lo que Oviedo y Córdoba vivieron desde su «alto el fuego» de 883 puede considerarse como una «guerra fría». Aunque en paz entre sí, el reino cristiano del norte y el emirato musulmán del sur siguieron siendo enemigos. Aunque durante esos años ninguno atacó las fronteras del otro, ambos actuaron contra adversarios que eran a su vez aliados del enemigo principal, y ambos recibieron los ataques de terceros. Aunque tanto Oviedo como Córdoba tenían definido su propio espacio político, los dos centros de poder se ocuparon de trabajar sobre otros espacios —el valle del Ebro, el Pirineo, Navarra— que pudieran servirles de apoyo en sus respectivas estrategias. Es decir, que ni a uno ni a otro le faltaron los enemigos.

Alfonso tuvo que hacer frente a un enemigo musulmán en el oeste. Fue Sadún al-Surunbaqui, aquel muladí que años atrás se había aliado con Ibn Marwan, el rebelde de Mérida, y que ahora, quizá tratando de congraciarse con el emir de Córdoba, cambiaba nuevamente el objetivo de sus campañas para dirigirse contra el territorio asturiano. Fue concretamente en Coimbra, en la línea del río Mondego, en la frontera suroeste del reino de Asturias. Poco sabemos de estas campañas, salvo su final: las huestes de Alfonso terminaron venciendo a Al-Surunbaqui, que murió en combate.

Pero donde más correosos se mostraron los enemigos de Alfonso fue en el valle del Ebro: los Banu-Qasi, antes aliados suyos, ahora mandados por el imprevisible Ababdella. Éste, después de jugársela al emir, había intentado atraerse a Alfonso. Pero el rey de Asturias, escamado por la doblez del Banu-Qasi, había hecho oídos sordos a sus requerimientos. Y Ababdella, viéndose aislado, comenzó a maniobrar. Primero intentó vender Zaragoza al conde de Pallars, para librarse de la patata caliente que representaba esa ciudad. El ministro Hasim llegó a tiempo de impedirlo y ocupó la capital. Pero para entonces Ababdella ya estaba en otro sitio, atacando incesantemente las fronteras castellana y alavesa del reino de Asturias, y extendiendo su influencia hasta Toledo.

Ababdella se convertirá en un quebradero de cabeza para Alfonso. Sin osar nunca penetrar más allá de la periferia del reino, sin embargo golpeará de manera incesante las tierras de Álava y Castilla. Pronto sus filas se convirtieron en un reclamo para miles de aventureros deseosos de botín. Llegó a acumular un ejército de tal entidad que incluso pudo derrotar a las tropas del reino de Asturias dos veces, en 886 y 891. Finalmente, Ababdella, o sea Muhammad ibn Lope, morirá ante los muros de Zaragoza en 895, sitiando la ciudad, entonces ocupada por el clan rival de los Tuyibi. Pero eso no extinguía el problema, porque el hijo de Muhammad, Lope (Lubb), iba a heredar su política y demostraría ser tan peligroso como su padre... o más.

Ahora bien, los enemigos de Alfonso no iban a estar sólo fuera de sus fronteras, también los iba a haber dentro del reino de Asturias. Y es que desde los años 870 —es decir, casi desde el principio del reinado de Alfonso— vamos a asistir a una larga serie de complots contra el rey, conjuras que se recrudecerán a partir de 885. ¿Dónde? En Galicia, como tantas otras veces. La primera sublevación es la de un tal Flacidio, en Lugo. Con él estuvieron los hermanos Flacenno y Aldereto Tritóniz. La pena fue dura para todos: Flacidio perdió todos sus castillos; Flacenno y Aldereto, aunque severamente multados, lograrán recuperar sus patrimonios por el perdón del rey. Después, un tal Hannu, con tierras en León, complotó para matar al rey. Alfonso, tras desarbolar la intriga, donará las tierras de Hannu a la sede de Compostela. Hubo más conjuras: por ejemplo, la de Hermenegildo Pérez y su mujer, Iberia, de la ría de Arosa; la de Vitiza; la de los hijos de Sarracino y Sindina...

¿Quiénes eran todos esos personajes? Oligarcas, ricos propietarios gallegos. ¿Y por qué se conjuraban? Sólo podemos plantear hipótesis. Lo más probable es que la intensa colonización emprendida al sur del Miño, en Portugal y en el Bierzo, hubiera propiciado la aparición de nuevas fortunas, nuevos linajes, nuevos clanes de poder privilegiados por el monarca, lo cual habría exasperado las rivalidades familiares en un territorio que, recordemos, era el único del reino de Asturias donde la nobleza terrateniente jugaba un papel decisivo en la estructura social y política. Alfonso, en todo caso, aplastará esas conspiraciones.

Es interesante, porque a Alfonso III le coincidieron esas conspiraciones gallegas con un recrudecimiento del peligro Banu-Qasi en el este. No hay razones para pensar que los magnates gallegos rebeldes actuaran de consuno con el fiero Muhammad ibn Lope ni con su hijo y sucesor, Lope ibn Muhammad —todavía faltan algunos años para que el reino empiece a sufrir ese tipo de confabulaciones—, pero el hecho es que las inquietudes de uno y otro lado llevaron al rey a una situación extremadamente delicada. Porque, además, esta vez Alfonso se equivocó. Y mucho.

Era el año 899. Lope había sucedido a su padre Muhammad (Ababdella) como jefe de la casa Banu-Qasi. Tipo osado e implacable, habituado a la guerra desde muy joven, este Lope tenía un expediente realmente temible. A los vintisiete años había derrotado a Al-Tawi, señor de Huesca, apoderándose de la ciudad; después se apoderó de Lérida; al año siguiente —897— atacó al conde de Barcelona, Wifredo el Velloso, venciéndole y dándole muerte en el castillo de Balaguer; acto seguido su padre le confió el gobierno de Toledo, desde donde se dedicó a atacar el área de Jaén. En Toledo estaba Lope cuando murió Ababdella, su padre, ante los muros de Zaragoza; el joven

Banu-Qasi tomó el relevo. Y lo primero que hizo, para cubrirse las espaldas, fue reconocer la autoridad del emir de Córdoba. De esa manera se aseguraba el dominio sobre una extensísima región que alargaba su influencia mucho más allá del valle del Ebro, hasta el Pirineo por el norte y Cataluña por el este, y hasta Toledo y la Alcarria por el sur.

Alfonso vio con claridad que ahí había un enemigo que batir. Antes de que el peligro creciera, y sintiéndose fuerte, optó por el ataque. Reunió tropas de Álava y Castilla, probablemente con refuerzos de Pamplona, y penetró en el valle del Ebro. Objetivo: Tarazona, la llave del valle de Borja, que deja el camino abierto a Zaragoza. Tarazona está lejísimos de la frontera oriental del reino de Asturias, unos 200 kilómetros a través de un territorio controlado por fuerzas enemigas. Las primeras jornadas del ataque fueron un éxito: Alfonso hizo gran cantidad de prisioneros. Seguras de su victoria, las huestes del rey de Asturias marcharon contra Tarazona. Nada se interponía entre Alfonso III y la ciudad Banu-Qasi. Pero…

Pero ocurrió que Lope, que en aquel momento estaba aún sitiando Zaragoza, tuvo conocimiento del avance cristiano y reaccionó con una hábil estratagema. Reunió a su caballería y marchó a Tarazona. Al abrigo de la noche, penetró en la ciudad. Cuando las huestes de Alfonso la atacaron, al alba, lo hicieron ignorando que el ejército de Lope estaba allí. Ante el ataque cristiano, Lope hizo salir a una parte de su caballería. Y cuando el combate estaba en lo más intenso, el jefe Banu-Qasi ordenó que saliera el resto de su ejército, desequilibrando la balanza. Fue un desastre para las huestes de Asturias. Las bajas cristianas se evalúan en torno a los 3.000 hombres.

Fue un golpe muy duro. No habían corrido peligro las fronteras del reino, pero la derrota de Tarazona demostraba que las armas de Asturias eran más frágiles de lo que Alfonso había previsto. En cuanto a Lope, el Banu-Qasi, aquella victoria le otorgaba una enorme ventaja estratégica. Invencible en el valle del Ebro, determinante en Toledo, su influencia se extendía ahora sobre el Pirineo —donde amenazaba al conde de Pallars— e incluso sobre Navarra, donde el anciano Fortún, que ocupaba por fin el trono después de su largo cautiverio en Córdoba, tenía razones para preguntarse si Lope no sería mejor socio que Alfonso. Muchas nubes oscuras en el cielo.

Con este paisaje, la pregunta es por qué el emir de Córdoba no aprovechó la debilidad del reino cristiano del norte para desencadenar un ataque que habría sido letal. Pues bien, la respuesta es que el emir no hizo tal cosa porque en Córdoba, mientras tanto, estaba pasando de todo. La rebelión de un aguerrido muladí, Omar ibn Hafsún, se superpuso a los problemas sucesorios, porque el emir Muhammad moría en 886. O sea que Alfonso no era el único que tenía problemas. Ocupémonos ahora del problema cordobés.

EL EMIRATO, PARALIZADO.
LA HISTORIA DE OMAR IBN HAFSÚN

El emirato estaba paralizado porque tenía que hacer frente a tres problemas: la ofensiva Banu-Qasi en el Ebro, que amenazaba las plazas cordobesas en la Marca Superior y especialmente Zaragoza; las sublevaciones de Ibn Marwan, el gallego, en el área de Mérida, que seguían vivas, y la rebeldía de un personaje extraordinario, Omar ibn Hafsún, en la sierra de Ronda. Estos tres problemas se superponían a las querellas de la corte de Córdoba, las convulsiones de tipo religioso y los problemas sucesorios en el emirato, porque Muhammad I morirá en 886 y el trono Omeya iba a conocer tres emires en tres años. Un paisaje complicado.

De los Banu-Qasi y de Ibn Marwan ya hemos hablado. Ocupémonos ahora de Omar ibn Hafsún, cuya rebelión no fue la única, pero sí la más peligrosa de las que sacudieron al emirato, entre otras cosas porque su rebeldía duró casi cuarenta años. Una historia fascinante, la de este muladí que, víctima de una injusticia, se levantó contra Córdoba, pasó a servirla después, volvió a sublevarse y terminó convirtiéndose al cristianismo —una hija suya sería proclamada santa— mientras se mantenía como el primero de los «príncipes bandoleros» de la sierra andaluza. Los relevos en el emirato quedarán marcados por la rebeldía permanente de Omar. Contemos, pues, las dos historias a la vez.

Omar era muladí, es decir, un hispano convertido al islam. Había nacido en una noble familia de origen godo —los Hafs— con propiedades en el área de Parauta, en la serranía malagueña de Ronda. El padre de Omar murió bajo las garras de un oso. Nuestro protagonista tenía, además, dos hermanos. Podemos imaginar su vida como la de cualquiera de los miles de muladíes que, después de 711, dejaron de ser godos cristianos para convertirse en hispanos musulmanes: la conversión les permitió mantener sus propiedades y su posición social, que de otra manera habrían perdido. Pero la invasión musulmana no iba a traer sólo una religión distinta y unos jefes nuevos, sino también grupos étnicos y sociales que se comportaban como los amos del país. Y aquí es donde la vida de Omar se complica.

Hemos de situarnos en algún punto de la sierra malagueña. Entre sus riscos pasta el ganado de la familia Hafsún. Pero hay más ganado y más ganaderos: los bereberes se han atribuido derechos. Y uno de esos pastores bereberes comienza a robar las reses de la familia Hafsún. Omar lo descubre y persigue al ladrón. Le da caza y los dos ganaderos se enfrentan. En la refriega, Omar mata al ladrón berebere. Nuestro protagonista sabe que se ha metido en un serio lío. Ante la justicia del emir, un berebere siempre será más favorecido que un muladí. Por otro lado, los bereberes conservan todos sus hábitos tribales. Omar sabe también que los amigos del ladrón querrán tomarse la justicia por su mano. No le queda otra opción que huir.

El fugitivo se esconde en el alto Guadalhorce, en el desfiladero de los Gaitanes. Allí se elevan las ruinas de un viejo castillo: Bobastro, que será la inexpugnable base de operaciones de Omar. El caso de Omar no es una excepción: hay en la región otros muchos fugitivos. Omar forma una banda y comienza a robar por las campiñas cercanas. En uno de estos saqueos es atrapado. El gobernador de Málaga, que ignora el episodio del berebere muerto, cree que tiene en sus manos simplemente a un ladrón y se limita a hacerle azotar. Antes de que alguien revele el gran secreto, Omar pone tierra de por medio o, más precisamente, agua. Se escapa al norte de África y, discretamente, se instala como aprendiz de sastre.

En Córdoba, mientras tanto, todo está ardiendo. Muhammad ha fracasado en sus intentos por acabar con Ibn Marwan, el rebelde de Mérida. Hasim, el primer ministro, ha caído preso de los cristianos. El emir planifica una enorme ofensiva contra Asturias, pero sus esfuerzos —ya lo hemos contado aquí— naufragarán en el desastre de Polvoraria. El crédito político y militar de Muhammad se extingue mientras, a la vez, los problemas económicos se mezclan con convulsiones de tipo religioso. El caos en Al Ándalus es fenomenal. Buen momento para los aventureros. Omar ibn Hafsún decide volver a Málaga.

El príncipe bandolero retorna a Bobastro. Con ayuda de un tío suyo logra movilizar una partida de muladíes, mozárabes y hasta bereberes. A todos les une su animadversión hacia la aristocracia árabe. El viejo castillo se convierte en una fortaleza. La partida de bandidos crece hasta ser un auténtico ejército. Omar tiene un mote, *el capitán de la gran nariz*. No es un delincuente: ya no se dedica a asaltar granjas, sino que es el caudillo de todos los que se rebelan contra el despotismo árabe. Su popularidad en la región crece hasta el punto de que Muhammad, siempre flexible, decide no perseguirle, sino, al contrario, abrazarle. Le perdona sus delitos y le otorga un puesto en su guardia personal. Omar aceptará la propuesta.

Omar ibn Hafsún no va a traicionar al emir. Sabemos que participó, y con bravura, en las campañas de 882 y 883, aquellas que se resolvieron en la imprevisible maniobra del primer ministro Hasim y la paz de hecho con el reino de Asturias, aunque también con el odio eterno entre Hasim y el príncipe Al-Mundir, que se sintió traicionado por el astuto ministro. Pero como le había ocurrido antes al muladí Ibn Marwan, también Omar ibn Hafsún cayó víctima de los celos y desdenes de los jefes árabes. Irritados por el ascendiente de aquel muladí malagueño, los mandatarios del emirato le harán la vida imposible: le insultarán, le escamotearán los víveres en campaña, le harán objeto de intolerables desprecios públicos… Hasta que Omar decide abandonar los ejércitos de Córdoba. Vuelve a ser un rebelde.

Instalado nuevamente en Bobastro, Omar prodiga sus ataques contra el emirato. Como guerrillero da muestras de un talento militar implacable. Conquista las fortalezas de Comares y Mijas. Su territorio se extiende por buena parte de la sierra de Málaga. Son años de inquietud en Córdoba. El emir Muhammad I muere en 886. Le sucede en el trono su hijo Al-Mundir, el mismo que había dirigido tantas campañas contra el reino de Asturias. Pero Al-Mundir, nada más llegar al trono, sólo piensa en resolver una cuenta pendiente: aún le escuece la maniobra de Hasim ante los muros de León. Y Al-Mundir es uno de esos hombres que nunca olvidan.

Cuentan las crónicas moras que, durante las exequias fúnebres del difunto emir Muhammad, el ministro Hasim se permitió recitar unos equívocos versos: «¿Consolaré mi alma por vuestra pérdida, oh, Muhammad, leal amigo de Dios y bienhechor insigne? ¿Por qué la muerte no ha arrebatado a otros que aún permanecen vivos y por qué, para provecho mío, ellos y no tú han bebido la copa envenenada?». Esto dijo Hasim. Y Al-Mundir, quizá por susceptibilidad, quizá por la ojeriza que le tenía a Hasim, interpretó que las palabras «otros que aún permanecen vivos» se referían a él, y que el ministro le estaba deseando la muerte. De manera que el príncipe, flamante emir, ordenó detener a Hasim, confiscó sus bienes, derribó su casa y le mandó matar en prisión. Así terminó sus días Hasim.

En cuanto a Al-Mundir, no le esperaba una vida larga, y en ello tuvo mucho que ver Omar ibn Hafsún, nuestro personaje. Como el rebelde malagueño no paraba de incordiar, el nuevo emir envió a todo su ejército contra él. En vano. No consiguió recuperar más que la plaza de Iznájar, en Córdoba (hasta ahí habían llegado los territorios controlados por Omar). Al-Mundir, que tenía una amplia experiencia militar, decidió encabezar él mismo las operaciones. Su primer objetivo fue Archidona, donde los rebeldes se rindieron al saber que el emir en persona les asediaba. Pero Al-Mundir, cruel, mandó ejecutar a los defensores; más precisamente, mandó ejecutar a los mozárabes, o sea, a los cristianos, perdonando la vida a los muladíes. Tras Archidona, Priego. Y tras Priego, el emir marchó directamente contra Bobastro, el cubil de Omar.

Cuando Omar vio aparecer a Al-Mundir ante Bobastro, buscó una salida negociada: rendición a cambio de amnistía. El emir aceptó; era lo más rápido. Así Omar ibn Hafsún se rindió al emir de Córdoba. Pero todo fue una añagaza del gran bandolero: en cuanto el emir levantó el campo, Omar volvió a las andadas. De manera que Al-Mundir, decidido a aplastarle, renovó el asedio, y esta vez a muerte. Ahora bien, iba a suceder algo inesperado: el que murió fue Al-Mundir, que enfermó durante el cerco y expiró a los pocos días. Era 888. El emir había reinado sólo dos años.

Al efímero Al-Mundir le sucedió su hermano Abdallah. Dicen las malas lenguas que fue este Abdallah, presente en el cerco de Bobastro, quien había provocado la muerte de Al-Mundir, porque instigó al médico a sangrar al enfermo con una lanceta envenenada. Sea como fuere, lo que estaba envenenado era el propio emirato. Desde Badajoz hasta Zaragoza y desde Jaén hasta el norte de África, por todas partes habían surgido rebeldes que se erigían en auténticos reyes contra Córdoba. Y el más notable de ellos era, por supuesto, nuestro Omar ibn Hafsún.

Desde su base de Bobastro, Omar saca partido de la debilidad del nuevo emir y empieza a actuar en todas direcciones. Siempre con el apoyo de las masas mozárabes y bereberes, recupera el control sobre Estepa, Osuna y Écija; conquista Baena, se le rinde Priego, sus correrías llegan incluso hasta los arrabales de Córdoba. Ha construido un verdadero estado con el centro en la sierra de Ronda, en Málaga, y anchas extensiones hacia Jaén, Granada, Sevilla y la propia Córdoba. El emirato no tendrá más remedio que reconocerle como gobernador de esta singular región.

Hacia el año 899, Omar da un paso imprevisible: se convierte al cristianismo. El dato es interesante, porque incide en la superficialísima islamización de la población muladí. ¿Cuántos de ellos no serían, en realidad, cristianos dispuestos a volver a su fe original a la primera ocasión? Omar se bautiza como Samuel. Construye en Bobastro una iglesia mozárabe (aún existen sus restos) e incluso nombra un obispo local. Parece que la conversión de Omar/Samuel le restó el apoyo de grupos bereberes, pero las disensiones no debieron de ser muy numerosas, porque el rebelde mantuvo su hegemonía durante muchos años más.

El ocaso de Omar empezó cuando Abdallah, el nuevo emir, consiguió el apoyo de los Banu-Qasi para acogotar al rebelde. Los territorios controlados por Ibn Hafsún se redujeron progresivamente. Él murió en 917, pero su hijo Suleymán mantuvo la bandera; junto a él se hallaba otra hija de Omar, Argéntea. Tendrá que ser otro emir, Abderramán III, quien por fin logre tomar el castillo de Bobastro, y eso no ocurrirá hasta el año 928.

El clan Hafsún tuvo entonces que marchar al exilio. Abderramán, implacable, ordenará desenterrar el cadáver de Omar y colgarlo de la muralla. Argéntea, la hija de Omar Ibn Hafsún, será llevada a Córdoba y obligada a abjurar del cristianismo. Pero la hija del rebelde se mostrará tan orgullosa como su padre: no abjurará de su fe. Abderramán ordenará degollarla. Era el 13 de mayo de 931. Hoy recordamos a esta brava mujer como Santa Argéntea, virgen y mártir.

El caso de Omar ibn Hafsún no fue el único, pero sí es el ejemplo más relevante de la inestabilidad del emirato de Córdoba en estos años finales del siglo IX. Años que permitirán a

Alfonso III construir un reino que sus antepasados no habrían soñado jamás.

EL HIJO DEL GATO EN EL FOSO DE ZAMORA

Al emir Abdallah nunca le faltaron los enemigos. Uno de ellos, Omar ibn Hafsún, marcó todo su reinado. Otro, paradójicamente, no iba a dirigirse contra el emir, sino contra el reino de Asturias. Se trata de Ahmad ibn al-Qitt, el *Hijo del Gato*, que por su cuenta y riesgo predicó la guerra santa, organizó su propio ejército y en 901 marchó contra la recién repoblada Zamora. Fue la última gran amenaza exterior que tuvo que afrontar Alfonso. Pero, ¿de dónde había salido este sujeto, el Hijo del Gato?

El episodio tiene algo de novelesco. Empecemos por el autor intelectual de la operación, Abu Alí al-Sarray, de profesión guarnicionero, de afición la guerra contra el infiel. Abu Alí había participado en cuantas campañas se presentaban contra Asturias. Deseoso de más combates, se empleó a predicar la guerra santa por todos los rincones del emirato. Pero el emir, Abdallah, tenía pocas ganas de guerra. Por otra parte, todo Al Ándalus se había llenado de caudillos que, con unos pocos hombres, podían arrebatar un trozo de tierra al emir y erigirse en pequeños reyes. Abu Alí se meterá en todas las conspiraciones posibles. Primero hizo de intermediario entre Omar ibn Hafsún y los Banu-Qasi. Después trató de levantar a los muladíes contra el emir Abdallah. Y en un momento determinado, concibió un proyecto aún más ambicioso: formar un gran ejército, lanzarlo contra Asturias, aplastar al rey Alfonso y, de vuelta a Córdoba, entre laureles de victoria, derrocar al emir para poner a otro en su lugar.

El problema que se le planteaba a Abu Alí era éste: ¿quién?, ¿quién podía encabezar la ofensiva contra Asturias?, ¿quién podía enardecer los ánimos de las masas para formar un gran ejército?, ¿quién podía comparecer ante el pueblo como sustituto del incompetente emir Abdallah? Abu Alí encontró a su hombre, un Omeya, el príncipe Ahmad ibn Muawiya Al-Quraysi, llamado *La Gacela*, bisnieto del emir Hisam I. A este Ahmad, llamado también Ibn al-Qitt, es decir, Hijo del Gato —pues tal era el sobrenombre de su padre—, nos lo pintan las crónicas moras como hermoso, crédulo, dado a la astrología y de espíritu vivaz. El hecho es que Ahmad aceptó: él predicaría la guerra santa contra los «politeístas» —que así llamaban ellos a los cristianos— del reino del norte.

Una pregunta necesaria: ¿era posible movilizar a un ejército para tal cosa? ¿Había un público objetivo —diríamos hoy— para la guerra santa contra Asturias? Lo había, sí. Por un lado, el descenso de la frontera asturiana hasta Zamora había puesto en grave peligro a las comunidades musulmanas de las áreas próximas, convertidas en objeto de las campañas asturianas de saqueo. Por otro, la credulidad de las masas, en un momento de crisis como aquél, las hacía especialmente vulnerables ante cualquier horizonte de redención. Un interés socioeconómico, pues, y otro religioso. Y los protagonistas de ambos eran los mismos: la población berebere, que era al mismo tiempo la que más sufría las campañas cristianas y la que ocupaba la base social de Al Ándalus. Bereberes serán, pues, quienes acudan a la llamada del nuevo líder.

Ahmad, la Gacela, el Hijo del Gato, se presenta ante las masas como el Mahdi, el guiado, el elegido, el profeta, el salvador cuya venida anunció Mahoma y que instaurará la comunidad islámica perfecta antes del final de los tiempos. Decenas de miles de bereberes van uniéndose a su estela. Vienen de Toledo, Mérida, Talavera, Almadén. Ahmad ibn al-Qitt marcha desde Fahs al-Ballut (Los Pedroches) hasta Trujillo, y luego predica entre los nefza, una tribu berebere que ocupaba el norte de Extremadura. Allí señala su objetivo: Zamora, la orgullosa y ofensiva Zamora, ese insulto cristiano a los musulmanes. Zamora, reconquistada en 893, repoblada con mozárabes de Toledo, dotada enseguida de poderosas murallas y anchos fosos, se había convertido en la muestra más clara de la osadía cristiana, la mayor amenaza sobre los bereberes de las regiones cercanas. Junto a Toro y Simancas, repobladas por las mismas fechas, la posición de Zamora había permitido a Alfonso III controlar la confluencia del Duero y el Pisuerga y proteger el llano del Esla. Era una pieza fundamental. Y contra Zamora marcharán los hombres de Ahmad.

Dicen que el ejército de La Gacela sobrepasaba los 60.000 infantes y jinetes. Era, pues, el más numeroso que jamás había amenazado las tierras del reino de Asturias. Esa inmensa multitud acampó frente a Zamora, en la orilla opuesta del Duero, preparada para el ataque. Era el 7 de junio de 901. Ahmad, que durante toda la campaña había prodigado los gestos espectaculares para mantener viva la moral de sus hombres, se permitió allí una última exhibición. Mandó llamar a un mensajero, escribió una carta al rey Alfonso donde exigía su inmediata conversión al islam so riesgo de perder la cabeza y despachó al emisario con destino a la corte. Alfonso, que estaba en Zamora con sus tropas, se hizo leer la carta, contestó con un rugido y se preparó al combate.

Fueron tres días de guerra sobre el lecho del Duero. La presión del inmenso ejército de Ahmad parecía invencible. Pero ocurrió algo que cambió las cosas. Uno de los jefes de las tribus nefza, un tal Zual ibn Yais, comenzó a recelar de Ahmad. Fue justamente la posibilidad de la victoria lo que hizo desconfiar al jefe Zual. ¿Quién podía asegurarle que, después de una victoria como aquélla, el Mahdi Ahmad iba a respetar la autoridad del berebere sobre sus propias gentes? ¿Cómo no temer que Ahmad, victorioso, quisiera quedarse con el poder sobre las tribus nefza? De manera que, en un determinado momento del combate, Zual reunió a los suyos, les expuso sus temores y, discretamente, abandonó el campo. No fueron muchos los que se marcharon, pero sí los suficientes para sembrar el desconcierto en el bando moro y estimular a los cristianos, que redoblaron sus energías. Aquello selló el resultado final.

Las tropas del reino de Asturias empujaron a los musulmanes hasta el río Duero. Los bereberes de Ahmad lo cruzaron en retirada. Creyéndose a salvo, acamparon. Pero las huestes de Alfonso marcharon en su persecución, prolongando los combates. Alfonso III no dio descanso a su enemigo. Combatiéndole por el día, acosándole por la noche, logró que las filas musulmanas clarearan entre muertos y fugitivos. Aquel ejército de fortuna, construido sobre el fanatismo religioso y el deseo de venganza, sin otra dirección militar y política que la ambición del príncipe Ahmad y el guarnicionero Abu Alí, se desmoronó como un castillo de naipes.

Cuando Ahmad se vio perdido, no le quedó más opción que recurrir a otro de sus gestos, el último. Montó su potro y, seguido por sus fieles más íntimos, se lanzó a galope tendido contra la compacta línea de las fuerzas cristianas. Allí perdió la vida Ahmad ibn Muawiya Al-Quraysi, llamado ibn al-Qitt, el Hijo del Gato, llamado también La Gacela, que quiso derrocar al emir Abdallah en nombre de la guerra santa contra el infiel. Alfonso ordenó clavar la cabeza de Ahmad en las puertas de

Zamora, mientras las tropas de Asturias aniquilaban al resto del ejército moro. Así terminó aquella demencial aventura que, para la posteridad, quedaría bautizada como la Jornada del Foso de Zamora.

Los efectos de la Jornada Zamorana fueron muchos, sobre todo en el orden psicológico. Apenas un par de años antes, Alfonso había sufrido un serio revés en Tarazona a manos de los Banu-Qasi; ahora, vencedor en Zamora, su crédito quedaba recompuesto. Por otro lado, entre los moros corrió como pólvora la noticia: era el mayor descalabro que sufría la media luna desde muchos años atrás, y eso, en un ambiente como el que entonces respiraba el emirato, entre profecías y convulsiones, causó gran impresión en las conciencias.

Pero quizás el mayor efecto fue el político. Bajo el impacto de la victoria de Zamora, Alfonso podía lanzarse a nuevas aventuras. Y había un escenario que reclamaba insistentemente su atención: el valle del Ebro, donde aún escocía el varapalo que le había propinado Lope ibn Muhammad. Quizás había llegado la hora de la revancha.

LA ÚLTIMA GRAN JUGADA

La victoria de Zamora en 901 puso a Alfonso III en una situación muy ventajosa: había demostrado de qué eran capaces las armas de Asturias. Ante todos los poderes de la España de entonces, la corona de Oviedo aparecía ahora como una potencia indiscutible. Todos debían reconocer su hegemonía en el campo cristiano.

Y sin embargo, a Alfonso le quedaba pendiente un enojosísimo problema: la hostilidad de los Banu-Qasi, irreductibles en el valle del Ebro, y cuyo poder se había extendido desde Toledo hasta el Pirineo. Para acabar con el nuevo jeque Banu-Qasi, Lope ibn Muhammad, Alfonso necesitaba apoyos. Necesitaba, sobre todo, el apoyo de Fortún, el rey de Pamplona. Pero Fortún no quería. ¿Por qué?

Fortún Garcés I, rey de Pamplona desde 880, de la dinastía Íñiga o Arista. Fortún era el hijo primogénito del rey García Íñiguez. Siendo príncipe heredero, hacia 860, cayó cautivo del emir Muhammad. Fue llevado a Córdoba y allí estuvo preso durante largos años. Su hija Oneca fue dada en matrimonio al entonces príncipe Abdallah. Cuando García Íñiguez murió, hacia 870, y dado que Fortún aún se hallaba en cautiverio, desempeñó la regencia de Pamplona García Jiménez, de la dinastía Jimena. Fortún retornó a Navarra en 880 y ocupó el trono. Nuestro hombre pasaba ya de los sesenta años en aquel momento.

¿Por qué Fortún se mostraba remiso a atacar a los Banu-Qasi? Por miedo, sin duda. Sabemos que Alfonso III se había entrevistado con Fortún a la altura del año 900. Fortún ya era un anciano, pero Alfonso tampoco era un niño: pasaba de la cincuentena y llevaba treinta y cuatro años —se dice pronto— reinando. Sin duda hablaron del enemigo común. Posiblemente Alfonso pidió ayuda al rey navarro; sin duda éste se la negó. Alfonso tendría que hacerlo todo solo. O quizá no tan solo, pues más al este Aragón y Pallars sufrían también los golpes de los Banu-Qasi.

En 904 Alfonso atacó los territorios Banu-Qasi. Esta vez, sin embargo, será más prudente que en la campaña de 899 —la del desastre de Tarazona— y no se internará en zona enemiga, sino que actuará sobre la frontera. Parece que su primer objetivo fue Ibrillos, cara a La Rioja, cerca de la línea del río

Tirón. Los ejércitos de Asturias tomaron la plaza. Después siguieron camino hacia la cercana Grañón, en dirección a Nájera, y sitiaron el castillo de la localidad.

Lope ibn Muhammad respondió, pero, al igual que su oponente, lo hizo con prudencia. No acudió frontalmente con sus huestes contra las tropas de Asturias, sino que reaccionó con un astuto movimiento. Se dirigió más al norte, hacia el área de Miranda de Ebro, y cercó el castillo fronterizo de Bayas. Era una jugada magistral: si caía Bayas, nada impediría a los Banu-Qasi derramarse sobre el llano de Miranda. Sin duda Lope sabía que Alfonso no tenía suficientes tropas para atender dos frentes a la vez. Y tal y como Lope había calculado, al rey de Asturias no le quedó otra opción que levantar el asedio sobre Grañón para prevenir la caída de Bayas.

Seguramente la frustrante experiencia bélica hizo pensar a Alfonso que derrotar a los Banu-Qasi en el campo de batalla era imposible. Para conseguirlo le resultaba imprescindible contar con la ayuda navarra, de modo que Lope tuviera que combatir en varios sitios a la vez y no pudiera concentrar sus fuerzas, pero esa ayuda se le negaba. Había que encontrar una solución. Alfonso la encontró. Y la solución no será militar: será política.

El gran golpe llega en 905. La aproximación de Fortún a los intereses musulmanes se estaba haciendo intolerable. Lo que a Fortún le preocupaba no era llevarse bien con Córdoba, sino ganarse la alianza de los Banu-Qasi, a los que temía. Era comprensible el miedo del anciano rey pamplonés. Pero, visto desde Oviedo o desde el Pirineo, ese acercamiento se presentaba lleno de riesgos: podría construir un auténtico muro que dividiera a la España cristiana, aislando al reino de Asturias, por un lado, y a los condados pirenaicos, por el otro, haciéndolos a todos más vulnerables. Era preciso, pues, quitar de en medio a Fortún.

Es difícil saber quién tomó la iniciativa, si Alfonso III, rey de Asturias; Galindo II Aznárez, conde de Aragón, o Ramón I, conde de Pallars y Ribagorza. Los tres necesitaban una Navarra inequívocamente alineada con la cruz. Los tres querían acabar con el Banu-Qasi. Los tres aparecen relacionados con el episodio. Los tres participaron, sin duda, en el golpe. Su protagonista será Sancho Garcés.

¿Quién era Sancho Garcés? Sancho era hijo de García Jiménez, el noble que había regentado la corona de Pamplona durante el cautiverio de Fortún. Nuestro hombre era sobrino del conde de Pallars. Pero, además, Sancho estaba casado con una nieta del propio Fortún, doña Toda Aznárez. Doña Toda, hija de Oneca, la misma que había sido entregada a Abdallah, pero que, concluido el cautiverio de su padre, volvió a Pamplona y se casó con un noble local, don Aznar Sánchez de Larraún. Atentos a la huella de esta mujer, Oneca, que aún saldrá más veces en nuestra historia.

El hecho es que, con estos antecedentes, la cuestión se planteará como una mezcla de pleito jurídico e intervención armada. Sancho ocupa Pamplona, recusa los derechos de los hijos de Fortún y afirma los de su esposa, doña Toda, la nieta del rey. En nombre de los derechos de su mujer se hace con la corona de Pamplona. ¿Nuevo conflicto entre las dos familias, la Íñiga y la Jimena? No lo parece: todos los descendientes de Fortún, el último rey Íñigo, casarán con miembros de la dinastía Jimena. Es como si todos los que pintaban algo en Pamplona hubieran estado de acuerdo con la maniobra. En cuanto a Fortún, ya muy anciano, muere al año siguiente, 906, recluido en el monasterio de Leyre.

Pero la maniobra no se limitaba a Pamplona. Casi al mismo tiempo, los Banu-Qasi pierden una poderosa plaza: Toledo. La vieja capital goda, en perpetua insurrección desde mucho tiempo atrás, había atravesado por numerosas vicisitudes. En 888 había pasado a manos de la tribu berebere de los Hawara de Santaver. Después, Lope ibn Muhammad la había recuperado para los Banu-Qasi y puso al frente a su pariente Mutarrif. Ahora, en 906, ocurría algo imprevisible: los toledanos se sublevaban, mataban a Mutarrif y entregaban el gobierno de la ciudad a un tal Lope ibn Tarbisa. ¿Por qué los toledanos mataron a Mutarrif? ¿Quién era este Lope ibn Tarbisa? Nadie lo sabe. Pero muy pocos meses después de estos sucesos, Alfonso III viajaba a Toledo, entraba en la ciudad entre grandes aclamaciones —cosa insólita— y recibía numerosos regalos de los toledanos. Todo indica, pues, que este cambio de poder en Toledo también fue una maniobra política del rey de Asturias.

El mapa cambió súbitamente. Ahora el Banu-Qasi Lope se encontraba rodeado de enemigos por todas partes: al sur, Toledo; al norte, Navarra y Pallars; al oeste, el reino de Asturias. Lope no se quedará quieto, evidentemente. Su primer movimiento fue una ofensiva en toda regla contra Pamplona. Entró con el grueso de sus tropas en Navarra, llegó a la capital y frente a sus muros empezó a construir una fortaleza para someter a los pamploneses a un acoso permanente. Pero la fortuna había vuelto la espalda al terrible Banu-Qasi. Sancho Garcés, el nuevo rey de Pamplona, lanzará contra Lope una serie ininterrumpida de ataques y emboscadas. Finalmente Lope ibn Muhammad, el último gran Banu-Qasi, moría combatiendo frente a Pamplona el 29 de septiembre de 907.

El imperio Banu-Qasi se hundirá en un abrir y cerrar de ojos. Ya había perdido Toledo y el sur de Navarra. Ahora perderá, una tras otra, Barbastro, Alquézar, la Barbotania, Monzón, Lérida, Ejea… Era el fin del poder de una dinastía. Los Banu-Qasi seguirán siendo poderosos, pero su estrella se eclipsa. Córdoba había encontrado un socio mucho más cómodo: los Banu-Tuyibi, los tuyibíes, con base en Zaragoza, que además tenían la ventaja —para Córdoba— de no ser autóctonos, sino árabes procedentes del Yemen.

El golpe de Navarra cambió la historia de la cristiandad. A partir de ese momento, se configura en el norte un bloque de cierta solidez que, sobre todo, busca asentarse a través de los enlaces matrimoniales. Navarra y los condados pirenaicos encontrarán frecuentemente que sus intereses son los mismos. Asturias, por su parte, apoyará la expansión de Navarra hacia el sur, vital para asentar la frontera oriental del reino. Y sobre la base de esta comunidad de intereses, Navarra afirmará su propia política hasta convertirse en auténtico eje de la cristiandad española. Pero para esto aún faltaban unos cuantos años. De momento, el eje estaba entre Oviedo y León. Gracias a la astucia política de Alfonso III el Magno.

EL MAPA DEL MUNDO A PRINCIPIOS DEL SIGLO X

Sabemos cómo era el mapa de España a principios del siglo X. El reino de Asturias y León ocupaba el tercio noroccidental de la Península. Navarra, Aragón, Pallars-Ribagorza y los condados catalanes se extendían sobre el Pirineo. Los Banu-Qasi ocupaban el valle del Ebro. El emirato de Córdoba controlaba la mitad sur de la Península Ibérica, desde el valle del Tajo hacia Andalucía, y extendía su influencia por todo el litoral mediterráneo, con las consabidas disidencias en Mérida y en Toledo. Pero, ¿qué pasaba en el resto del mundo? ¿Cómo era el mapa?

Estamos hablando de una época en la que Rusia aún no existía e Inglaterra estaba naciendo entre los dolores de parto de las guerras entre sajones y daneses. El centro del mundo, señalémoslo de entrada, para los españoles del siglo X seguía estando en el Mediterráneo, como en tiempos de Roma. A partir de ese centro, en círculos concéntricos, se desplegaba el orbe conocido. En el norte, el Imperio carolingio; en el este, el Imperio bizantino; en el sur, el imperio musulmán. Pero en este momento de nuestro relato esas entidades políticas y geográficas han ido disgregándose a su vez, dando nacimiento a nuevas realidades. Vamos a verlas por partes.

Empecemos por el mundo carolingio, que es el que más afectaba al reino de Asturias. El Imperio carolingio, construido por Carlomagno sobre la mitad oeste del continente europeo, había sido aceptado como heredero del Imperio romano de Occidente. Sabemos que el reino de Asturias comenzó algo que ya podemos llamar política exterior en tiempos de Alfonso II el Casto, cuando se intensificaron las relaciones con la Francia carolingia. Pero cuando Carlomagno desapareció, el imperio empezó a disgregarse y aquella gran referencia universal se alejó del horizonte asturiano. Podemos estar casi seguros de que las relaciones con Francia siguieron, porque consta, por ejemplo, que Alfonso III andará en tratos con los monjes de San Martín de Tours y con el duque de Burdeos, y parece probable que Asturias contara incluso con una pequeña flota que asegurara la comunicación por mar. Pero ya no en términos que quepa considerar como «política exterior» en el sentido propio del término.

Y es que el mundo carolingio se había quebrado. A la muerte de Carlomagno, el imperio se divide. Los hijos del emperador toman el relevo, pero en guerra entre sí. Los trozos que quedan son, muy grosso modo, Francia, Alemania y el norte de Italia. Dentro de cada uno de ellos estallan, a su vez, conflictos de muy diverso género, pero con una nota común: mengua la autoridad de los reyes, crece la de los nobles. El feudalismo se convierte en la norma en Europa a partir de mediados del siglo IX. La dignidad imperial es objeto de guerras sin fin entre aspirantes de nulo relieve. Hasta finales del siglo X, con Otón, no habrá nadie que realmente pueda exhibir de nuevo el título de emperador.

¿Alguien tomó el relevo de la fuente de autoridad que encarnaba el imperio? No. La gran potencia espiritual de Occidente era el Papado, pero en este momento era sólo eso, potencia espiritual, porque en lo material estaba expuesto a sus permanentes conflictos con Bizancio y con los lombardos, entre otros. Los lombardos porque, instalados en el norte de Italia, vivían en perpetua rebeldía contra los carolingios y contra Roma. Y los bizantinos, porque tan pronto ejercían como protectores de Roma que actuaban como enemigos de ella. Todo ello sin contar con la áspera relación entre las iglesias de Roma y Constantinopla, que en el siglo IX comienzan un camino de enfrentamiento que terminará conduciéndolas a la separación definitiva.

Detengámonos en Bizancio, que en aquel momento era una pieza fundamental del puzle. El heredero del Imperio romano de Oriente se extendía sobre Grecia y los Balcanes, las costas del mar Negro y la península turca, y había empezado a proyectarse hacia la Europa eslava, además de contar con numerosas bases en el Mediterráneo. Después de larguísimas guerras civiles, en este momento de nuestro relato —principios del siglo X— reinaba en Constantinopla la dinastía macedónica, que iba a dar a Bizancio dos siglos de oro. El Imperio bizantino se encontraba ahora con una buena oportunidad: su vecino del sur, el califato de Bagdad, desangrado en interminables querellas internas, se descomponía. Y Bizancio trataría de sacar el máximo partido posible de esa circunstancia.

El califato de Bagdad es el otro gran protagonista de nuestro mapa. En este momento de nuestra historia, la gran extensión territorial del islam primigenio se había detenido; más aún, los inmensos territorios islamizados habían empezado a descomponerse. El caso español es precisamente un buen ejemplo. Del mismo modo que en Córdoba hubo una dinastía autóctona que se desgajó de Bagdad, así otros habían empezado a hacer lo propio en el norte de África. En Túnez nació el reino independiente de los aglabitas. De aquí mismo saldrá la dinastía de los fatimíes, que llegará a gobernar todo el califato. Arrojado a un vértigo incesante de guerras territoriales, querellas doctrinales, disidencias religiosas y odios tribales, el califato se había convertido en un auténtico avispero. Todo ello para mayor tranquilidad de Córdoba, que no tenía nada que temer de ese flanco… de momento.

De manera que, a principios del siglo X, el viejo mundo es una fábrica de conflictos. Bizancio está en guerra cotidiana con Bagdad y mantiene relaciones bastante tensas con Roma. Roma intenta asentar su autoridad espiritual sobre el Imperio de Occidente (el Sacro Imperio Romano Germánico) pero choca con los hondos desgarros del viejo mundo carolingio. Las coronas que han heredado el cetro de Carlomagno tratan de hacerse valer sobre territorios que cada vez controlan menos, porque los señores de la tierra y de la guerra se están convirtiendo en los verdaderos amos. Del mismo modo, el mundo musulmán, desde Marruecos hasta Irán, zozobra entre convulsiones de todo tipo.

¿Cómo afectaba todo esto a los españoles de aquel tiempo? En el Pirineo va a haber una primera consecuencia, y de gran importancia: los condados de la vieja Marca Hispánica empiezan a cobrar una autonomía cada vez mayor. Ojo, no estamos hablando de rebeldía: los condes siguen siendo seguros vasallos del monarca carolingio. Incluso consta que, a finales del siglo IX, muy relevantes personalidades de los condados catalanes viajarán a rendir homenaje al rey. Pero, de momento, los condes ya empiezan a transmitir su título a sus hijos por herencia; es el primer paso para la emancipación de hecho, que tendrá lugar a mediados del siglo X.

Las grandes convulsiones del momento también afectaban al reino de Asturias, pero en negativo: si en tiempos de Alfonso II había sido posible soñar con un reino integrado en el orden cristiano europeo, ahora ese sueño se acabó. Sencillamente, porque tal orden ya no existía. Las únicas relaciones exteriores viables eran las que establecían los eclesiásticos con Roma; en el plano político, nada relevante.

Y en cuanto a la España sarracena, las sacudidas que experimentaba el mundo musulmán no iban a dejar de afectarle. Primero, en el plano doctrinal, tan importante en el orden islámico. Por doquier surgen iluminados que proclaman la guerra santa y que con frecuencia la dirigen no sólo contra los infieles, sino también contra el propio campo. Aquí hemos visto ya el caso del Hijo del Gato, el que atacó Zamora. Habrá muchos como él. Y sobre todo, esta dinámica empezará a producir efectos de largo plazo en el norte de África, donde irán apareciendo nuevas sectas, cada vez más radicales, que verán en Al Ándalus un lugar idóneo de expansión.

Uno puede ponerse en la piel de Alfonso III y mirar alrededor: tiempos de hierro, ningún lugar donde apoyar el brazo en busca de ayuda. En un plano más profundo, no obstante, sí iba surgiendo algo. En un bosque de Borgoña, Guillermo de Aquitania fundaba en 909 la abadía de Cluny. Y sobre las rutas del Camino de Santiago empezaba a construirse una identidad que saltaba fronteras. Era Europa.

en busca de ayuda. En un plano más profundo, no obstante, sí iba surgiendo algo. En un bosque de Borgoña, Guillermo de Aquitania fundaba en 909 la abadía de Cluny. Y sobre las rutas del Camino de Santiago empezaba a construirse una identidad que saltaba fronteras. Era Europa.

Capítulo 10
EL PRINCIPIO DEL FIN

EL PRINCIPIO DEL FIN

A la altura del año 909, el reino de Asturias ocupaba su máxima extensión y disfrutaba de su máximo poder. Vencidos o neutralizados sus enemigos, Alfonso III podía mirar al horizonte con la sonrisa de satisfacción del hombre que ha triunfado. Pero el reino de Asturias ya no se extenderá más. Lo que venga a partir de ahora será otra cosa. Estamos en el principio del fin.

Vamos a echar un último vistazo al mapa. El reino de Asturias se ha expandido hacia el sur de manera poco uniforme. Los ríos nos marcan el límite. La línea de frontera queda constituida, en el oeste, por el Mondego hasta su confluencia con el Duero; en el centro, por el Duero hasta su confluencia con el Pisuerga; en el este, por el Arlanzón y el cauce alto del Ebro. La ganancia territorial en occidente, en Portugal, es mucha; por el contrario, es más limitada en el área oriental, en Castilla.

Al paso de este camino hacia el sur se han constituido, de manera natural, tres entidades territoriales paralelas, dispuestas verticalmente. La primera, en el oeste, desde Galicia hasta Portugal; la segunda, en el centro, desde Asturias hasta León; la tercera, en el este, desde Cantabria y Vizcaya hasta Castilla. Cada una de estas entidades territoriales tiene sus propias características. Galicia y Portugal conforman un área de estructura predominantemente señorial. León, adonde pronto se trasladará la capital del reino, es el baluarte que se proyecta hacia el valle del Duero y la meseta. Castilla, de difícil repoblación y vida áspera, tiene por horizonte una guerrera vida de frontera y, como área de expansión natural, los Campos Góticos hacia el oeste y, hacia el sur, el territorio que se extiende hasta el Sistema Central.

La diversidad de estas entidades, subrayada por sus distintas condiciones geográficas, lleva a la corona a dotar a cada cual de un gobierno distinto. Alfonso encomienda la dirección de Galicia y Portugal a su hijo Ordoño, casado con Elvira, hija del repoblador de Coimbra, Hermenegildo Gutiérrez. El área central, leonesa, queda para el primogénito del rey, García, que dirige trabajos de repoblación en el valle del Duero. En esta área central intervienen también los otros hijos del rey: Gonzalo en la Tierra de Campos y Fruela en la comarca de Zamora. En cuanto al área oriental, es decir, Castilla, seguirá siendo gobernada por condes; en el momento que nos ocupa, principios del siglo X, ese conde es Munio Núñez, quizá descendiente del de Brañosera, seguramente el mismo que defendió Castrojeriz en 882 y 883, y lo que es más importante, consuegro del rey, porque su hija Muniadona está casada con el infante Don García.

Falta muy poco tiempo para que estas tres franjas verticales que así quedan constituidas (la galaico-portuguesa, la asturleonesa y la cántabro-castellana) den nacimiento a reinos distintos. Pero nadie puede prever tal cosa ahora, a la altura del año 907, cuando el reino de Asturias parece más sólido que nunca, más grande que nunca, más poderoso que nunca. Tan poderoso que los ejércitos del reino se permiten hazañas inconcebibles muy pocos años antes.

Ya hemos mencionado la campaña que el rey Alfonso emprendió en 907 por el valle del Tajo: en el curso de la misma apareció en Toledo, donde los nuevos amos de la ciudad, recién arrebatada a los Banu-Qasi, le cubrieron de regalos. En esa misma campaña, según la tradición, Alfonso ocupó el castillo de un lugar llamado Quinitialubel —cuyo emplazamiento exacto nadie ha sido capaz de localizar—, donde hizo muchos cautivos. Y más: hacia 908, el infante Ordoño moviliza una hueste armada y cabalga nada menos que hasta Sevilla, donde saquea a conciencia la opulenta barriada de Regel y obtiene un enorme botín.

La posición política del reino es, por tanto, muy sólida. Alfonso empieza a utilizar el título de *imperator*, es decir, «emperador». ¿Qué quiere decir exactamente emperador? Hay quien supone que Alfonso había entregado a sus hijos el título de rey en los distintos territorios de la corona, y que él se reservó para sí el de emperador como soberano de todos ellos. Esto es sólo una conjetura. Otros prefieren pensar que se trataba de una manera de afirmar su autoridad sobre los demás reyes de la Península, cristianos o musulmanes, pero esto es, igualmente, otra conjetura. Lo único cierto es el título: emperador.

Y mientras tanto, por supuesto, la repoblación proseguía en las tierras del reino. La actividad parece especialmente intensa en la margen norte del Duero, donde hay enormes extensiones que llenar de gente y, por supuesto, garantizar su supervivencia, es decir, dotarlas de cultivos. El sistema de la repoblación cambia de manera significativa. Aquí y ahora, y especialmente en el área central, la repoblación oficial precede a la llegada de colonos privados. Así empiezan a llegar centenares, quizá miles de campesinos a las comarcas de Benavente y hasta Tordesillas.

El caso de Tordesillas merece un comentario aparte, porque los documentos de la época nos dicen algo singular: que la zona estaba ocupada por «gente barbárica». Esto es exactamente lo que un diploma de 909 pone en boca del rey Alfonso III: «Estando yerma aquella villa, con mi propia mano y con mis criados la tomé de la gente barbárica».

Los hechos sucedieron así: en 909, García, el primogénito de Alfonso, ocupa un otero desde el que dirige la repoblación de una ancha zona yerma en la línea del Duero, junto al poblado moro de Alkamín. De ese otero nacerá el sitio de Tordesillas. Y bien: ¿quién era la «gente barbárica»?

Éste es uno de esos asuntos que apasionan a los historiadores, porque detrás de la enigmática mención caben varias hipótesis. La primera: ese «barbárica», en el singular latín administrativo de la época, hay que entenderlo como «berberisco», es decir, berebere. Es una hipótesis razonable, pues sabemos que bereberes eran los pobladores de los puestos moros avanzados hacia el Duero, como bereberes fueron los que constituyeron el grueso del demencial ataque de Ibn al-Qitt contra Zamora. Ahora bien, el texto habla también de una «villa yerma», es decir, que allí no había nada cultivado. ¿De qué vivían, entonces, aquellos bereberes? ¿Era simplemente un puesto militar? Pero incluso éste necesitaría avituallamiento.

Segunda hipótesis: «Barbárica» quiere decir «bárbara» en el sentido tradicional de no civilizado. Por eso su villa era yerma. En el área de Tordesillas no habría más que grupos humanos desorganizados, tal vez nómadas, apegados quizás a algunos rebaños de cabras. Esta hipótesis nos sumerge de nuevo en el problema del famoso «desierto del Duero», o sea, la despoblación del valle a partir del siglo VIII. Es una evidencia que el valle nunca estuvo enteramente despoblado, pero es otra evidencia que a partir de esa fecha no hubo ningún centro urbano desarrollado, hasta que la Reconquista sometió aquellos territorios al control político de León. ¿Era, pues, ésa la «gente barbárica»? ¿Gentes que malvivían en un estado semi primitivo, ajeno a la civilización? Y sin embargo sabemos que ahí había una ciudad mora, Alkamín.

Todas estas preguntas son vitales porque nos plantean una cuestión clave de la Reconquista, a saber: quién o qué había en las áreas reconquistadas. Nunca podremos contestarla de manera fehaciente, salvo que la arqueología haga descubrimientos que arrojen datos insospechados. Lo que sí sabemos, por el contrario, es quiénes fueron a vivir allí, a los lugares que el rey tomó con sus manos de la gente barbárica: fueron los colonos. ¿Y quiénes eran estos colonos? ¿De dónde procedían? Por los datos que hay sobre la repoblación de Benavente, por ejemplo, sabemos que los colonos llegaban de muy distintos lugares. Consta que hay gallegos, asturianos, vascones y, por supuesto, mozárabes fugitivos del sur musulmán. La presencia mozárabe, que ya habíamos visto intensa en Zamora, es también muy abundante en la Tierra de Campos y en toda la extensión de la llanura leonesa. Son, en fin, los agentes de un mundo nuevo.

Podemos imaginar a Alfonso III, a la altura del año 909, mirando satisfecho ese mundo nuevo que él tanto había contribuido a crear: el reino de Asturias ocupaba su máxima extensión. El monarca Magno pasaba ya de los sesenta años. Dejaba tras de sí una herencia magnífica. Poco podía sospechar el rey que ese legado excepcional significaba también, en efecto, el principio del fin.

EL GERMEN DE CASTILLA
Y LA LEYENDA DE LOS JUECES

Un pequeño rincón de valles y bosques, incierta comarca entre Álava, Cantabria y Vizcaya. Eso era Castilla, la tierra de los castillos, a mediados del siglo VIII. Desde finales de ese siglo, aquella comarca fue repoblándose muy lentamente, de valle en valle, en las manos de colonos que afluían sin cesar desde el norte. Bajo el perpetuo peligro de las expediciones moras de saqueo, esos colonos construyeron un mundo propio. Dos siglos después, Castilla ya era una realidad.

En efecto, a principios del siglo X, cuando el reino de Asturias va a desaparecer como tal, Castilla ya era una entidad política; no independiente, siempre ligada a la corona leonesa, pero ya con personalidad propia. A lo largo de nuestro relato hemos ido viendo cómo esa tierra salía a la luz desde los pasos pioneros de Lebato y Muniadona, y de sus hijos Vítulo y Ervigio. ¿Qué diferenciaba a esa tierra nueva de las otras regiones del reino, como Galicia y León? Muchas cosas. Y sobre esas diferencias se iba a fundamentar el nacimiento de la Castilla histórica.

La colonización de Castilla había ido acumulando diferencias sensibles con el resto del reino de Asturias. La primera y más notoria, la permanente amenaza de las incursiones sarracenas, mucho más frecuentes y destructivas en el área castellana original que en cualquier otra parte del reino. La segunda, la composición social y cultural de los colonos, con más presencia vascona y goda y menos aportación mozárabe en Castilla que en Portugal o en León. Una cosa y otra fueron contribuyendo a dar una identidad singular al solar castellano.

En primer lugar, la continua exposición a las razias moras hizo que los grandes magnates del reino considerasen muy poco apetitoso asentarse en el solar castellano: los valles de Mena, Losa y Tobalina, la comarca de La Bureba y el cauce alto del Ebro eran áreas extraordinariamente expuestas al enemigo y con malas posibilidades de defensa. Los colonos que allí fueron instalándose se jugaban literalmente la vida todos los días. Para quien tuviera algo que perder, los beneficios no compensaban el riesgo. Por eso la inmensa mayoría de los colonos castellanos son pequeños propietarios, gentes que partían de una situación de necesidad y para quienes la esperanza pesaba más que el peligro. Y movidos por tal esperanza acudieron a esta tierra de frontera.

Castilla es, en efecto, una tierra de frontera. Primera frontera: Castrobarto, Losa, Villarcayo, Valdegovia, Castrosiero. Segunda frontera, más al sur, ya a orillas del alto Ebro: desde la montaña palentina hasta Trespaderne, Tobalina, Mijangos, Lantarón, Pancorbo. Tercera frontera, ya al otro lado del Ebro, de cara al Duero y lindando con La Rioja: los Campos Góticos, Peñahorada, Burgos, Miranda, el valle de Oca, el río Tirón… Antes de 885 se ha marcado ya la línea sobre el río Arlanzón con la fortificación de Burgos. Vale la pena coger un mapa y hacer cálculos. Estamos hablando de una porción de terreno muy pequeña, aproximadamente la mitad de la actual provincia burgalesa; un avance aparentemente escaso para dos siglos. Pero cuando leemos la brutal secuencia de ataques musulmanes sobre esas tierras, año tras año, asombra que en semejantes condiciones los colonos fueran capaces de seguir moviéndose hacia el sur.

El otro aspecto, el de la composición social, va a ser muy importante para entender por qué Castilla, en esta etapa inicial, es sinónimo de libertad, tal y como podía entenderse este concepto en los siglos IX y X. Ni los cántabros, ni los godos, ni los vascones —que ése es el primer contingente humano de Castilla— estaban habituados a una estructura social de servidumbre; venían de unas tradiciones culturales donde la libertad personal y familiar, asentada en la propiedad, tenía un gran valor. Cuando empiezan a ocupar tierras en el solar castellano, en la estela de su trabajo va naciendo un aparato jurídico muy denso, de complejas relaciones horizontales y verticales, cuyo mejor exponente es el régimen de behetría: la capacidad para elegir un señor y obedecer sólo a quien uno quiera. Algo completamente único en la Europa de aquel tiempo, pero con hondas raíces en la Antigüedad germánica e ibérica.

Todo esto conforma una personalidad singular, una identidad. Y aunque es erróneo deducir de aquí una especie de identidad política castellana en el alba de los tiempos, sí puede afirmarse que las particulares condiciones de estos colonos crearon una forma determinada de entender la vida individual y colectiva. Esa singularidad castellana se expresa a través de dos personajes de leyenda: los Jueces de Castilla, Nuño y Laín, a quienes la tradición atribuye el rango de primeros gobernantes autónomos de la tierra castellana.

Hay varias fuentes legendarias sobre este asunto de los Jueces de Castilla. Algunos textos remontan el nacimiento de la autonomía jurídica castellana a los tiempos del rey Ramiro I, a mediados del siglo IX; otros, a los del rey Ordoño II, ya en el primer tercio del siglo X. La leyenda viste el asunto con ropajes trágicos. Tras una severa derrota ante los musulmanes, el rey de León culpa a los condes castellanos, pues éstos no habían querido acompañarle en el combate; en consecuencia, prende a los condes y los ejecuta. Los castellanos, indignados, deciden otorgarse su propio gobierno y nombran dos magistrados, uno civil y otro militar, a los que denominan jueces. Sí, «jueces», porque su misión había de ser hacer justicia, y no oprimir a los castellanos ni menoscabar su libertad. Aquellos jueces primeros fueron Nuño Rasura y Laín Calvo.

Nuño Rasura fue el juez de lo civil. Laín Calvo, gran guerrero, el de lo militar. Ambos se reunían en Fuente Zapata, en la localidad burgalesa que hoy se llama Bisjueces, cerca de Villarcayo y Villalaín. Desde allí impartían justicia. Con el paso del tiempo, la tradición iría nutriendo de textos la biografía de ambos personajes. De Nuño Rasura —nos dice la tradición— descenderá Fernán González, el primer conde independiente de Castilla; de Laín Calvo, nada menos que el Cid Campeador. No faltan piezas epigráficas que avalan la historia. En la necrópolis altomedieval de San Andrés de Cigüenza, al lado de Villarcayo, hay un epitafio que dice así: *Hic jacet Nunius, Rasura, judex Castellanorum.*

Esta leyenda sigue circulando hoy como partida de nacimiento de Castilla, y es una leyenda hermosa, pero hay que apresurarse a subrayar que es sólo eso, leyenda. En ninguna parte consta que Nuño Rasura y Laín Calvo tuvieran existencia real y que, juntos, configuraran algo así como el primer tribunal castellano. Eso sí, esta leyenda, como todas, bebe sin duda en una realidad. ¿Cuál? La de la progresiva emancipación castellana. Que esa emancipación empezara por lo jurídico es algo completamente lógico. Oviedo y León estaban muy lejos de allí, las comunicaciones eran difíciles y nada más natural, por tanto, que ceder a los castellanos el privilegio de juzgarse por sí mismos. Ya hemos visto en capítulos anteriores que el primer conde de Castilla, Rodrigo, tenía la facultad de presidir los pleitos.

¿En qué se sustanciaba esa autonomía jurídica de los castellanos? Ante todo, en la elaboración de un corpus doctrinal propio y basado en la jurisprudencia, es decir, en la acumulación de sentencias regidas por el sentido común y la equidad. Ese corpus doctrinal, en la cultura medieval española, se llama Fuero de Albedrío. Hasta entonces, el código que se aplicaba en España era el *Liber Iudiciorum* promulgado en tiempos del rey godo Recesvinto, hacia 654, y que iba a seguir vigente durante muchos siglos con el nombre de Fuero Juzgo. Pero ya fuera porque en las nuevas tierras colonizadas se conocía poco el texto, o ya porque no hubiera nadie capaz de aplicarlo, en el curso de la Reconquista van apareciendo fuentes distintas de derecho basadas en la experiencia cotidiana. Eso es el Fuero de Albedrío. El de Castilla es el más antiguo, pero también habrá fueros de albedrío en Aragón y Valencia, por ejemplo.

El Fuero de Albedrío castellano sobrevivirá mucho tiempo. A mediados del siglo XIII apareció una compilación de mano desconocida, el *Libro de los Fueros de Castilla*, que recoge una gran cantidad de preceptos. Es interesante leerlos, porque se trata de una detalladísima casuística que señala derechos de reyes, nobles, hidalgos…, y donde el eje central casi siempre es la propiedad. Porque Castilla —hay que repetirlo— emerge como una sociedad de pequeños y medianos propietarios. De esa conciencia de ser dueños de la propia tierra y, por tanto, de la propia libertad, nacerá andando el tiempo la noción de hidalguía.

Quizá Nuño Rasura y Laín Calvo no existieron jamás. Pero lo que ellos encarnan sí que existió: una comunidad de hombres libres, edificada sobre el trabajo, sobre la fe y sobre la guerra, que protegía sus derechos y se enorgullecía de ellos. Eso fue la Castilla inicial. Uno de los frutos más logrados del viejo reino de Asturias.

LA LEYENDA DE PADURA Y EL MITO VASCO

Entre las muchas leyendas que la tradición sitúa en la época de Alfonso III, en el último tramo del siglo IX, hay una que estaba llamada a conocer un largo recorrido diez siglos más tarde: la leyenda de la batalla de Padura o de Arrigorriaga. Según la tradición, allí se enfrentaron las tropas leonesas, invasoras, contra las vizcaínas, comandadas por un tal Jaun Zuría. Los vizcaínos derrotaron a los leoneses y desde entonces obtuvieron su libertad. El nacionalismo vasco ha convertido Padura en símbolo inaugural de su identidad política. Lo que ocurre es que esa batalla, en realidad, nunca existió.

Resumamos el tema legendario. En fecha imprecisa, quizá 870, quizá 888, el rey Alfonso III envía a un tal Ordoño, hermano o hijo suyo (tampoco en esto hay precisión), para atacar las tierras de Vizcaya. Indignados, los vizcaínos se unen para hacer frente al invasor. Le plantan cara y los dos ejércitos se encuentran en un paraje próximo a Bilbao llamado Padura, que en vascuence quiere decir «las marismas». Tras largos combates con muchos muertos, los vizcaínos vencen. Tanta es la sangre derramada que el paraje de Padura empezará a llamarse Arrigorriaga, que en vascuence significa «lugar de piedras rojas». Después de la batalla, Jaun Zuría será proclamado señor de los vizcaínos.

Ésta es la leyenda. ¿Cuándo surgió? Eso no lo sabemos, pero sí conocemos al primero que la puso por escrito, Lope García de Salazar. ¿Y quién era este Lope García de Salazar? Era un *jauntxo* —un señor rural— del siglo XV; para muchos, el último jauntxo. Hay que situar al personaje en el contexto de la larga guerra civil entre oñacinos y gamboínos, partidos que durante dos siglos agruparon en sendas bandas a los clanes rurales vascos: los Salazar, los Velasco, los Ayala, los Marroquines, los Mújica, etcétera. Es un conflicto que presenta varias caras. Por un lado, los clanes rurales se enfrentan entre sí por la posesión de tierras, caminos, montes…; por otro, los clanes se enfrentan a las villas, que aspiran a llevar una vida independiente de los clanes; al mismo tiempo, la corona —de Castilla— interviene a favor de las villas y contra los jauntxos. Será la corona, ya en tiempos de los Reyes Católicos, la que a petición de las villas vascas consiga sofocar esa larga guerra. Pues bien, en ese contexto, García de Salazar, asediado en su casa-torre por sus propios hijos, escribe un libro, *Historia de las bienandanzas y fortunas,* que, mezclando leyendas e historia, es tenido por la primera historia de Vizcaya.

Lope comienza sus *Bienandanzas* con la creación según el relato bíblico, repasa la historia del pueblo judío, la de Grecia y la de Roma, la de la España goda y la invasión musulmana… Todo, en fin. En su Libro XX relata «la batalla que los vizcaínos ovieron con los leoneses e, seyendo vençedores, tomaron por señor a Don Çuria». Y dice así:

Siendo este Don Zuría hombre esforzado y valiente, con su madre allí en Altamira, bajo Mondaca, a la edad de veintidós años, entró un hijo del Rey de León con poderosa gente en Vizcaya quemando y robando y matando en ella porque se quitaran del señorío de León, y llegó hasta Baquio. Y juntados todos los vizcaínos, tañendo las cinco bocinas en las cinco merindades, según su costumbre, en Guernica, y tomando acuerdo de ir a pelear con él para matarlo o morir todos allí, enviáronle a decir que querían poner este hecho en el juicio de Dios y de la batalla aplazada adonde él quisiese. Y por él les fue respondido que él no aplazaría batalla sino con rey o con hombre de sangre real y que les quería hacer su guerra como mejor pudiese. Y sobre esto acordaron de tomar por mayor y capitán de esta batalla a aquel Don Zuría, que era nieto del Rey de Escocia.

Y fueron a él sobre ello y halláronlo bien presto; y enviando sus mensajeros, aplazaron batalla en Padura, cerca de donde está Bilbao. Y llamaron a don Sancho Asteguis, Señor de Durango, para que los viniese a ayudar a defender su tierra; y vino de voluntad y juntóse con ellos todos en uno. Y habiendo fuerte batalla y después de muertos muchos de ambas partes, fueron vencidos los leoneses y muerto aquel hijo del Rey y muchos de los suyos. Y murió allí aquel Sancho Asteguis, Señor de Durango, y otros muchos vizcaínos (…). Y porque en Padura fue derramada tanta sangre, la llamaron Arigorriaga, que quiere decir en vascuence Peña Vitada de Sangre, como la llaman ahora. Y vueltos los vizcaínos con tanta honra a Guernica, tuvieron su consejo, diciendo que sin tener mayor por quien gobernarse, no podrían defenderse bien, y que tomasen a este Don Zuría, que era de sangre real y valiente, pues que él tan bien los había ayudado haciendo grandes hechos de armas en esta batalla, y tomáronlo por señor.

Esto es lo que cuenta Lope García de Salazar, refiriendo sin duda un relato tradicional que debía de circular de forma bastante extensa en Vizcaya y Álava. Pero, ¿por qué atacaban los leoneses a los vizcaínos? La versión de Lope dice que «porque se quitaran del señorío de León», es decir, porque querían separarse de la corona. No obstante, no hay fuente alguna que acredite eso. Otra tradición sobre el mismo asunto da una explicación muy literaria: los leoneses habían acudido a reclamar una serie de impuestos que los vizcaínos no habían pagado; concretamente, un buey, una vaca y un caballo blanco. Según esta misma versión, el nombre real de Jaun Zuría (que quiere decir «señor blanco») era Lope Fortún, y se le mantiene, eso sí, la filiación escocesa, como hijo de una princesa de tan lejanas tierras.

Ahora bien, ninguna otra fuente habla de esa batalla. La primera noticia histórica propiamente dicha que tenemos sobre Arrigorriaga se remonta al siglo XII: es la incorporación de la parroquia de Arrigorriaga, Santa María Magdalena, al monasterio de San Salvador de Oña, ya en 1107. O sea, más de dos siglos después de la supuesta batalla. Pero es que, además, hay muchos datos concretos que hacen imposible el legendario enfrentamiento de Padura.

Por ejemplo, al Ordoño que supuestamente entró en León nos lo presentan ora como hermano, ora como hijo de Alfonso III. ¿Un hermano? Veamos: no es seguro que Alfonso tuviera otros hermanos que el Odoario que aparece en el documento de la repoblación de Chaves. Y si los tuvo, como quiere la leyenda del infante ciego, entonces deberían haber muerto antes de los supuestos sucesos de Padura. En todo caso, ninguno de los hermanos que la tradición atribuye a Alfonso se llamaba Ordoño. De manera que no pudo ser un hermano del rey quien librara allí batalla. Entonces, ¿un hijo? Alfonso tuvo un hijo Ordoño, en efecto, pero nació hacia el año 871, y desde muy joven, antes de 890, ya estaba dedicado exclusivamente a Galicia; es altamente improbable que se le enviara al frente de una misión contra algún levantamiento en el otro extremo del reino. Y, desde luego, no murió allí.

Un levantamiento en tierras vascas… ¿Hubo tal? No consta. Sabemos, sí, que Alfonso III tuvo que hacer frente a una sublevación de vascones nada más comenzar su reinado, hacia 867: fue aquella donde hizo cautivo al caudillo de los sublevados, Eilo o Egylon. ¿Acaso la tradición popular deformó después aquel suceso, convirtiendo en gran batalla victoriosa de clanes vascos lo que en realidad fue una refriega de señores locales sofocada por el rey de Asturias? Es perfectamente posible. Pero, entonces, ¿qué función tenía la leyenda? ¿Por qué la tradición fabricó el relato de Padura?

Las leyendas, aunque sean falsas desde un punto de vista fáctico, sirven para explicar situaciones históricas cuya memoria se pierde en el pasado. En el caso de la leyenda de Padura, todo apunta a que su función era explicar las libertades forales de una manera épica; libertades que históricamente estaban vinculadas al condado de Castilla, es decir, a una situación de dependencia, y que por tanto había que relatar de una forma distinta, como fruto de un acto soberano. Lope García de Salazar enumera, en ese mismo pasaje de sus *Bienandanzas*, un breve catálogo de las libertades forales y, lo que es más importante, cómo pasaron del reino de León a los condes de Castilla. Dice así:

Y diéronle [a Zuría] la justicia civil y criminal para que él pusiese alcaldes y prestameros y merinos y prebostes que juzgasen y ejecutasen y recaudasen sus derechos a costa suya de él, jurándoles en Santa María la Antigua de Guernica guardarles franquicias y libertades, usos y costumbres según tuvieron en los tiempos pasados y consentidos por los Reyes de León, cuando eran de su obediencia, y después de los Condes de Castilla, que ahora eran sus señores, las cuales, entre otras muchas, eran estas principales: que el señor no procediese contra ningún hidalgo de suyo sino por muerte de hombre extranjero andante y por forzar a mujer y por quebrantamientos de caminos reales y de casas, y por quemas de montes y de sierras; y que no hiciese pesquisa general ni cerrada ni tuviese tormento ni recibiese querella señalando el querelloso, sino con pesquisa de inquisición.

Este párrafo es muy interesante. En la formación legendaria de las libertades locales vascas —no muy distintas de las de los demás territorios de la corona—, el cronista se remonta a una batalla que no existió para explicar el paso de una dependencia a otra: de los reyes de León a los condes de Castilla. ¿Y dependieron alguna vez los territorios vizcaínos de los reyes de León? En realidad, una cosa implicaba la otra. Los territorios de la actual Vizcaya formaban parte del ducado de Cantabria desde la época goda, y siguió siendo su adscripción jurisdiccional durante muchos años después, también bajo la corona de Oviedo. Más tarde veremos cómo aparecen varios condados en la zona de Castilla, y después otro en Álava, siempre bajo la misma corona. En esa evolución, los territorios vizcaínos nunca tuvieron una identidad política propia.

No tuvieron identidad política, en efecto, porque nunca constituyeron un área organizada sino hasta muy entrado el siglo XI. Resumiendo mucho el problema, digamos que la mayor parte del actual País Vasco carecía de una estructura política, religiosa, jurídica o económica que organizara el territorio. Estamos hablando de una población dispersa en comarcas de comunicación difícil con un sistema económico muy primitivo y, por tanto, sujetas a la influencia de sus vecinos con mejor organización. El área guipuzcoana siempre estuvo más influida por el reino de Navarra; el área vizcaína, siempre experimentó más la influencia cántabra y castellana; Álava, por su parte, se configuró como camino natural de los colonos vizcaínos hacia el sur.

Lo que sí tuvieron los tres territorios, a medida que el espacio se organizaba, fue el reconocimiento de libertades locales semejantes a las que por entonces disfrutaban otras áreas y que, por otro lado, se mantendrían más o menos constantes bajo los sucesivos cambios de poder que las tierras vascas iban conociendo, ora la influencia castellana, ora la navarra. Con el paso del tiempo, esas libertades locales, combinadas con el hecho de no haber estado nunca bajo la dominación mora, darán lugar a un sentimiento de «limpieza de sangre» que generará mucha literatura sobre el principio de hidalguía universal de los vascos. Pero eso es otra historia.

No hubo, en fin, una batalla de Padura o de Arrigorriaga; no como nos la ha transmitido la tradición vasca. De hecho, sólo el nacionalismo vasco menos sensato ha seguido manteniendo la historicidad de aquel suceso. Es una leyenda que parece más bien destinada a explicar, con un toque épico, la pertenencia de Vizcaya al condado de Castilla y la pervivencia de libertades locales muy notorias. Una más, en fin, de las leyendas que rodean al reinado de Alfonso III el Magno y que, con ojos de hoy, conviene mirar como lo que son: relatos de fundación en unos tiempos en los que todo estaba empezando. Eso es lo que los hace hermosos.

CONSPIRACIÓN CONTRA EL REY

Se llamaba Addamino y era siervo del rey. Poco más sabemos de él, salvo que pagó con la vida su atrevimiento: quiso matar al rey de Asturias, su señor. ¿Una más de las conspiraciones que Alfonso III tuvo que afrontar? Sí, sin duda. Pero esta vez había algo más hondo, algo que terminaría derrocando a Alfonso de su trono, porque el alma de la conspiración fue nada menos que el infante Don García, el primogénito del rey, el heredero. Y aquel episodio, que cerró con una página deplorable un reinado sobresaliente, iba a marcar el principio del fin del reino de Asturias.

Ocurrió, según parece, cuando Alfonso retornaba victorioso de su última expedición hacia el valle del Tajo, probablemente en 909, quizás ya en 910. Volvía el rey a tierra cristiana y, al paso por Carrión, alguien le puso sobre aviso: había una confabulación para matarle. Todos los indicios apuntaban a Addamino, *servus regis*, es decir, servidor del rey. No sabemos qué cualidades adornaban a Addamino ni el puesto que desempeñaba, pero el término *servus regis* se aplica a quienes prestaban servicio en la corte, es decir, en el entorno personal del rey, y no eran precisamente ciudadanos de segunda. Un notable, pues, de la corte de Oviedo.

Notable, sí, pero, no un magnate; en todo caso, de rango menor. Si Addamino hubiera desempeñado un cargo de importancia, la crónica no lo silenciaría. Ahora bien, si se trataba de un cortesano de rango menor, ¿cómo alguien así podía haberse metido en una aventura tan ambiciosa como matar al rey, nada menos? Evidentemente, las responsabilidades no se agotaban en Addamino: alguien más tenía que estar implicado, alguien de mayor relieve en la corte. Durante varios años, Alfonso había sido objeto de las conspiraciones de los nobles gallegos. ¿Estábamos ahora ante una nueva edición de las viejas conjuras? ¿Quizás esta vez los conjurados habían tratado de actuar en la propia cámara del rey y Addamino era la mano encargada de asestar el golpe?

Podemos imaginar que el rey mandó interrogar a Addamino. Podemos imaginar también que el interrogatorio sería cualquier cosa menos amable. Lo que nadie podía imaginar es lo que Addamino reveló: el cerebro de la operación no eran los magnates gallegos, ni algún otro noble que guardara cuentas pendientes con el rey, ni tampoco cualquiera de los viejos aliados que Alfonso había dejado en el camino, ni, en fin, ninguno de los enemigos derrotados por el Magno; el cerebro de la operación era nada menos que el infante Don García, el heredero, el hijo primogénito del rey.

No es difícil imaginar la tempestad de emociones que debió de apoderarse del alma de Alfonso. El rey corrió a Zamora. Mandó prender a su hijo. Implacable, lo hizo cubrir de cadenas y lo envió al castillo de Gozón, cerca de Oviedo. ¿Por qué había dado García semejante paso? ¿Quizás estaba impaciente por heredar la corona, que Alfonso ceñía desde hacía más de cuarenta años? ¿Estaba él solo en la maquinación, o sus planes incluían a otros notables del reino, incluso a sus propios hermanos? Son preguntas a las que nunca podremos responder. La suerte de los conspiradores fue severa: Addamino fue muerto —dice la crónica que «por sus hijos», pero no sabemos si se trata de los hijos del rey o de los del propio Addamino—, y García permaneció cautivo en Gozón.

¿Asunto resuelto? No. Algo más debió de haber, algo que la crónica nos oculta. El hecho es que, cautivo García, el conde de Castilla, Munio Núñez, se subleva y marcha sobre Gozón para liberar al infante. Recordemos que García estaba casado con una hija de Munio, llamada Muniadona. El suegro acude en socorro del yerno. ¿Asuntos de familia, una vez más? Sí; pero, en esta ocasión, probablemente, mucho más que eso.

Ante el levantamiento de Munio Núñez, Alfonso libera a García. El panorama cambia de golpe. Con el heredero fuera de prisión, todos sus hermanos se unen a él. Hay un verdadero riesgo de guerra civil en el reino. Y entonces Alfonso, superado por los acontecimientos, decide resignar la corona. Conserva el título real, pero se quita de en medio: se recluye en Boides, cerca de donde hoy está Puelles, en Asturias, y después marcha a Zamora, con su esposa doña Jimena Garcés, y allí se instala. Sus hijos reinarán por él. García asume personalmente el territorio de León. Ordoño, el de Galicia. Fruela marcha al solar asturiano original. El consuegro, Munio Núñez, mantiene, por supuesto, el condado de Castilla, aunque muy pronto pasará a desempeñar el de Amaya.

Es difícil saber cuándo, cómo y por qué ocurrió todo esto. Hay documentos de abril de 910 que todavía mencionan explícitamente a Alfonso como rey en León. Y hay asimismo huella de que en junio de ese mismo año, en Lugo, los condes de Galicia se sometían a Ordoño (ya Ordoño II) como «nuestro señor». De aquí puede deducirse que Alfonso no fue depuesto hasta después de abril, quizá mayo de 910. Esa es la fecha que marca el final de Alfonso III.

La leyenda embellecerá posteriormente estos últimos meses, sin duda amargos, de Alfonso III. Últimos meses, sí, porque Alfonso morirá enseguida, en diciembre de ese mismo año 910. ¿Qué dice la leyenda? Que Alfonso, incapaz de permanecer inactivo, acudió a ver a su hijo, esta vez como súbdito ante su rey («se humilló», dice la tradición), y le pidió permiso para reunir gentes de armas y realizar una última expedición a tierras moras. La tradición da por sentada esta última campaña. Sin embargo, hay razones para dudar de que un rey recién depuesto, con más de sesenta años sobre sus espaldas, emprendiera semejante iniciativa.

Dice también la leyenda que Alfonso, en sus últimos meses, peregrinó a Santiago. E igualmente sobre esto la realidad parece otra. Sabemos que el rey —pues seguía ostentando el título— quiso peregrinar a Santiago, sí, pero debió de verse impedido para hacerlo, porque delegó en otra persona. Esa persona era Genadio de Astorga, monje y obispo, natural del Bierzo, luego beatificado y al cual, por cierto, debemos las figuras de ajedrez más antiguas de Europa: las piezas de San Genadio. Y lo que Alfonso delegó en el santo varón fue una tarea importante: entregar a la sede jacobea quinientos dinares de oro; sin duda, los restos del fabuloso rescate que en su día pagó el ministro Hasim. Por cierto que García, el nuevo rey, cuando se enteró, quiso quedarse con el dinero.

Surge así una situación política difusa. No hay propiamente una ruptura de la herencia regia, porque el reino sigue siendo sólo uno. Pero en el mapa aparecen tres reyes que, sobre sus correspondientes territorios, ejercen como tales con plena soberanía: García I, rey de León; Ordoño II, rey de Galicia; Fruela II, rey de Asturias. Hay quien ha aventurado que Alfonso, siendo emperador tal y como se titulaba, habría confiado a sus hijos el gobierno —con título de reyes— de los distintos territorios de la corona, al estilo carolingio. Es una hipótesis lógica, pero nada permite defenderla. Más bien parece que desde antes de la muerte del viejo rey los hijos se habían repartido la herencia. Quizá fue una imposición de los otros hermanos ante García, para avalar su rebelión; quizá fue la oferta que García hizo a sus hermanos para que le apoyaran. Eso no lo podemos saber. En todo caso, eso es lo que pasó.

Alfonso morirá en Zamora el 10 de diciembre de 910. Con él muere el viejo reino de Asturias. Desde los días de Covadonga, el reino cristiano del norte se había denominado «reino de los astures» y, después, «reino de Oviedo». A partir de ahora, los diplomas consignarán «reino de León». La unidad política del reino no se rompe, pero el protagonismo abandona el viejo solar cantábrico y se desplaza hacia el sur. León, la renacida ciudad romana, es mucho más apta para afrontar los nuevos destinos. Abierta al valle del Duero, nudo de vías que llevan en todas direcciones, desprovista del valladar que forman las montañas cantábricas pero, por eso mismo, más práctica y ejecutiva como centro del poder, León se convierte en capital del reino cristiano del norte. Ha nacido el reino de León.

Quizás Alfonso, antes de morir, echó la vista atrás; no sobre su propia vida, sino sobre la vida del reino. No en vano amaba las crónicas históricas. La estrella de Alfonso III el Magno se apagó en 910; la invasión mora de España había sucedido en 711. Dos siglos de historia. Dos siglos en cuyo transcurso Asturias se había convertido en otra cosa. Del pequeño solar de ásperos riscos en torno a Cangas, aquel refugio de «asnos salvajes» que los invasores despreciaron, la corona había crecido hasta abarcar una extensión que a Pelayo y Alfonso I les hubiera parecido inconcebible. Dos siglos de guerra casi perpetua frente a un enemigo muy superior, que destrozaba una y otra vez los avances conseguidos en la carrera de la supervivencia. Dos siglos, sin embargo, en los que las gentes de la cornisa cantábrica fueron descendiendo hacia el sur, ganando tierra, haciendo posible eso que se llamó la Reconquista.

Tal vez Alfonso, en su invierno, destronado y enfermo en Zamora, temió que la gran obra de su vida y de sus predecesores se echara a perder, dividida por la ambición de sus hijos. Pudo pasar. Pero fue otra cosa lo que ocurrió.

LOS PIES DE LOS COLONOS
PISAN LAS AGUAS DEL DUERO

En el año de Nuestro Señor de 912 ocurrió algo muy importante: la frontera del reino de Asturias, que ya era reino de León, bajó hasta el Duero. Los pies de los colonos pisaron las aguas de ese río en sus riberas castellanas. Con aquel movimiento se completaba el proyecto de expansión de Alfonso III. Pero no fue el rey Magno, ya difunto, sino su hijo García quien pondría su nombre al acontecimiento. Vamos a ver cómo ocurrió.

Era una asignatura pendiente del reino de Asturias. El descenso hacia el sur se había producido de manera muy descompensada. Si en el oeste, en Portugal, había incluso cruzado el río Duero, en el este, en Castilla, el control cristiano del territorio permanecía en el Ebro. Había que ocupar la región que se abre entre el Ebro burgalés y riojano y el alto Duero, las tierras llanas que, fronterizas con La Rioja y Aragón, abren pasillos entre las sierras de Álava, la Demanda y el Sistema Central. Y eso fue lo que se hizo.

¿La llegada a la línea del Duero fue obra de García o era, más bien, inercia de la obra de gobierno de Alfonso? La impresión que da, visto el asunto con ojos de hoy, es que el avance hacia el alto Duero se habría producido con cualquiera de esos dos reyes, con cualquier otro o incluso sin ninguno de ellos. Es como si el descenso hacia el sur fuera una potencia imparable, una fuerza telúrica, con la lentitud pero con la constancia de los fenómenos naturales. Los condes de Castilla arbitran la expansión hacia la línea del Duero como quien pone cauces a un torrente: se puede gobernar, pero no se puede parar. La política regia no podía ser otra que el descenso hacia el sur, y la voluntad de los condes no podía ser otra que intentar gobernar un proceso que los colonos ya estaban llevando a cabo de manera espontánea.

Pero como a las cosas hay que ponerles nombres y apellidos, citemos la filiación de los tres protagonistas de esta historia: Gonzalo Téllez, Munio Núñez, Gonzalo Fernández. Los tres, condes en Castilla. Recordemos que en esta época ya existe Castilla, pero no es todavía una unidad política. No hay un condado de Castilla con personalidad jurídica o administrativa fija e inmutable, sino que varios condes ejercen el gobierno en territorios asignados por la corona de León. Ahora bien, todos esos condes trabajan en la tarea de la repoblación hacia el sur, y los tres harán cosas fundamentales. A veces habrá combates, como en Carazo y probablemente en Osma; en otras ocasiones, la ocupación será pacífica. Tratemos de reconstruir su camino.

Empecemos por el más enigmático de nuestros personajes, Gonzalo Téllez. Enigmático porque lo que sabemos de él, que es muy poco, no guarda proporción con su importancia, que fue mucha. Los documentos de la época nos lo muestran como conde de Castilla entre 901 y 904 y, además, como conde de Lantarón y Cerezo desde 897 hasta 913. ¿Qué territorio es ese de Lantarón y Cerezo? Es la frontera nororiental del reino de León. Lantarón, según parece —porque no hay constancia completa—, era el área del suroeste de Álava, desde el valle del Nervión. Y Cerezo (Cerezo del Río Tirón) está justo al lado, en el este de Burgos. A Gonzalo, pues, le correspondía una zona dificilísima: la frontera con La Rioja, el pasillo entre los montes de Álava y la sierra de la Demanda, comarca de permanente fricción con los musulmanes Banu-Qasi.

Este Gonzalo Téllez debió de participar en las campañas de Alfonso III contra los Banu-Qasi; debió de estar en Grañón y en Ibrillos, seguramente también en Tarazona. Pero pasó a la historia, sobre todo, por la reconquista de Osma, en Soria. Hablamos de la vieja ciudad de Uxama, arévaca primero, romana después, más tarde visigoda, que los moros ocuparon después de 711. Aunque estaba muy al norte del emirato, consta que los musulmanes permanecieron allí mucho tiempo: una atalaya árabe lo confirma. En la cabecera del alto Duero, entre la sierra de la Demanda y el Sistema Central, Osma era el punto fuerte de otro pasillo estratégico decisivo: el que lleva desde los llanos de Burgos hacia tierras aragonesas.

En enero de 912, Gonzalo Téllez aparece en un documento muy importante, la fundación del monasterio de San Pedro de Arlanza. Gracias a ese documento sabemos que su esposa se llamaba Flámula. Este monasterio está al sur de la ciudad de Burgos, no lejos de Lerma. La presencia de una comunidad monástica allí significa que, para ese año, la frontera efectiva ya había bajado mucho y que la línea del Duero se consideraba segura. Nace un espacio nuevo que conocerá el mismo proceso que ya hemos visto en capítulos anteriores: los colonos repueblan por su propia iniciativa, el poder regio sanciona después las tierras adquiridas. Ese espacio empieza a llamarse ya Extremadura del Duero (por eso Soria, en su escudo, es Cabeza de Extremadura). A Gonzalo Téllez se lo traga la historia en el año 913, fecha de su última aparición documental. Nada más sabemos de él. Quizá participó en la campaña de García sobre tierras riojanas. En todo caso, ya había entrado en la historia.

La llegada a la línea del Duero tiene otros protagonistas. A uno ya lo conocemos bien: Munio Núñez, conde de Castilla, suegro del rey García, el mismo conde que se levantó contra Alfonso III en las oscuras jornadas de 909. Debía de ser un hombre ya de edad, de la misma generación que el rey Magno. Le hemos visto combatir contra las aceifas musulmanas de los años anteriores (882 y 883) desde su posición de Castrojeriz. Ahora, 912, ya no es conde de Castilla, sino de Amaya. Pero desde esa base emprende la repoblación de otro punto fundamental en la nueva frontera: Roa, entre Valladolid y Aranda.

Roa es también ciudad de abolengo. Enclave vácceo (celtibero) antes de ser romano, ocupado por los bereberes, despoblado después de las campañas de Alfonso I, era una ciudad casi desierta hasta esa fecha de 912. La llegada de Munio Núñez devuelve Roa a la vida. Manda fortificar la plaza con una torre. A su sombra queda protegida la vida de los colonos que, en número incesante, han ido instalándose en los alrededores desde varios años atrás. Es otra pieza básica en la Reconquista.

Y el tercer personaje decisivo es Gonzalo Fernández, conde de Burgos desde 899 y, además, de Castilla desde 909. Gonzalo debía de ser un tipo muy activo, porque su nombre aparece vinculado a la reconquista y repoblación de numerosas plazas. Lo tenemos en Burgos en 899, en Lara inmediatamente después. Su primera aparición documental data de esas fechas: es la fundación del monasterio de San Pedro de Cardeña, en la comarca burgalesa de Juarros. Llega hasta el río Arlanza. Derrota a una guarnición musulmana en Carazo. Es uno de los puntales de la Reconquista en la Extremadura del Duero.

Gonzalo Fernández asume el control sobre la zona central del Duero. Si Munio había fortificado Roa y si Téllez estaba en Osma, Gonzalo Fernández ocupa todos los enclaves del área intermedia, desde Haza hasta San Esteban de Gormaz, pasando por la vieja ciudad romana de Clunia, hoy Coruña del Conde. A Gonzalo Fernández nos lo vamos a encontrar como conde de Castilla en distintos documentos hasta 915. Después, al parecer, marchó a la corte leonesa. Pero no desaparecerá de la historia, porque iba a dejar un legado insospechado. Desde una fecha indeterminada, quizás entre 913 y 915, estaba casado con una dama llamada Muniadona. ¿Otra Muniadona, como la esposa del rey García, hija de Munio? Otra no, seguramente la misma. Parece, en efecto, que esta Muniadona, al enviudar de García, casó con Gonzalo. Y con él tendrá un hijo que iba a dar mucho que hablar: Fernán González, el primer conde de Castilla independiente.

El hecho es que la acción de los tres condes, evidentemente impulsada por la voluntad regia, culmina la obra de Alfonso III. Lleva físicamente la frontera hasta la línea del Duero y además se preocupa por dejar constancia de la nueva marca. Desde Simancas hasta Soria, una línea ininterrumpida de castillos, torres y fuertes cubre la trayectoria del río. No hemos de concebir esa línea de enclaves como un frente de guerra —el sur del Duero sigue prácticamente despoblado—, sino, según hemos explicado, como los nudos de una red. En torno a ellos se construye la vida de un mundo que está naciendo. Por eso las fortalezas del Duero son tan importantes: más que una cadena de construcciones militares, lo que tenemos delante es una red de centros neurálgicos que van a permitir organizar el territorio, controlarlo y, en definitiva, sumarlo al espacio político del reino de León.

El emirato reaccionará, como era de esperar. Había que desmantelar ese avance cristiano. Vendrán años de guerra. Pero lo esencial es que, a la altura de 912, la obra que concibió Alfonso III había quedado culminada: el reino llegaba a las aguas del Duero. Y los pies de Gonzalo Fernández, Munio Núñez y Gonzalo Téllez, sumergidos en el río, daban fe de que aquello había vuelto a ser tierra cristiana.

EL CONTROVERTIDO CASO
DEL ATRIBULADO REY GARCÍA

El reino de Asturias se ha metamorfoseado. Derrocado Alfonso III, la corona pasa a sus hijos, que dividen el reino en tres: Galicia, Asturias y León. Y cuando muere Alfonso, García I se convierte en rey de León con todos los derechos. Un personaje inquietante, García, marcado por sucesos que no ofrecen una imagen demasiado grata. Y además estaba la cuestión política. ¿No iba a descomponerse la España cristiana con esa división de reinos? Veamos cómo fue.

Ante todo, desdramaticemos la cuestión política; eso de que un rey repartiera el reino entre sus hijos —o que éstos hicieran el reparto una vez vacante el trono, como parece ser el caso asturiano— era un fenómeno bastante común. Entre los francos era incluso una costumbre institucionalizada. Esto es así porque en la Edad Media el reino, como unidad política, respondía a un concepto esencialmente patrimonial: era patrimonio del rey. En nuestros días, la división de un país ocasionaría un hondo desgarro político; en la Edad Media, no.

El reino podía partirse y dividirse sin que hubiera una impresión de desgarro político porque las relaciones políticas, en esta época, no tienen nada que ver con las que conocemos hoy. Las relaciones políticas de las personas se establecían en función de sus vinculaciones directas, por arriba y por abajo, en la escala social. Uno estaba vinculado a su tierra, a su familia, a su señor —en su caso—, al rey por personas interpuestas y, en todos los casos, a Dios por mediación de la Iglesia. En ese contexto, que el reino se partiera en dos o en tres trozos era algo que sólo tenía relevancia para los magnates y para la corte, y apenas para la gente del común.

¿Cómo sería la articulación del conjunto político, una vez dividido el reino? No conservamos documentación que nos lo explique, pero podemos imaginarlo por el paralelismo con muchos otros casos semejantes en el medioevo europeo. Cabe pensar que el reino de León, como cabeza del conjunto político, guardaría una cierta superioridad que se materializaría en huestes armadas, en tamaño de la corte y en rentas; no en vano era el predio del primogénito y heredero, García, a quien correspondía el territorio más extenso, León y Castilla. En cuanto a los otros reinos, Galicia y Asturias, encomendados a Ordoño y Fruela respectivamente, serían entidades menores, sin duda completamente autónomas, pero respetuosas con la hegemonía leonesa.

¿Y esto afectaba de alguna manera a la Reconquista? Seguramente, no. El proceso de descenso hacia el sur era imparable, formaba parte de la esencia misma de la vida cotidiana en todas las áreas del reino. De hecho, lo que hemos visto en los años siguientes a la muerte de Alfonso es que sus hijos prolongan la línea por él sentada, culminan su obra y llegan al Duero oriental. Veremos también cómo el nuevo rey de León, García, emprende campañas que parecen calcadas sobre la plantilla de su padre. Pero para explicar este último punto hay que profundizar un poco en la figura del rey García I, un tipo controvertido.

Todo cuanto sabemos de García permite reconstruir una imagen muy nítida: la del hombre exasperado por la enorme talla de su padre. Es como si García hubiera vivido toda su vida entre intimidado y apabullado por la grandeza de Alfonso, deseando imitarle y, a la vez, deseando derribarle. Es un caso frecuente: la huella enorme de un padre grande puede generar en el heredero una mezcla explosiva de sentimientos donde se juntan la admiración y el odio, la rebeldía y el temor, el complejo de inferioridad y el deseo de venganza. Así pudo ocurrir con García.

Una de las pocas cosas que sabemos de García, en sus tiempos de príncipe heredero, es que su padre le confió tareas de repoblación en el área de Zamora. Nada de empresas bélicas: organización del territorio. ¿Qué tendría García en su cabeza en aquellos años? El tiempo pasaba, el viejo rey seguía en el trono, el heredero envejecía... En un momento determinado, García se permite gestos problemáticos. Por ejemplo, hacer generosas donaciones a monasterios preocupándose de que en el documento no se mencione para nada el nombre del rey, su padre. Es un dato interesante: permite reconstruir un perfil psicológico que explicaría, a su vez, la conspiración de 910 y el derrocamiento de Alfonso. Y explicaría también el insólito gesto de birlarle a su padre los 500 dinares de oro que éste, antes de morir, quiso donar a la sede de Santiago de Compostela.

Una vez en el trono, García parece obsesionado por imitar a su padre. Del mismo modo que Alfonso había llegado hasta Mérida y el segundón de la familia, Ordoño, hasta Sevilla, García arma un fuerte ejército y busca dorar su espada en tierras moras. Eso sí, un poco más cerca, entre Toledo y Talavera, que era la frontera norte del emirato. Lo único que sabemos de esa campaña es que resultó frustrante. Las huestes de García llegaron a Talavera, entraron en la ciudad, apresaron al gobernador, un tal Ayola, y se marcharon. Pero muy pocas jornadas después, cuando el ejército cristiano estaba todavía en El Tiemblo, en Ávila, este gobernador Ayola se escapó. García se quedó sin premio.

Después de la frustrada expedición a Talavera, García busca nuevas glorias guerreras y marcha contra la frontera oriental, es decir, La Rioja, sin duda el lugar más peligroso que podía escoger. Es curioso: también otro lugar donde su padre, el rey Alfonso, buscó una y otra vez victorias. Cierto que, en esta ocasión, García tenía razones más que sobradas para intervenir en tierras riojanas, y más aún desde que los condes castellanos, en 912, habían puesto los pies en el alto Duero. Con la frontera allí dibujada, neutralizar las amenazas que pudieran venir de La Rioja se había convertido en algo vital, pues de eso dependía la seguridad de la repoblación en la zona.

¿Quién personificaba la amenaza en tierras riojanas? Los Banu-Qasi, por supuesto. Alfonso III, derrotado militarmente por el fiero Lope ibn Muhammad en Tarazona y ante Grañón, había logrado vencerle políticamente en Pamplona y Toledo. Ahora Lope había desaparecido, pero los Banu-Qasi seguían allí y, sobre todo, parecían decididos a trabajar para Córdoba. Aunque los herederos de Lope carecían del talento del viejo jefe, era preciso conjurar la amenaza. Y García apuntó a una de sus plazas fundamentales: Arnedo.

Arnedo había sido un enclave decisivo de los Banu-Qasi. Cubría la retaguardia de sus posiciones en La Rioja y la entrada al Ebro aragonés. Desmantelar la potencia musulmana en Arnedo equivalía a abrir el camino para dominar las tierras riojanas, algo que interesaba tanto al reino de León, porque libraría de amenazas la repoblación en el alto Duero, como al reino de Pamplona, porque le permitiría bajar su frontera muy al sur. No sabemos si algún contingente navarro reforzó las huestes de García, pero sí que éste puso sitio a la ciudad, derrotó a sus defensores y dejó la comarca expedita para que avanzara la repoblación cristiana. Fue un gran éxito de García I de León.

¿Veía finalmente García coronado su cetro con los laureles de la victoria? Sí, pero incluso en esto el primer rey leonés fue desdichado. Porque ya fuera a causa de las heridas recibidas en el combate o ya por alguna enfermedad contraída durante el asedio, García volvió a Zamora muy quebrantado. Tan quebrantado que murió pocas semanas después. Así, la única victoria importante de García terminó siendo la causa de su muerte. Era el año 914; no llegó a estar cuatro años en el trono.

La muerte de García, tan imprevisible, creaba de repente un problema político peliagudo. ¿Quién ocuparía ahora el trono leonés? García no había tenido ningún hijo de su esposa, Muniadona. Eso descartaba problemas de carácter dinástico. Pero García tenía tres hermanos con título de rey. Excluido el clérigo Gonzalo, quedaban Ramiro, muy joven; Fruela, rey en Asturias, y Ordoño, rey en Galicia. Éste fue el elegido. Y la elección no debió de revestir complicación alguna, a juzgar por lo que dicen las fuentes árabes. Así lo explicó Ibn Hayyan:

> Al morir su hermano García, los cristianos llamaron a Ordoño desde León y Astorga, capitales de su reino, dejando él en Galicia como vicarios a los condes de su confianza y tomando el gobierno de la comunidad cristiana en plena soberanía.

De forma que León y Astorga, las dos ciudades principales del nuevo mapa político, fueron las que llamaron a Ordoño. ¿Porque era el segundogénito y, por tanto, el siguiente en la línea sucesoria de Alfonso? ¿Porque era un buen político, según había demostrado en Galicia, y además un excelente jefe guerrero, como había tenido oportunidad de manifestar en sus prodigiosas campañas? Probablemente por todas estas razones a la vez. Y así Ordoño II, en 914, se convirtió en el segundo rey de León.

Ordoño iba a reinar diez años. En ese tiempo pasarían cosas de gran importancia para la Reconquista. Pero, al mismo tiempo, acontecimientos de no menor relieve se estaban sucediendo en Córdoba. Porque en 912 había muerto el emir Abdallah y subía al trono su nieto Abderramán III. Y con este personaje iba a cambiar la fisonomía de Al Ándalus.

EL EMIR QUIERE SER CALIFA: ABDERRAMÁN III

Córdoba tenía un problema: el emirato hacía agua. Córdoba dominaba la mayor parte de la Península, sí, pero ¿qué era en realidad lo que dominaba? Porque toda la España musulmana estaba llena de reyezuelos que hacían lo que les venía en gana y el poder del emir iba quedando relegado a una función ornamental. Era preciso tomar decisiones drásticas. Y entonces llegó alguien que las tomó: Abderramán III, nieto de una navarra, hijo de una cautiva cristiana, que llegaría a ser el primer califa de Occidente. Con él cambiaría el mapa de la Reconquista.

Córdoba, en efecto, tenía un problema: su poder se desvanecía. ¿Por qué? Fundamentalmente, por el odio generalizado a la minoría gobernante árabe: ni muladíes, ni bereberes, ni mozárabes la aceptaban. Fenómeno que a su vez se combinaba con el odio que estos otros grupos, según los tiempos y lugares, se profesaban entre sí, y con otro fenómeno no menos llamativo: la disidencia de otros grupos árabes respecto al grupo que mandaba en la corte cordobesa. Y como el emirato era incapaz de hacer valer su hegemonía en todo el territorio de Al Ándalus, todas esas querellas se tradujeron en la toma del poder efectivo por parte de élites locales que, en la práctica, dejaban de obedecer a Córdoba. Para colmo de males, los musulmanes del norte de África habían proclamado un califato independiente y, al parecer, eran muchos quienes en Al Ándalus sentían la tentación de abandonar a los Omeyas hispanos para ponerse bajo las órdenes de los nuevos califas vecinos.

La vejez de Muhammad se apagó sepultada por ese laberinto de problemas. Su sucesor, Al-Mundir, era más enérgico, pero su reinado fue efímero, apenas dos años. Después, Abdallah no supo o no pudo hacer frente a la descomposición. Por eso el emirato se rompía. Hacía falta alguien que recompusiera las cosas, alguien que fuera tan flexible como implacable, tan buen político como feroz guerrero, tan virtuoso como cruel. Quizás en esas cualidades pensaba Abdallah, el emir, ya viejo y enfermo, a punto de cumplir los setenta años, cuando designó sucesor a su nieto Abderramán. Era el año 912; el mismo en que los colonos de Castilla habían bañado sus pies en el Duero.

Y bien, ¿de dónde había salido este Abderramán? Breve *flash-back*: en el año 860, el príncipe Fortún Garcés de Pamplona, heredero del trono, es llevado a Córdoba en calidad de rehén; junto a él viene cautiva su hija Oneca. Esta Oneca es entregada en matrimonio al entonces príncipe Abdallah. Oneca tiene un hijo de Abdallah, al que llaman Muhammad. Oneca volverá a Pamplona, pero Muhammad se queda en Córdoba. Pasará el tiempo y este Muhammad, medio Omeya y medio pamplonés, tomará por esposa a otra cautiva cristiana, la concubina Muzayna. De Muzayna nace Abderramán.

Ahora bien, esto no es todo. Muhammad, el hijo de la pamplonesa, es el favorito de Abdallah. Cuando Abdallah llegue al trono, pensará en Muhammad como sucesor. Pero había otros hijos de otras esposas. Y así, un hermano de Muhammad, un tal Mutarrif, que ambiciona el emirato, decide asesinar a su rival. Mutarrif mata a Muhammad. La cólera de Abdallah es inefable. El padre ordena la ejecución del hijo asesino: Mutarrif desaparece también. Alguna fuente señala que Abdallah no era inocente: el viejo habría estado detrás del asesinato de Muhammad. Sea como fuere, el pequeño Abderramán, huérfano, es entregado al cuidado de una hermana uterina de Mutarrif llamada *La Señora*. Quizás Abdallah quiso reparar con su nieto la desgracia de sus hijos. El hecho es que este Abderramán, nieto de pamplonesa, hijo de cristiana, será designado como sucesor.

Abderramán III tiene sólo veintiún años cuando sube al trono. Reinará durante casi medio siglo. No es difícil hacer su retrato psicológico. Criado en un auténtico lago de sangre, asesinado su padre, ejecutado su tío, había crecido en un mundo que se desmoronaba. Estudioso y reservado, enérgico e introvertido, inteligente y duro, Abderramán era perfectamente consciente de la situación. En realidad, él mismo era producto de la gran crisis cordobesa. Pero sabía qué hacer para resolverla. Y sin perder un minuto, puso manos a la obra.

Lo primero que hizo el nuevo emir fue echar de la corte a La Señora, aquella hermana de Mutarrif con la que se había criado. Después, afrontó el problema principal: acabar con los focos de rebeldía que se habían multiplicado en todo el territorio del emirato. Este asunto tenía dos dimensiones, por así decirlo. Una era interior y otra era exterior. La exterior, los caudillos locales levantados en armas contra los Omeyas de Córdoba. La interior, las perpetua guerra civil larvada entre las dos minorías extranjeras de Al Ándalus, a saber, árabes y bereberes. Abderramán neutralizó este interminable conflicto de una manera singular: introduciendo un tercer elemento étnico, los eslavos, de manera que ahora el emir, con más protagonistas en el juego, veía ampliado su margen de maniobra para gobernar el equilibrio de poder interior.

Paréntesis. ¿Quiénes eran los eslavos? «Eslavos» es el nombre que en Al Ándalus se daba, por extensión, a todas las personas procedentes de la cristiandad europea y que habían llegado a la España musulmana en calidad de esclavos. Había eslavos propiamente dichos que venían de los Balcanes y el área del mar Negro, pero había también germanos, normandos, francos, daneses, leoneses, gallegos... Capturados en combates aquí y allá y vendidos en el gigantesco mercado esclavista del islam, su único destino posible era la guerra: servir bajo las banderas del emir. No era la primera vez que el emirato introducía eslavos (o bizantinos) en Córdoba. Recordemos a los «mudos» que guardaban el palacio del emir en el siglo anterior. Pero Abderramán III multiplicó su presencia con un claro objetivo: diversificar la composición de sus ejércitos y, de esta manera, hacer más difícil el surgimiento de banderías árabes y bereberes.

La incorporación de grandes contingentes de eslavos atenuaba el problema interior, pero quedaba vivo el problema exterior, ese de los caudillos locales rebeldes. Y en este punto es donde Abderramán III va a demostrar desde el primer instante un gran talento, una singular mezcla de crueldad y mano izquierda que le permitirá asfixiar los focos de rebeldía en un tiempo récord.

Primer objetivo: Écija. Es enero de 913. Los ejércitos de Abderramán III entran en la ciudad a sangre y fuego, derriban las murallas, arrasan las fortificaciones... Pero luego, con la ciudad vencida, el emir perdona a sus habitantes y, más aún, incorpora a sus defensores al ejército cordobés y les sube el sueldo. Segundo objetivo, en la primavera de ese mismo año: Jaén. Inmediatamente después, Elvira (Granada). La política que aplica siempre es la misma: primero, martillazo implacable; después, paz y prebendas a los vencidos. De este modo se gana primero su sumisión y después su fidelidad. En la misma campaña de primavera llega hasta Fiñana, en Almería, incendia todos los campos que envuelven la ciudad y, acto seguido, ofrece a sus defensores una capitulación ventajosa si entregan a los rebeldes. Los rebeldes: los aliados de Omar ibn Hafsún, el caudillo de Bobastro. Los de Fiñana aceptan el trato. Lo mismo ocurrirá en Juviles, en las Alpujarras. Abderramán quema los campos, incendia los montes, tala todos los árboles, corta el agua y sitia la ciudad. Después de dos semanas de asedio, el emir ofrece el trato: si la ciudad entrega a los jefes cristianos, aliados del Hafsún, los sitiados salvarán sus vidas. Juviles capitula. Cincuenta y cinco rebeldes son decapitados.

Fueron tres meses de campaña. En ese periodo, Abderramán ocupó y destruyó setenta castillos y más de doscientas torres. Para que los rebeldes no sintieran la tentación de volver a las andadas, el emir se llevó a Córdoba a las mujeres, los hijos y hasta el mobiliario de los vencidos. Así, en tiempo récord, Córdoba recobró la hegemonía sobre una enorme porción de Andalucía.

Al nuevo emir le quedaban dos problemas muy serios: Sevilla y Bobastro. En la primera, las familias árabes de Sevilla y Carmona se habían enseñoreado de la comarca. En Bobastro seguía el irreductible Omar ibn Hafsún. El problema de Sevilla lo resolvió enemistando a los señores locales con sus primos de Carmona; después de varias maniobras, ora militares, ora diplomáticas, consiguió la sumisión de las dos ciudades.

En cuanto a Bobastro, Abderramán tuvo que movilizar a todo su ejército —creciente, porque recibía la incorporación de las ciudades sometidas— para sofocar a Omar ibn Hafsún. Cortó sus suministros por mar, asoló los campos que nutrían a sus fortalezas, asedió castillo tras castillo… Ya hemos visto en capítulos anteriores que los rebeldes cristianos de Bobastro resistieron muchos años. Omar murió en 917 sin haber sido sometido. Sus hijos se mantendrían insumisos hasta 928. Pero para entonces Abderramán ya había conseguido recuperar casi todos los territorios rebeldes en Málaga y Cádiz.

Así recobró Abderramán III el control sobre el emirato. Campañas como las de Andalucía se ejecutarán también sobre Extremadura, Levante y Toledo, siempre con esa misma combinación de crueldad y generosidad que le permitió ganarse tanto el temor como la sumisión de los antiguos rebeldes. En 929, sin enemigos vivos en Al Ándalus, se proclamará califa, poniéndose en pie de igualdad con los califas de Damasco como heredero de Mahoma y enviado de Alá. Y Córdoba vivirá sus momentos de gran esplendor.

Un gran personaje, Abderramán III, sí. Pero también un tipo de una crueldad sin límites. No sería justo que el retrato del primer califa quedara limitado a sus logros. Hay que hablar también del sujeto que hizo quemar el rostro de una concubina porque le rechazó un beso, para que perdiera su belleza. A otra, por idéntico motivo, la hizo decapitar en el harén; el verdugo se llevó como premio las perlas que cayeron del collar roto de la desdichada. Es el mismo Abderramán que hizo decapitar ante la corte a su hijo Abdallah porque había conspirado contra él. El mismo que, fastidiado por unos esclavos negros, hizo que los colgaran de las palas de una noria hasta que murieron ahogados. Y el mismo que, encaprichado de un mozalbete cristiano cautivo, Pelayo, sobrino del obispo de Tuy, quiso violarle; como Pelayo se negó, Abderramán le mandó matar. Hoy veneramos a este muchacho como San Pelayo.

Éste era, en fin, Abderramán III. Pero, por supuesto, una parte fundamental de su reinado iba a quedar determinada por su guerra contra los reinos cristianos del norte. Porque este personaje iba a marcar —a fuego— más de medio siglo de Reconquista: es el terrible enemigo al que van a tener que enfrentarse los nuevos reinos españoles. Y eso es lo que vamos a ver ahora.

ORDOÑO Y ABDERRAMÁN: DOS ADVERSARIOS COLOSALES

Ha llegado al trono de Asturias, ahora trono de León, un nuevo rey: Ordoño II. Éste será el rey cristiano que tendrá que hacer frente a la potencia desatada en Córdoba por Abderramán III. Un rey que fue buen político y mejor guerrero, y que durante años intercambiará con el nuevo emir de Córdoba, pronto califa, una sucesión ininterrumpida de victorias y derrotas. Dos adversarios colosales.

Recordemos quién era Ordoño: el segundo hijo de Alfonso III, el mismo que fue enviado a la corte zaragozana de los Banu-Qasi en los tiempos de su alianza con Asturias; el mismo Ordoño que, después, casó con Elvira Menéndez, nieta del conde Gatón del Bierzo e hija del poderoso magnate Hermenegildo Gutiérrez. Ordoño, que había nacido en 871, fue destinado desde muy joven al gobierno de las tierras gallegas, que entonces se extendían desde el Cantábrico hasta el río Mondego. Cuando García se rebeló contra su padre, el rey Alfonso, Ordoño mantuvo una posición distante. No empezó a utilizar el título de rey hasta que Alfonso murió. Y cuando murió a su vez García, la candidatura de Ordoño al trono se impuso como indiscutible. Ya era Ordoño II.

Ordoño lo tenía todo para ser un rey respetado, amado… y temido. Como rey en Galicia, había sabido ganarse el aprecio de todo el mundo al gobernar con mucha mano izquierda una tierra tan conflictiva como aquélla, donde se habían sucedido las conspiraciones nobiliarias. En el campo de batalla también era un fenómeno: no sólo había penetrado hasta los arrabales de Sevilla en una audaz campaña que le reportó cuantioso botín, sino que después, en 913, reinando en León su hermano García, llegó hasta Évora, a mitad de camino entre Lisboa y Sevilla.

Esta campaña de Évora hay que contarla con un poco más de detalle, porque nos dice muchas cosas, tanto sobre la audacia de Ordoño como sobre los problemas del emirato. Évora era una de las cabezas del Portugal moro, el puente entre las tierras de Mérida y la marítima Lisboa, un punto estratégico. En agosto de 913, que es cuando ocurrieron estos hechos, Abderramán III ya había conseguido restablecer la autoridad del emirato, pero sus ejércitos adolecían de las mismas carencias que en los decenios anteriores; en particular, una movilidad limitada. Así ocurría en Évora, cuya defensa se limitaba a las tropas allí estacionadas. No eran poca cosa, pero bien podía calcular Ordoño que, si golpeaba rápido, nadie enviaría refuerzos a la ciudad.

Ordoño reunió una gran hueste. La crónica mora de Al-Nasir, quizás exagerada, la evalúa en 30.000 hombres entre jinetes, infantes y arqueros. Podemos imaginar a toda esa muchedumbre concentrada en Coimbra, la frontera sur del reino de Galicia; desde allí, algo menos de 300 kilómetros separaban a los cristianos de su objetivo. El 19 de agosto de 913 llegó ante los muros de Évora la hueste de Ordoño. No hubo asedio: Ordoño descubrió que junto a los muros había un vertedero —quizá contaba ya con esa información— y por allí penetró su ejército. Évora cayó en un solo día. El gobernador moro de la plaza,

Marwan Abd al-Malik, sucumbió en el combate junto a los setecientos hombres de la guarnición. Dice el cronista moro que Ordoño se llevó de allí 4.000 cautivos y un gran botín.

La muerte de García, en abril de 914, abrió para Ordoño el camino al trono. Pero no fue un proceso inmediato. Según un documento de donación a la diócesis de Mondoñedo, la salud de Ordoño se hallaba en aquel momento seriamente quebrantada; él mismo se confesaba al borde de la muerte. Se especula con que el rey hubiera contraído algún tipo de enfermedad infecciosa en su campaña por tierras de Évora. Sea como fuere, la naturaleza de Ordoño pudo más que la enfermedad. A finales de ese año, el vencedor de Sevilla y Évora era aclamado en Santiago de Compostela. Y el 12 de diciembre de 914, todos los magnates de España —condes, obispos, abades y primates—, reunidos en asamblea general, le juraban fidelidad como soberano. También su hermano Fruela, rey en Asturias, reconoció la primacía del nuevo monarca leonés. La ceremonia debió de ser digna de verse: doce obispos le ungieron rey mientras sobre su cabeza se ceñía la corona de León.

No sabemos si Ordoño II tenía lo que podríamos llamar un «programa de gobierno». Pero, a juzgar por los pasos de su política, es fácil colegir cuáles fueron sus prioridades. Una, afianzar la corona en León, consolidando a esta ciudad como sede regia; dos, intensificar la repoblación en las tierras conquistadas hasta el Duero; tres, estrechar la relación con Navarra para constituir un único frente cristiano contra Córdoba; cuatro, golpear al emirato para impedir que Al Ándalus saliera de su debilidad.

Este último punto es importante. La crisis del emirato había reportado al reino de León muchas ventajas, favoreciendo la repoblación hasta el Duero. Ordoño, sin duda, tenía que saber que desde 912 había en Córdoba un nuevo monarca y que sus primeras acciones, coronadas por el éxito, iban encaminadas precisamente a sacar al emirato de su marasmo; el rey cristiano tenía que saberlo porque nos consta que los rebeldes cristianos de Al Ándalus mantenían relaciones con León. Y asimismo Ordoño sabía que un emirato recompuesto era lo peor que podía pasarle, porque la potencia demográfica y económica de Al Ándalus era muy superior a la del norte cristiano. En consecuencia, para Ordoño II había una prioridad ineludible: acosar al emirato sin descanso para impedir o, al menos, retrasar cuanto pudiera la recomposición del poder cordobés. Para una personalidad pacífica habría sido un engorro; por el contrario, para Ordoño fue una misión a la medida de su temperamento.

El nuevo rey de León emprendió su primera campaña inmediatamente, en la primavera de 915. Su objetivo fue deliberadamente fácil: Mérida. Fácil porque Ordoño sabía que aquel territorio se mantenía semi rebelde respecto a Córdoba y, por tanto, no contaba más que con sus propias fuerzas para repeler un ataque exterior. El área de Miknasat al Asnal, como llamaban los musulmanes a aquella región, estaba controlada por el señor de Badajoz, un tal Abdallah, que era nieto de nuestro viejo amigo Ibn Marwan, el muladí rebelde, aliado en otro tiempo de Asturias. Este Abdallah estaba a su vez en guerra con los bereberes de la región, y en precaria alianza con otros muladíes que controlaban el Algarve después de haber expulsado de allí a los árabes. Era imposible que en ese caos pudiera encontrarse una resistencia armada digna de consideración. Una vez más, Ordoño sabía dónde golpeaba.

La campaña cristiana fue un éxito. Ordoño partió de Zamora, llegó a Medellín y sometió la ciudad. Después enfiló hacia Castro Alange, con el mismo resultado. Y acto seguido acampó junto a Mérida, donde no fue preciso entablar combate: los señores locales de Mérida y Badajoz negociaron con el rey, se sometieron y pagaron tributo a León. Ordoño volvió a Zamora con un botín enorme. Lo invirtió en construir una nueva catedral para la sede leonesa.

León estaba aplicando al emirato la misma política que durante años había ejecutado Córdoba sobre las tierras cristianas. Con la sensible diferencia de que, ahora, el botín era mucho mayor que el que las aceifas musulmanas pudieron cobrar un siglo atrás en las tierras castellanas y alavesas. Ordoño repitió la operación al año siguiente, y siempre en la misma región. Una decisión muy lógica desde el punto de vista estratégico, porque la actual Extremadura, que constituía el flanco oeste del emirato, era uno de los puntos débiles de Córdoba. Mantener la presión sobre Mérida equivalía a someter al emir a una grave inestabilidad. A ese propósito respondió la campaña del año 916, esta vez más cerca de Évora. Córdoba pudo responder con un contingente armado, pero fue insuficiente. Las tropas cristianas derrotaron a los refuerzos musulmanes y el jefe moro terminó preso en León.

Esto era más de lo que Abderramán III podía soportar. Hasta ahora el nuevo emir había concentrado sus esfuerzos en sofocar la rebeldía de los caudillos locales, pero había llegado ya la hora de enfrentarse al enemigo del norte. Por otro lado, seguramente el astuto emir vio aquí una buena oportunidad para someter a su vez a los extremeños: dado que los cristianos golpeaban en esas tierras, Córdoba podría ganarse la fidelidad de Mérida y Badajoz si vencía a las tropas de Ordoño. Consta que hubo una primera campaña mora en junio de aquel mismo año 916. La dirigió un tal Ahmad ibn Muhammad ibn Abi Abda. Dice la crónica mora que regresó a Córdoba sin mayor percance, de donde cabe deducir que volvió con las manos vacías. En todo caso, la gran ofensiva vendría después.

Agosto de 917. Abderramán III se ha decidido a hacer una demostración de fuerza frente a los orgullosos cristianos del norte. Ha traído un poderoso ejército de África, bien nutrido desde el Magreb. Su objetivo es la línea del Duero oriental. Va a empezar el intercambio de golpes entre Abderramán y Ordoño, una sucesión ininterrumpida de batallas que se prolongará durante años.

CASTROMOROS Y VALDEJUNQUERA: LA ESPADA DE DIOS

Vamos a asistir a la primera ofensiva de Abderramán III contra tierras cristianas. El nuevo emir es un tipo enérgico y un tanto sanguinario, pero es también muy astuto: sabe dónde tiene que golpear y por qué. Así como Ordoño estaba golpeándole en tierras extremeñas, lo cual amenazaba con desmoronar el flanco occidental del emirato, Abderramán se propone golpear a Ordoño en su flanco oriental, en Castilla, donde nace el Duero, para desmantelar la repoblación cristiana y recuperar la hegemonía mora sobre los caminos hacia Aragón y La Rioja. Duelo de colosos.

A principios de agosto de 917 sale de Córdoba un enorme ejército musulmán. En su mayor parte proviene del norte de África. Lo manda un hombre de confianza del emir, el caíd Ahmad ibn Muhammad ibn Abi Abda, que las crónicas cristianas llaman Hulit Abulhabat. Llamémosle Hulit. La hueste pone ruta hacia el Duero oriental. Siembra a su paso la desolación y la muerte. A primeros de septiembre se planta ante San Esteban de Gormaz, en el sitio que entonces se llamaba Castromoros. Su objetivo: arrasar esa plaza y, a partir de ella, aniquilar los puntos neurálgicos de la repoblación cristiana.

¿Quién aviso a Ordoño? No lo sabemos, pero el hecho es que allí apareció Ordoño II. Y no sólo él, sino, según parece, también las tropas del rey de Pamplona, Sancho Garcés. El ejército de Córdoba no esperaba semejante aparición. Los ejércitos cristianos cayeron sobre el campamento moro como un ciclón. Los moros, desprevenidos, apenas si pudieron reaccionar. El 4 de septiembre, el poderoso ejército que mandaba Hulit huye a la desbandada. Dicen las crónicas que los musulmanes muertos fueron tantos que su número excedía el cómputo de los astros: desde el cauce del Duero hasta Atienza, todo el campo amaneció cubierto de cadáveres. Entre los caídos de Córdoba se hallaba su jefe, el propio Hulit. Ordoño mandó colgar su cabeza en las almenas de San Esteban de Gormaz. Al lado colgó la cabeza de un jabalí; no dejaba de ser una forma de homenajear al vencido.

La victoria cristiana en Castromoros tuvo consecuencias políticas inmediatas. Espoleados por el triunfo, los reyes de León y de Navarra se lanzan a ocupar las plazas más importantes de La Rioja. Es ya la primavera de 918. Las tropas cristianas ponen sitio a Nájera, cercan Tudela, toman Arnedo y Calahorra… Es el fin de la hegemonía Banu-Qasi en el Ebro riojano. Abderramán responde de inmediato. Ese mismo verano lanza un ejército sobre tierras de Soria. La fuerza mora libra dos batallas consecutivas contra las huestes cristianas, los días 14 y 16 de agosto. La crónica mora dice que en Córdoba se celebró la victoria con grandes manifestaciones públicas; la crónica cristiana señala que hubo mucha muerte para ambas partes.

No hubo tregua. O mejor dicho, sí la hubo, pero fue sin querer. Al año siguiente, 919, Ordoño prepara una gran ofensiva contra tierras toledanas. Simultáneamente, Abderramán había preparado otro gran ejército. Ambos llegan a verse en la frontera; ambos rehúsan combatir. ¿Por qué? Sin duda, unos y otros habían calculado una campaña de saqueo sobre territorio enemigo, no un enfrentamiento a campo abierto. Pero esta ausencia de batalla no significa que la belicosidad de los dos caudillos haya menguado. Al revés. Acto seguido, Abderramán proclama la guerra santa. Se avecina una nueva ofensiva contra tierras cristianas. Y esta vez el propio emir irá al frente.

Conocemos casi todo sobre esa campaña. Abderramán concentró a sus tropas con gran aparato el 23 de abril de 920. Un mes después la hueste se puso en movimiento. Su objetivo: el Duero oriental, una vez más; el punto que más preocupaba al emir. El poderoso ejército moro cruzó Guadalajara con rumbo a Medinaceli. En una rápida cabalgada, atacó con éxito Osma y San Esteban de Gormaz, Clunia y Burgos, Tudela y Calahorra. Luego se dirigió hacia Arnedo, donde aguardaba el rey de Pamplona, Sancho Garcés. Cuando éste supo que Ordoño acudía a socorrerle, sacó a sus tropas de la ciudad para unirlas a los ejércitos de León. Seguramente no hubo tiempo para formar un frente lo bastante sólido. El ejército de Abderramán desarboló la resistencia cristiana en Viguera y se encaminó hacia Pamplona.

A unos veinticinco kilómetros de Pamplona, en Valdejunquera, el grueso del ejército cristiano trató de detener la ola musulmana. Pero era un grueso demasiado escaso: la superioridad del ejército cordobés se impuso de manera implacable. Abderramán hizo numerosos prisioneros; entre ellos, los obispos de Tuy y de Salamanca. Los supervivientes trataron de refugiarse en la fortaleza de Muez, pero el emir la sitió y, después de un feroz asedio, la desmanteló. Todos los cautivos fueron degollados. Acto seguido, los sarracenos asolaron los campos. Allí el emir dio por concluida la campaña. Dicen algunas fuentes que entró en Pamplona, abandonada por sus habitantes, y la saqueó. En todo caso, acto seguido retornó a Córdoba.

Dice la tradición que Ordoño culpó de la derrota de Valdejunquera a los condes castellanos y que, a causa de esto, los mandó prender y ejecutar. ¿Quiénes eran esos condes? Nuño Fernández, Abolmondar Albo y Fernando Ansúrez. De este episodio habría nacido la institución de los Jueces de Castilla, que ya hemos visto aquí, para prevenir ulteriores abusos regios. Esto, en realidad, sólo es leyenda. Es posible que Ordoño prendiera a los condes, en efecto, y que les hiciera responsables del desastre, por no haber defendido bien sus posiciones en el Duero. Pero consta que no los ejecutó, porque años después encontraremos sus nombres en distintos documentos. Sobrevivieron.

Probablemente Abderramán pensó que había desarticulado la fuerza ofensiva leonesa, pero no fue así. Ni las bajas cristianas fueron tantas como dicen las crónicas agarenas (porque inmediatamente vamos a ver a las tropas leonesas y navarras enteramente recompuestas), ni los golpes sobre la frontera afectaron a la repoblación (porque varias de las plazas arrasadas por el emir serán reconstruidas ipso facto), ni la derrota melló la acometividad de Ordoño. En la primavera de 921, pocos meses después del desastre de Valdejunquera, Ordoño ataca. Y, provocador, lo hace en el área que hasta entonces había utilizado Abderramán como vía de paso hacia el nordeste: Guadalajara.

Fue ésta de Ordoño una campaña de saqueo y botín. Se trataba, ante todo, de devolver el golpe de Valdejunquera. Los ejércitos de León llegan a Guadalajara (y hay que suponer que, esta vez, con la ayuda castellana, dado el teatro de los hechos).

Sitian y desmantelan sucesivamente una serie de castillos cuya identificación actual sigue siendo polémica, porque las fuentes no se ponen de acuerdo, pero que podemos localizar en La Alcarria y el corredor del Henares: la vía de comunicación entre el emirato y las tierras Banu-Qasi de Zaragoza. Dice la crónica cristiana que la incursión llegó hasta muy cerca de Córdoba, aunque hay que suponer que el cronista se refería en realidad a Toledo. Y hecho un cuantioso botín, Ordoño volvió a Zamora con su crédito militar recompuesto.

En este momento le va a ocurrir al rey algo muy doloroso. A su regreso a Zamora encuentra muerta a su esposa Elvira, la hija de Hermenegildo Gutiérrez. Ordoño tenía en este momento cincuenta años. Ya no era joven, pero tampoco era viejo, y un rey no puede estar sin reina, así que el monarca se vuelve a casar. La escogida es Aragonta González, de la poderosa familia gallega de los Betote o Betótiz, con anchas posesiones en Pontevedra. Es una unión política: Ordoño quiere seguir vinculado a los clanes nobiliarios gallegos. Eso sí, el matrimonio apenas duró dos años, porque Ordoño repudió a Aragonta en 923.

¿Por qué Ordoño repudió a Aragonta? Al parecer, por razones políticas. En un tiempo en que los matrimonios tenían una función política decisiva, los repudios no eran nada anormal; tampoco parece que fuera un episodio traumático, pues a esta Aragonta la vamos a encontrar enseguida instalada en sus tierras pontevedresas con una notable fortuna, fundando monasterios y con tratamiento regio hasta su muerte. ¿Y cuáles eran esas razones políticas que motivaron el repudio de Aragonta? Unas muy concretas: la creciente solidez de la alianza leonesa con Navarra. Ordoño, en efecto, se casa con la infanta Sancha, hija del rey de Pamplona.

La alianza con Navarra era una pieza esencial de la política de Ordoño. Si la derrota de Valdejunquera hizo peligrar el asunto, la victoria de Guadalajara devolvió lustre a las armas de León. En el verano de 923, a iniciativa del rey Sancho Garcés de Pamplona, navarros y leoneses emprenden una ofensiva conjunta en La Rioja. Ordoño ocupa Nájera. Sancho toma Viguera. Los efectos de la derrota de Valdejunquera se disolvían; los cristianos recuperaban el pasillo riojano.

Habían pasado doscientos años desde la victoria de Covadonga. No es muy verosímil que Ordoño, que tenía un temperamento sensiblemente menos ilustrado que el de su padre, se detuviera a mirar atrás: «No sabía descansar, temiendo que el ocio menguara su preocupación por los asuntos del reino», dicen de él las crónicas. Pero el hecho es que las campañas de 921 y 923 habían llevado al reino a una extensión inimaginable para Pelayo y los suyos.

Es interesante imaginar cómo habrían podido ser los años siguientes del reino con Ordoño al frente. Pero ni siquiera hay posibilidad de plantear la hipótesis, porque Ordoño II murió en junio de 924, de muerte natural. Diez años antes, recién designado para el trono, una enfermedad había estado a punto de llevárselo al otro mundo. Otra enfermedad se lo llevaba ahora. Fue enterrado en la catedral de León, tras el altar mayor. La crónica escribió con letras de oro su memoria: «Prudentísimo en la guerra, justo y muy misericordioso con los ciudadanos, piadosísimo y entrañable, fuera del usual modo humano, para los infelices y los pobres, y famoso por su honestidad en todos los negocios concernientes al gobierno del reino».

Pero si Ordoño fue todo eso en vida, no pudo hacer que las mismas virtudes le sobrevivieran. A la muerte del rey, su hermano Fruela se hace con el trono y margina a los hijos de

Ordoño. Van a venir años terribles para el reino; años de guerras internas que van a colocar a la política leonesa al borde del abismo.

LA EXTREMADURA DEL DUERO:
LA NUEVA FRONTERA

Si algo caracteriza a la España cristiana durante todo el proceso (largo, larguísimo) de la Reconquista, es lo siguiente: siempre hay una nueva frontera por alcanzar. Esto no pasaba en la España musulmana, cuyo espacio político —los territorios sobre los que mantenía un control directo— se hallaba definido con bastante claridad desde el principio. Pero la España cristiana, al contrario, vive bajo la sugestión permanente de la proyección hacia el sur, y por eso precisamente fue posible la Reconquista.

En el caso del reino de Asturias, después reino de León, esa sugestión de la nueva frontera es transparente. Primero, en los tiempos fundacionales, el horizonte está en la línea del Miño y la Cordillera Cantábrica. Después, desde finales del siglo VIII, en los valles orientales de Álava y Burgos. Más tarde será el alto Ebro y la vertiente sur de las montañas cántabras. Y todavía más tarde, la línea del Duero occidental, el Esla, el Pisuerga, el Arlanzón, el Ebro medio. Y luego el Mondego en Portugal, y el alto Duero, y después… Y después, inevitablemente, las tierras al sur del Duero. Ahora bien, esto último llevaba los horizontes cristianos hasta la línea misma del espacio político andalusí, cosa que nunca había ocurrido hasta entonces.

Cuando el reino de Asturias se metamorfosea en reino de León, la nueva frontera es, en efecto, el sur del Duero, las tierras que llevan desde la orilla meridional del río hasta las sierras del Sistema Central: Soria, Segovia, Ávila, Valladolid, Salamanca. Y hay constancia de que los colonos empiezan a tomar tierras en esta región nueva desde muy temprano, a partir de la segunda década del siglo X. Vuelve así a repetirse el esquema de repoblación que hemos visto sin interrupción desde nuestros viejos amigos Lebato y Muniadona: primero, presuras individuales de los pioneros; después, llegada de nuevos colonos atraídos por unas condiciones de vida más libres, aunque más arriesgadas; por último, repoblación oficial que incorpora esas tierras al orden político, reglamenta las propiedades, regula los derechos y favorece la llegada de una tercera ola de colonizadores.

Cuesta imaginar cómo podía ser la vida de aquella gente, los primeros colonos de la Extremadura del Duero, los que a partir de 912 empezaron a bajar de la línea del río. ¿Cómo se organizaban? ¿Cuáles eran sus obligaciones y sus derechos? ¿De dónde venían? Por fortuna, han llegado hasta nosotros algunos documentos que nos permiten hacernos una idea bastante aproximada de todas esas cosas; por ejemplo, los fueros de Sepúlveda y de Castrojeriz.

Sepúlveda está a mitad de camino entre el Duero y la sierra de Guadarrama, junto a las hoces del río Duratón. Fue un asentamiento visigodo importante y después de la invasión mora, al parecer, sirvió de base a puestos avanzados del emirato. Los nuevos colonos debieron de llegar allí a partir de los años veinte del siglo X. Su fuero data de 940, cuando el conde de Castilla Fernán González condujo la repoblación oficial. En cuanto a Castrojeriz, está en el camino de Burgos a Palencia, muy al norte del Duero, cuya línea se había alcanzado en 912. El fuero de Castrojeriz se concedió en 974 (concretamente, el 8 de marzo de ese año); lo firman el conde García Fernández —hijo del anterior— y su esposa Ava.

Estamos, pues, ante dos lugares distintos con fueros de fecha igualmente distinta. Pero sabemos que los fueros actuaron como el instrumento con el que la repoblación oficial venía a reconocer o sancionar la repoblación privada; por tanto, podemos deducir que las formas de vida que estos textos regulan estaban ya implantadas en aquella zona con anterioridad a su fecha de datación. Asimismo, sabemos que los fueros castellanos respetaban cierta uniformidad lógica y venían a decir lo mismo en todas partes; por tanto, podemos concluir que la forma de vida reflejada en estos fueros no correspondía sólo a Sepúlveda y Castrojeriz, sino que era la norma en Castilla y que lo sería muy especialmente en la Extremadura del Duero.

A partir de aquí podemos dibujar un escenario bastante aproximado a la realidad. Hemos de situarnos en una zona extensa y considerablemente expuesta al peligro de las aceifas musulmanas, desde la orilla sur del Duero hasta el Sistema Central. Durante dos siglos, esa zona había sido una «tierra de nadie», pero eso no significa que careciera de interés. Para el emirato era su cinturón protector por el norte, lo que en geopolítica se llama un «glacis defensivo»: un área que no le interesaba ocupar políticamente, pero sí mantener bajo su control militar, y de ahí que la meseta estuviera salpicada por puestos avanzados musulmanes; en ocasiones, al parecer, puestos directamente dependientes de Córdoba, pero, las más de las veces, núcleos de población berebere relativamente aislados desde el siglo VIII y que vivían su propia vida.

Ahora bien, el reino cristiano del norte miraba esa «tierra de nadie» con otros ojos. Durante el siglo VIII, el valle del Duero había sido su glacis defensivo, un colchón que le aislaba del peligroso enemigo cordobés. Pero desde comienzos del siglo X, esas tierras se convertirán en objeto de repoblación, de forma que la «tierra de nadie» parece invitar a que la ocupe alguien. Para castellanos y leoneses era una prioridad política: una nueva frontera. Y para Córdoba era un verdadero problema: si los cristianos construían al norte del Sistema Central una red de fortalezas y puntos neurálgicos como la que habían construido en la orilla norte del Duero, la frontera bajaría peligrosamente hacia el sur y la seguridad del emirato quedaría comprometida.

En esa situación, el proceso al que vamos a asistir desde la segunda década del siglo X puede condensarse en dos movimientos. Primero, los colonos, de manera espontánea, empiezan a aventurarse al otro lado del Duero y ocupan o fundan establecimientos en las actuales provincias de Soria, Segovia, Valladolid, Salamanca y Ávila. Después, los musulmanes intentan desmantelar esos nuevos asentamientos, ya sea con aceifas sobre las áreas recién colonizadas, ya sea atacando las plazas fuertes cristianas que les sirven de cobertura en la línea del Duero. Es, en realidad, la misma mecánica que ha presidido todos los movimientos de población durante el siglo anterior, con la diferencia de que ahora el escenario ha cambiado. Y el nuevo escenario representa, por primera vez, una amenaza real sobre las fronteras de Córdoba.

¿Quiénes eran esos colonos que empezaban a instalarse en las tierras de la Extremadura del Duero? ¿De dónde venían? ¿Esas tierras estaban enteramente despobladas o, por el contrario, ya había alguien viviendo allí? La toponimia nos permite contestar a algunas de esas preguntas. En el área de la que estamos hablando hay diferentes localidades que conservan su nombre prerromano: Segovia, Ávila, Cuéllar, Salamanca, Arévalo, Peñaranda... Otras tienen nombre romano: Sacramenta, Costanzana, Villacastín, Baños, Salvatierra... Aún otras, visigodo: Lovingos, Ataquines, Palacios de la Goda, Villacotán, Babilafuente... Esto se interpreta como un indicio de que en estas localidades hubo gente *siempre*, es decir, nunca estuvieron enteramente despobladas, ni quedaron completamente vacías después de la invasión musulmana. Al menos, alguien hubo que conservó la memoria del nombre de su pueblo.

Hay topónimos que delatan otro origen. Primero están los bereberes: Cogeces, Alcazarén, Albornos… Se cree que aquí se mantuvieron núcleos de bereberes después de su repliegue masivo en el siglo VIII. Y hay, además, muchos nombres que apuntan a un origen mozárabe: Valverdón, Mozárbez, Vercemuel, Maderol, Oterol, Mogarraz… Estos últimos corresponderían a cristianos de Al Ándalus que a partir del siglo IX abandonaron el emirato y buscaron refugio en las tierras del norte, fundando nuevos asentamientos u ocupando núcleos abandonados.

El análisis de la toponimia nos permite reconstruir un escenario: el de anchas zonas poco pobladas, pero no deshabitadas, que viven de una economía de subsistencia, y seguramente más de la pequeña ganadería que de la agricultura. Esas zonas, a efectos de la repoblación, bien pueden considerarse como vacías: ofrecen enormes espacios que los nuevos colonos pueden ocupar con toda libertad. Y además, con la ventaja de que allí perviven viejos núcleos que permiten estructurar el territorio, aunque sea de manera precaria. No es fácil saber cuándo comenzó la colonización de estas zonas, pero todo indica que fue antes de 930, porque la crónica de la campaña de Abderramán en 939 ya nos dice que tuvo que detenerse para destruir ciudades de cierta entidad.

Y bien, ¿de dónde habían llegado estos nuevos colonos? Es indudable que se trata de gentes del norte, es decir, leoneses, bercianos, asturianos, cántabros, vascones, castellanos del viejo solar de la Bardulia… Si hablamos de los que vienen de Galicia y León, podemos decir que hay una motivación socioeconómica muy clara. Los que viajan a las nuevas tierras son, sobre todo, agricultores. El área del Duero occidental ya es abundante en explotaciones agrarias de tipo familiar e individual. Ahora bien, la estructura social de Galicia y León ha ido variando y cada vez es mayor la presencia de la nobleza, que empieza a ejercer un control casi feudal sobre la tierra. Es lógico suponer, por tanto, que los agricultores libres tratarían de encontrar nuevos espacios más al sur, en áreas donde la influencia de la nobleza aún no había llegado. En cuanto a los que vienen de otras partes del reino, menos sujetas al sistema señorial, buscarían sin duda algo muy elemental y también muy importante: libertad, oportunidades. Hay un párrafo del Fuero de Sepúlveda, otorgado en 940, que dice mucho del espíritu de nuevo mundo que caracterizó a la repoblación en aquellas tierras. Dice así:

> Que ningún vecino de Sepúlveda dé montazgo en ningún lugar aquende el Tajo. Esta mejoría otorgo a todos los pobladores de Sepúlveda; que cualquiera que viniere de cualquier creencia, fuera cristiano o moro o judío, yengo o siervo, venga seguramente y no responda por enemistad ni por deuda ni por fiadora ni por creencia ni por mayordomía ni por merindazgo ni por ninguna otra cosa que hiciera antes de que Sepúlveda se poblase.

O sea, borrón y cuenta nueva. Los colonos iban allí para ser hombres libres, ya vinieran de Galicia y León o de las tierras del alto Duero; incluso si son moros o judíos, señala el fuero. Por eso, por esa libertad, afrontan una vida expuesta al permanente peligro musulmán. Estas circunstancias van construyendo un perfil humano singular: los colonos no sólo son libres, sino que, además, han de empezar a atender a su propia defensa con las armas. La figura del «caballero villano», todavía embrionaria a la altura de 912, ahora se generaliza. Se trata de campesinos libres con recursos suficientes para pagarse un caballo de guerra y las armas correspondientes. Y tanto el protagonismo del caballo como la situación de permanente riesgo militar conducen a formas de vida particulares: menos agricultura, mayor movilidad, más ganadería, también más agresividad hacia el vecino moro del sur.

La repoblación oficial hace que en este escenario de campesinos libres aparezcan señores, jefes políticos y militares que, a cambio de protección, exigirán tributos. La propiedad es la base sobre la que se construye la nueva pirámide social. Para empezar, se traza una clara diferencia entre los caballeros —los de a caballo— y los peones, o sea, los que, por no tener caballo, han de acudir a la guerra a pie. Pero, además, se privilegia al vecino de la localidad frente al forastero, aunque éste sea de un estamento social superior. Eso es lo que hace el Fuero de Castrojeriz. Así, a los caballeros se los eleva a la condición de infanzones, es decir, la nobleza menor, y a los peones se los antepone a los caballeros forasteros, de manera que un peón de Castrojeriz, dentro de su término jurisdiccional, «vale más» que un caballero de otras tierras. Es muy interesante señalar el tipo de contribución que se reclama a los colonos, porque no deja de representar un trato de privilegio. Así dice el Fuero de Castrojeriz:

Damos buenos fueros a aquellos que fueron caballeros y los elevamos a infanzones, anteponiéndoles a los infanzones que sean de fuera de Castrojeriz, y les autorizamos a poblar sus heredades con forasteros y hombres libres, y respétenlos éstos como infanzones, pudiendo ser desheredados los colonos si resultan traidores. Y gozarán los caballeros de Castrojeriz el mismo fuero en sus heredades que en sus casas de la villa. Si alguien matase a un caballero de Castrojeriz peche 500 sueldos y espúrguese del homicidio con doce testigos, y no paguen los de Castrojeriz ni abunda ni mañería (…). Y si ocurre un homicidio en Castrojeriz, causado por caballero, pague el culpable 100 sueldos, tantos por un caballero como por uno de a pie. Y los clérigos tengan el mismo fuero que los caballeros. Y a los peones concedemos fuero y los anteponemos a los caballeros villanos de fuera de Castrojeriz y otorgamos que no se les pueda imponer ninguna serna ni vereda, excepto un solo día en el barbecho y otro en el sembrado, otro en podar y en acarrear cada uno un carro de mies. Y los vecinos de Castrojeriz no paguen portazgo ni montazgo en nuestros dominios y no se les exija mañería ni fonsadera. Si el Conde llamare a fonsado, de cada tres peones vaya uno y de los otros dos uno preste su asno, quedando libres los dos. Y si los vecinos de Castrojeriz matasen a un judío pechen como por un cristiano y las afrentas se compensarán como entre hombres de las villas.

El *fonsado* era el servicio en las huestes armadas; la *mañería*, el derecho de los señores a heredar los bienes de quienes morían sin sucesión legítima. Ambos derechos, como otros de similar género, se reinterpretan aquí en beneficio del colono. Y nótese la equiparación en Castrojeriz entre cristianos y judíos, que hay que relacionar con lo que dice el Fuero de Sepúlveda sobre cristianos, moros y judíos; verdaderamente, está naciendo un mundo nuevo.

La figura del «caballero de frontera» nace en este momento. Es un colono libre que mantiene su ganado, que busca nuevos pastos y, especialmente, pastos frescos de verano, y que va a buscarlos donde los hay, es decir, en las estribaciones del Sistema Central, con lo cual la frontera efectiva entre la cristiandad y el islam baja muy al sur, a los montes del Guadarrama. Por otro lado, la vida a caballo y la posesión de armas le dota de un poder nuevo: es un campesino guerrero, y como tal va a emplear sus recursos para buscar botín mediante incursiones en las zonas agrarias del sur, controladas por los musulmanes. Serán estos caballeros villanos, campesinos a caballo, los que tiendan a Abderramán III una emboscada decisiva en el año 939.

Del mismo modo que había ocurrido al norte del río, también al sur del Duero la repoblación oficial se construirá sobre el trabajo de estos primeros colonos privados. La corona de León y los condes de Castilla llegan después para organizar el territorio tomando pie en los núcleos rurales así repoblados. Los monasterios actúan en la práctica como centros administrativos; los castillos y fortalezas, como nudos de la red que estructura la nueva frontera. Mientras tanto, llegan nuevos colonos impulsados por la propia corona; nuevos colonos a los que se ofrece una serie de privilegios. Por ellos vale la pena afrontar el peligro de la guerra.

Este proceso retrata lo que fue realmente la Reconquista: una combinación sucesiva de colonización privada, organización eclesiástica y reglamentación política. Un proceso que se puso en marcha desde el reino de Asturias y que sobrevivió a la extinción de la corona de Oviedo. Bien podía el reino de Asturias desaparecer y transformarse en otra cosa: su misión histórica estaba cumplida. Y eso es lo que ocurrió: una guerra civil puso fin formal al reino de Asturias.

GUERRA CIVIL EN EL REINO DE ASTURIAS

¿Por qué hubo una guerra civil en el reino de Asturias, ya reino de León? Por la sucesión al trono, que es lo que provocaba las guerras civiles en aquellos tiempos. Hubo una guerra porque Fruela, hijo de Alfonso III, hermano de García y Ordoño, se hizo con la corona a la muerte de este último. Pero los hijos de Ordoño, que pensaban que el trono les correspondía a ellos, no estaban de acuerdo. Y así empezó todo.

Era verdad que, en principio, la sucesión de Ordoño correspondía a sus hijos. Pero seguramente Fruela se preguntaría por qué había de ser así. ¿Acaso a la muerte de García no había sido su hermano Ordoño quien ocupó el trono de León? Cierto que García había muerto sin descendencia y que Ordoño sí tenía hijos, nada menos que seis: Alfonso, Ramiro, García, Sancho, Jimena y Áurea. Pero los hijos del rey muerto, ¿qué significaban? Rey, lo que se dice rey, no había más que uno vivo, Fruela, que lo era del territorio asturiano desde 910, cuando la partición del viejo reino. Ahora todo él —Galicia, León, Castilla y, por supuesto, Asturias— volvía a depender de un solo cetro.

Ojo, que aquí hay dos cuestiones importantes. Una, la sucesión; la otra, el territorio. Vayamos primero con la sucesión. ¿No habíamos quedado en que la corona ya era hereditaria, después de las convulsiones del sistema electivo? Teóricamente, así era: los reyes anteriores —Alfonso III, Ordoño I— habían heredado el trono por línea paterna; pero recordemos que ninguno había quedado exento de conspiraciones para arrebatarles el cetro. De manera que el sistema hereditario, por así decirlo, se hallaba establecido, pero no consolidado.

La otra cuestión importante es la territorial. La coronación de Fruela representa la reunificación bajo una sola corona de todo el territorio cristiano del norte, dividido a la muerte de Alfonso. Recordemos: destronado Alfonso, León y Castilla quedaron para García; Galicia, para Ordoño; Asturias —una Asturias que abarcaba la franja cantábrica desde el río Eo, en la raya con Galicia, hasta el Deva en Guipúzcoa— para Fruela. La muerte de García y su sucesión por Ordoño habían reunificado dos partes. Ahora, la muerte de Ordoño y su sucesión por Fruela reunificaba las tres.

No podemos saber si Fruela, cuando desplazó a los hijos de Ordoño para hacerse con la corona, tenía en mente este proyecto reunificador; si se sentía *imperator*, como su padre. Es verdad que el rey se rodeó inmediatamente de toda la pompa posible. Ya antes, cuando sólo reinaban en el solar asturiano, Fruela y su mujer Nunilo habían sido ungidos y proclamados reyes con gran aparato. Durante su reinado privativo en el territorio astur, Fruela va a multiplicar los gestos grandiosos: otorga a la Iglesia de Oviedo numerosos territorios y villas, manda reconstruir la calzada de Somiedo hacia la meseta y, entre otras cosas, dona a la catedral ovetense la Caja de las Ágatas, una maravilla de orfebrería con la Cruz de Pelayo grabada en plata. Ahora, 924, rey no sólo de Asturias, sino también de Galicia y de León, Fruela II se hace proclamar soberano en Santiago de Compostela y no ahorra un nuevo gesto de magnificencia: dona a la basílica jacobea todos los terrenos que la rodean hasta una extensión de doce millas en derredor.

Fruela tenía ambiciones, eso parece claro. El carácter de sus sucesivos matrimonios así lo indica. Su primera mujer, Nunilo, era hija del rey de Pamplona: típico matrimonio regio, como el de su padre, Alfonso, y el de su hermano Ordoño, casado también con una hija de Sancho Garcés. Pero cuando Nunilo muere, hacia 920, Fruela contrae otro matrimonio que lleva implícito un brusco cambio en su línea política. Escoge como esposa a una Banu-Qasi, Urraca, hija de Muhammad ibn Lope, lo cual debió de sentar como un tiro en la corte pamplonesa. También sabemos que destituyó al obispo de León, Frunimio, posiblemente demasiado vinculado a los hijos de Ordoño. Y tal vez lo mismo llevó a la muerte a los hijos de un tal Olmundo, a los que el nuevo rey mandó ejecutar por rebeldía.

¿Qué se proponía Fruela? Cualquier cosa que digamos no será más que vana conjetura. Hay historiadores que atribuyen a Fruela el mérito —si de tal puede hablarse— de no haber emprendido ninguna ofensiva contra los musulmanes, sin otra iniciativa guerrera que el auxilio a los navarros cuando Abderramán III saqueó Pamplona. Es un argumento bastante frágil, porque el hecho es que Fruela II no tuvo tiempo material de emprender nada: murió enseguida, en 925. Las crónicas de la época dicen que de lepra; no hay por qué dudarlo.

Si la situación política interior ya era delicada con Fruela en el trono, por la marginación de los Ordóñez (los hijos de Ordoño), ahora, con el trono vacío, el paisaje explotó. La corona de Fruela la recoge su hijo, Alfonso Froilaz, llamado *El Jorobado*, pero no es más que una coronación formal. Los Ordóñez, que no se habían atrevido a alzarse en armas contra su tío Fruela, sí lo hacen contra su primo Alfonso. Aparecen así en el reino dos bandos claramente diferenciados. ¿Quién tenía más derecho al trono? Difícil saberlo: los hijos de Ordoño invocaban el hecho de ser hijos de rey, pero lo mismo podía decir Alfonso Froilaz. Así empezó la guerra.

Sin embargo, la suerte estaba echada. Los mismos nobles que apoyaron en su día a Fruela contra los hijos de Ordoño, apoyan ahora a los hijos de Ordoño contra el hijo de Fruela. Los hijos de Ordoño: de los seis que tuvo el viejo rey, aquí son tres los que cuentan, a saber, Alfonso, Sancho y Ramiro. Sancho se había ganado el apoyo de los nobles gallegos; Ramiro, el de los nobles portugueses. También los condes castellanos están apoyando a los hermanos Ordóñez. Seguramente hay detrás de esto implicaciones políticas de más calado. Es perfectamente posible que los intentos reunificadores del partido de los froilanes incomodaran a los nobles de los otros territorios; lamentablemente, nos falta información al respecto. Pero, sobre todo, debió de ser el giro en la política navarra de Fruela, con esa alianza de última hora con los Banu-Qasi, lo que movió a los notables del reino a desconfiar de alguien cuyas intenciones no terminaban de verse claras.

La política respecto a Navarra fue, de hecho, determinante en este conflicto. El propio rey de Pamplona, Sancho Garcés, aprovechará la crisis sucesoria para enderezar una situación que se le había vuelto adversa. El primogénito de Ordoño, Alfonso, está casado con una hija del rey Sancho. Para Pamplona, la victoria del partido de los Ordóñez significa reanudar una alianza decisiva, la alianza que había roto Fruela. Podemos imaginar perfectamente a Sancho Garcés actuando cerca de quienes en Asturias y León cortaban el bacalao. También podemos imaginar a las tropas de Pamplona tomando las armas para defender la candidatura de Alfonso, el primogénito, yerno del rey navarro. Así, los hijos de Ordoño no tardan en inclinar de su lado la balanza.

Y mientras tanto, ¿qué ocurría con Alfonso Froilaz el Jorobado? Alfonso apenas reinará nominalmente unos meses; de hecho, es el único rey de Asturias que carece de número ordinal (debería haber sido Alfonso IV). Primero Alfonso intenta hacerse fuerte en Galicia, pero es desalojado de allí por Sancho. Sin más apoyos que algunos pocos clanes nobiliarios a caballo entre Asturias y Cantabria, El Jorobado se retira a la Asturias de Santillana —la mitad occidental de la actual Cantabria, más o menos— y allí se hace fuerte. Mantiene sus pretensiones al trono, pero en realidad sus posibilidades son nulas;

no es rey más que en su pequeño solar de Santillana. Impotente, no puede hacer otra cosa que contemplar en la distancia cómo otro Alfonso, su primo, el hijo de Ordoño, se proclama rey.

A este Alfonso Ordóñez, Alfonso IV, se le conocería como *El Monje* por su inclinación a la vida religiosa. Alfonso reinaría en León y Asturias desde febrero de 926, mientras su hermano Sancho quedaba como rey en Galicia y Ramiro hacía lo propio en Portugal. Pero Sancho morirá pronto, en 929, y Galicia pasará a formar parte de las tierras de Ramiro. Será, eso sí, por poco tiempo: en 930 muere la esposa de Alfonso y éste decide abrazar la vida religiosa. En efecto, en 931 el rey convoca una asamblea de nobles en Zamora y allí hace acto formal de entrega de la corona a su hermano Ramiro, que reinará como Ramiro II. Alfonso se retira al monasterio de Sahagún. Pero entonces…

Alto. Veamos: estamos ya en 931, han pasado más de doscientos años desde la batalla de Covadonga, la España cristiana ocupa ya cerca de un tercio de la Península, Abderramán III acaba de convertir el emirato de Córdoba en califato y el mapa no tiene nada que ver con el que había al principio de nuestro relato. Este reino que ahora tenemos entre manos —o más precisamente, entre las manos de Ramiro II— ya no es el de Asturias: la nueva entidad política tiene poco que ver con el solar de Pelayo, y no sólo por el cambio de capitalidad y de nombre —ahora es León—, ni por el exponencial aumento de su territorio, sino porque lo que ha nacido aquí es una realidad social, cultural, política e histórica distinta. Nuestra narración debe concluir.

Podemos resumir lo que pasó después: Ramiro reina, el Monje Alfonso —nunca sabremos por qué— se rebela junto al

Jorobado Froilaz, su insurrección será bárbaramente aplastada por Ramiro, el cual, por otro lado, se las verá en el campo de batalla con Abderramán III. Vendrán años de hierro que conocerán victorias y derrotas de un lado y de otro. Mientras tanto, Castilla se convierte en condado independiente. E inmediatamente después los otros territorios cristianos de la Península —Navarra, Aragón, Barcelona— empiezan a adquirir un peso creciente, hasta el punto de que Navarra se convierte en el verdadero eje de la cristiandad española. Luego aparecerá en escena Almanzor, que siembra la desolación a su paso y a punto está de aniquilar las esperanzas de los reinos cristianos. Pero Almanzor muere y, tras él, nada queda en pie, el califato se descompone y surgen los reinos de taifas. Nace una situación nueva en la que veremos varios reinos moros y varios reinos cristianos, a veces aliándose, a veces combatiéndose. Eso sí, jamás cesará el flujo hacia el sur.

Pero todo esto es ya otra historia.

EPÍLOGO

Hemos contado doscientos años de historia. Un tramo tal vez corto en la crónica de unas tierras cuya biografía se cuenta por milenios. Pero es que aquellos doscientos años, los dos siglos del reino de Asturias, fueron decisivos para la trayectoria posterior de todos los españoles.

El viejo reino de Asturias fue un milagro de supervivencia, el fruto de una resistencia prodigiosa cimentada sobre una mezcla a partes iguales de rebeldía espontánea, fe, determinación y, todo sea dicho, suerte, porque seguramente nadie habría podido hacer nada igual en un entorno geográfico distinto a las montañas cantábricas, y con un enemigo menos dado a las disensiones internas que el siempre problemático islam español.

A lo largo de doscientos años, esa voluntad de resistencia, parapetada tras la Cordillera Cantábrica y galvanizada por la cruz, pudo ir uniendo a pueblos que hasta entonces nunca habían sido el mismo pueblo, ni siquiera bajo Roma: astures, cántabros, gallegos, vascones, hispanogodos… después, bercianos, leoneses, mozárabes del sur.

A ese conglomerado, el reino de Asturias le dotó de una identidad religiosa y política, y le otorgó asimismo una significación histórica, es decir, un pasado y un futuro. Un pasado: el reino se configuraba como la prolongación consciente de la vieja Hispania goda, romana y cristiana. Un futuro: el reino se atribuía implícitamente la misión de proyectar sus fronteras hacia el sur, en nombre del derecho a recuperar la España perdida.

¿Podía aquello, cabalmente, considerarse prolongación del reino godo de Toledo? ¿Tenía títulos Oviedo para recuperar España? Hay opiniones para todos los gustos, pero, en realidad, ¿qué importa? Bastaba con que la convicción calara hondo en aquella gente. Y el hecho es que la resistencia inaugural de Pelayo fue convirtiéndose en otra cosa; fue convirtiéndose en un *movimiento* histórico. Primero, de manera inconsciente; muy pronto, de manera consciente. En nombre de ese pasado y de ese futuro, millares de personas encontraron una justificación para cruzar montes y ríos, ganar tierras y extender su huella sobre las planicies de la meseta. Eso es lo que conocemos como Reconquista.

Doscientos años después de Covadonga, el movimiento de la Reconquista —llámesele «proceso», si se prefiere— era un hecho imparable. Se había pasado de una realidad estática —el reino de Asturias— a una realidad dinámica, el movimiento repoblador hacia el sur. Y ese movimiento estaba tan arraigado en la vida de la España de aquel tiempo, que iba a permanecer vivo durante siglos. Más aún, la identidad profunda de la España medieval no se define por los perfiles —problemáticos, cambiantes— de los distintos reinos y sus magnates, sino por ese proceso dinámico de expansión sobre las tierras del mediodía.

En esa fragua se forjó una identidad. Nada menos. El movimiento incesante de pioneros, repobladores y colonos, sólo detenido para volver a ponerse de nuevo en marcha, creó una manera específica de ver el mundo y de entender el sentido de la propia vida. Nada de lo que ocurre en España durante los siglos siguientes puede entenderse sin aquel impulso, hondamente arraigado, de la Reconquista: ni la toma de Granada, ni la expansión aragonesa por el Mediterráneo, ni la unificación de Castilla y Aragón, ni el descubrimiento y conquista de América, ni el Siglo de Oro, ni tampoco la mengua posterior. La historia de España durante casi mil años quedó determinada por aquella potencia elemental que emergió en las montañas cantábricas.

Nada de eso, evidentemente, podían saberlo —ni siquiera sospecharlo— los pioneros: ni los primarios caballeros rurales que dirimían sus disputas a hierro y fuego, ni los monjes que soñaban con restaurar el orden gótico, ni los campesinos que se aventuraban a plantar sus reales al otro lado de los montes, en valles donde el enemigo acechaba sin tregua. Pero visto desde hoy, con ojos que pueden tomar perspectiva, aquel formidable impulso de resistencia y supervivencia adquiere un sentido propiamente *fundador*. Porque allí, en efecto, empezó todo.

Ahora echamos la mirada atrás y no podemos sino conmovernos por la existencia de aquella gente, siempre al límite. Nos vuelven a las mientes las figuras de la Reconquista. No las figuras legendarias de estampas antiguas, sino las gentes de carne y hueso. Lebato y Muniadona, los primeros colonos con nombre conocido, en sus presuras inaugurales sobre el valle de Mena. Beato de Liébana, en su áspera disputa con Elipando, «testículo del Anticristo». Vítulo y Ervigio con sus monjes colonos en Espinosa de los Monteros. El audaz Purello corriendo tras los secuestradores moros para rescatar a su hijo en los montes de León. Los mozárabes que murieron mártires en Córdoba y los que abandonaron el emirato para empezar una nueva vida en el norte. Los desdichados campesinos aragoneses que acabaron sus días emparedados en la cueva de la Foradada. Los nobles guerreros como Fruela Pérez, el bravo Gadaxara y el fiel Teudano. Los arquitectos como Theoda, el de Oviedo. Los pioneros de Brañosera, «Valerio y Félix y Zonio y Cristuévalo y Cervello con toda su parentela», como dice el fuero. Cautivas que fueron reinas como la vasca doña Munia. El oscuro Catelino en pugna con el obispo Indisclo por unas tierras en Astorga. Los grandes condes Gatón, Hermenegildo, Munio, Rodrigo, y las no menos grandes condesas Argilo, Ava, Munia, Elvira… Los intelectuales que venían del sur, como el obispo Dulcidio, y aquel ermitaño Pelayo que descubrió el sepulcro de Santiago. Y al fondo del cuadro, como un río de caudal interminable, centenares de caravanas que cruzan el paisaje de norte a sur llevando consigo ilusiones, esperanzas, miedos e incertidumbres.

Así empezó la Reconquista. Es admirable.

BIBLIOGRAFÍA PARA SABER MÁS

Un clásico: Claudio Sánchez Albornoz. De él hay que leer, inexcusablemente, su *Orígenes de la nación española. Estudios críticos sobre la historia del Reino de Asturias*, publicado en tres volúmenes por el Consejo Superior de Investigaciones Científicas entre 1974 y 1975, y reeditado por la Caja de Ahorros de Asturias en 1984. Hay una versión «popular» de esta obra, ostensiblemente abreviada, que ha conocido varias ediciones. Por ejemplo, la del Grupo Axel Springer-SARPE en 1986. Otra obra importante: *Sobre la libertad humana en el reino asturleonés*, publicada por Espasa-Calpe en 1978. Y en cualquier caso, hay que leer la monumental *España, un enigma histórico* (Edhasa, 1983).

Otro nombre que no puede faltar: Luis Suárez Fernández. Para nuestro tema es fundamental su *Historia de España antigua y media* (Rialp, 1975, dos tomos) y el tomo 5 de la Historia de España de la editorial Gredos (1991), titulado *La España musulmana y los inicios de los reinos cristianos: 711-1157*.

Uno de los mejores conocedores de la Alta Edad Media española es Julio Valdeón, recientemente fallecido. De Valdeón es aconsejable leer *La Reconquista. El concepto de España: unidad y diversidad* (Espasa-Calpe, 2006) y *La Alta Edad Media* (Anaya, 2003).

Como ejemplo de las orientaciones más recientes acerca de la Reconquista y la conformación de los reinos españoles en la Edad Media, hay dos libros importantes. Uno es el de José María Mínguez, *La España de los siglos VI al XIII. Guerra, expansión y transformaciones. En busca de una frágil unidad* (Nerea, 1994). Otro es el de José Luis Villacañas Berlanga, *La formación de los reinos hispánicos* (Espasa-Calpe, 2006).

En cuanto a estudios parciales, últimamente se han hecho imprescindibles los de José Ignacio Gracia Noriega. Por ejemplo, *Don Pelayo, el rey de las montañas* (La Esfera de los Libros, 2006) y también *Historias de Covadonga* (Laria, 2008).

¿Más? Juan Ignacio Ruiz de la Peña tiene una monografía muy notable: *La monarquía asturiana, 718-910* (la edición más reciente es en Nobel, 2002). Y si hay posibilidad, es muy aconsejable consultar la edición del Real Instituto de Estudios Asturianos sobre un simposio celebrado en Covadonga en 2001 y cuyas actas se agruparon bajo el título *La época de la monarquía asturiana*.

Nos dejamos en el tintero muchos libros, pero el lector nos perdonará: de momento, que lean el nuestro.

Acerca del autor

José Javier Esparza (Valencia, 1963), periodista y escritor, es director del programa cultural *La estrella polar* en la cadena COPE y crítico de televisión en el grupo Vocento. Especializado en la divulgación histórica, ha publicado entre otras obras: *Guía políticamente incorrecta de la civilización occidental* (2009), *España épica* (2008), *La gesta española* (2007), *El terror rojo en España* (2007), *Los ocho pecados capitales del arte contemporáneo* (2007) y las novelas *El dolor* y *La muerte*, que forman parte de la trilogía *El final de los tiempos*.